Proxmox

Curso práctico

Proxmox
Curso práctico

Eduardo Taboada Gómez

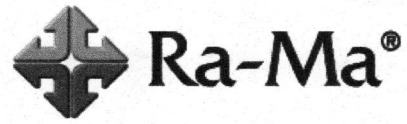

La ley prohíbe
fotocopiar este libro

Proxmox. Curso práctico
Thema: UKF Servidores
Bisac: COM061000
© Eduardo Taboada Gómez
© De la edición: Ra-Ma 2024

Editado por:
RA-MA Editorial
Calle Jarama, 3A, Polígono Industrial Igarsa
28860 PARACUELLOS DE JARAMA, Madrid
Teléfono: 91 658 42 80
Fax: 91 662 81 39
Correo electrónico: *info@grupoeditorialrama.com*
Internet: *www.ra-ma.es* y *www.ra-ma.com*
ISBN impreso: 978-84-10360-23-5
ISBN ePub: 978-84-10360-43-3
Depósito legal: M-14959-2024
Maquetación: Antonio García Tomé
Diseño de portada: Antonio García Tomé
Filmación e impresión: Safekat
Impreso en España en julio de 2024

En primer lugar, a mis padres, por todo su apoyo inquebrantable, sus sacrificios y sus infinitas enseñanzas.

A mi mujer, por su apoyo y por su paciencia en las largas horas en las que no he estado a su lado mientras escribía este libro.

Deseo agradecer el apoyo y la ayuda de mis compañeros Eduardo Collado Cabeza, al que debo su paciencia y el aporte de conocimiento de red sobre todo en la parte de SDN.

A Tomás Ledo Guerrero porque "iluminó" hace muchos años para que empezara a usar Proxmox en mi ISP.

A Adrián Almenar Serrano, que tantos conocimientos me aporta sobre todo en las "discusiones" sobre automatización y de concepto en la infraestructura.

ÍNDICE

ACERCA DEL AUTOR

EDUARDO TABOADA GÓMEZ

Ingeniero Técnico en Telecomunicaciones, especializado en instrumentación electrónica por la Universidad Politécnica de Madrid. Inicié mi carrera profesional trabajando con redes de or-denadores, lo cual ha influido significativamente en mi trayectoria en los campos de sistemas y redes de comunicación. Aunque actualmente no es parte de mis responsabilidades diarias, sigo dedicando mi tiempo libre a temas de sensorización.

Soy una persona profundamente comprometida con el aprendizaje continuo y la mejora cons-tante de mis conocimientos.

Comencé mi carrera profesional fundando mi propia empresa, la cual he liderado durante 35 años. En 2023, me incorporé a una empresa de hosting, colocation y redes, buscando ampliar mis conocimientos. Esta experiencia me ha permitido aprender de un equipo de expertos y profundizar en áreas previamente conocidas.

He impartido numerosas formaciones sobre diversos aspectos de sistemas y redes, siempre en un entorno empresarial.

PRÓLOGO
de Eduardo Collado Cabeza

Es para mí es un inmenso honor y un orgullo profundo escribir el prólogo de este "Breve manual de Proxmox VE", creado por mi gran amigo y maestro Eduardo Taboada. He tenido el privilegio de ser testigo de cómo se gestaba este libro, observando de cerca el proceso, meticuloso y apasionado, con el que ha dado forma a cada capítulo. Este no es simplemente un manual técnico; es una obra de dedicación y sabiduría acumulada durante muchos años, un trabajo que refleja una imnensa experiencia y un amor inquebrantable por la informática.

A lo largo del tiempo que ha durado la redacción, he sido testigo de cómo cada página se llenaba de valiosos conocimientos, de consejos prácticos e incluso le ha dedicado un capítulo a los "trucos" más importantes. He tenido la suerte de aprender de primera mano, de absorber cada enseñanza y de enriquecerme con cada detalle. Mi respeto y admiración por el autor crecen cada día, no solo por su dominio del tema, sino también por su generosidad al compartirlo con el Mundo.

Proxmox es una herramienta poderosa y versátil, y en estas páginas se despliega en todo su esplendor. Este libro no solo cubre los fundamentos, sino que se adentra en los aspectos más avanzados y complejos, incluyendo SDN, HA, Firewall etc, el libro ofrece una guía completa para usuarios de todos los niveles. Es un recurso indispensable para aquellos que desean profundizar en el mundo de la virtualización, una joya para cualquier profesional de la informática.

Mi amigo y maestro ha volcado en esta obra no solo su conocimiento, sino también su espíritu de innovación y su compromiso con la excelencia. Este libro es un testimonio y prueba de su esfuerzo incansable por aprender y lo más importnate, de su pasión por enseñar. Estoy seguro de que los lectores encontrarán en estas páginas una fuente inagotable de aprendizaje para desplegar en sus próximos proyectos de virtualización.

Agradezco profundamente a mi amigo y maestro por permitirme haber vivido su escritura y por haberme enseñado tanto. Estoy convencido de que este libro será una herramienta de un valor incalculable para muchos, y que su impacto se sentirá en el mundo de la virtualización durante muchos años.

Con respeto, admiración y orgullo, les invito a sumergirse en este maravillosa obra y a disfrutar del inmenso conocimiento sobre Proxmox que contiene.

¡Feliz lectura!

PRÓLOGO
de Manuel Guerra

Entre las muchas innovaciones que han transformado para bien el mundo de la administración de sistemas informáticos, los hipervisores jugaron un papel fundamental en la evolución de la infraestructura de TI, permitiendo una mayor eficiencia, flexibilidad y capacidad de gestión en entornos de servidores. Proxmox Virtual Environment (Proxmox VE) es un hipervisor de código abierto y altamente versátil, lo que ha permitido que destaque como una herramienta imprescindible en centros de procesos de datos de todo el mundo.

La motivación detrás de este libro es desmitificar Proxmox VE y acercarlo a un público general, huyendo en cierto modo de otras soluciones similares en las que hoy en día el precio de su licenciamiento se ha disparado debido a sus políticas comerciales. Aunque en un primer momento para un administrador de sistemas crea que migrar su tecnología de otro hipervisor a Proxmox va a suponer un auténtico quebradero de cabeza, ya que al tratarse de un tecnología transversal un cambio de este tipo implica un reto a distintos niveles, la realidad es que una vez se hagan las primeras pruebas con este sistema de hipervisor, se podrá comprobar que la tarea no será tan compleja, más si cabe gracias a la información que brinda este libro con una comprensión técnica accesible y práctica sobre cómo funciona Proxmox. Mi interés particular en Proxmox VE surgió al observar a otros profesionales del sector, como: Eduardo Taboada, el autor de este libro, y Eduardo Collado, apuestan firmemente por esta tecnología, la cual estaba desbancando, tanto por funcionalidades, como por precio a otras soluciones del mercado que durante años coparon la mayor parte de instalaciones en grandes datacenters, pero que ahora se estaban viendo reducidas al poder migrarse fácilmente hacia la tecnología que ofrece Proxmox. Todo ello permitiendo a pequeños, medianos y grandes centros de procesamiento de datos, poder optimizar sus recursos y mejorar su infraestructura de TI sin incurrir en elevados gastos de licenciamiento. Igualmente, Proxmox es una solución perfecta para el despliegue de laboratorios locales en los que poder realizar tareas de I+D analizando configuraciones avanzadas de todo tipo, facilitando el proceso de pruebas y desarrollo al permitir a los técnicos crear y desmantelar entornos virtuales sin riesgo para la infraestructura real de producción.

El autor de este libro, en su labor diaria como ingeniero de sistemas en uno de los centros de datos más importantes de España, he tenido la oportunidad de trabajar con tecnologías de vanguardia y de observar de primera mano las ventajas que Proxmox VE ofrece. Además, como divulgador en redes sociales, comparte regularmente novedades y análisis sobre las últimas tendencias en redes y centros de procesamiento de datos, lo que le ha permitido desarrollar una perspectiva única y accesible sobre temas complejos, que transmite perfectamente en este libro.

A lo largo de las siguientes páginas, exploraremos en detalle el funcionamiento interno de Proxmox VE, desglosando sus componentes clave y sus mecanismos operativos. Abordaremos temas como la virtualización, la gestión de recursos en red, la configuración de distintos tipos de entornos, sistemas de archivos y la implementación de alta disponibilidad, todo ello con un enfoque práctico y ejemplos claros que faciliten la comprensión. La estructura del libro está diseñada para guiar al lector desde los conceptos más básicos hasta las implementaciones más avanzadas de este sistema de hipervisor.

Debido a las recientes tendencias en cuanto al despliegue de servidores en la nube frente a datacenters propios. Proxmox ofrece una solución que acerca las funcionalidades de las tecnologías de procesamiento en la nube, a centros de procesos de datos propios, en los que desplegar estos hipervisores, beneficiándose de características como la rápida configuración y despliegue de nuevas máquinas virtuales, lo que permite a las organizaciones escalar operaciones rápidamente según sea necesario. Todo ello orquestado desde un punto nodal de gestión, que permite controlar todas las máquinas virtuales de una forma muy sencilla. Esta característica simplifica la gestión de grandes entornos virtuales y mejora la eficiencia operativa, sin la obligación de adquirir licenciamientos especiales para la gestión de clústeres.

La ciberseguridad no podía quedar atrás en este libro, el uso de hipervisores no solo aumenta la eficiencia y eficacia en la gestión de recursos de hardware, además, como cada máquina virtual operada por el hipervisor de tipo 1 está aislada de las otras, esto permite asegurar que, si un sistema operativo se ve comprometido por un ciberataque, los otros sistemas que operan en el mismo entorno físico no se vean afectados. En caso de fallo o catástrofe, si se han implementado las correctas estrategias de alta disponibilidad y recuperación ante desastres que se explica en este libro, se podrán aplicar configuraciones específicas como la migración en vivo de máquinas virtuales, para mover instancias de un servidor físico a otro, todo ello sin tiempo de inactividad, lo que también facilitará las copias de seguridad y la replicación de máquinas virtuales, lo que es esencial para la recuperación rápida de datos tras un fallo.

La importancia de los hipervisores como Proxmox VE radica en su capacidad para transformar servidores físicos en múltiples máquinas virtuales, optimizando así el uso de hardware y reduciendo costos. Además, Proxmox VE se distingue por ser una solución de código abierto, lo que permite una mayor transparencia, flexibilidad y una comunidad activa que contribuye a su constante mejora. En entornos empresariales, siempre existirá la opción de adquirir un licenciamiento especifico que ofrezca un soporte personalizado para el mantenimiento de la infraestructura.

Este libro no solo servirá como una guía técnica de referencia, sino que estoy seguro de que será también una fuente inspiración para que más personas estudien soluciones como la que Proxmox VE nos ofrece hoy en día.

Manuel Guerra@CiberPoliES
Editor del blog GLIDER.es sobre Hacking, Forense y Ciberseguridad.

CONVENCIONES

En este libro encontrarás varios estilos de texto que distinguen entre diferentes tipos de información. A continuación se muestran algunos ejemplos de estos estilos y una explicación de su significado. Las palabras clave en el texto, nombres de tablas de bases de datos, nombres de carpetas, nombres de archivos, extensiones de archivos, nombres de rutas, entradas del usuario se muestran a continuación.

La carpeta de configuración del almacenamiento se encuentra en:

```
/etc/pve/storage.cfg
```

Un bloque de código se representa así:

```
auto bond0
iface bond0 inet manual
    ovs_bonds eno1 eno2
    ovs_type OVSBond
    ovs_bridge vmbr0
    ovs_mtu 9216
    ovs_options lacp=active bond_mode=balance-tcp
```

Cualquier entrada o salida de la línea de comandos se escribe de la siguiente manera:

```
# apt install openvswitch-switch
```

 Las notas y advertencias aparecen con este icono.

 Los consejos y trucos aparecen así.

1

DESCRIPCIÓN DE PROXMOX VE

Proxmox VE, o Proxmox Virtual Environment, es una plataforma de virtualización de código abierto basada en Debian que combina la virtualización de servidores basada en contenedores (con LXC) basada en el proyecto de Linux Containers (*https:// linuxcontainers.org/*) y la virtualización de máquinas completas (con KVM) basado en QEMU (*https://www.qemu.org/*) con libvirt en una sola solución con un interfaz muy intuitivo.

QEMU (KVM) es un emulador y virtualizador de máquina genérico y de código abierto. Cuando se utiliza como emulador de máquina, QEMU puede ejecutar sistemas operativos y programas creados para una máquina (por ejemplo, una placa ARM) en una máquina diferente (por ejemplo, tu propio PC). Al utilizar traducción dinámica, logra un rendimiento muy bueno. (De hecho, Proxmox VE en su instalación dice que la merma de rendimiento respecto al hardware sobre el que corre es de entre un 3 y un 5%).

Para aquellos que se sienten intimidados con el código abierto o son escépticos, basta reseñar que uno de los proyectos que usa KVM - QEMU como base para la virtualización junto con Libvirtd es Nutanix *https://portal.nutanix.com/page/documents/solutions/ details?targetId=TN-2038-AHV:TN-2038-AHV*

Y como os podéis imaginar esta solución no es Open Source (ni tampoco muy barata). De ahí que reseñe la importancia del código Open Source, ya que muchos proyectos se basan en Open Source, lo único, como en el caso de Proxmox, es que haya una empresa detrás para poder proporcionar soporte.

Este es el caso de Proxmox Server Solutions GmbH, que comenzó allá por el año 2008 ofreciendo una solución como alternativa al software de pago robusta.

Es un proyecto que fundó Martin Maurer, y que sigue con la filosofía de mantener el proyecto Open Source, bajo la licencia GNU Affero General Public License, versión 3.

Las primeras versiones usaban OpenVZ (*https://openvz.org/*) que posteriormente, a partir de la versión 3.4 fue sustituido por los LXC actuales.

El proyecto mantiene una comunidad muy activa en su foro (*https://forum.proxmox. com/*) en la que participan activamente además de muchos como yo, parte del staff de Proxmox.

Además, el proyecto mantiene un git (*https://git.proxmox.com/*) en que se puede ver el código fuente escrito principalmente en Rust y Perl de cada uno de los proyectos que consisten en Proxmox VE (que es de lo que trato en este libro) además del proyecto Proxmox Backup Server (que es el complemento ideal para los backups de la infraestructura de Proxmox VE) y un proyecto de pasarela de correo de clase empresarial (Proxmox Mail Gateway).

Aunque todas las tecnologías que he comentado son de código abierto, y por lo tanto se pueden implementar bien directamente en una plataforma Linux como RedHat, Debian, Suse, etc. Esta implementación implica muchas veces que no existe una interfaz gráfica intuitiva de administración, si bien en otras soluciones que son también de código abierto como XEN, oVirt, XCP-ng, Kimchi, Virtuozzo,OpenNebula etc. algunas de ellas, sí que tienen GUI.

Las principales ventajas de Proxmox VE es que es un hipervisor basado en cluster y hasta hace poco sólo conocido por algunos de nosotros en los entornos de virtualización. La razón es sencilla: te permite crear una infraestructura virtual de clase empresarial a un precio de Pyme o de forma gratuita usando la licencia sin suscripción.

Las capacidades de usar clusters de alta disponibilidad y almacenamiento hiperconvergente Todo ello sin sacrificar la estabilidad, el rendimiento y la facilidad de uso que tienen las grandes y costosas plataformas como VMware o Nutanix con las que comparte parte de la filosofía (sobre todo de esta última). Ya sea que se trate de un centro de datos masivo para virtualizar millones de servidores, una institución educativa o una pequeña empresa que quiere ahorrar costes con la virtualización, Proxmox se puede configurar para adaptarse a cualquier situación.

Proxmox VE (en adelante Proxmox), dispone de características avanzadas que permiten que sea una solución sólida y fiable para la empresa, a pesar de ser como he comentado anteriormente, una solución de código abierto (Open Source).

1.1 GESTIÓN CENTRALIZADA

Si bien muchas personas y pequeñas empresas comienzan con un solo nodo, Proxmox VE puede escalar a un gran conjunto de nodos agrupados en un cluster. Esta funcionalidad de cluster está plenamente integrada y está en el sistema que se instala cada vez que se instala un nodo de Proxmox, no hay que añadir software adicional.

1.2 DISEÑO ÚNICO DE ADMINISTRACIÓN

La interfaz de administración integrada basada en web muestra una descripción general clara de todas las máquinas virtuales KVM y contenedores de Linux (LXC) e incluso de todo el cluster. Puedes administrar fácilmente sus máquinas virtuales y contenedores, el almacenamiento o cluster desde la GUI. No es necesario instalar un servidor de gestión independiente, toda la gestión se realiza desde un único punto.

1.3 SISTEMA DE ARCHIVOS DE CLUSTER PROXMOX (PMXCFS)

Proxmox VE utiliza un sistema de archivos denominado Proxmox Cluster File System (pmxcfs) exclusivo de Proxmox, un sistema de archivos basado en bases de datos para almacenar archivos de configuración. Esto le permite almacenar la configuración de miles de máquinas virtuales. Al utilizar corosync, estos archivos se replican en tiempo real en todos los nodos del cluster. El sistema de archivos almacena todos los datos dentro de una base de datos persistente en el disco; no obstante, una copia de los datos reside en la RAM, que proporciona un tamaño de almacenamiento máximo de 128 MiB, más que suficiente para miles de máquinas virtuales.

Proxmox VE es la única plataforma de virtualización que utiliza este sistema de archivos de cluster único.

1.4 INTERFAZ DE GESTIÓN BASADA EN WEB

Proxmox VE es fácil de usar. Las tareas de administración se pueden realizar a través de la interfaz de administración basada en web incluida; no es necesario instalar una herramienta de administración separada ni ningún nodo de administración adicional con bases de datos enormes. La herramienta multimaestro le permite administrar todo su cluster desde cualquier nodo de su cluster. La administración central basada en web, basada en JavaScript Framework (ExtJS), le permite controlar todas las funcionalidades desde la GUI y una descripción general del historial y los registros del sistema de cada nodo. Esto incluye la ejecución de trabajos de copia de seguridad o restauración, migración en vivo o actividades activadas por HA.

1.5 LÍNEA DE COMANDO

Para usuarios avanzados que están acostumbrados a la comodidad del shell Unix o Windows Powershell, Proxmox VE proporciona una interfaz de línea de comandos para administrar todos los componentes de su entorno virtual. Esta interfaz de línea de comandos tiene tabulación inteligente y documentación completa en forma de páginas de manual de UNIX.

1.6 API REST

Proxmox VE utiliza una API RESTful. Funciona con formato JSON como formato de datos principal y toda la API se define formalmente utilizando el esquema JSON. Esto permite una integración rápida y sencilla para herramientas de administración de terceros, como entornos de alojamiento personalizados o bien para realizar tus propios scripts o automatizaciones.

1.7 ADMINISTRACIÓN BASADA EN ROLES

Puedes definir el acceso granular para todos los objetos (como máquinas virtuales, almacenamientos, nodos, etc.) mediante la administración de permisos y usuarios basada en roles. Esto le permite definir privilegios y te ayuda a controlar el acceso a los objetos. Este concepto también se conoce como listas de control de acceso: cada permiso especifica un sujeto (un usuario o grupo) y una función (conjunto de privilegios) en una ruta específica.

1.8 REINOS DE AUTENTICACIÓN (AUTENTICATION REALMS)

Proxmox VE admite múltiples fuentes de autenticación como Microsoft Active Directory, LDAP, autenticación estándar PAM de Linux o el servidor de autenticación Proxmox VE integrado.

1.9 SEGURIDAD

Proxmox VE permite doble factor de autenticación para el acceso a la interfaz de administración, así como la posibilidad de integrar cortafuegos a nivel de cluster, nodo o máquina virtual.

1.10 BACKUPS Y RESTAURACIONES INTEGRADAS

La herramienta de copia de seguridad integrada (vzdump) crea instantáneas consistentes de los contenedores en ejecución y las máquinas virtuales KVM. Básicamente crea un archivo de los datos de VM o CT que incluye los archivos de configuración de VM/CT.

La copia de seguridad en vivo de KVM funciona para todos los tipos de almacenamiento, incluidas imágenes de VM en NFS, CIFS, iSCSI LUN y Ceph RBD. El nuevo formato de copia de seguridad está optimizado para almacenar copias de seguridad de VM de forma rápida y eficaz (archivos dispersos, datos desordenados, E/S minimizadas).

1.11 INFRAESTRUCTURA HIPERCONVERGENTE

Proxmox VE es una plataforma de virtualización que integra estrechamente recursos informáticos, de almacenamiento y de red, gestiona clústeres de alta disponibilidad, copias de seguridad/restauración y recuperación ante desastres. Todos los componentes están definidos por software y son compatibles entre sí.

Por lo tanto, es posible administrarlos como un único sistema a través de la interfaz de gestión web centralizada. Estas capacidades hacen de Proxmox VE una opción ideal para implementar y administrar una infraestructura hiperconvergente de código abierto.

Entre las características principales que le proporcionan esta flexibilidad para poder ser un sistema de virtualización para la empresa, destacan:

▶ Gestión centralizada.

▶ Alta disponibilidad.

▶ Almacenamiento flexible y almacenamiento basado en software (Ceph, ZFS).

▶ Backup y restauración incluidos en la solución, sin necesidad de otras aplicaciones (aunque veremos que Proxmox dispone además de una solución para mejorar los backups, también Open Source).

▶ Seguridad a nivel de políticas de acceso y lógicas mediante un firewall integrado.

1.12 BENEFICIOS DE PROXMOX VE

▶ Software de código abierto.
▶ Sin dependencia del proveedor (no vendor Locking).
▶ Núcleo de Linux.
▶ Instalación rápida y fácil de usar.
▶ Interfaz de gestión basada en web.
▶ API REST
▶ Enorme comunidad activa.
▶ Bajo coste de administración e implementación simple.

2

VIRTUALIZACIÓN

2.1 CONCEPTOS GENERALES

2.1.1 ¿Qué es la virtualización?

Pero muchos de vosotros ya sabéis lo que es la virtualización, pero para aquellos que no la conozcan, voy a explicar brevemente el concepto de virtualización.

La virtualización es una tecnología que permite crear una versión virtual de un recurso informático, como un servidor, un sistema operativo, una red o un dispositivo de almacenamiento.

2.1.2 Una breve lección de historia

Esto que es una definición muy "académica" se resume de una forma sencilla, en un principio lo que había en general eran grandes ordenadores, los llamados ordenadores centrales o Mainframes que usaban terminales que carecían de cualquier tipo de lógica (salvo por la gestión de las comunicaciones con el Mainframe).

Ni que decir tiene que estos Mainframes costaban decenas de millones en muchas ocasiones y no estaban al alcance de cualquiera.

En la década de los 80/90 se empezó a democratizar la informática con el nacimiento del IBM PC y la proliferación de lo que se denomina las redes locales.

En el pasado, las redes se usaban para comunicar esos modestos terminales a los ordenadores centrales y estaban basadas en muchos casos en comunicaciones analógicas por medio de modem.

El salto a la red local permitió que diversos ordenadores se conectaran entre sí, y poco a poco nació la figura del "servidor", que sin llegar a ser un Mainframe, se ocupaba de almacenar información que era procesada por esos equipos que ya disponían de recursos propios (CPU, RAM, Disco, etc).

Poco después, esos servidores (que a veces eran equipos bastante potentes), pasaron de ser un mero gestor de almacenamiento y para compartir ciertos recursos como impresoras, a disponer de capacidad para ejecutar algunos procesos. Estos procesos eran a veces la gestión de bases de datos u otras tareas que descargaban a los equipos de la red.

Al hacer que los servidores fueran cada vez más potentes, en los 2000 se empezó a ver que muchos de estos equipos realmente no se exprimían al máximo en cuanto a sus posibilidades, hablamos de servidores cada vez más potentes que en muchos casos estaban infrautilizados. A partir de esta premisa empezó a proliferar la virtualización, que consistía en separar las tareas en lo que se denominó máquinas virtuales. De esta forma, un servidor muy potente podría ejecutar las tareas que podrían ejecutar 4 o más servidores más sencillos, todo ello sin un aumento de recursos físicos.

Esto era debido a que en muchos casos en un mismo servidor o máquina virtual no se podían ejecutar todos los servicios que necesitaba la empresa, bien porque usaban diferentes sistemas operativos, o incluso necesitaban diferentes versiones del mismo sistema operativo por compatibilidad con las aplicaciones.

O bien porque no se podían ejecutar según qué aplicaciones o servicios en la misma máquina por seguridad, prestaciones o incompatibilidad de recursos (almacenamiento, puertos de escucha, etc).

Debido a esto, en lugar de tener varias máquinas o decenas de ellas, la virtualización proliferó como solución para aprovechar recursos de todo tipo (recursos de hardware de los servidores, espacio, consumo eléctrico, etc).

Hoy en día con la potencia que exhiben los servidores, el número de máquinas virtuales (VM) que ejecuta cada servidor puede ser de decenas de ellas. Esto permite reducir el espacio y también el consumo de recursos energéticos y de recursos naturales ya que se necesita fabricar un menor número de equipos para dar muchos más servicios.

2.2 MODELOS DE VIRTUALIZACIÓN

Existen varios modelos de virtualización, cada uno con sus propias características y usos específicos.

Virtualización a nivel de hardware (Hipervisor): este es uno de los modelos más utilizados en entornos de servidores. Se ejecuta directamente sobre el hardware físico y permite la creación de múltiples máquinas virtuales (VM) que pueden ejecutar diferentes sistemas operativos independientes unos de otros. Ejemplos de hipervisores populares incluyen VMware vSphere/ESXi, Microsoft Hyper-V, y KVM (Kernel-based Virtual Machine) que es el modelo en el que está basado Proxmox VE.

Virtualización a nivel de sistema operativo (Contenedores): en este modelo, no se emulan sistemas completos, sino que se comparten recursos del sistema operativo anfitrión. Cada contenedor es una instancia aislada que ejecuta una aplicación con su propio entorno, pero todos comparten el mismo kernel del sistema operativo anfitrión como por ejemplo Docker que es una de las plataformas de contenedores más populares. En el caso de Proxmox VE además de KVM se usan los Linux Containers (LXC) que es una pseudovirtualización de un sistema operativo.

Paravirtualización: es un modelo de virtualización donde el sistema operativo invitado se modifica para ser consciente de que se está ejecutando en un entorno virtualizado. A diferencia de la virtualización tradicional, donde el sistema operativo invitado interactúa con el hardware a través de un hipervisor que actúa como una capa de abstracción completa, en la paravirtualización, el sistema operativo invitado coopera activamente con el hipervisor.

Virtualización de aplicaciones: este tipo de virtualización permite a las aplicaciones ejecutarse en un entorno virtualizado independiente de la infraestructura subyacente. Los usuarios pueden ejecutar aplicaciones sin necesidad de instalarlas directamente en sus sistemas, lo que facilita la gestión y la compatibilidad entre diferentes sistemas operativos. Un ejemplo común es la virtualización de aplicaciones mediante tecnologías como Citrix XenApp.

Virtualización de almacenamiento: en este modelo, se virtualizan múltiples dispositivos de almacenamiento físico para crear un único recurso de almacenamiento lógico. Esto simplifica la gestión del almacenamiento y permite la asignación dinámica de recursos según sea necesario. Ejemplos incluyen Ceph, ZFS, SAN (Storage Area Network) y NAS (Network Attached Storage).

2.3 FUNCIONAMIENTO DE LA VIRTUALIZACIÓN A NIVEL CONCEPTUAL

Si nos fijamos en nuestro ordenador de sobremesa o en un servidor, este se compone de los siguientes elementos:

- Una placa principal.
- Un procesador.
- Un disco duro.
- Una serie de periféricos (teclado, ratón, vídeo, etc).

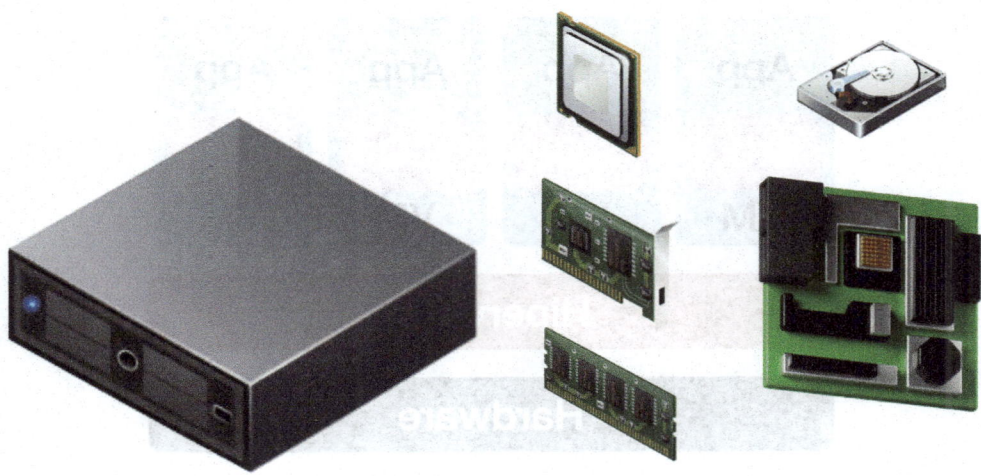

Si hacemos una abstracción de este modelo, el disco duro se puede sustituir por un bloque almacenado en un sistema de almacenamiento, que contenga toda la estructura de archivos, incluido el sistema operativo.

Entonces la virtualización lo que va a hacer es "reflejar" la CPU y la memoria RAM del servidor principal para "prestársela" a la VM.

En cuanto a la tarjeta de red esta se puede también compartir.

Sólo quedaría la placa principal y la tarjeta de vídeo, cuya emulación pasa a ser una de las funciones del hipervisor.

Es decir, el hipervisor (en nuestro caso Proxmox VE) se encarga de simular una placa principal y una tarjeta de vídeo, a la que les vamos a agregar una serie de núcleos virtuales de la CPU y unos cuantos GB de la ram del servidor físico, para con esto conformar un nuevo servidor (la máquina virtual).

A esta VM, le agregamos un "disco duro" y una tarjeta de red virtual también y ya tenemos un ordenador completo en el que podemos instalar un sistema operativo y las aplicaciones correspondientes.

Este es el modelo de bloques, en el que vemos el servidor, el hipervisor, en el que crearemos máquinas virtuales y dentro de esas máquinas virtuales, sistemas operativos y aplicaciones.

Este es el modelo en el caso de la virtualización a nivel de hardware (Hipervisor).

En el caso del modelo basado en contenedores Linux (LXC) el modelo difiere un poco, ya que el kernel y otros recursos se comparten entre las diferentes instancias (que no son máquinas virtuales en sí, sino contenedores).

3

CONCEPTOS BÁSICOS: CLUSTER Y ALMACENAMIENTO DISTRIBUIDO

3.1 CLUSTER DE PROXMOX VE

En Proxmox VE podemos conformar una serie de servidores que se comporten como una única entidad llamada cluster que es una agrupación de instancias de Proxmox VE denominadas nodos, la cual nos permitirá una serie de opciones de redundancia y disponibilidad a la hora de gestionar las tareas de actualización o mantenimiento de los nodos, o bien de tolerancia a fallos de hardware de uno de los nodos.

3.2 ALMACENAMIENTO DISTRIBUIDO

Una de las premisas para optimizar esta redundancia en el cluster es la de usar almacenamiento distribuido o compartido que nos permitirá que el mover una máquina de un nodo a otro solo implique mover los procesos de CPU y la RAM, ya que al ser un almacenamiento que comparten los nodos, los datos que están en el disco de la máquina, no se mueven entre nodos.

De esta forma migrar un KVM que tenga por ejemplo 4 Gb de RAM y 500 GB de disco, implica mover sólo los 4 GB, el resto de información de disco no se mueve, por lo que el proceso tarda segundos en lugar de minutos u horas dependiendo del volumen de datos en el disco.

## 4

ARQUITECTURA DE PROXMOX VE

En la figura podemos ver la arquitectura de Proxmox VE que se basa en un Kernel de Linux en el que corre QEMU sobre KVM para las máquinas virtuales o Linux Containers sobre AppArmor y cgropus.

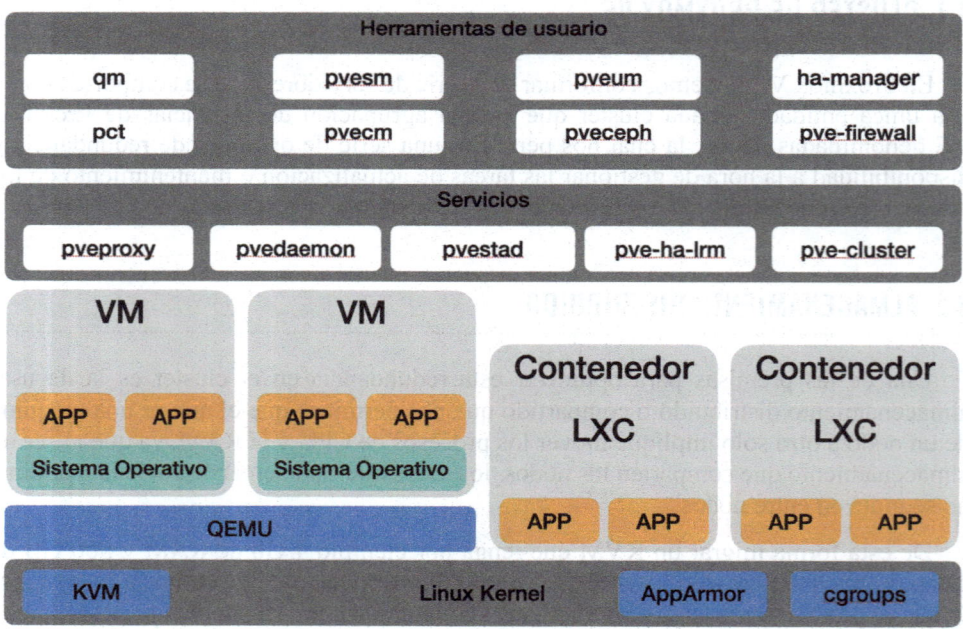

SI vamos de abajo arriba tenemos los siguientes elementos:

4.1 SISTEMA BASE

Un kernel de Linux basado en Debian que ejecuta:

4.1.1 KVM (Kernel-based Virtual Machine)

Según reza en la página de Debian, KVM es una solución de virtualización completa para Linux en hardware x86 (incluyendo hardware de 64-bits) que contienen las extensiones de virtualización Intel VT o AMD-V. Se compone de un módulo del kernel que puede ser cargado, kvm.ko, que provee la infraestructura de virtualización base, y un módulo específico para el tipo de procesador, kvm-intel.ko o kvm-amd.ko.

4.1.2 AppArmor

AppArmor es un módulo de seguridad del kernel de Linux que controla los accesos de los programas a determinados recursos del sistema, como archivos, directorios y sockets de red. Funciona definiendo perfiles de seguridad para cada aplicación, especificando a qué recursos pueden acceder y en qué condiciones. Esto ayuda a prevenir y mitigar ataques informáticos al limitar las acciones que pueden realizar los programas y es usado en los Linux Containers como medida de aislamiento.

AppArmor se usa para aislar y asegurar aplicaciones dentro de los contenedores. Cuando se ejecuta un contenedor con AppArmor habilitado, el perfil de seguridad de AppArmor asociado con ese contenedor se aplica a las aplicaciones que se ejecutan dentro de él. Este perfil restringe los recursos y acciones que las aplicaciones dentro del contenedor pueden realizar en el sistema Linux y en otros contenedores.

Se pueden establecer políticas específicas para cada contenedor, limitando su acceso solo a los recursos necesarios y reduciendo así el impacto de posibles vulnerabilidades en las aplicaciones que se ejecutan dentro de ellos. Esto ayuda a mejorar la seguridad y el aislamiento en entornos de contenedores.

4.1.3 cgroups

Los cgroups, o grupos de control, son una característica de Linux que permite limitar, priorizar y controlar el uso de recursos de un conjunto de procesos. Esto es muy útil en los LXC para la gestión de recursos compartidos.

Básicamente, los cgroups permiten establecer límites en recursos como CPU, memoria, ancho de banda de red, y algunos otros más, tanto de manera individual para cada proceso como para grupos de procesos relacionados. Esto significa que en cada contenedor puedes asegurarte de que un proceso no utilice más recursos de los asignados, evitando así situaciones en las que una aplicación pueda monopolizar todos los recursos del sistema.

Además, permiten garantizar el aislamiento entre diferentes instancias de contenedores.

4.2 LXC

Sobre esta base que ya he comentado, se ejecutan las aplicaciones que corren en los contenedores Linux (LXC) de forma protegida, mediante la aplicación de los procesos anteriormente descritos AppArmor y cgroups, que permiten que se puedan ejecutar aplicaciones sobre el propio kernel del hipervisor, pero con límites en cuanto a consumo de recursos de hardware (cgroups) y límites en permisos de a qué puede acceder dentro del kernel mediante al AppArmor.

Debido a estas características, los contenedores LXC solo pueden ejecutar aplicaciones Linux.

4.3 QEMU (QUICK-EMULATOR)

Como he comentado, KVM es una característica de virtualización de código abierto que está integrada en el kernel de Linux, QEMU es un software de emulación Open Source que permite la ejecución de máquinas virtuales. Aunque QEMU puede emular una amplia gama de arquitecturas de CPU y dispositivos, aprovecha las características de las que le provee KVM para proporcionar virtualización "de hardware" que es más rápida y eficiente en sistemas que admiten virtualización de hardware (Intel VT o AMD-V).

Sobre la base de esta emulación, se instala un sistema operativo y sus aplicaciones, y al contrario de lo que ocurre con los LXC, QEMU proporciona la suficiente capa de abstracción como para que sobre esta virtualización se pueda ejecutar cualquier tipo de sistema operativo, e incluso a veces sistemas con arquitecturas diferentes si tanto la capa de KVM como de QEMU lo permite, como por ejemplo poder ejecutar máquinas x86 o x86-64 sobre servidores con procesadores ARM o cualquier otra combinación.

El rendimiento no será ni de lejos el mismo que tenemos cuando ejecutamos una máquina virtual con el mismo juego de instrucciones que el del hardware sobre el que corre el hipervisor, puesto que tiene que realizar una conversión de juego de instrucciones de procesador en la emulación.

4.4 SERVICIOS

Todo el sistema se gestiona sobre servicios, todos estos componentes se aglutinan en cada nodo de Proxmox VE y se establece comunicación entre ellos a lo largo de un cluster con el servicio de pve-cluster.

Voy a tratar de explicar brevemente qué hace cada uno de ellos.

4.4.1 pvedaemon

Este demonio expone toda la API de Proxmox VE en 127.0.0.1 en el puerto 85. Se ejecuta como root y tiene permiso para realizar todas las operaciones privilegiadas.

El demonio solo escucha una dirección local, por lo que no puede acceder a él desde afuera. Para esto, se usa el demonio pveproxy que expone la API al mundo exterior.

4.4.2 pveproxy

Este demonio expone toda la API de Proxmox VE en el puerto TCP 8006 mediante HTTPS. Se ejecuta como usuario www-data y tiene permisos muy limitados. Las operaciones que requieren más permisos se reenvían al pvedaemon local.

Las solicitudes dirigidas a otros nodos se reenvían automáticamente a esos nodos. Esto significa que puede administrar todo su cluster conectándose a un único nodo Proxmox VE.

4.4.3 pvestad

Es un demonio que consulta el estado de las máquinas virtuales, los almacenamientos y los contenedores a intervalos regulares. El resultado se envía a todos los nodos del cluster.

4.4.4 pve-ha-lrm

Este servicio es el gestor de recursos locales para la alta disponibilidad y que se comunica con el gestor de recursos de cluster, como ya explicaré en el apartado dedicado a la alta disponibilidad.

4.4.5 pve-cluster

Es el encargado de toda la gestión del cluster y de la comunicación entre nodos y de diversas tareas de configuración y gestión.

4.5 HERRAMIENTAS DE USUARIO

En este apartado, sólo voy a citar las herramientas de usuario, ya que luego las veremos en profundidad.

4.5.1 qm

Comandos para gestionar máquinas virtuales KVM.

4.5.2 pct

Comandos para gestionar contenedores Linux LXC.

4.5.3 pvesm

Gestor de almacenamiento.

4.5.4 pvecm

Gestor del cluster.

4.5.5 pveum

Gestor de usuarios de Proxmox.

4.5.6 pveceph

Gestor del cluster de Ceph.

4.5.7 ha-manager

Gestor de la alta disponibilidad de las máquinas virtuales en el cluster.

4.5.8 pve-firewall

Gestor del cortafuegos integrado de Proxmox VE.

5

INSTALACIÓN DE PROXMOX VE

Para instalar Proxmox VE, Proxmox Server Solutions GmbH, ofrece las imágenes del instalador en formato de DVD ISO desde el que se puede arrancar.

5.5.1 Prerequisitos

Para instalar Proxmox VE necesitamos los siguientes requisitos.

5.5.2 Hardware mínimo (solo para pruebas)

- CPU: 64 bits (Intel EMT64 o AMD64).
- CPU/placa base compatible con Intel VT/AMD-V (para compatibilidad total con virtualización KVM).
- Mínimo 1 GB de RAM.
- Disco duro.
- Una tarjeta de red.

5.5.3 Hardware recomendado

CPU Intel EMT64 o AMD64 con indicador de CPU Intel VT/AMD-V.

Memoria, mínimo 2 GB para SO y servicios Proxmox VE. Además de memoria designada para invitados. Para Ceph o ZFS se requiere memoria adicional, aproximadamente 1 GB de memoria por cada TB de almacenamiento utilizado.

Almacenamiento rápido y redundante, la recomendación requiere discos SSD. En el caso de un entorno de producción avanzado recomiendo discos SSD Enterprise Class, con un número alto de IOPS así como una durabilidad muy alta.

Almacenamiento del sistema operativo: RAID de hardware con caché de escritura protegida por baterías ("BBU") o no RAID con caché ZFS y SSD, el conocido como modo IT en el que los discos se presenten con un Host Bus Adapter (HBA) en lugar de usar la abstracción de la controladora.

Almacenamiento de VM: para almacenamiento local, utiliza un RAID de hardware con caché de escritura respaldada por batería (BBU) o no RAID para ZFS. Ni ZFS ni Ceph son compatibles con un controlador RAID de hardware. También es posible el almacenamiento compartido y distribuido.

NIC Gbit redundantes, o preferiblemente NIC 10 Gbit o superiores para el uso de almacenamiento en cluster como Ceph o ZFS, ya que los datos de almacenamiento se comunicarán a través de esta red.

NIC adicionales según la tecnología de almacenamiento preferida y la configuración del cluster: también se recomiendan como hemos comentado tarjetas NIC de 10 Gbit y superiores.

Para el passthrough PCI(e) se necesita una CPU con el indicador de CPU VT-d/ AMD-d.

5.1 PROCESO DE INSTALACIÓN

5.1.1 Preparación del hardware

Como hemos comentado, lo más importante, aparte de escoger un sistema en el que el procesador soporte los flags de CPU Intel VT/AMD-V, es el tema de los discos que vamos a usar para la instalación, y la configuración RAID de estos.

Antes he comentado que la configuración RAID no es la más recomendable, si en un futuro necesitamos crecer, e instalar alguno de los sistemas de almacenamiento virtualizados como Ceph o ZFS.

Si lo que queremos es un sistema con nodos independientes, podemos usar RAID, e instalar Proxmox en un sistema basado en RAID de controladora, pero que no podemos migrar a un cluster con almacenamiento Ceph o ZFS.

Para esto vamos a distinguir entre los discos de arranque y los discos de almacenamiento de las VM y LXC.

En el disco de arranque podemos usar un sólo disco (lo cual no es muy recomendable) ya que carecemos de redundancia, o bien montar un RAID 1 que es un sistema de redundancia en "espejo" en el que los dos discos se comportan como uno sólo y permite que si un disco falla, se pueda sustituir sin perder información. (La información se almacena a la vez en ambos discos, de ahí la nomenclatura espejo).

Si nuestra controladora no admite esta configuración, se puede optar por una configuración igual basada en un "espejo" construido a partir de un RAID por software mediante tecnologías como ZFS o BTRFS que permiten que dos discos iguales se configuren como uno sólo, garantizando de esta forma la redundancia requerida para una instalación robusta.

Por otro lado la configuración de los discos de almacenamiento de las VM, se puede realizar con otro RAID de controladora (RAID5, RAID6, RAID60, RAID10, etc). En este escenario, no podremos usar la opción de almacenamiento distribuido entre los nodos de un cluster.

Por ello es importante planificar muy bien el tipo de almacenamiento esto definirá comopodremos crecer.

En el caso de usar un sólo volumen para la instalación de Proxmox, creará dos volúmenes, uno que se llama local y otro llamado local-lvm que será en que almacene las VM locales.

5.1.2 Descarga de la ISO de Proxmox VE

Iremos a la página oficial de Proxmox y en la opción de menú virtualization, tenemos un enlace para la descarga de la ISO.

Compute, network, and storage in a single solution

The enterprise-class features and a 100% software-based focus make Proxmox VE t your IT infrastructure, optimize existing resources, and increase efficiencies with mi virtualize even the most demanding of Linux and Windows application workloads, a and storage as your needs grow, ensuring that your data center adjusts for future g

Ready to build an open and future-proof data center with Proxmox VE?

5.1.3 Instalación de Proxmox

Arrancaremos desde el DVD de instalación y nos mostrará la primera pantalla de instalación de un arranque GRUB de Linux y un pequeño menú con opciones.

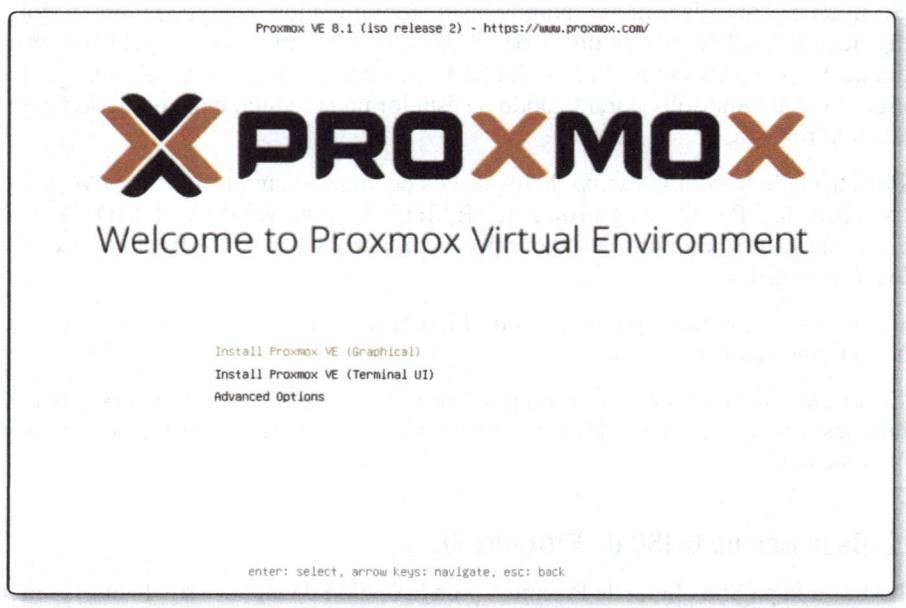

La opción por defecto es la instalación de Proxmov VE gráfico y comenzará a cargar el Linux. Debian que es la base de Proxmox VE.

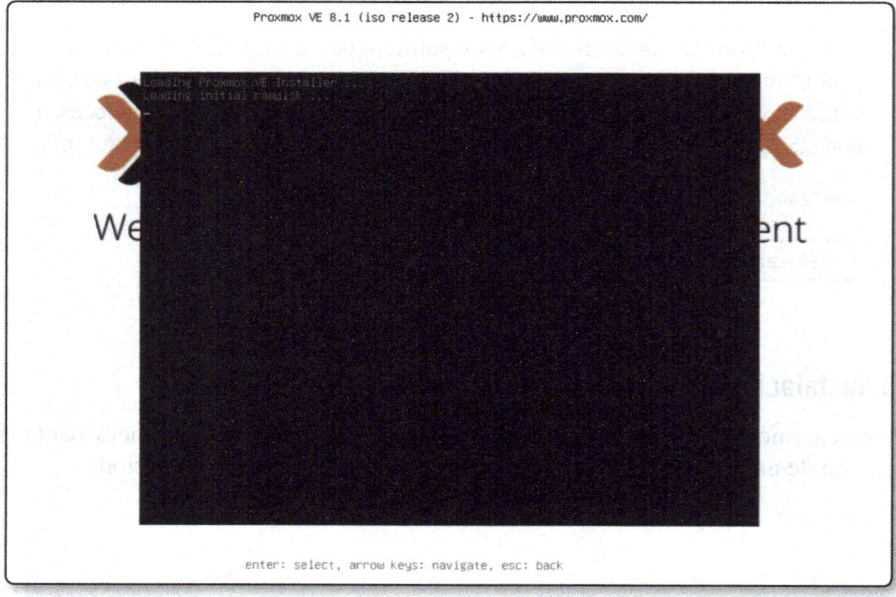

A continuación nos mostrará el EULA (End User License Agreement = Acuerdo de Licencia de Usuario Final).

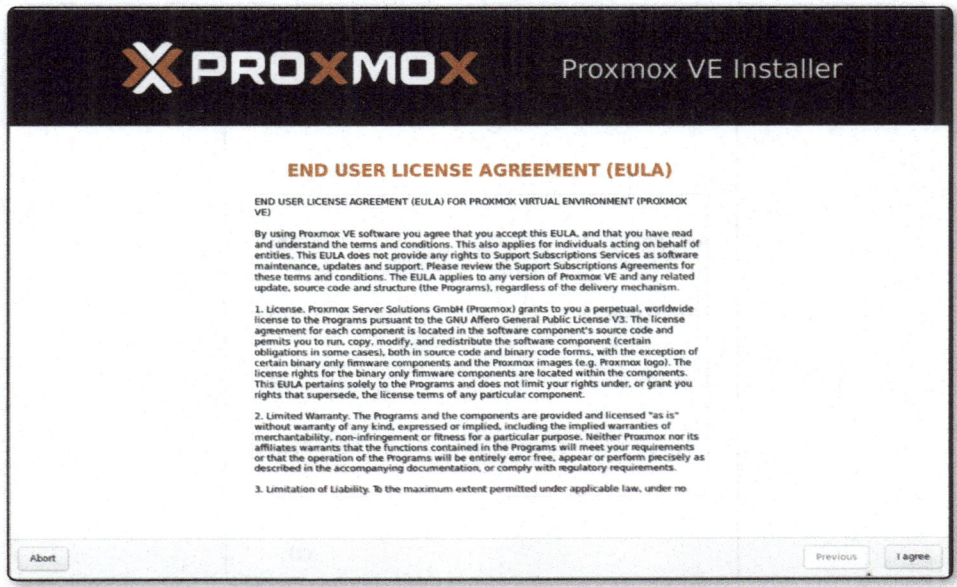

Pulsamos en I Agree (Acepto) y nos mostrará la pantalla de selección del disco de instalación.

En este punto podemos ver que hay un botón de opciones, que vamos a ver un poco en profundidad. Si pulsamos en el botón de Options, podemos ver que la instalación se puede hacer de las siguientes formas.

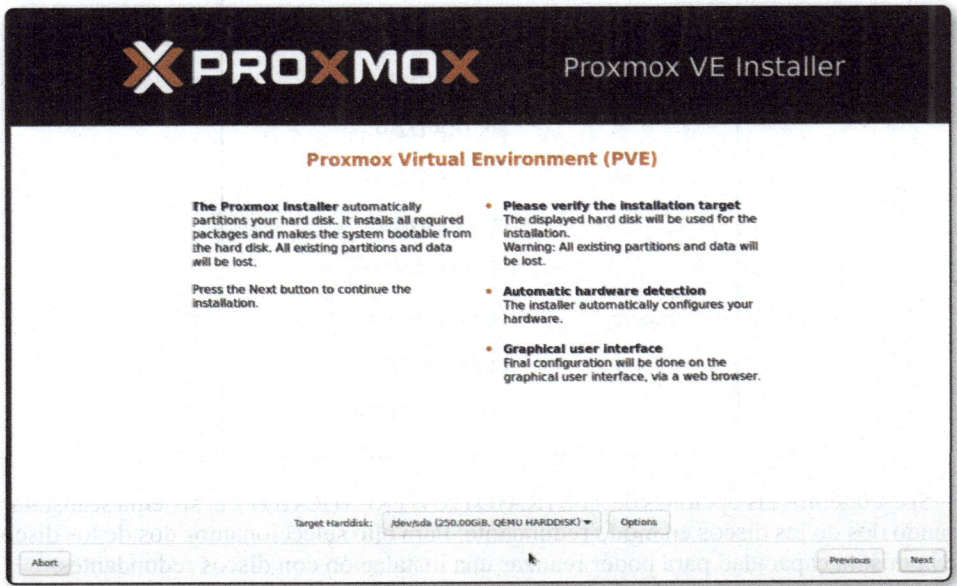

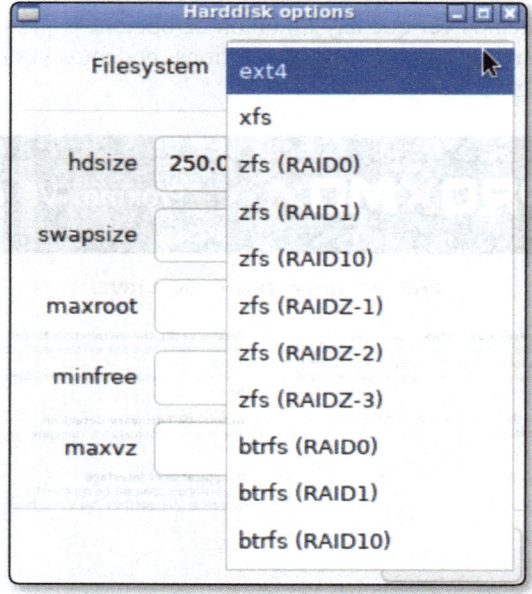

Podemos instalar usando un sistema redundante basado en ZFS o BTRFS.

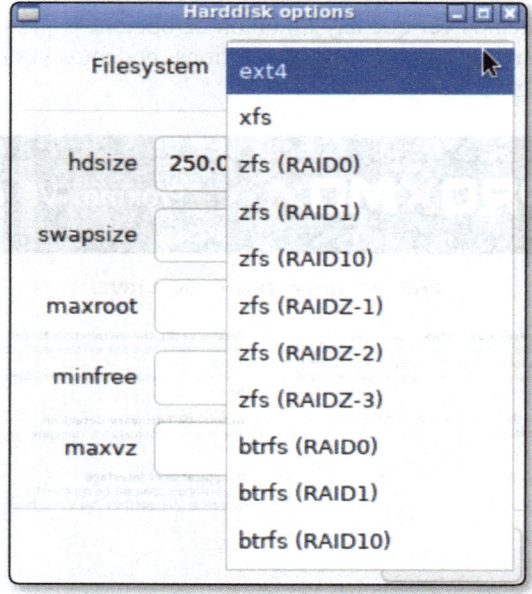

Si escogemos las opciones de ZFS (RAID1) o BTRFS (RAID1), el sistema se instalará usando dos de los discos en modo redundante. Para ello seleccionamos dos de los discos de la misma capacidad para poder realizar una instalación con discos redundantes.

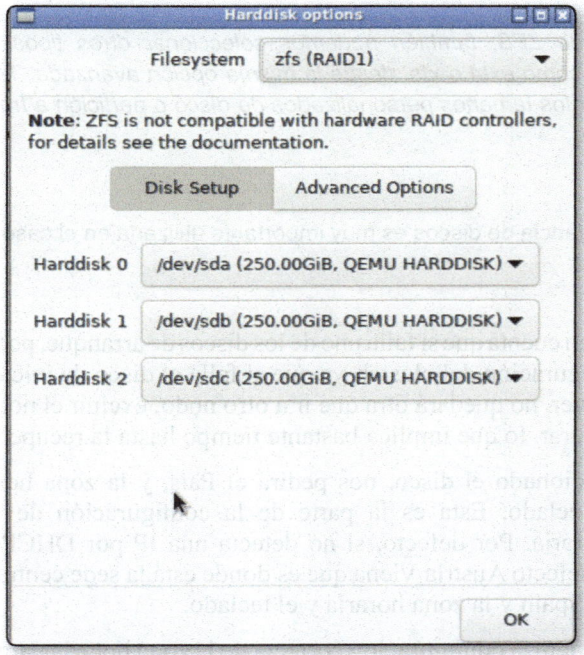

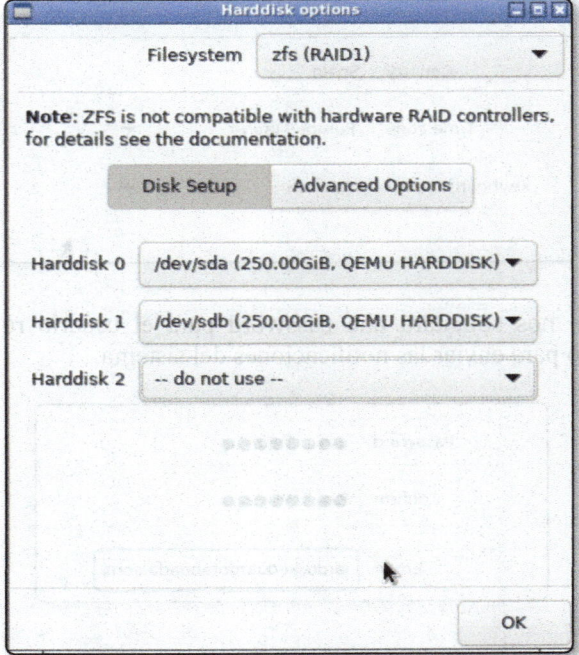

Además de ZFS, también podemos seleccionar otros tipos de sistemas de archivos, como ext4 o xfs, desde la misma opción avanzada. También podemos configurar los tamaños personalizados de disco o partición a través de la opción avanzada.

 La redundancia de discos es muy importante utilizarla en el caso de instalaciones de cluster.

Hay que tener en cuenta que si falla uno de los discos de arranque, podríamos cambiarlo sin perder la configuración del cluster, ya que si falla el disco de inicio de Proxmox VE en un sistema cluster, no quedará otra que ir a otro nodo, excluir el nodo fallido y volver a instalar y configurar, lo que implica bastante tiempo hasta la recuperación del cluster.

Una vez seleccionado el disco, nos pedirá el País, y la zona horaria, así como la distribución del teclado. Esta es la parte de la configuración de los datos para la sincronización horaria. Por defecto, si no detecta una IP por DHCP y por lo tanto el NTP, pondrá por defecto Austria Viena que es donde está la sede central de Proxmox. Lo cambiaremos por Spain y la zona horaria y el teclado.

Es muy importante la configuración correcta de la zona horaria para la sincronización de los nodos en un cluster, de lo contrario tendremos problemas en el cluster.

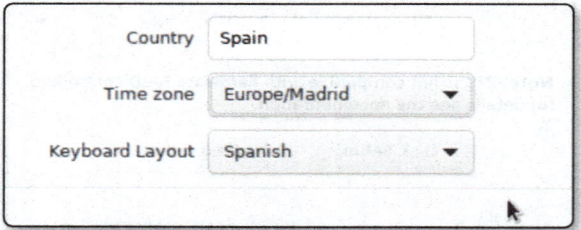

A continuación nos solicitará una password para el usuario root, así como una dirección de correo para enviar las notificaciones del sistema.

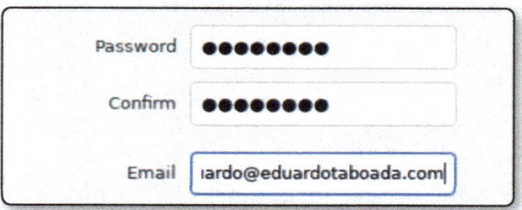

El siguiente paso es configurar la interfaz de red que usaremos para conectarnos a Proxmox, así como las direcciones IP del nodo de Proxmox, la puerta de enlace y el DNS para poder conectarse a Internet y recibir actualizaciones.

Management Interface	● ens18 - bc:24:11:58:53:ee (virtio_net) ▼
Hostname (FQDN)	pve.example.invalid
IP Address (CIDR)	192.168.100.2 / 24
Gateway	192.168.100.1
DNS Server	127.0.0.1

Previous   Next

A continuación nos mostrará un resumen de lo que hemos configurado, pulsaremos Install y comenzará la instalación desatendida.

5.2 INSTALACIÓN EN MODO TEXTO

La instalación en modo texto es igual en cuanto a las opciones que la interfaz en modo gráfico, salvo que no tendremos la ayuda del ratón para desplazarnos, por lo que tendremos que usar las teclas de cursor y el tabulador para seleccionar las opciones como vemos en las imágenes.

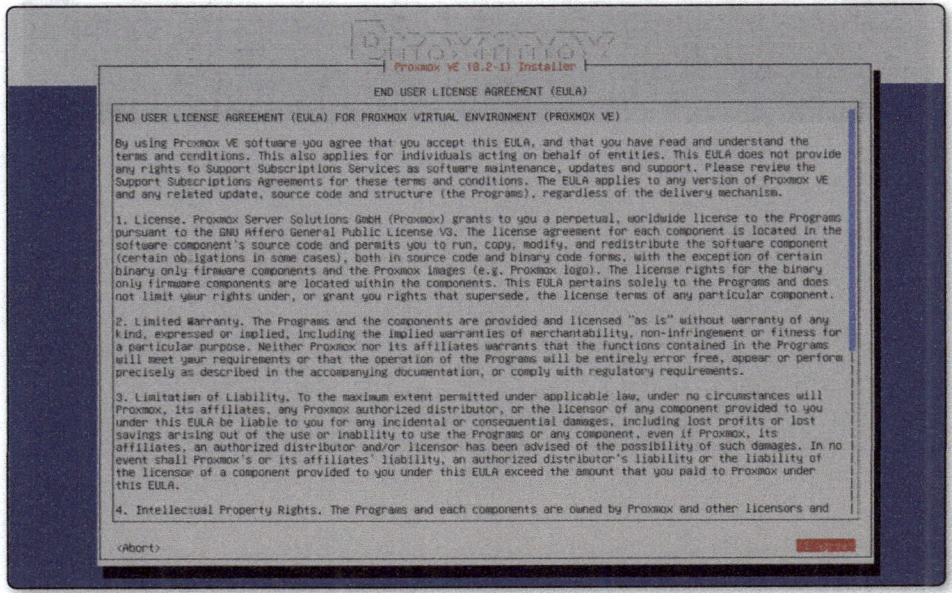

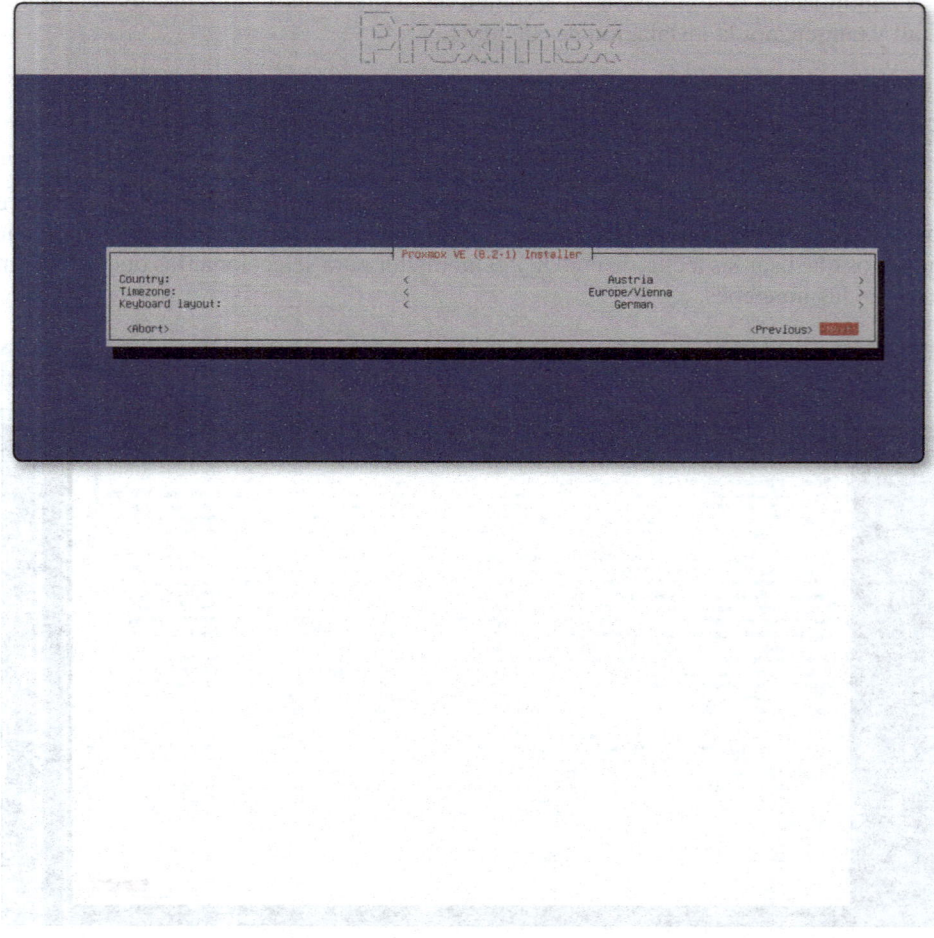

6

ENTENDIENDO LA GUI DE PROXMOX

Para los que tienen miedo debido a que Proxmox está basado en Linux, puedo tranquilizaros, Proxmox VE se gestiona principalmente (a excepción de tareas avanzadas que veremos más adelante) desde una interfaz gráfica que es muy sencilla e intuitiva.

Para ello abriremos un navegador, y teclearemos la URL o la IP de nuestro servidor recién instalado, usando el puerto 8006.

https://10.200.3.20:8006

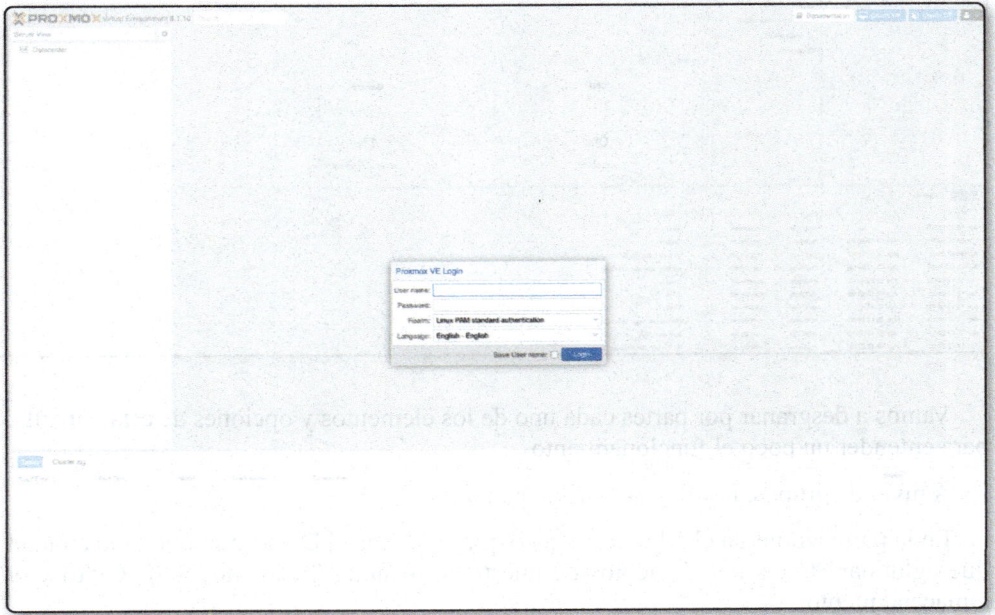

Aparecerá una ventana de login.

En esta ventana introduciremos el usuario root y la contraseña que usamos durante el proceso de instalación de nuestro Proxmox VE.

El realm (reino) es el entorno de autenticación de Proxmox, por defecto usaremos el Linux PAM (son los usuarios creados dentro del Debian Linux que subyace como sistema operativo), más adelante veremos que podemos crear usuarios dentro del propio Proxmox VE o bien autenticar contra otros sistemas de autenticación como LDAP o Active Directory.

De momento usaremos el Linux PAM standard authentication.

Una vez introducidos los datos, nos saldrá un mensaje de que no hay una suscripción activa para nuestro Proxmox, pulsamos aceptar y veremos la pantalla inicial de la GUI de Proxmox.

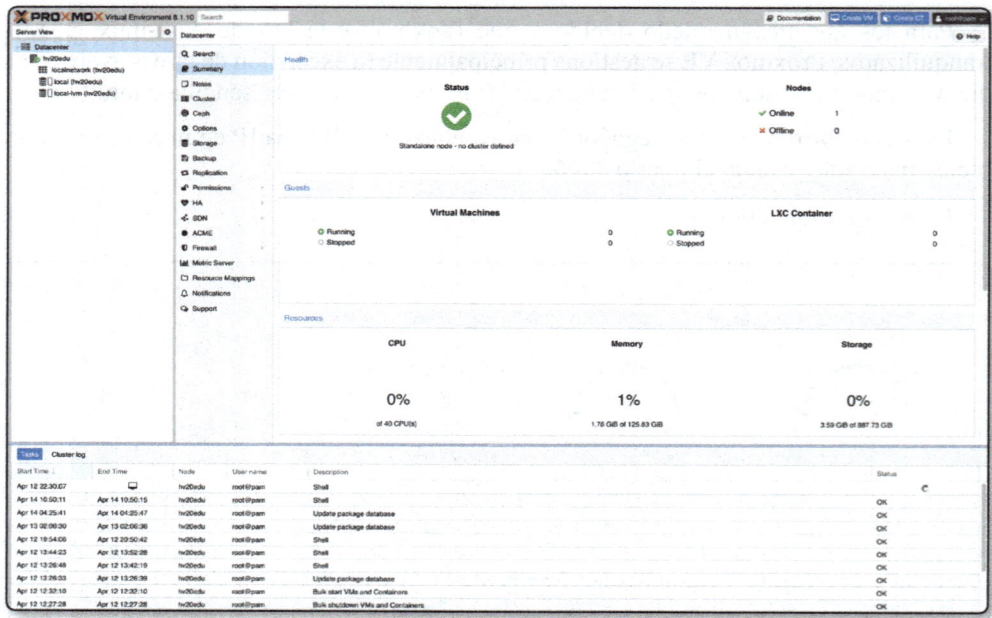

Vamos a desgranar por partes cada uno de los elementos y opciones de esta pantalla, para entender un poco el funcionamiento.

A nivel de grupos, hay 4 grupos en la pantalla.

En la parte izquierda el árbol jerárquico que compone el Datacenter que es la entidad que aglutinará todos los elementos de nuestro Proxmox VE, los nodos (h20edu) y el almacenamiento.

En cada uno de estos elementos a la derecha, parece un conjunto de opciones y en la ventana principal de más a la derecha, tenemos los gráficos o el resultado de cada una de las opciones en detalle.

En la parte inferior, tenemos el registro de eventos de las tareas de nuestro centro de datos.

En la siguiente imagen, podemos ver cada uno de los apartados que comento.

La interfaz gráfica de Proxmox se basa en un sistema de página única, lo que significa que cualquiera de las opciones a excepción de algunos cuadros de diálogo, no abrirá una nueva ventana, siempre navegaremos por la misma ventana para cualquier tarea que necesitemos realizar, bien a nivel de nodo, de cluster o de almacenamiento.

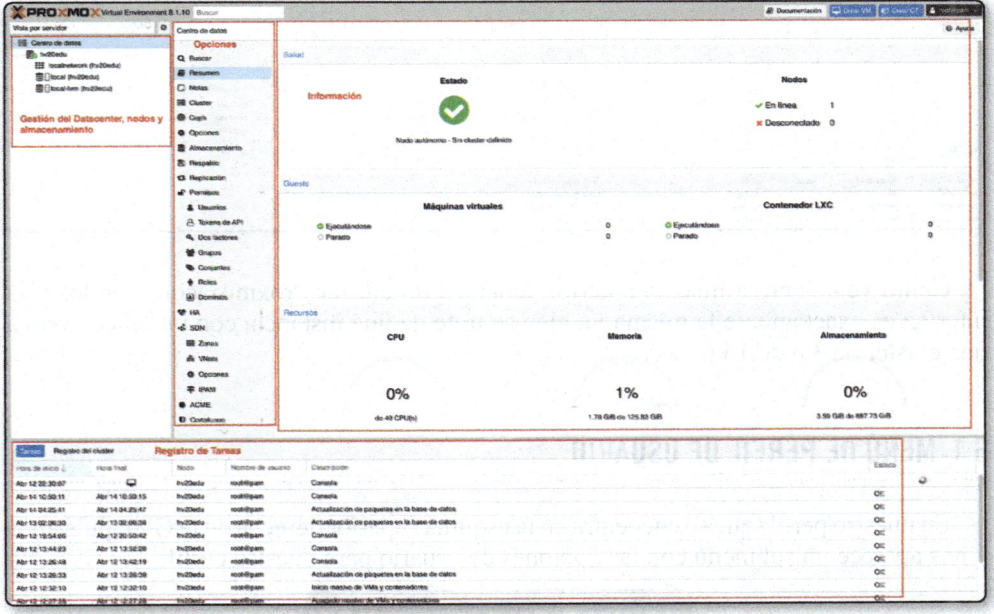

En este caso estamos viendo nuestra instancia de Proxmox VE que se compone de un sólo nodo, en el caso de que tengamos un cluster, la imagen mostrará todos los elementos del cluster.

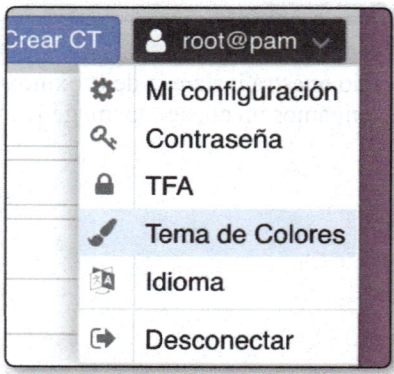

Como vemos en la imagen anterior, tenemos un cluster Proxmox con 3 nodos y la interfaz es exactamente la misma ya bien se trate de una instancia con un único nodo a una cluster de 3 o de 15 nodos.

6.1 MENÚ DE PERFIL DE USUARIO

En nuestro perfil (que se encuentra en la esquina superior derecha de la GUI, pulsamos y nos aparece un submenú con las opciones de usuario para nuestro perfil.

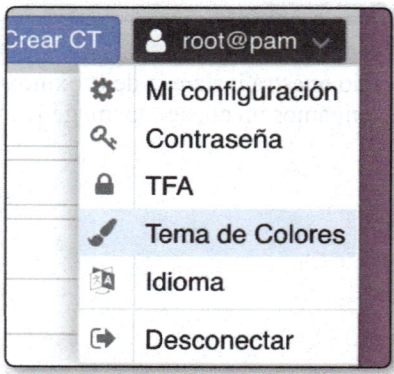

Desde este menú podremos ajustar la configuración de como visualizar la GUI.

6.1.1 Mi configuración

En la opción de Mi configuración podemos cambiar entre otras cosas la tipografía, el tamaño de fuente, el espaciado, la altura de línea, la configuración de VNC, etc.

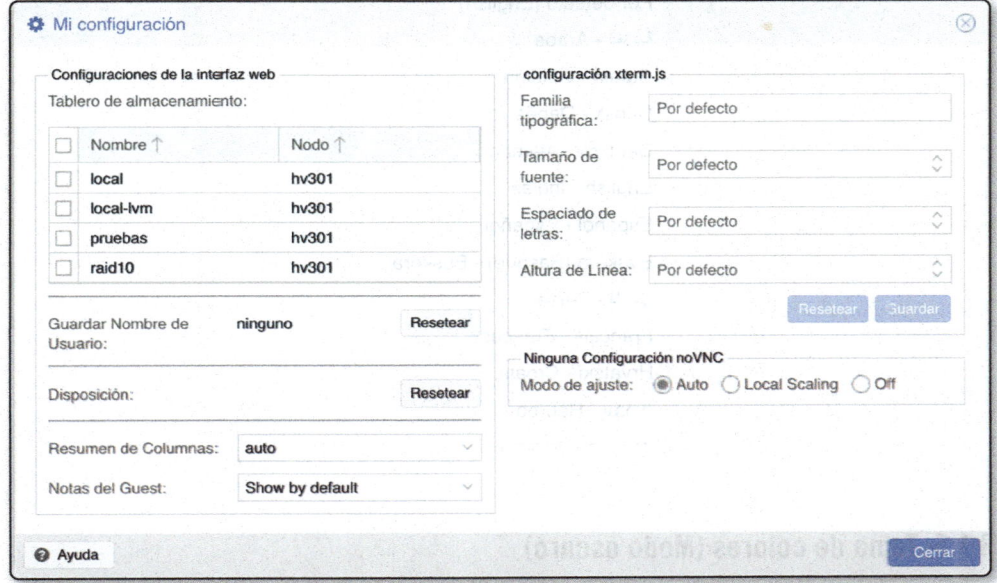

6.1.2 Contraseña

Nos mostrará una ventana con dos cajas de texto, para cambiar la contraseña, introduciendo una nueva contraseña, y repitiendo la misma para asegurarnos que está bien escrita.

6.1.3 TFA

Esta opción es para la autenticación de dos factores, que veremos más adelante en los métodos de autenticación.

6.1.4 Idioma

Nos permite cambiar el idioma de la interfaz de Proxmox VE.

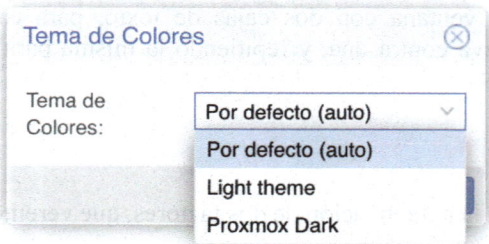

6.1.5 Tema de colores (Modo oscuro)

Desde las últimas versiones 7 y a partir de la versión 8 de Proxmox VE, podemos usar el modo oscuro en la presentación de la GUI, es decir fondo negro con los textos en color blanco.

En las siguientes imágenes, podemos ver la apariencia de la GUI con el modo oscuro.

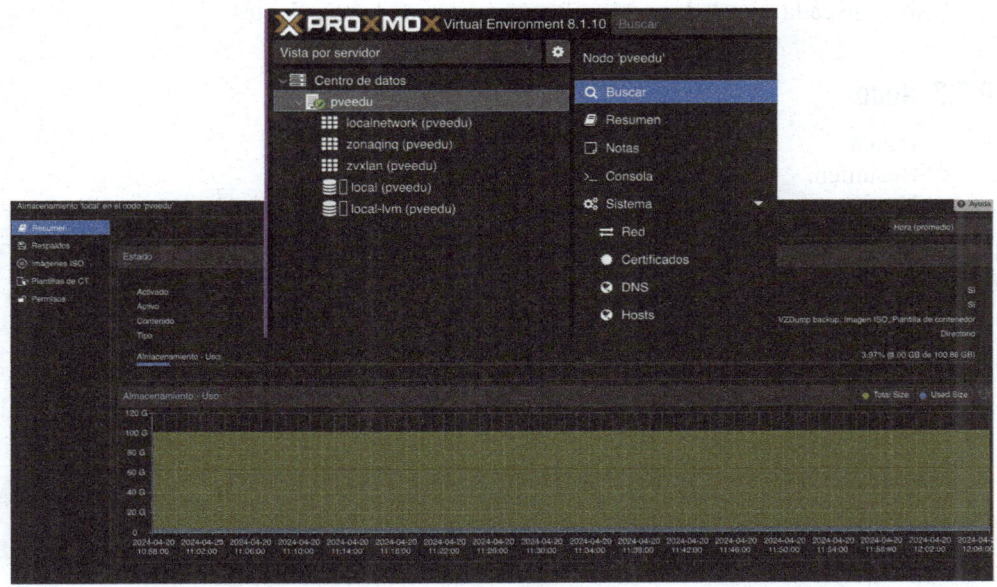

6.2 LA ESTRUCTURA DE MENÚS Y JERARQUÍA

Como hemos comentado la pantalla principal dispone de una jerarquía que se puede modificar en función de la vista. Disponemos de vista "Por servidor" (Server view), vista por carpetas (Folder View) o vista por conjuntos o Pool View. En todos los casos los elementos que se visualizan son los mismos, con la única salvedad de la jerarquía y el orden en el que se presentan.

Ahora vamos a ver en profundidad la estructura de menús para familiarizarnos con las opciones.

6.2.1 Datacenter

- Buscar.
- Resumen.
- Notas.
- Cluster.
- Ceph.
- Opciones.
- Almacenamiento.
- Backups.
- Replicación.

- Permisos.
- Alta disponibilidad (HA).
- SDN.
- ACME.
- Cortafuegos.
- Servidor de métricas.
- Mapeo de recursos.
- Notificaciones.
- Soporte.

A nivel de cada uno de los nodos, las opciones son las siguientes.

6.2.2 Nodo

▼ Buscar.
▼ Resumen.
▼ Notas.
▼ Consola.
▼ Sistema.
▼ Actualizaciones.
▼ Cortafuegos.
▼ Discos.
▼ Ceph.
▼ Replicación.
▼ Historial de tareas.
▼ Suscripción.

Más adelante vamos a ir desgranando cada las opciones de estos menús.

7

PRIMEROS PASOS TRAS LA INSTALACIÓN

7.1 GESTIÓN DE LOS REPOSITORIOS

En primer lugar debemos decidir si queremos usar los repositorios gratuitos (non-subscription) o los repositorios Enterprise. Esto es muy importante para poder realizar las actualizaciones de Proxmox.

Si decidimos usar los repositorios Enterprise, es necesario contratar una suscripción de las múltiples que podemos contratar en función de los servicios.

Para ello seleccionaremos el nodo (hay que contratar una suscripción para cada uno de los nodos). Y nos aparecerá una pantalla como la siguiente:

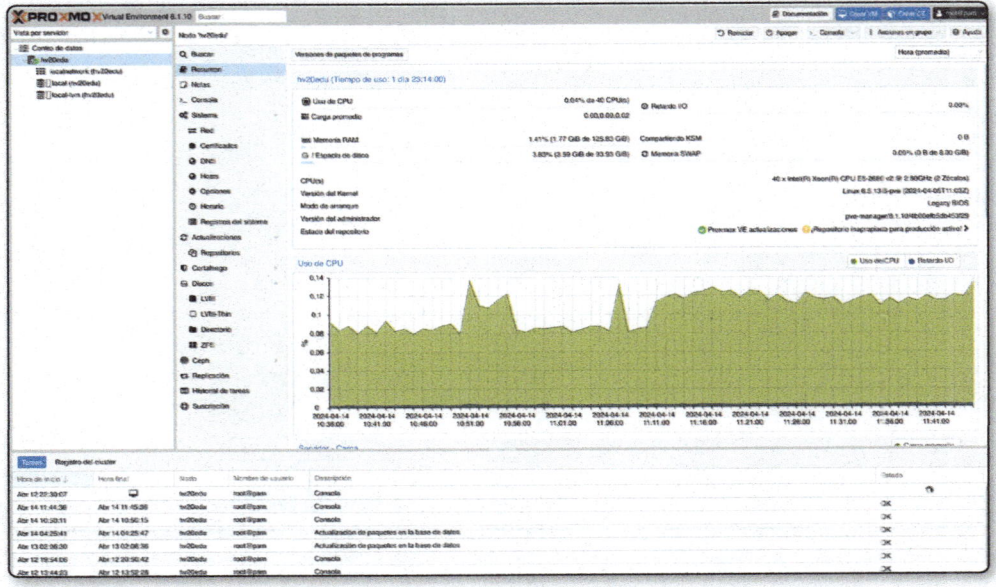

7.1.1 Gestión de suscripción

Para contratar una suscripción, nos pedirán un identificador de nuestra instancia, para ello seleccionaremos el nodo en nuestro navegador e iremos al menú de opciones en suscripción nos dará la información necesaria para contratar la suscripción.

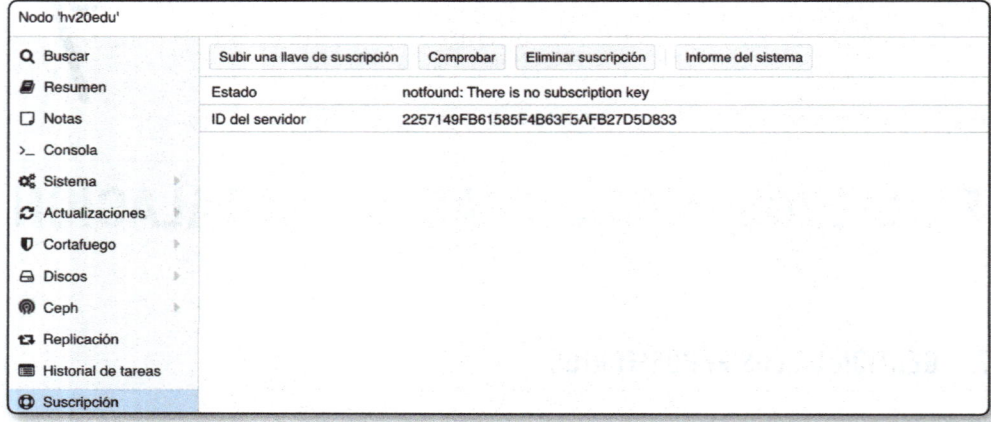

Con la información del ID del servidor nos la pedirán para activar nuestra suscripción, por lo tanto, la copiaremos y la introduciremos cuando nos la pida desde el e-commerce de la licencia de Proxmox, y con esta información, nos proporcionará una clave que usaremos para activar nuestra suscripción de Proxmox.

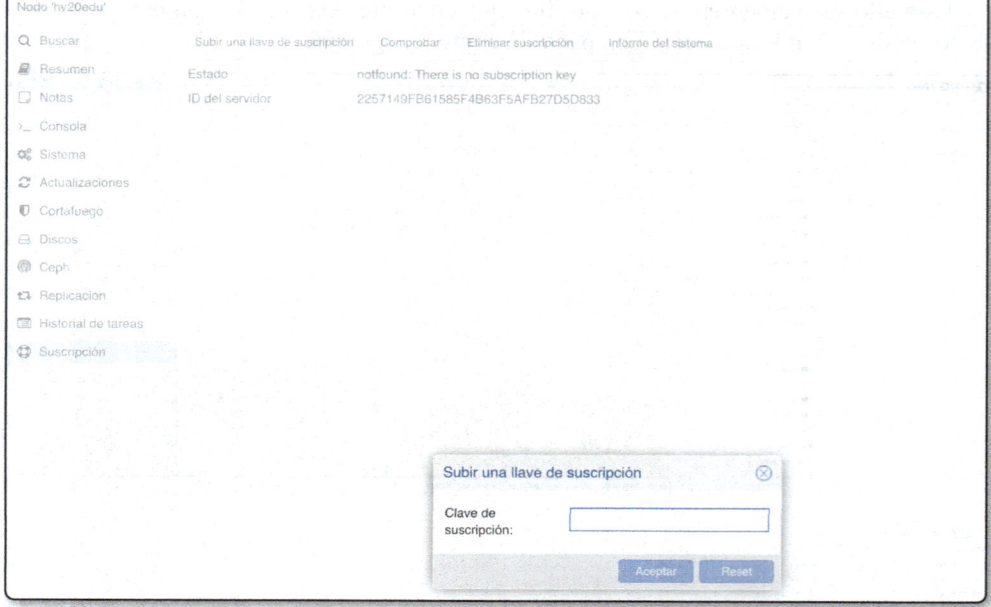

7.1.2 Repositorios sin suscripción

En caso contrario, debemos de modificar los repositorios que se instalan por defecto con Proxmox, ya que son los enterprise. De lo contrario no podremos instalar actualizaciones, ya que necesitamos para ello una suscripción activa.

Para modificar los repositorios podemos realizarlo desde la interfaz gráfica o desde línea de comando.

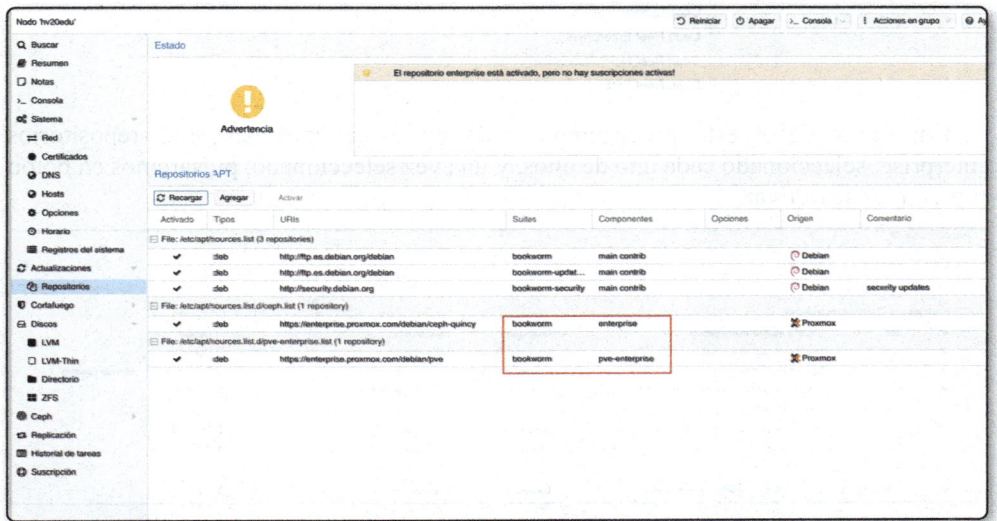

Para ello vamos a nuestro nodo, accedemos a la sección de actualizaciones -> Repositorios, nos aparecerá la siguiente pantalla.

He recuadrado en rojo las dos opciones de la suscripción enterprise, que debemos modificar si queremos usar la versión no-subscription de Proxmox (sin pagar por usarla).

Para ello, vamos a agregar y nos aparecerá el mensaje de error de que no tenemos una suscripción contratada.

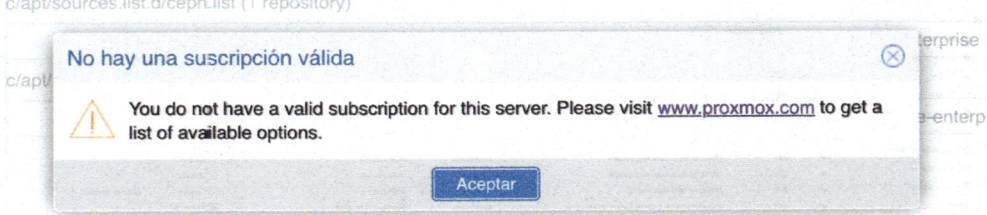

Ahora procederemos a sustituir las dos fuentes de actualización de Proxmox y de Ceph de la versión Enterprise a la no subscription. Para ello pulsamos en agregar y seleccionamos de la lista la versión no subscription, tanto de Proxmox como de Ceph.

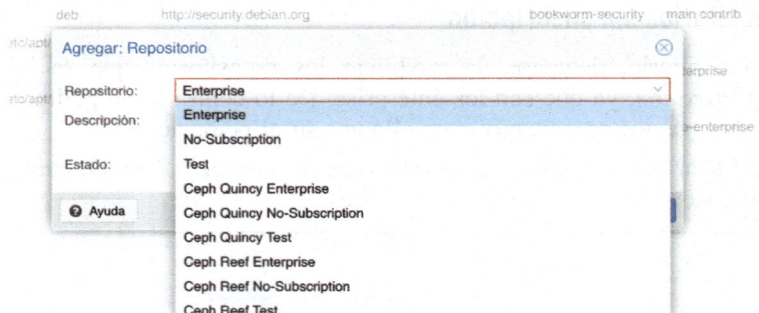

Una vez realizado esto, procederemos a desactivar las versiones de los repositorios enterprise, seleccionado cada uno de ellos, y una vez seleccionado, pulsaremos en botón superior de desactivar.

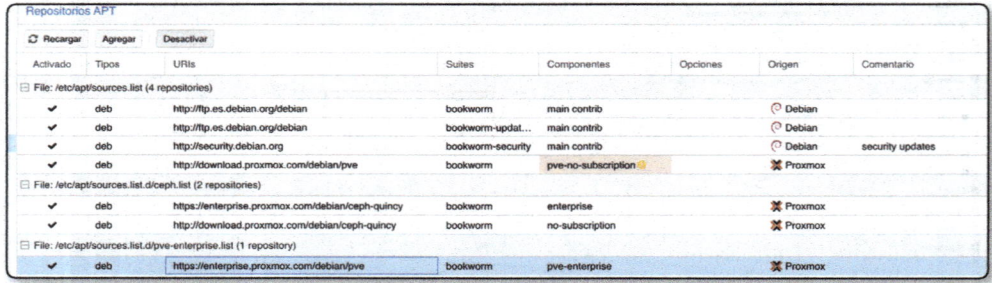

Cuando hayamos desactivado las versiones enterprise ambos repositorios aparecerán en gris lo que denota que no están activos.

Como vemos en la siguiente imagen, nos muestra que Proxmox recibirá actualizaciones, pero que el repositorio no-subscription no es el apropiado para producción, y he marcado en rojo los dos repositorios que se han desactivado y que aparecen en gris en lugar de negro por estar desactivados.

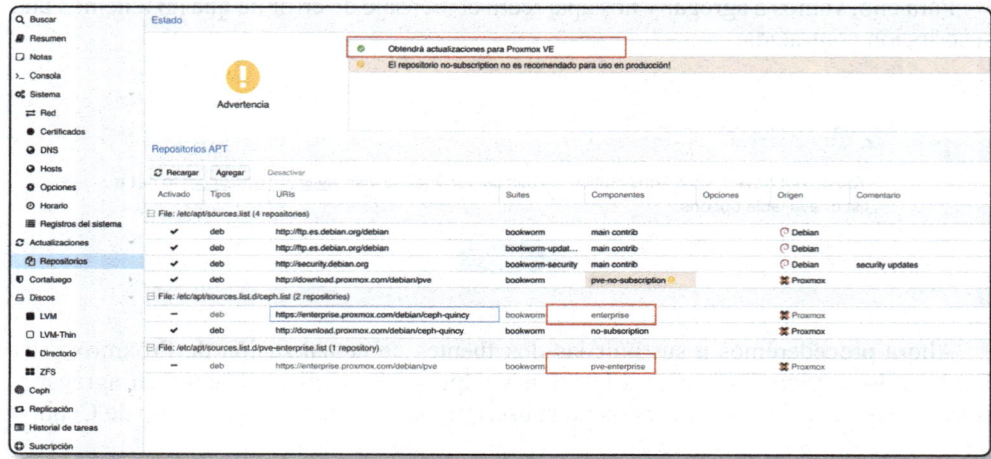

A partir de este momento podemos usar la opción de menú superior (Actualizaciones) y actualizar nuestro Proxmox a la última versión, o instalar las actualizaciones necesarias de los paquetes que dispongan de nuevas versiones.

 Es importante mantener los sistemas actualizados para prevenir posibles brechas de seguridad y posibles vulnerabilidades o bien mejoras por fallos corregidos desde versiones previas.

7.1.3 Actualizar los repositorios desde la línea de comandos

Podemos realizar la actualización de los repositorios desde la línea de comandos, para ello deberemos realizar ciertas modificaciones en tres archivos.

```
/etc/apt/source.list
/etc/apt/sources.list.d/ceph.list
/etc/apt/sources.list.d/pve-enterprise.list
```

Vamos a empezar por el pve-enterprise.list

Este archivo contiene lo siguiente:

```
deb https://enterprise.proxmox.com/debian/pve bookworm pve-enterprise
```

Pondremos una almohadilla al principio de la línea para desactivarla.

```
# deb https://enterprise.proxmox.com/debian/pve bookworm pve-enterprise
```

Ahora agregaremos el repositorio no subscription al archivo.

```
/etc/apt/source.list
```

La línea a añadir es la siguiente.

```
# deb http://download.proxmox.com/debian/pve bookworm pve-no-subscription
```

Por lo que el archivo quedará como sigue.

```
deb http://ftp.es.debian.org/debian bookworm main contrib

deb http://ftp.es.debian.org/debian bookworm-updates main contrib

# security updates
deb http://security.debian.org bookworm-security main contrib

deb http://download.proxmox.com/debian/pve bookworm pve-no-subscription
```

Lo siguiente es modificar el archivo /etc/apt/sources.list.d/ceph.list que tendrá el siguiente contenido (o parecido).

```
# deb https://enterprise.proxmox.com/debian/ceph-quincy bookworm enterprise
```

Este archivo contiene la línea de la versión enterprise, la comentaremos también con una almohadilla y agregaremos la siguiente línea.

deb http://download.proxmox.com/debian/ceph-quincy bookworm no-subscription

El resultado del archivo será como se muestra debajo.

```
# deb https://enterprise.proxmox.com/debian/ceph-quincy bookworm enterprise

deb http://download.proxmox.com/debian/ceph-quincy bookworm no-subscription
```

Con esto tendremos los repositorios cambiados usando los ficheros de actualización.

Para ello iremos a cada uno de los nodos y en la opción de actualizaciones, tenemos en la parte superior izquierda, dos opciones:

▼ Refrescar.
▼ Actualizar sistema.

La primera opción conectará con los servidores de repositorios de Debian y Proxmox, para buscar actualizaciones y nos mostrará en la parte inferior todos los paquetes que tienen actualizaciones pendientes.

SI deseamos actualizar, pulsaremos en actualizar sistema, y nos abrirá una ventana de consola de Proxmox preguntando si deseamos actualizar el sistema.

 En ocasiones hay determinadas actualizaciones que requieren el reinicio del nodo. Estas operaciones de mantenimiento y actualización, hay que planificarlas para evitar una pérdida de servicio a los usuarios de nuestro entorno de virtualización.

ACTUALIZACIÓN DE PROXMOX VE

Proxmox proporciona actualizaciones periódicamente para todos los repositorios. Para instalar actualizaciones, utiliza la GUI basada en web.

En el menú del nodo vamos a la opción de actualizaciones y al pulsar en esta opción tendremos dos opciones:

8.1.1 Refrescar

Realiza una comprobación desde los repositorios para ver si hay nuevas actualizaciones. Se nos abrirá una ventana de información con el progreso y el resultado.

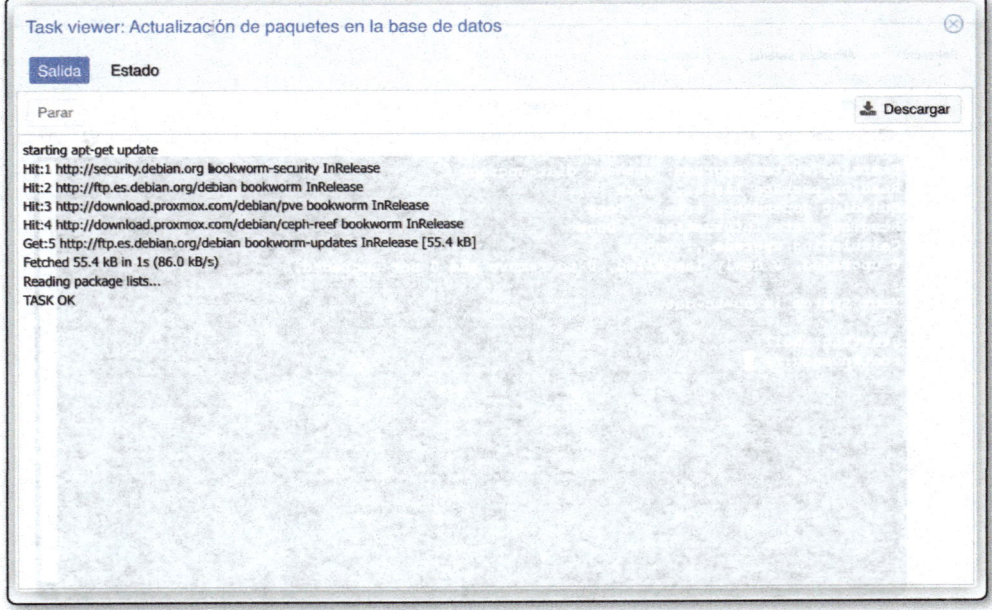

8.1.2 Actualizar sistema

En esta opción se abrirá una nueva ventana de la línea de comandos del shell de Linux, si existen paquetes para actualizar nos preguntará si queremos actualizarlos.

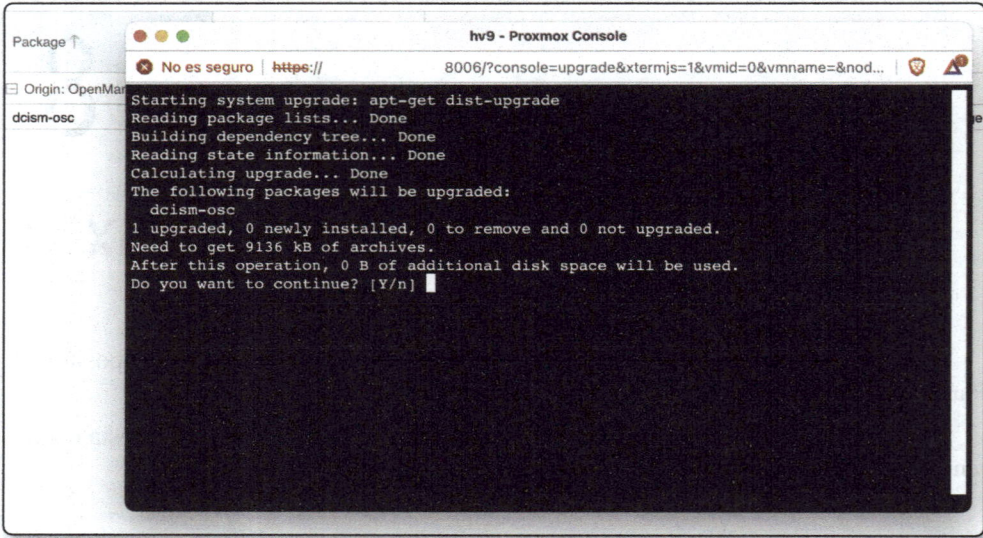

Pulsaremos Y para actualizar el sistema.

En caso de que no haya nada que actualizar, se abrirá la ventana y nos dirá que está todo actualizado.

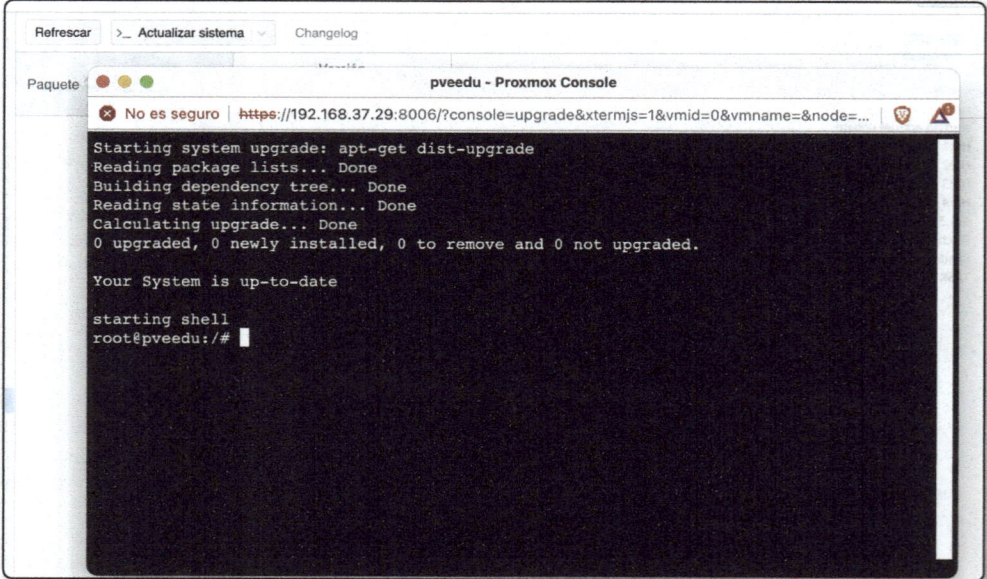

8.1.3 Actualizar mediante la consola

Al igual que todos los sistemas Debian en los que está basado Proxmox VE, podemos realizar estas tareas desde la consola mediante los siguientes comandos CLI:

```
apt-get update
apt-get dist-upgrade
```

8.1 ACTUALIZACIONES DE FIRMWARE

Las actualizaciones de firmware deben aplicarse cuando se ejecuta Proxmox VE en un servidor en lo que se denomina Bare Metal, es decir sobre el propio servidor físico. Si es necesario configurar actualizaciones de firmware dentro de la máquina cliente (VM) como por ejemplo cuando se usa el pass-through de un dispositivo físico desde el hardware del hipervisor a la VM, esto debe de realizarse en función de las necesidades de la VM y del hardware que se va a asociar (por ejemplo una GPU).

Además de las actualizaciones periódicas de software, las actualizaciones de firmware también son importantes para un funcionamiento fiable y seguro.

Al obtener y aplicar actualizaciones de firmware, se recomienda una combinación de opciones disponibles para obtenerlas lo antes posible y aplicarlas a efectos de disponer de un sistema fiable y sin posibles fallos (bugs).

El término firmware engloba ambos, el microcódigo (para CPU) y el firmware (para otros dispositivos).

8.1.1 Firmware persistente

Esta sección es adecuada para todos los dispositivos. El microcódigo actualizado, que normalmente se incluye en una actualización de BIOS/UEFI, se almacena en la memoria flash de la placa base, mientras que el resto del firmware se almacena en el dispositivo de almacenamiento de arranque. Este método persistente es especialmente importante para la CPU, ya que permite la carga regular lo antes posible del microcódigo actualizado en el momento del arranque.

 Con algunas actualizaciones, como las de BIOS/UEFI o controladores de almacenamiento, se podría resetear la configuración del dispositivo. Sigue atentamente las instrucciones del proveedor de hardware y haz una copia de seguridad de la configuración actual. Consulta con tu proveedor qué métodos de actualización están disponibles y cuál es el procedimiento correcto y el orden de actualización para evitar pérdidas de las configuraciones.

Los métodos de actualización convenientes para servidores pueden incluir Lifecycle Manager de Dell o Service Packs de HPE por ejemplo.

A veces también hay utilidades de Linux disponibles. Algunos ejemplos son mlxup para NVIDIA ConnectX o bnxtnvm/niccli para tarjetas de red Broadcom.

Linux Vendor Firmware Service (LVFS) *https://fwupd.org/* también podría ser una opción si existe colaboración entre el proveedor y usas hardware compatible. El requisito técnico para esto es que el sistema se haya fabricado después de 2014, se inicie a través de UEFI y la forma más sencilla es montar la partición EFI desde la que arranca antes de instalar fwupd.

```
mount /dev/disk/by-partuuid/<from efibootmgr -v> / boot/efi
```

 Si las instrucciones de actualización requieren reiniciar el host, asegúrate de que se pueda realizar de forma segura sin detener nada crítico en producción.

8.1.2 Firmware en archivos de tiempo de ejecución

Este método almacena el firmware en el sistema operativo Proxmox VE y lo pasará a un dispositivo si su firmware persistente es menos reciente. Es compatible con dispositivos como tarjetas de red y gráficas, pero no con aquellos que dependen de firmware persistente, como la placa base y los discos duros.

En Proxmox VE el paquete pve-firmware ya está instalado por defecto. Por lo tanto, con las actualizaciones normales del sistema (APT), el firmware incluido del hardware común se mantiene actualizado automáticamente.

Existe un repositorio de firmware de Debian adicional, pero no está configurado de forma predeterminada. (non-free-firmware)

Si intentas instalar un paquete de firmware adicional pero entra en conflicto, APT cancelará la instaciónn.

8.1.3 Actualizaciones del microcódigo de la CPU

Las actualizaciones de microcódigo están destinadas a corregir las vulnerabilidades de seguridad encontradas y otros errores graves de la CPU. Si bien el rendimiento de la CPU puede verse afectado, un microcódigo parcheado suele tener mejor rendimiento que un microcódigo sin parches en el que el propio núcleo de linux (kernel) tiene que realizar las mitigaciones. Dependiendo del tipo de CPU, es posible que los resultados de rendimiento del estado de como viene la CPU ya no se puedan lograr sin que la CPU ejecute en un estado inseguro.

Para obtener una descripción general de las vulnerabilidades actuales de la CPU y sus mitigaciones, ejecute **lscpu**. Las vulnerabilidades actuales conocidas solo pueden aparecer si el host Proxmox VE está actualizado, su versión no ha finalizado su vida útil y al menos se ha reiniciado desde la última actualización del kernel.

Además de la actualización de microcódigo recomendada a través de actualizaciones persistentes de BIOS/UEFI, también existe un método independiente a través de actualizaciones tempranas de microcódigo del sistema operativo. Es cómodo de usar y también muy útil cuando el proveedor de la placa base ya no proporciona actualizaciones de BIOS/UEFI. Independientemente del método utilizado, siempre es necesario reiniciar para aplicar una actualización de microcódigo.

8.1.3.1 CONFIGURAR ACTUALIZACIONES TEMPRANAS DE MICROCÓDIGO DEL SISTEMA OPERATIVO

Para configurar las actualizaciones de microcódigo que el kernel de Linux aplica desde el inicio del arranque, debes:

Habilitar el repositorio de firmware de Debian.

Obtener los últimos paquetes disponibles apt update (o usa la interfaz web, en Nodo → Actualizaciones).

Instala el paquete de microcódigo específico del proveedor de CPU:

Para CPU Intel:

```
apt install intel-microcode
```

Para CPU AMD:

```
apt install amd64-microcode
```

Reinicia el host Proxmox VE.

Cualquier futura actualización del microcódigo también requerirá un reinicio para cargarse.

8.1.3.2 VERSIÓN DE MICROCÓDIGO

Para obtener la revisión actual del microcódigo en ejecución con fines de comparación o depuración, puedes ejecutar el siguiente comando:

```
grep microcode /proc/cpuinfo | uniq
microcode        : 0xf0
```

Un paquete de microcódigo tiene actualizaciones para muchas CPU diferentes. Pero es posible que las actualizaciones específicas para su CPU no lleguen con frecuencia. Por lo tanto, simplemente mirar la fecha en el paquete no te indicará cuándo la compañía lanzó realmente una actualización para su CPU específica.

Si instalaste un nuevo paquete de microcódigo y reiniciaste tu host Proxmox VE, y este nuevo microcódigo es más nuevo que ambos, la versión integrada en la CPU y la del firmware de la placa base, verás un mensaje en el registro del sistema que dice "microcódigo actualizado anticipadamente".

```
dmesg | grep microcode
[    0.000000] microcode: microcode updated early to revision 0xf0, date = 2021-
11-12
[    0.896580] microcode: Microcode Update Driver: v2.2.
```

9

ALGUNOS CONCEPTOS PRELIMINARES DE PROXMOX VE

Usaré algunas cosas a lo largo de los siguientes capítulos que es necesario que conozcáis la nomenclatura, ya que de lo contrario será difícil seguir lo que os cuente.

9.1 DATACENTER / CENTRO DE DATOS

Es la estructura de más alto nivel, tanto en un nodo como en un cluster de varios nodos. En esta agrupación tenemos las opciones desde las que se gestionan las opciones globales de todos los nodos (aunque solo haya uno).

En esta parte tendremos la configuración del cluster, del Ceph, el almacenamiento (que aunque haya solo un nodo, se gestiona desde aquí), la gestión de los backups, los permisos, la alta disponibilidad (HA), la gestión del SDN (software defined networking), el gestor de certificados ACME.

9.2 NODOS

En esta estructura tenemos una serie de opciones que afectan al nodo en particular, como puede ser la red, el almacenamiento local, la configuración de DNS, NTP, las actualizaciones (que se realizan nodo a nodo), los discos que están conectados al nodo y la suscripción. Recuerda que debes tener una licencia por cada nodo de un cluster, de lo contrario no estará licenciado en su totalidad.

9.3 ESTRUCTURA DE DIRECTORIOS EN PROXMOX VE

Toda la información sobre la configuración de Proxmox VE, al igual que en cualquier Linux, se almacena en la carpeta /etc, dentro de una carpeta denominada pve (/etc/pve).

Los recursos de almacenamiento compartido, se encuentran en la carpeta /mnt/pve.

9.4 INVITADOS, MÁQUINAS VIRTUALES, VM

Esta será la nomenclatura usada para referirme a cualquier máquina virtual (VM) que esté alojada dentro de un nodo o un cluster. Teniendo en cuenta la nomenclatura heredada, el hipervisor a veces se denomina el anfitrión o host y las máquinas virtuales invitados.

9.5 VMID

Proxmox VE usa un sistema para evitar duplicidades en los números o identificadores de las máquinas virtuales, ese sistema hace que cada máquina tenga un VMID (Virtual machine ID) diferente y Proxmox VE lo asigna de forma automática, partiendo de un número (normalmente el 100) y así sucesivamente. Cuando queremos crear una VM nueva, automáticamente nos propondrá el siguiente número libre.

Este parámetro puede modificarse en los ajustes como veremos más adelante.

 Para seguir un poco la lógica de este libro, voy a omitir determinadas secciones de los menús, para después volver sobre ellas una vez configurada la red el cluster y el Ceph. El objetivo es seguir el proceso de instalación y los pasos para montar un cluster de Proxmox con Ceph. Si por algún motivo no es ese el escenario de tu instalación, igualmente te recomiendo seguirlo para al menos conocer la nomenclatura y las posibilidades de tu sistema Proxmox.

10

ARCHIVOS DE CONFIGURACIÓN DE PROXMOX

Proxmox guarda sus archivos de configuración en una serie de carpetas especiales dentro del directorio /etc.

Para ello crea una carpeta denominada pve (Proxmox Virtual Environment) en la que almacenará los archivos de configuración.

`/etc/pve/datacenter.cfg`	Archivo de configuración de Proxmox Datacenter. Se utiliza para cambiar opciones como el idioma predeterminado, la distribución del teclado, la consola predeterminada, etc.
`/etc/pve/corosync.conf`	Fichero de configuración del cluster de Proxmox.
`/etc/pve/storage.cfg`	Fichero de configuración de los sistemas de almacenamiento de Proxmox, tanto locales, como remotos o compartidos.
`/etc/pve/user.cfg`	Lista de usuarios y configuración de control de acceso (ACL) para todos los usuarios y grupos del cluster.
`/etc/pve/authkey.pub`	Clave pública usada por el sistema de tickets (para el login).
`/etc/pve/priv/authkey.key`	Clave privada usada por el sistema de tickets (para el login).
`/etc/pve/nodes/<nodo-id>/pve-ssl.pem`	Llave pública SSL para el servidor web de la GUI de Proxmox.
`/etc/pve/nodes/<nodo-id>/ptiv/pve-ssl.key`	Llave privada SSL para el servidor web de la GUI de Proxmox.

`/etc/pve/vzdump.cron`	Archivo de configuración de backups de cluster (no los de un nodo específico). Este archivo no debe de editarse manualmente, y se configura desde el GUI.
`/etc/pve/priv/shadow.cfg`	Archivo que almacena los usuarios y las claves cifradas de los usuarios de Proxmox (como el shadow de Linux).
`/etc/pve/ceph.conf`	Cuando configuramos el cluster Ceph integrado con Proxmox, este archivo de configuración se genera para el cluster Ceph.
`/etc/pve/priv/ceph.client.admin.keyring`	Llavero de autenticación de Ceph, cuando se instala el Ceph integrado con Proxmox.
`/etc/pve/priv/ceph/<storage_id>.keyring`	Llavero usado para asociar el almacenamiento CEPH.
`/etc/pve/firewall/<vmid>.fw`	Reglas de firewall de la VM con el vmid.
`/etc/pve/nodes/<nodo>/`*host.fw*	Reglas de firewall del nodo.
`/etc/pve/nodes/<nodo>/qemu-server/<vmid>.conf`	Fichero de configuración de la máquina KVM con el id vmid en el nodo.
`/etc/pve/nodes/<nodo>/lxc/ <vmid>.conf`	Fichero de configuración de la máquina LXC con el id vmid en el nodo.
`/etc/pve/.version`	Fichero con las versiones de los componentes de Proxmox.
`/etc/pve/.members`	Información de los nodos del cluster.
`/etc/pve/.vmlist`	Lista de las máquinas del cluster.
`/etc/pve/.cluster.log`	Últimas entradas del log del cluster.
`/etc/pve/.rrd`	Información de los datos más recientes de las gráficas RRD.

11

ALMACENAMIENTO EN PROXMOX

El almacenamiento en Proxmox es muy flexible, las máquinas virtuales se pueden almacenar o bien en almacenamiento local, o bien en almacenamiento compartido (NFS, iSCSI, Ceph, etc).

Si bien el usar un sistema de almacenamiento compartido, como hemos comentado comporta los beneficios de mover las VM entre nodos del cluster en caliente, ya que no hay movimientos de disco entre nodos del cluster. Al no tener que mover los discos entre nodos las migraciones en caliente son extremadamente rápidas.

La librería de almacenamiento (el paquete libpve-storage-perl) usa un plugin flexible para proporcionar una única interfaz para todos los tipos de almacenamiento.

Además el uso de esta librería permite integrarla en futuros sistemas de almacenamiento.

11.1 TIPOS DE ALMACENAMIENTO

Hay dos tipos de almacenamiento atendiendo a como se almacena la información en ellos, independientemente de si se trata de almacenamiento local o almacenamiento compartido.

El almacenamiento se gestiona a nivel de Datacenter.

11.1.1 Almacenamiento de archivos

Las tecnologías de almacenamiento basadas en niveles de archivos permiten el acceso a un sistema de archivos con todas las funciones (POSIX). En general, son más flexibles que cualquier almacenamiento a nivel de bloque (ver más abajo) y le permiten almacenar contenido de cualquier tipo. ZFS es probablemente el sistema más avanzado y tiene soporte total para instantáneas y clonación de VM.

11.1.2 Almacenamiento de bloques

Permite almacenar grandes imágenes en bruto (RAW). Normalmente no es posible almacenar otros archivos (ISO, copias de seguridad, etc.) en dichos tipos de almacenamiento. La mayoría de las implementaciones modernas de almacenamiento a nivel de bloque admiten instantáneas y clones. RADOS y GlusterFS son sistemas distribuidos que replican datos de almacenamiento en diferentes nodos.

Tipo	Plugin	Level	Compartido	Snapshots	Estable
ZFS(Local)	zfspool	ambos(1)	no	si	si
Directorio	dir	archivo	no	no(2)	si
BTRFS	btrfs	archivo	no	si	preview
NFS	nfs	archivo	si	no(2)	Si
CIFS	cifs	archivo	si	no(2)	Si
Proxmox Backup	pbs	ambos	si	N/a	Si
GlusterFS	glusterfs	archivo	si	no(2)	Si
CephFS	cephfs	archivo	si	si	Si
LVM	lvm	bloque	no(3)	no	Si
LVM-Thin	Lvmthin	bloque	no	si	Si
iSCSI/kernel	iscsi	bloque	si	no	Si
iSCSI/libiscsi	iscsidirect	bloque	si	si	Si
Ceph/RBD	rbd	Bloque	si	si	Si
ZFS Sobre iSCSI	zfs	Bloque	si	si	Si

1. las imágenes de disco para máquinas virtuales se almacenan en conjuntos de datos de volumen ZFS (zvol), que proporcionan funcionalidad de dispositivo de bloque.

2. en almacenamientos basados en archivos, las instantáneas son posibles con el formato qcow2.

3. es posible utilizar LVM sobre un almacenamiento basado en iSCSI o FC. De esa manera obtienes un almacenamiento LVM compartido.

11.2 THIN Y THICK PROVISIONING

11.2.1 Thin Provisioning

En thin provisioning, el almacenamiento se asigna dinámicamente a medida que se necesite, en lugar de asignar todo el espacio requerido por la máquina virtual.

Cuando se utiliza thin provisioning, se asigna inicialmente solo una pequeña porción del espacio de almacenamiento físico disponible. A medida que se necesite más espacio, se asigna más, de forma dinámica.

Esto puede llevar a un uso más eficiente del almacenamiento, ya que no se asigna espacio que puede que nunca se utilice realmente.

Digamos, por ejemplo, que creas una máquina virtual con un disco duro de 32 GB y, después de instalar el sistema operativo invitado, el sistema de archivos raíz de la máquina virtual contiene 3 GB de datos. En ese caso, solo se escriben 3 GB en el almacenamiento, incluso si la máquina virtual invitada ve un disco duro de 32 GB. De esta manera, el aprovisionamiento ligero le permite crear imágenes de disco que son más grandes que los bloques de almacenamiento disponibles actualmente. Puede crear imágenes de disco grandes para sus máquinas virtuales y, cuando sea necesario, agregar más discos a su almacenamiento sin cambiar el tamaño de los sistemas de archivos de las máquinas virtuales.

11.2.2 Thick Provisioning

En thick provisioning, todo el espacio necesario para una máquina virtual o un recurso se asigna de inmediato, ya sea que se utilice o no.

Esto significa que el espacio se reserva upfront y no se puede utilizar para otros fines, incluso si no se utiliza inmediatamente.

Aunque esto puede parecer menos eficiente, puede ser preferible en ciertos casos donde se necesita garantizar el espacio y el rendimiento en todo momento.

11.3 THIN PROVISIONING EN PROXMOX

Varios almacenamientos y el formato de imagen QEMU qcow2 admiten el thin provisioning. Con el thin provisioning, activado, solo se escribirán en el almacenamiento los bloques que el sistema invitado realmente utilice.

Todos los tipos de almacenamiento que tienen la función "Instantáneas" también admiten el thin provisioning,

 Precaución. Si un almacenamiento se llena, todas las máquinas que usan volúmenes en este almacenamiento reciben errores de E/S. Esto puede causar inconsistencias en el sistema de archivos y dañar tus datos. Por lo tanto, es aconsejable evitar el aprovisionamiento excesivo de sus recursos de almacenamiento u observar cuidadosamente el espacio libre para evitar tales condiciones.

Como hemos comentado en los archivos de configuración de Proxmox. Toda la configuración de almacenamiento relacionada con Proxmox VE se almacena en un único archivo de texto en /etc/pve/storage.cfg. Como este archivo está dentro de /etc/pve/, se distribuye automáticamente a todos los nodos del cluster. Entonces todos los nodos comparten la misma configuración de almacenamiento.

 Compartir la configuración de almacenamiento es necesaria para el almacenamiento compartido, porque se puede acceder al mismo almacenamiento "compartido" desde todos los nodos. Pero también se usa para los tipos de almacenamiento local. En este caso, dicho almacenamiento local está disponible en todos los nodos, pero es físicamente diferente y puede tener contenidos totalmente diferentes.

Cada grupo de almacenamiento tiene un <tipo> y se identifica de forma única mediante su <STORAGE_ID>. La configuración de un grupo se ve así:

```
<type>: <STORAGE_ID>
        <property> <value>
        <property> <value>
        <property>
        ...
```

La línea <tipo>: <STORAGE_ID> inicia la definición del grupo, seguida de una lista de propiedades. La mayoría de las propiedades requieren un valor. Algunos tienen valores predeterminados, en cuyo caso puede omitir el valor.

Para ser más específico, echa un vistazo a la configuración de almacenamiento predeterminada después de la instalación. Contiene un grupo de almacenamiento local especial llamado local, que hace referencia al directorio /var/lib/vz y siempre está disponible. El instalador de Proxmox VE crea entradas de almacenamiento adicionales según el tipo de almacenamiento elegido en el momento de la instalación.

Ejemplo de configuración de almacenamiento (/etc/pve/storage.cfg).

```
dir: local
   path /var/lib/vz
   content iso,vztmpl,images,backup
   shared 0

zfspool: local-zfs
   pool rpool/data
   content rootdir,images
   sparse 1

rbd: pool
   content rootdir,images
   krbd 0
   pool pool
```

```
pbs: nodo-pbs
    datastore templates
    server 10.0.5.17
    content backup
    fingerprint d3:xx:xx:xx:xx:xx:a0
    prune-backups keep-all=1
    username root@pam

nfs: iso
    export /mnt/a3pool/iso
    path /mnt/pve/a3
    server 10.0.0.250
    content vztmpl,iso
    prune-backups keep-all=1
```

En este ejemplo podemos ver el almacenamiento local que está en la carpeta /var/lib/vz, un pool de ZFS, un almacenamiento rbd (Ceph), un nodo de Proxmox Backup Server (PBS) y un almacenamiento NFS.

11.4 PARÁMETROS DEL ALMACENAMIENTO

Algunas propiedades de almacenamiento son comunes entre los diferentes tipos de almacenamiento.

11.4.1 nodes

Lista de nombres de nodos del cluster donde este almacenamiento es utilizable/accesible. Se puede utilizar esta propiedad para restringir el acceso al almacenamiento a un conjunto limitado de nodos.

11.4.2 content

Un almacenamiento puede admitir varios tipos de contenido, por ejemplo, imágenes de discos virtuales, imágenes iso de cdrom, plantillas de contenedores o directorios raíz de contenedores. No todos los tipos de almacenamiento admiten todos los tipos de contenido. Se puede configurar esta propiedad para seleccionar para qué se utiliza este almacenamiento.

Como podemos ver cada uno de ellos gestiona diferentes tipos de almacenamiento que piden ser:

11.4.2.1 IMAGES

Imágenes de KVM/QEMU (imágenes de VM).

11.4.2.2 ROOTDIR

Almacenamiento de datos de contenedores.

11.4.2.3 ISO

Imágenes ISO (CD, DVD).

11.4.2.4 VZTMPL

Plantillas de contenedores LXC.

11.4.2.5 BACKUP

Ficheros de backup (vzdump).

11.4.2.6 SNIPPETS

Ficheros de snippets, por ejemplo scripts de hooks de clientes (VM).

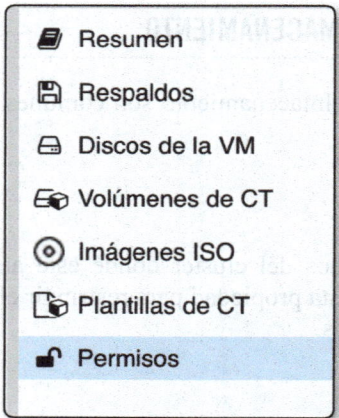

En la imagen, podemos ver un almacenamiento con los diferentes tipos.

- Respaldos (Backup).
- Discos de la VM (images).
- Volúmenes de CT (images).
- Imágenes ISO (iso).
- Plantillas de CT (vztmpl).

El tema de permisos, lo trataremos más adelante en el capítulo de usuarios y permisos, ya que la granularidad de permisos de Proxmox VE nos permite configurar el almacenamiento para permitir el acceso a determinados usuarios o grupos.

11.4.3 shared

Indica que se trata de un almacenamiento único con el mismo contenido en todos los nodos (o todos los enumerados en la opción de nodos). No hará que otros nodos puedan acceder automáticamente al contenido de un almacenamiento local, lo único que hace es señalar que este almacenamiento es del tipo compartido.

11.4.4 disabled

Puede utilizar esta directiva para desactivar el almacenamiento por completo.

11.4.5 prune-backups

Opciones de retención para copias de seguridad.

11.4.6 format

Formato de imagen predeterminado (raw|qcow2|vmdk).

11.4.7 preallocation

Modo de preasignación (off|metadata|falloc|full) para imágenes sin formato y qcow2 en almacenamientos basados en archivos. Se refiere a la asignación de espacio en disco duro para una máquina virtual antes de que realmente lo necesite. Esto implica que el espacio en disco asignado se reserva exclusivamente para esa máquina virtual y no se puede utilizar por otras máquinas virtuales o por el sistema host. El valor predeterminado son los metadatos, que se tratan como desactivados para las imágenes sin formato. Cuando se utilizan almacenamientos de red en combinación con imágenes qcow2 grandes, usar off puede ayudar a evitar tiempos de espera.

No es recomendable utilizar el mismo grupo de almacenamiento en diferentes clústeres de Proxmox VE. Algunas operaciones de almacenamiento necesitan acceso exclusivo al mismo, por lo que se requiere un bloqueo adecuado. Si bien esto se implementa dentro de un cluster, no funciona entre diferentes clústeres.

A efectos de disponer de imágenes ISO en un mismo cluster o en varios, mi recomendación es crear una carpeta (que yo suelo denominar ISO) que contenga todos los tipos de archivos ISO y plantillas de LXC (vztmpl). Estos archivos como son de sólo lectura, no necesitan bloqueo y pueden compartirse entre diferentes clústeres.

11.5 VOLÚMENES

Se usa una notación especial para mostrar los datos de almacenamiento. Cuando asignas datos de un grupo de almacenamiento, devuelve dicho identificador de volumen. Un volumen se identifica con <STORAGE_ID>, seguido de un nombre de volumen dependiente del tipo de almacenamiento, separado por dos puntos. Un <VOLUME_ID> válido tiene este aspecto:

local:230/imagen-ejemplo.raw
local:iso/debian-12.5.0-amd64-netinst.iso
local:vztmpl/debian-5.0-joomla_1.5.9-1_i386.tar.gz
almacenamiento iscsi: 0.0.2.scsi-14f504e46494c4500494b5042546d2d646744372d316 16d61

Para obtener la ruta del sistema de archivos para <VOLUME_ID> puedes usar el comando:

```
pvesm path <VOLUME_ID>
```

11.5.1 Propiedad del volumen

Existe una relación sobre el propietario de los volúmenes de tipo imagen. Cada uno de estos volúmenes es propiedad de una máquina virtual o contenedor. Por ejemplo, el volumen local: 230/imagen-ejemplo.raw es propiedad de la VM 230. La mayoría de los servidores de almacenamiento codifican esta información de propiedad en el nombre del volumen.

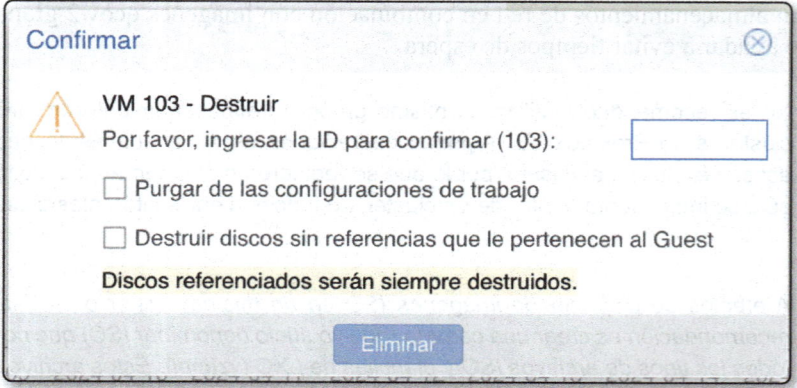

Cuando eliminas una máquina virtual o un contenedor, el sistema también elimina todos los volúmenes asociados que son propiedad de esa máquina virtual o contenedor.

En la imagen podemos ver que al eliminar una VM (la 103), nos permite marcar la opción de destruir los discos sin referencias (que no están asociados) y que pertenecen por propiedad a la VM 103.

11.6 LOGICAL VOLUME MANAGER (LVM)

Muchos usuarios instalan Proxmox VE directamente en un disco local. El CD de instalación de Proxmox VE ofrece varias opciones para la administración del disco local como hemos visto en el proceso de instalación. La configuración predeterminada actual usa LVM para los discos locales. El instalador le permite seleccionar un solo disco para dicha configuración y usa ese disco como volumen físico para el pve del grupo de volúmenes (VG).

```
root@hv9:~# pvs
  PV           VG      Fmt  Attr PSize   PFree
  /dev/sda3    pve     lvm2 a--  <3.64t  <16.38g
  /dev/sdb     local2  lvm2 a--  <2.73t  <1.15t
```

El instalador asigna tres volúmenes lógicos (LV) dentro de este VG:

```
  LV    VG  Attr       LSize    Pool Origin Data%  Meta%  Move Log Cpy%Sync Con-
vert
  data  pve twi-aotz-- 338.27g               0.00   0.50
  root  pve -wi-ao----  96.00g
  swap  pve -wi-ao----   7.58g
```

11.6.1 root

Formateado como ext4 y contiene el sistema operativo.

11.6.2 swap

Partición de intercambio swap.

11.6.3 data

Este volumen utiliza LVM-thin y se utiliza para almacenar imágenes de VM. LVM-thin es preferible para el almacenamiento de imágenes porque ofrece soporte eficiente para instantáneas y clonación.

Para las versiones de Proxmox VE hasta 4.1, el instalador crea un volumen lógico estándar llamado "datos", que se monta en /var/lib/vz.

A partir de la versión 4.2, el volumen lógico "data" es un pool LVM-thin, que se utiliza para almacenar imágenes de VM basadas en bloques, y /var/lib/vz es simplemente un directorio en el sistema de archivos raíz.

Como hemos comentado, se pueden usar controladoras RAID para una instalación de un nodo suelto, si se usa una controladora con memoria caché es imprescindible el uso de una BBU (Battery Backup Unit) esto nos permitirá que si usamos la ram de la controladora como caché, en el caso de un corte de corriente, se escriban los últimos datos almacenados en la caché en el disco, previniendo de esta forma una pérdida de datos, o la corrupción de estos.

De igual forma, como comentamos, si pensamos montar un cluster con ZFS o Ceph, no debemos usar nunca una controladora RAID para este tipo de escenarios.

11.7 AGREGAR VOLÚMENES LVM

Podemos agregar volúmenes LVM bien desde almacenamientos locales o bien desde almacenamientos basados en iSCSI como cabinas de discos.

Para Proxmox VE, cualquier tipo de almacenamiento que esté asociado al nodo / cluster, se puede usar como almacenamiento LVM, bien sea un disco conectado físicamente al nodo, o como he comentado un almacenamiento en red mediante iSCSI.

El LVM aunque en los ejemplos que voy a contar, lo asociamos a un disco, una de las ventajas de LVM es que el LVM va mucho más allá ya que permite administrar volúmenes lógicos, los cuales se pueden crear a partir de uno o varios discos físicos o particiones. Proporciona una capa de abstracción entre los discos físicos y los sistemas de archivos, lo que facilita la administración flexible y dinámica del almacenamiento.

Para ellos hay 3 conceptos clave que ya vimos en parte hace una o dos páginas.

11.7.1 Volúmenes físicos (PV)

Los discos duros o particiones que se utilizan con LVM se denominan volúmenes físicos. Estos pueden ser discos duros individuales, particiones de discos duros, discos virtuales, etc.

11.7.2 Grupo de volúmenes (VG)

Los volúmenes físicos se combinan en grupos de volúmenes (VG). Un grupo de volúmenes es un conjunto de uno o más volúmenes físicos que se agrupan para formar un pool de almacenamiento lógico. Este pool se puede asignar dinámicamente a volúmenes lógicos según sea necesario.

11.7.3 Volúmenes lógicos (LV)

Los volúmenes lógicos son unidades de almacenamiento que se crean dentro de un grupo de volúmenes y se pueden considerar como equivalentes a las particiones en un sistema de archivos tradicional. Los volúmenes lógicos tienen atributos como tamaño, nombre, sistema de archivos, etc. Se pueden crear, eliminar, redimensionar y mover de manera dinámica sin afectar a los datos almacenados en ellos.

Sobre esta capa se gestionan los LVM de Proxmox VE, ahora vamos a ver como agregar un volumen LVM de forma sencilla.

El procedimiento, se puede aplicar a un grupo de almacenamiento con varios discos.

 Aunque un LVM se puede extender como hemos visto a varios discos, no es una buena práctica, ya que el fallo de uno de los discos, dejará el volumen de almacenamiento (LVM) inservible, ya que en este tipo de agrupación de volúmenes lógicos, no existe ningún tipo de redundancia.

11.7.4 Comprobar discos disponibles

En primer lugar, vamos a ver qué discos hay disponibles en nuestro nodo, para ello, vamos al nodo y en la sección de Discos, vemos que discos tenemos asignados físicamente.

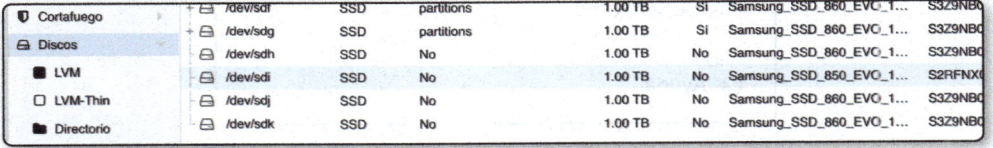

En la imagen puedes ver, varios discos, pero los que tienen en la tercera columna partitions, significa que están particionados y que no deberían usarse (a menos que estés muy seguro de que puedes borrarlos).

Entonces, vamos a por el primero de los que no tiene particiones, el /dev/sdh.

11.7.5 Preparar el disco

Vamos dentro del menú anterior a la opción de LVM o LVM-Thin y pulsamos, a la derecha en la parte superior izquierda, tendremos la opción de Crear: Volume Group.

Pulsamos en esta opción de crear Volume Group, y aparecerá una nueva ventana que nos mostrará las opciones disponibles.

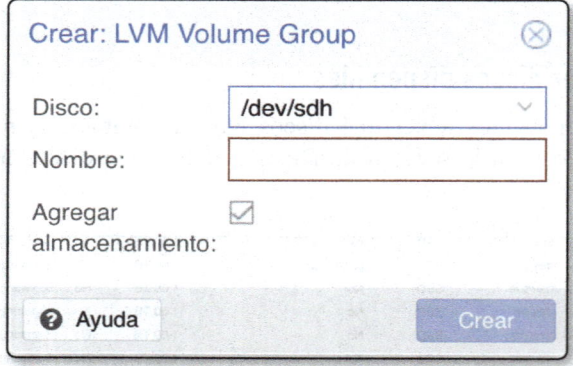

Por defecto, nos mostrará el primer disco libre disponible.

Como ves, nos muestra por defecto el primer disco que no tiene ninguna asignación ni partición (el primer disco vacío del sistema).

Ahora sólo le pondremos un nombre.

Como ves, la opción de agregar almacenamiento está marcada por defecto, esto nos va a crear el volumen LVM, y además nos lo agregará a nuestro nodo de Proxmox VE.

Le voy a llamar miLVM.

Ahora en la ventana derecha de la opción de LVM, que antes tenía el /dev/sda3, tengo además el disco que acabo de crear.

En las opciones de almacenamiento en mi centro de datos, además ha aparecido el nuevo volumen de almacenamiento.

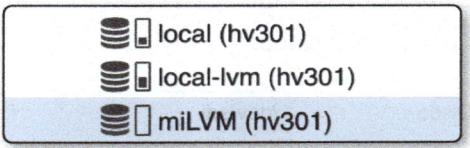

11.8 AGREGAR VOLÚMENES LVM THIN

LVM normalmente asigna bloques cuando creas un volumen. En cambio, los volúmenes de LVM-Thin asignan bloques cuando se escriben. Este comportamiento se denomina aprovisionamiento ligero porque los volúmenes pueden ser mucho mayores que el espacio físicamente disponible.

 Cuidado con esto, ya que si por ejemplo tenemos un volumen LVM-Thin de 1 Tb y creamos por ejemplo 6 máquinas virtuales de 500 Gb cada una, nos advertirá de que el volumen asignado supera el volumen del almacenamiento, y si las máquinas crecen por encima del volumen total del LVM-Thin, tendremos problemas con las máquinas o incluso pérdida de información.

El backend de LVM Thin admite el contenido de propiedades de almacenamiento comunes, nodos, desactivación y las siguientes propiedades específicas de LVM:

▼ vgname

Nombre del grupo de volúmenes LVM. Esto debe apuntar a un grupo de volúmenes existente.

▼ thinpool

El nombre del grupo LVM-Thin.

11.8.1 Crear el pool

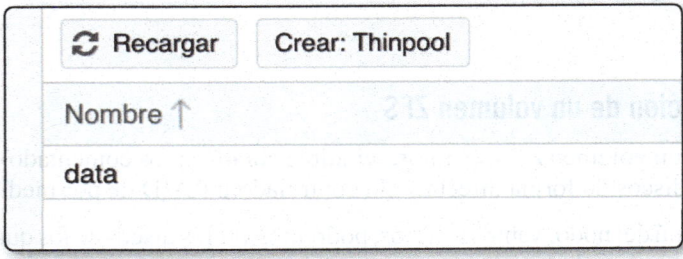

Al igual que en el LVM, vamos al nodo, discos y seleccionamos LVM-Thin.

Ahora como en el apartado anterior, nos mostrará el primer disco disponible.

El resto es exactamente que en el caso del LVM.

11.9 ZFS

ZFS es un sistema de archivos y administrador de volúmenes desarrollado originalmente por Sun Microsystems para su sistema operativo Solaris. El significado original era 'Zettabyte File System'. ZFS fue portado a los Linux estándar y por lo tanto, podemos disponer de sistemas de almacenamiento ZFS en nuestro nodo de Proxmox, sin necesidad de hacer nada extraordinario, ni compilar paquetes como se hacía antiguamente.

ZFS permite disponer de un sistema de archivos de clase empresarial, pero a un coste muy reducido, y elimina la necesidad de usar controladoras RAID, para disponer de un sistema de almacenamiento redundante y eficiente.

> Uno de los problemas de ZFS, es que debido a su funcionamiento, es que los nodos de Proxmox que usen ZFS como sistema de almacenamiento, dispondrán de algo menos de recursos de CPU y RAM, ya que parte de estos se utilizarán para la gestión de los volúmenes ZFS.

11.9.1 Creación de un volumen ZFS

Para crear un volumen ZFS, es imprescindible como hemos comentado que podamos acceder a los discos de forma directa y sin controladora RAID de por medio.

Si en el menú del nodo, vamos a discos, podremos ver los discos de los que disponemos en el nodo.

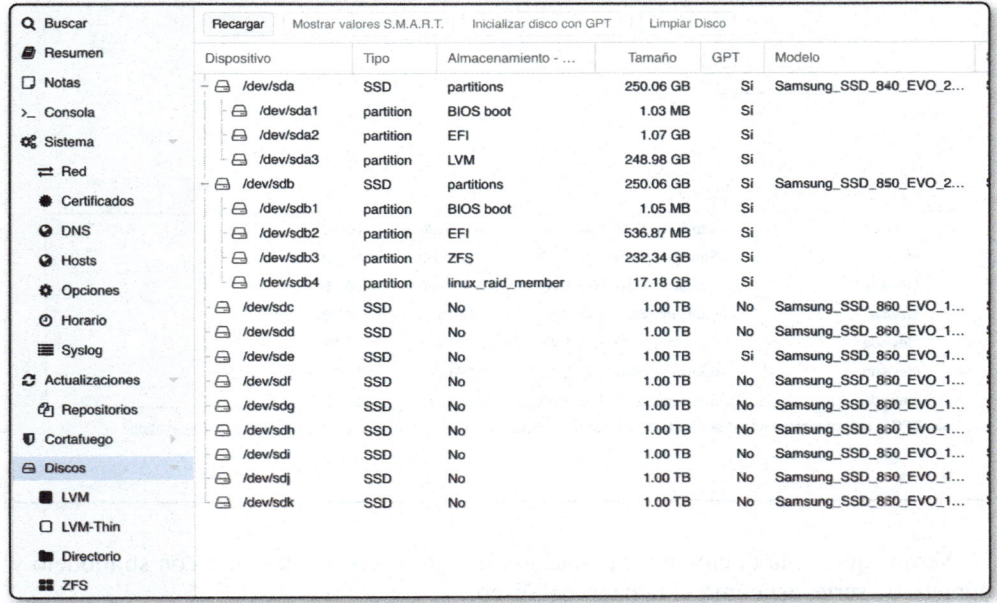

Como podemos ver en la imagen, disponemos de dos discos en configuración RAID 1 (el /dev/sda y el /dev/sdb) que contienen el arranque de Proxmox y los discos local y local-lvm como hemos visto en la sección anterior de volúmenes LVM.

Los demás discos (del /dev/sdc al /dev/sdk) son discos libres para montar nuestro volumen ZFS. Esta nomenclatura nos indica que efectivamente, la controladora está en modo IT o HAB y no en modo RAID.

Vamos a la opción del menú del nodo de Discos y en ella vemos que hay un submenú llamado ZFS, lo seleccionamos, y aparecerá la opción de crear un ZFS.

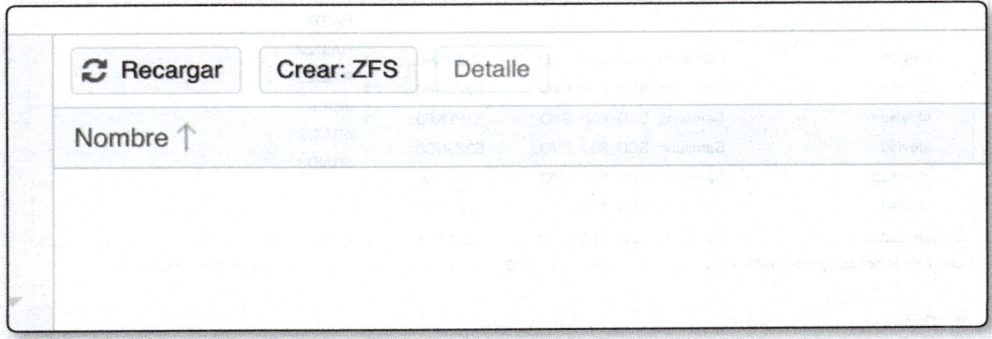

Pulsando en crear ZFS, nos muestra los discos disponibles.

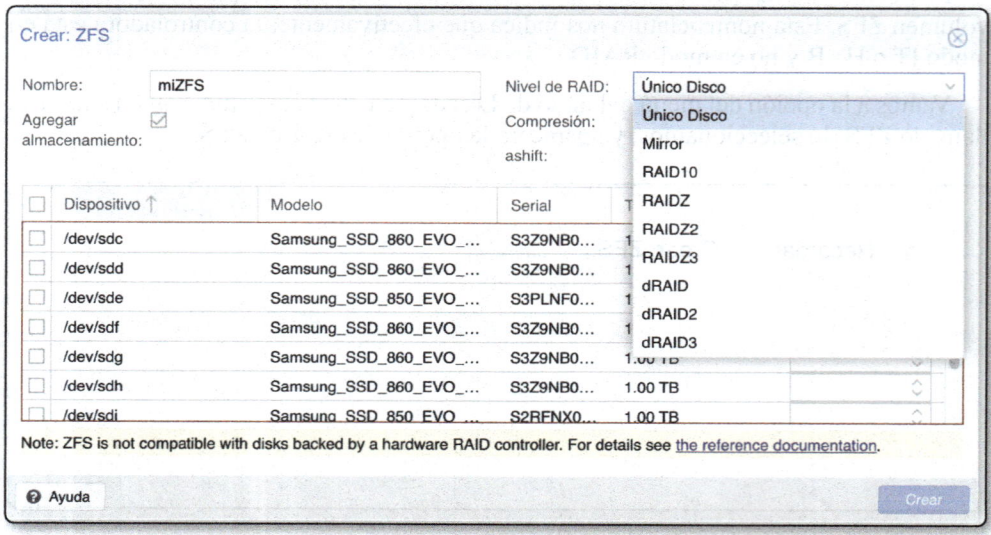

Vemos que en la opción nos aparecen todos los discos sin asignar, con su modelo y número de serie, así como el tamaño del disco.

Para crear el volumen ZFS; escribiremos un nombre, y en la parte superior derecha, escogeremos el nivel de RAID, entre las opciones que tenemos. Como vemos en la parte inferior, nos vuelve a advertir de que los volúmenes ZFS no son compatibles con una controladora RAID.

Vamos a ver cada uno de los modelos, para ver las diferencias y cual escoger.

11.9.2 Vdevs

En primer lugar debemos de entender el concepto de vdev, En ZFS, un "vdev" (virtual device) es una abstracción que representa un conjunto de dispositivos físicos que actúan como una unidad lógica en un pool de almacenamiento. Cada vdev puede consistir en uno o más dispositivos físicos, como discos duros individuales, SSDs, NVME, etc.

Hay varios tipos de vdevs que se pueden utilizar en ZFS:

Single disk vdev: un único disco que actúa como un vdev. Aunque es la opción más simple, no ofrece redundancia de datos y, por lo tanto, es susceptible a la pérdida de datos si el disco falla.

Mirrored vdev: dos o más discos configurados en espejo (RAID 1). Los datos se escriben en múltiples discos, lo que proporciona redundancia y la capacidad de recuperarse de la falla de uno de los discos.

RAID-Z vdev: un conjunto de discos configurados en RAID-Z1, RAID-Z2 o RAID-Z3, como se explicó anteriormente. Proporciona paridad distribuida para tolerancia a fallos y eficiencia de almacenamiento.

Striped vdev: también conocido como "RAID 0", combina múltiples discos en un solo vdev, aumentando el rendimiento al escribir y leer datos en paralelo. Sin embargo, no ofrece redundancia de datos y la pérdida de uno de los discos puede resultar en la pérdida de todos los datos en el vdev.

11.9.3 Mirror

Es la configuración equivalente a un RAID 1, en la cual hay dos discos que almacenan la misma información de tal forma que si uno de ellos falla, el otro permitirá que no perdamos los datos almacenados, en este caso, la capacidad del volumen, será igual a la capacidad de uno de ellos.

11.9.4 RAID10

Esta configuración implica la combinación de RAID 1 (mirroring) y RAID 0 (striping). Los datos se duplican en múltiples conjuntos de discos (vdevs), lo que proporciona una alta redundancia y rendimiento, pero al igual que en el ejemplo anterior se pierde la mitad de la capacidad de los discos, aunque al estar constituidos por un Raid 0, esto implica que el sistema puede escribir simultáneamente en dos dispositivos al tiempo, ya que por decirlo de una forma simple, cada uno almacena la mitad de los bytes, y además estos dos vdevs, se replican para prevenir que el fallo de un dispositivo provoque una pérdida de información.

11.9.5 RAIDZ

Similar al RAID 5 tradicional, utiliza una paridad distribuida para permitir la recuperación de datos en caso de fallo de un disco. Requiere al menos tres discos para configurarse. La principal desventaja es que si más de un disco falla al mismo tiempo, los datos pueden perderse.

11.9.6 RAIDZ2

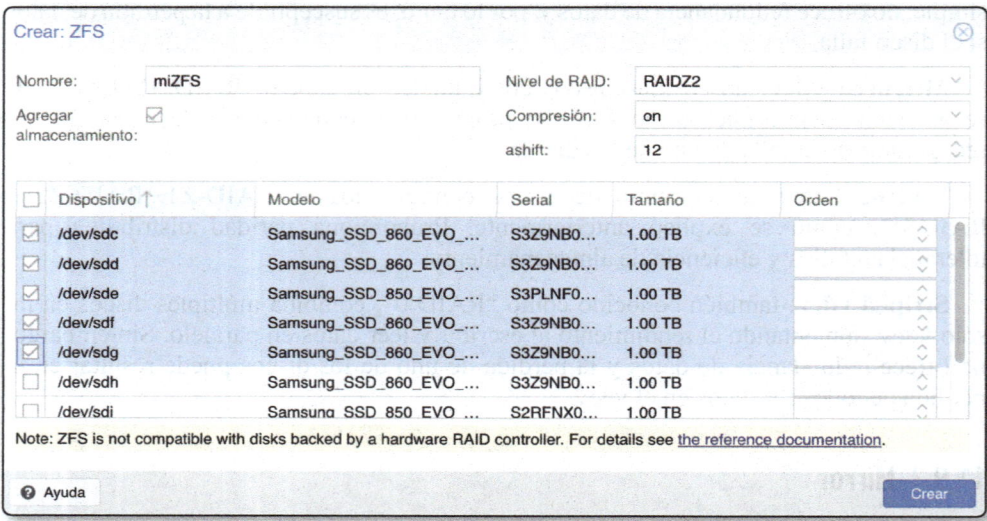

Es similar al RAID 6 y ofrece una mayor tolerancia a fallos. Utiliza dos discos de paridad distribuida, lo que significa que puede sobrevivir a que hasta dos discos fallen simultáneamente. Se necesitan al menos cuatro discos para configurarse.

11.9.7 RAIDZ3

Proporciona la mayor tolerancia a fallos de los tres tipos de RAID-Z. Utiliza tres discos de paridad distribuida, lo que le permite sobrevivir a que hasta tres discos fallen simultáneamente. Requiere al menos cinco discos para configurarse.

11.9.8 dRAID

El "dRAID" o "Double Parity RAID" es una técnica de RAID que ofrece una mayor tolerancia a fallos que las configuraciones tradicionales de RAID-Z en ZFS. A diferencia de los niveles de RAID-Z convencionales (como RAID-Z1, RAID-Z2 o RAID-Z3), que utilizan una sola paridad distribuida para proteger los datos contra la pérdida de hasta un número específico de discos, dRAID emplea dos niveles de paridad distribuida para mayor redundancia.

11.9.9 Ejemplo

Vamos a configurar nuestro volumen de almacenamiento ZFS usando RAIDZ2 que es el que tiene una mejor relación fiabilidad / capacidad de disco sacrificada para la paridad. Por lo tanto seleccionamos RAIDZ2 y los discos que queremos usar para nuestro volumen.

Como vemos en la pantalla, hay una opción marcada por defecto de agregar almacenamiento.

Esto creará un volumen de almacenamiento ZFS llamado miZFS, si pulsamos en crear, procederá a la creación del volumen, y una vez creado, en la opción de ZFS, aparecerá dicho volumen, mostrará el tamaño, y el estado de salud de dicho volumen (en caso de fallo de algún disco o vdev, aparecerá como en fallo o degradado).

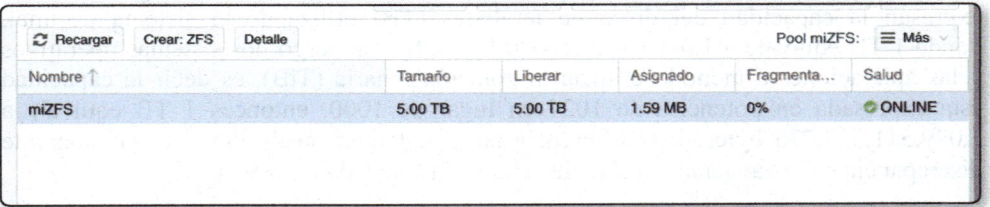

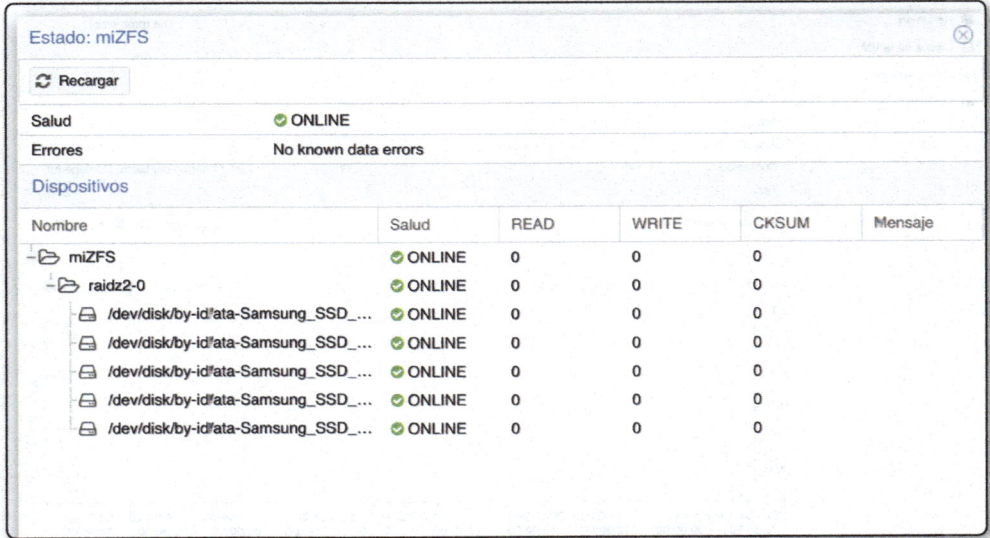

Si ahora pulsamos en Detalle, podemos ver la configuración de nuestro nuevo volumen RAIDZ2

Como hemos comentado, hemos dejado pulsada la opción de agregar almacenamiento, por lo que nuestro nodo de Proxmox VE, ahora tendrá la posibilidad de disponer del almacenamiento ZFS llamado miZFS.

local (hv301)

local-lvm (hv301)

miZFS (hv301)

Si vemos el detalle de este almacenamiento, como hemos visto, le hemos añadido 5 discos SSD de 1 TB cada uno, por lo que la capacidad total (capacidad raw) es de 5 TB, pero al montar el volumen ZFS como un RAIDZ2, se pierde la capacidad de 2 de las unidades SSD, por lo que la capacidad neta disponible es de 3 TB (bueno algo menos debido a que los discos no son exactamente de 1 TB de capacidad).

Esta diferencia en la capacidad se debe a que los fabricantes de discos generalmente expresan la capacidad del disco en terabytes (TB) utilizando el sistema decimal, donde 1 TB equivale a 1,000,000,000,000 bytes. Sin embargo, los sistemas operativos y las aplicaciones a menudo utilizan la notación binaria (TiB), es decir la capacidad está expresada en potencias de 1024 en lugar de 1000, entonces 1 TB equivale a 1,099,511,627,776 bytes. Esta diferencia en la notación puede llevar a una aparente discrepancia en la capacidad declarada frente a la capacidad que vemos.

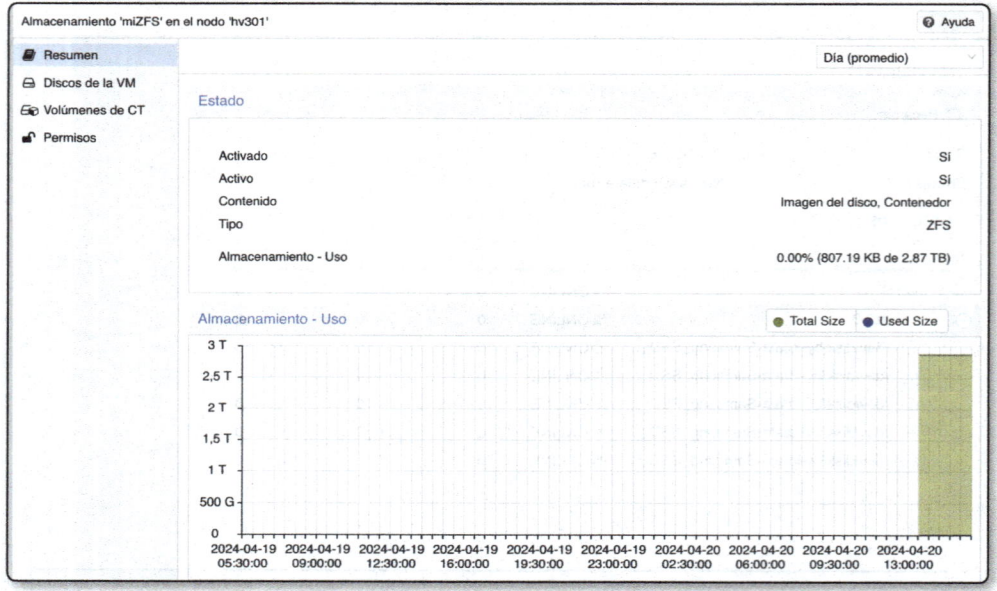

Si ya existiera un volumen ZFS previo, o bien no hubiera marcado la opción de añadir almacenamiento, podría añadirlo posteriormente, mediante la opción de ir a mi datacenter, y en el menú de opciones del datacenter, seleccionar almacenamiento.

En la parte derecha, verás un botón de agregar almacenamiento, simplemente, lo pulsamos y buscamos ZFS.

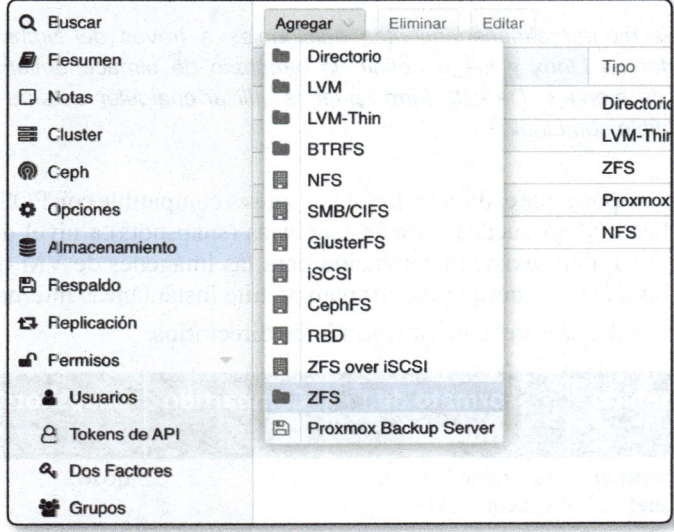

Cuando pulsamos en la opción, aparecerá una ventana para poner el iD (el nombre de nuestro almacenamiento ZFS) el pool ZFS que exista (en la imagen, aparece por defecto miZFS que es el pool que hemos creado, y las opciones de contenido, que como sabemos, con imagen de disco, contenedor, etc).

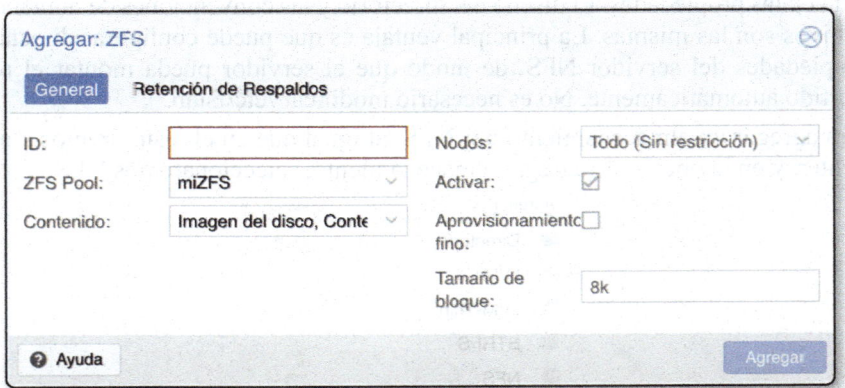

11.10 ALMACENAMIENTO BASADO EN DIRECTORIOS

Proxmox VE puede utilizar directorios locales o recursos compartidos montados localmente para el almacenamiento. Un directorio es un almacenamiento a nivel de archivos, por lo que puedes almacenar cualquier tipo de contenido, como imágenes de discos virtuales, contenedores, plantillas, imágenes ISO o archivos de backup.

> *Puedes montar almacenamientos adicionales a través del archivo /etc/fstab estándar de Linux y luego definir un directorio de almacenamiento para ese punto de montaje. De esta forma puedes utilizar cualquier sistema de archivos compatible con Linux.*

Este backend supone que el directorio subyacente es compatible con POSIX, pero nada más. Esto implica que no puedes crear instantáneas (snapshots) a nivel del dispositivo de almacenamiento. Pero existe una solución para las imágenes de VM que utilizan el formato de archivo qcow2, porque ese formato admite instantáneas internamente.

Características del almacenamiento basado en directorios.

Tipo de contenido	Formato de imagen	Compartido	Snapshots	Clones
images rootdir vztmpl iso backup snippets	raw qcow2 vmdk subvol	no	qcow2	qcow2

11.11 ALMACENAMIENTO BASADO EN NFS

El backend de NFS se basa en el backend del directorio, por lo que comparte la mayoría de las propiedades. El diseño del directorio y las convenciones de nomenclatura de archivos son las mismas. La principal ventaja es que puede configurar directamente las propiedades del servidor NFS, de modo que el servidor pueda montar el recurso compartido automáticamente. No es necesario modificar /etc/fstab.

Para agregar un almacenamiento por NFS, al igual que en el resto, iremos a nuestro datacenter, y en la opción de agregar almacenamiento, seleccionaremos NFS.

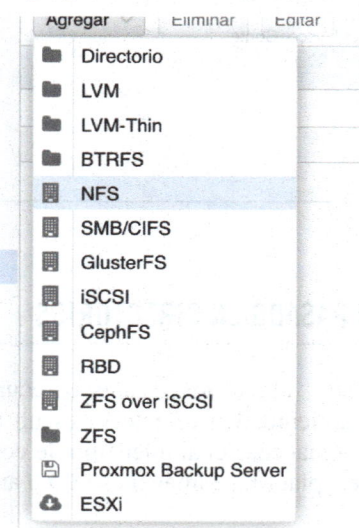

11.12 CONFIGURACIÓN

El backend admite todas las propiedades de almacenamiento comunes, excepto el indicador compartido, que siempre está configurado por defecto. Además, las siguientes propiedades se utilizan para configurar el servidor NFS:

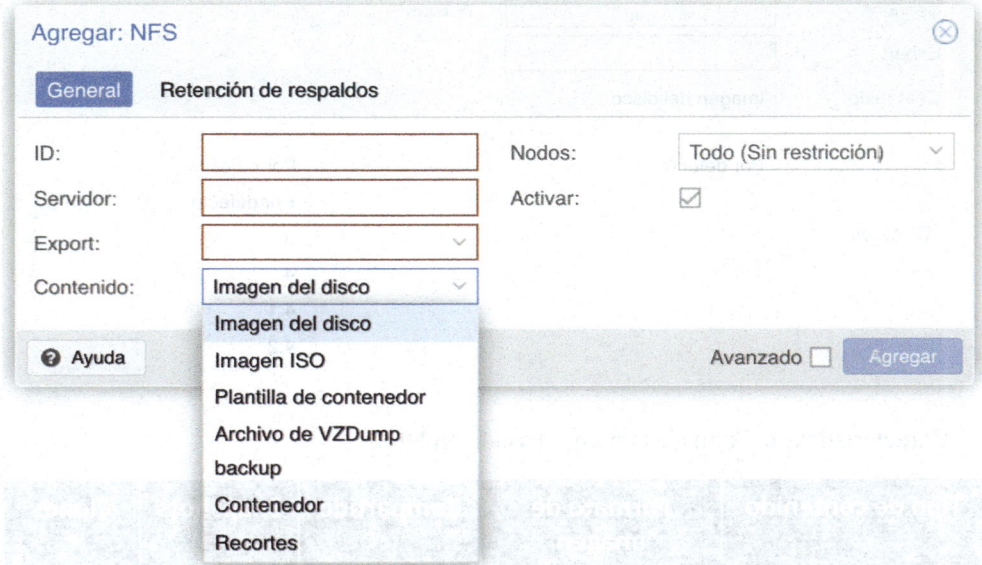

11.12.1 servidor

IP del servidor o nombre DNS. Para evitar problemas de rendimiento en la búsqueda de DNS, generalmente es preferible usar una dirección IP en lugar de un nombre DNS, a menos que tengas un servidor DNS muy fiable o incluyas el servidor en el archivo /etc/ hosts local.

11.12.2 export

Ruta de exportación NFS, que será la carpeta que hayamos compartido desde nuestro servidor NFS, o bien con los siguientes comandos.

```
showmount -e
```

También puedes configurar las opciones de montaje NFS, según la versión NFS del sistema que ofrece el servicio NFS. Seleccionando el check de avanzado, podemos usar diferentes versiones de NFS.

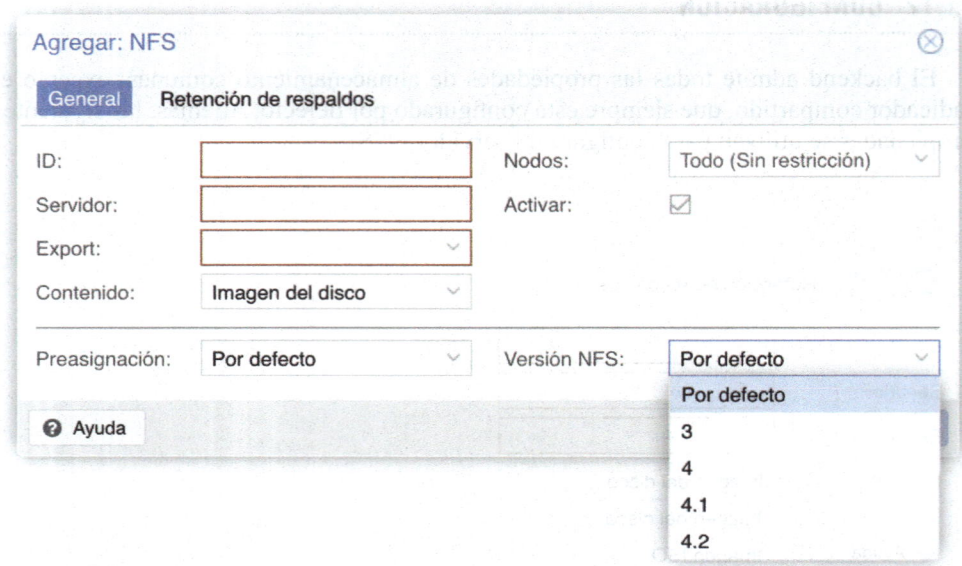

Características del almacenamiento basado en NFS.

Tipo de contenido	Formato de imagen	Compartido	Snapshots	Clones
images rootdir vztmpl iso backup snippets	raw qcow2 vmdk	Sí	qcow2	qcow2

En nuestro anterior fichero de /etc/pve/storage.cfg quedaría como sigue:

```
nfs: iso
    export /mnt/a3pool/iso
    path /mnt/pve/a3
    server 10.0.0.250
    content vztmpl,iso
    prune-backups keep-all=1
```

Después de un timeout de una solicitud NFS, la solicitud NFS se reintenta indefinidamente de forma predeterminada. Esto puede provocar bloqueos inesperados en el lado del cliente. Para contenido de sólo lectura, es interesante usar la opción soft en NFS, que limita el número de reintentos a tres, como vemos en la siguiente configuración.

```
nfs: iso
    export /mnt/a3pool/iso
    path /mnt/pve/a3
    server 10.0.0.250
    content vztmpl,iso
    options vers=4,soft
    prune-backups keep-all=1
```

11.13 ALMACENAMIENTO CIFS (SAMBA)

Al igual que en el caso de NFS, la configuración de un almacenamiento desde una carpeta compartida en CIFS, como una carpeta desde un servidor Windows, o desde un sistema de almacenamiento como puede ser el de algún fabricante de NAS es muy parecida.

El backend admite todas las propiedades de almacenamiento comunes, excepto el indicador compartido, que siempre está configurado. Además, están disponibles las siguientes propiedades especiales de CIFS.

Para agregarlo seguiremos el mismo procedimiento de ir a nuestro Datacenter, seleccionar almacenamiento y agregar, en este caso un almacenamiento CIFS.

11.13.1 Servidor

IP del servidor o nombre DNS. Requerido. Al igual que he comentado en el NFS, es preferible asignar IP a efectos de fiabilidad, o bien usar un DNS muy fiable o una entrada en el archivo /etc/hosts.

11.13.2 Nombre de usuario

El nombre de usuario para el almacenamiento CIFS. Opcional, el valor predeterminado es "invitado".

11.13.3 Contraseña

La contraseña del usuario. Opcional. Se guardará en un archivo que solo podrá leer el root (/etc/pve/priv/storage/<STORAGE-ID>.pw).

11.13.4 Dominio

Establece el dominio de usuario (grupo de trabajo) para este almacenamiento. Opcional.

11.13.5 Share

El recurso compartido del servidor SMB/CIFS.

11.13.6 Path

El punto de montaje local. Opcional, el valor predeterminado es /mnt/pve/<STORAGE_ID>/.

Características del almacenamiento basado en SMB/CIFS.

Tipo de contenido	Formato de imagen	Compartido	Snapshots	Clones
images rootdir vztmpl iso backup snippets	raw qcow2 vmdk	Sí	qcow2	qcow2

11.14 ALMACENAMIENTO EN GLUSTERFS

GlusterFS es un sistema de archivos distribuido de código abierto diseñado para proporcionar almacenamiento escalable y de alta disponibilidad, permite agregar varios sistemas de archivos en una configuración parecida a los sistemas RAID en la que se pueden disponer 2 o más nodos para crear un sistema de almacenamiento redundante.

Para agregar un sistema GlusterFS, iremos al almacenamiento, añadiremos un sistema GlusterFS y nos solicitará un ID, el servidor principal o primario, y un servidor secundario o fallback para que se use en caso de fallo del primero. Lo siguiente nos pedirá el nombre del volumen y el contenido (imagen de disco, ISO, plantilla, etc).

Características del almacenamiento basado en GlusterFS.

Tipo de contenido	Formato de imagen	Compartido	Snapshots	Clones
images rootdir vztmpl iso backup snippets	raw qcow2 vmdk	Sí	qcow2	qcow2

11.15 ALMACENAMIENTO ISCSI CON OPEN-ISCSI

Permite agregar un sistema de almacenamiento basado en iSCSI, bien a través de una cabina de discos como Synology, Qnap, HP MSA, EMC, Netapp, etc.

Para utilizar este backend, debe instalar el paquete Open-iSCSI (open-iscsi). Este es un paquete estándar de Debian, pero no se instala de forma predeterminada. Las herramientas multipath-tools son necesarias cuando nuestro sistema de almacenamiento soporta multipath (varias interfaces de red redundantes) como pasa con los sistemas HP, EMC, Netapp, etc.

```
apt-get install open-iscsi
apt-get install open-iscsi multipath-tools
```

Las tareas de administración de iscsi de bajo nivel se pueden realizar utilizando la herramienta iscsiadm. (Más información en el apéndice)

Agregar: iSCSI

General   Retención de respaldos

ID:	Nodos: Todo (Sin restricción)
Portal:	Activar: ☑
Destino:	Utilizar los LUNs directamente: ☑

❷ Ayuda   Agregar

Nos pedirá el ID, y la url o ip del portal iSCSI. Una vez conectada formatearemos el almacenamiento como LVM para poder usarlo en nuestro Proxmox VE.

Características del almacenamiento basado en iSCSI

Tipo de contenido	Formato de imagen	Compartido	Snapshots	Clones
images	raw	Sí	No	No

11.16 GESTIÓN DEL ALMACENAMIENTO DESDE LA LÍNEA DE COMANDO

Se recomienda familiarizarse con el concepto que subyace detrás de los grupos de almacenamiento y los identificadores de volumen, pero en la vida real, no está obligado a realizar ninguna de esas operaciones de bajo nivel en la línea de comando. Normalmente, la asignación y eliminación de volúmenes se realiza mediante las herramientas de gestión de contenedores y VM desde la GUI. Esto nos ayudará cuando necesitemos diagnosticar problemas en el almacenamiento.

Sin embargo, existe una herramienta de línea de comandos llamada pvesm ("Proxmox VE Storage Manager"), que puede realizar tareas comunes de administración de almacenamiento.

11.16.1 pvesm

Ejemplos de uso.

11.16.1.1 AGREGAR GRUPOS DE ALMACENAMIENTO

```
pvesm add <TYPE> <STORAGE_ID> <OPTIONS>
```

Agregar directorio de almacenamiento.

```
pvesm add dir <STORAGE_ID> --path <PATH>
```

Agregar almacenamiento NFS.

```
pvesm add nfs <STORAGE_ID> --path <PATH> --server <SERVER> --export <EXPORT>
```

Agregar almacenamiento LVM.

```
pvesm add lvm <STORAGE_ID> --vgname <VGNAME>
```

Agregar almacenamiento iSCSI.

```
pvesm add iscsi <STORAGE_ID> --portal <HOST[:PORT]> --target <TARGET>
```

11.16.1.2 DESHABILITAR GRUPOS DE ALMACENAMIENTO

```
pvesm set <STORAGE_ID> --disable 0
```

11.16.1.3 HABILITAR GRUPOS DE ALMACENAMIENTO

```
pvesm set <STORAGE_ID> --disable 1
```

11.16.1.4 CAMBIAR/ESTABLECER OPCIONES DE ALMACENAMIENTO

```
pvesm set <STORAGE_ID> <OPTIONS>
pvesm set <STORAGE_ID> --shared 1
pvesm set local --format qcow2
pvesm set <STORAGE_ID> --content iso
```

11.16.1.5 ELIMINAR GRUPOS DE ALMACENAMIENTO

Esto no elimina ningún dato y no desconecta ni desmonta nada. Simplemente elimina la configuración de almacenamiento del fichero /etc/pve/storage.cfg

```
pvesm remove <STORAGE_ID>
```

11.16.1.6 ASIGNAR VOLÚMENES

```
pvesm alloc <STORAGE_ID> <VMID> <name> <size> [--format <raw|qcow2>]
```

Ejemplo asignar un volumen de 8G en el almacenamiento local. El nombre se genera automáticamente si pasa una cadena vacía como <nombre>

```
pvesm alloc local <VMID> '' 8G
```

Como vemos hemos pasado dos comillas simples como nombre para que el nombre se asigne automáticamente.

11.16.1.7 LIBERAR VOLÚMENES

```
pvesm free <VOLUME_ID>
```

 Este comando sí que destruye los datos del volumen al contrario del comando remove que sólo desconecta el volumen.

11.16.1.8 MOSTRAR EL ESTADO DEL ALMACENAMIENTO

```
pvesm status
```

11.16.1.9 LISTAR EL CONTENIDO DEL ALMACENAMIENTO

```
pvesm list <STORAGE_ID> [--vmid <VMID>]
```

11.16.1.10 LISTAR VOLÚMENES ASIGNADOS POR VMID

```
pvesm list <STORAGE_ID> --vmid <VMID>
```

11.16.1.11 LISTA DE IMÁGENES ISO

```
pvesm list <STORAGE_ID> --content iso
```

11.16.1.12 LISTAR PLANTILLAS DE CONTENEDORES

```
pvesm list <STORAGE_ID> --content vztmpl
```

11.16.1.13 MOSTRAR LA RUTA DEL SISTEMA DE ARCHIVOS PARA UN VOLUMEN

```
pvesm path <VOLUME_ID>
```

Exportamos el volumen local:103/vm-103-disk-0.qcow2 al archivo de destino. Esto se usa internamente con la importación pvesm. El formato de flujo qcow2+size es diferente al formato qcow2. En consecuencia, el archivo exportado no se puede simplemente adjuntar a una máquina virtual. Esto también se aplica a los demás formatos.

```
pvesm export local:103/vm-103-disk-0.qcow2 qcow2+size target --with-snapshots 1
```

11.17 CREAR ALMACENAMIENTO DESDE LA LÍNEA DE COMANDO

A veces es necesario para automatizar ejecutar el comando pvesm para agregar almacenamiento desde la línea de comando, esto es útil sobre todo cuando por ejemplo tenemos múltiples servidores o clusters, y queremos normalizar el nombre de los almacenamientos en todos.

Para ello bien mediante Ansible o cualquier proceso de automatización como un pssh, podemos agregar el almacenamiento a nuestros nodos o clusters siguiendo un criterio normalizado.

 Esto nos puede ayudar mucho, en dos escenarios: para mover máquinas, ya que si todos los almacenamientos se llaman igual, será mucho más fácil que el disco esté en el almacenamiento por ejemplo volumen01 y este es igual en toda nuestra instalación. Además el otro escenario es en la automatización ya que si los almacenamientos tienen el mismo nombre, y tenemos scripts post instalación que monten un determinado CD o disco en las máquinas, si el nombre es siempre el mismo, no tendremos que hacerlo a mano y el script nos valdrá para cualquiera de nuestras máquinas.

11.17.1 Ejemplos

Agregar un almacenamiento PBS a un nodo o cluster de Proxmox VE, tenemos un datastore de Proxmox Backup Server (PBS) llamado copiasedu en el servidor *pbs. eduardotaboada.com* con un usuario copias@pbs (usuario de Proxmox Backup Server) y password "mipass", al que vamos a llamar copiaspbs en todos nuestros nodos (el identificador del almacenamiento) y que mantenga todas las copias de los backups (prube-backups), luego ya "limpiaremos" en el PBS.

```
pvesm add pbs copiaspbs —datastore copiasedu —server pbs.eduardotaboada.com —
username copias@pbs —password mipass prune-backups keep-all=1
```

Agregar un almacenamiento NFS para las imágenes ISO y las plantillas de LXC que se encuentra en un export NFS (mnt/repo/iso) en el servidor *nfs.eduardotaboada.com*

```
pvesm add nfs edu --server nfs.eduardotaboada.com --export /mnt/repo/iso --con-
tent iso,vztmpl
```

12

REDES EN PROXMOX

En Proxmox es muy importante como se configura la red, ya que de ello depende el rendimiento y la seguridad de nuestra plataforma de virtualización.

12.1 REDES LINUX

Por defecto Proxmox usa la figura de las redes Linux (Linux Bridge) como base para la gestión de red, como veremos más adelante esto limita un poco las posibilidades de configuración de red. Por mi parte, prefiero usar Openvswitch que ofrece más control.

12.2 OPENVSWITCH

OpenvSwitch, abreviado OVS es un software Open Source diseñado para su uso como switch virtual en entornos de servidores virtualizados. Es el encargado de reenviar el tráfico entre diferentes máquinas virtuales (VMs) en el mismo host físico y también reenviar el tráfico entre las máquinas virtuales y la red física.

12.3 DIFERENCIAS ENTRE LINUX BRIDGE Y OPENVSWITCH

Linux Bridge: está integrado en el núcleo del sistema operativo Linux. Proporciona funcionalidades básicas de conmutación de capa 2 (Ethernet) y es relativamente simple.

OpenvSwitch: es una implementación de switch virtual de código abierto diseñada específicamente para entornos de virtualización y SDN. Ofrece un conjunto más amplio de características y funcionalidades avanzadas en comparación con Linux Bridge.

Proporciona un conjunto más completo de características, como la compatibilidad con VLAN, túneles GRE, VXLAN, control de flujo basado en OpenFlow, balanceo de carga, mirroring de puertos, entre otros. Esto le proporciona mucha más flexibilidad y escalabilidad para conformar redes más complejas.

OpenvSwitch es más adecuado para entornos de virtualización complejos y redes definidas por software. Su flexibilidad y escalabilidad le permiten gestionar entornos complejos de red, que con Linux Bridge no es posible.

Está especialmente diseñado para integrarse con entornos de virtualización. Es compatible con varias plataformas de virtualización, como KVM, Nutanix, Xen, VMware, etc., y proporciona una mayor flexibilidad en la configuración de redes virtuales. (De hecho algunas de estas plataformas de virtualización lo usan para la gestión de las redes).

En resumen, mientras que Linux Bridge es una solución más simple y básica para la conectividad de red en entornos de virtualización, Open vSwitch ofrece una gama más amplia de funcionalidades y es más adecuado para entornos de virtualización avanzados y redes definidas por software.

Hasta aquí un poco la definición de ambos, como vemos OpenvSwitch es bastante más flexible que el Linux Bridge.

 Por mi experiencia en entornos de virtualización, la elección de OpenvSwitch, nos permitirá disponer de escenarios altamente redundantes y con una flexibilidad que no se puede obtener usando Linux Bridge. Por lo tanto recomiendo desde el principio de la instalación optar por instalar Linux Bridge para no limitar la flexibilidad y el crecimiento futuro de la red y de nuestro entorno de virtualización.

12.4 PLANIFICACIÓN DE LA RED DE PROXMOX VE

En este apartado necesitaremos parar un momento, coger lápiz y papel y planificar nuestra red, es imprescindible si necesitamos que en el futuro no nos encontremos con limitaciones o problemas a la hora de acometer determinadas tareas en nuestra plataforma Proxmox VE.

Empezaremos por los interfaces de red, es recomendable usar redes de al menos 10Gb Ethernet, y en el caso de que queramos usar Ceph, esto es imprescindible.

Además de esto, otro motivo por el que usar este tipo de interfaces es que si disponemos por ejemplo de una sola interfaz de 1 Gb Ethernet, debemos tener en cuenta que todo el tráfico de nuestras máquinas virtuales va a pasar por esta interfaz, con lo que es fácil hacer la cuenta de que si tenemos por ejemplo 10 máquinas virtuales, la velocidad media de cada una será de 100 Mb, lo cual en determinados entornos significa cuellos de botella y lentitud.

Si optamos por interfaces de 10,25 o 40 Gb Ethernet, dispondremos de la suficiente flexibilidad para poder gestionar grandes volúmenes de tráfico sin incurrir problemas de red siempre y cuando usemos segmentación de los puertos mediante VLAN.

 Si vas a usar discos de categoría Entreprise (SSD con un alto índice de IOPS o bien NVME) en Proxmox VE con un cluster Ceph, es recomendable usar conexiones lo más rápidas posibles (50 Gbps con 2 interfaces de 25 Gps en LACP o bien 40 Gbps) de lo contrario, la red hará de cuello de botella en la comunicación de los discos en Ceph, reduciendo de esta forma el rendimiento del almacenamiento.

12.4.1 Segmentación mediante VLAN

Uno de los principales retos a la hora de planificar una instalación de Proxmox VE, sobre todo si se va a realizar en modo cluster con Ceph, es la segmentación de red mediante VLAN. Al segmentar la red en VLANs, puedes controlar el flujo de tráfico y evitar congestiones, además si usas redes separadas para el cluster y para el Ceph, puedes usar máscaras de red más restrictivas, con lo que evitarás tráfico de broadcast en tu red, optimizando de esa forma el ancho de banda disponible.

Por ejemplo para un cluster de 5 nodos, puedes usar una máscara en notación CIDR de /29 o de /28 para poner hasta 13 nodos.

Otra de las buenas prácticas consiste en usar esas VLAN sólo en los switches de ese cluster, de esa forma evitamos tener más VLAN extendidas por nuestra infraestructura, con la problemática de gestión que conlleva.

Además si podemos es conveniente separar la red de administración de Proxmox VE de las redes que se van a usar para el acceso a las VM. Si ocurre un problema en una VLAN específica, como un ataque de red o un mal funcionamiento de un equipo, el impacto se limita solo a esa VLAN en lugar de afectar a toda la red.

 Separar la red de administración de Proxmox VE de la red de producción o de cualquier tipo de red, no sólo va a suponer una mejora de rendimiento, sino que además implica disponer de una capa adicional de seguridad, ya que nuestros usuarios (bien sean internos o clientes) no podrán acceder a dicha red y por lo tanto tendremos una preocupación menos sobre quien puede "ver" nuestra interfaz de administración de Proxmox VE.

 Otra buena práctica para evitar problemas de rendimiento es crear una VLAN para el almacenamiento de tal forma que las copias de seguridad no interfieran con el resto de tráfico habitual de nuestros Proxmox VE.

12.4.2 Jumbo frames y MTU

Las Jumbo Frames son paquetes de datos que superan el tamaño máximo estándar de trama de red Ethernet (MTU), que generalmente es de 1500 bytes.

Esto produce menos sobrecarga de red ya que al enviar datos en paquetes más grandes, se reduce la sobrecarga de red causada por los encabezados de los paquetes. En lugar de tener múltiples paquetes pequeños, se pueden enviar menos paquetes más grandes, lo que mejora la eficiencia de la red.

Además produce también menos sobrecarga en las CPU de los switches. Además al enviar menos paquetes más grandes en lugar de más paquetes más pequeños, se puede reducir la latencia en la red.

Esto es especialmente importante en las redes de almacenamiento y en el Ceph (aunque es una buena práctica en todas las redes, nunca sabemos cuándo un usuario va a decidir subir o descargar un archivo enorme a través de la red).

 Es muy importante tener en cuenta que para aprovechar al máximo las Jumbo Frames, todos los dispositivos en la red, incluidos los switches, routers y dispositivos finales, deben ser compatibles y estar configurados adecuadamente para admitirlas.

Ahora que tenemos claro y apuntada en nuestra libreta la configuración que queremos, vamos a ver un poco la gestión de las interfaces y mejoras en las comunicaciones de red en Proxmox VE

12.5 BONDING Y BALANCEO DE TRÁFICO

El bonding permite configurar dos o más tarjetas de red como si se tratasen de una sola a efectos de disponer de más ancho de banda y/o resiliencia en la conexión, de tal forma que si una conexión cae, la red siga funcionando por la otra u otras interfaces.

 Hay que tener en cuenta que muchas de estas configuraciones, requieren también cambios de configuración en la electrónica de red. Y en algunos casos hay que realizar el cambio a la par en el Proxmox y en la electrónica, para que ambas configuraciones estén alineadas como veremos más adelante.

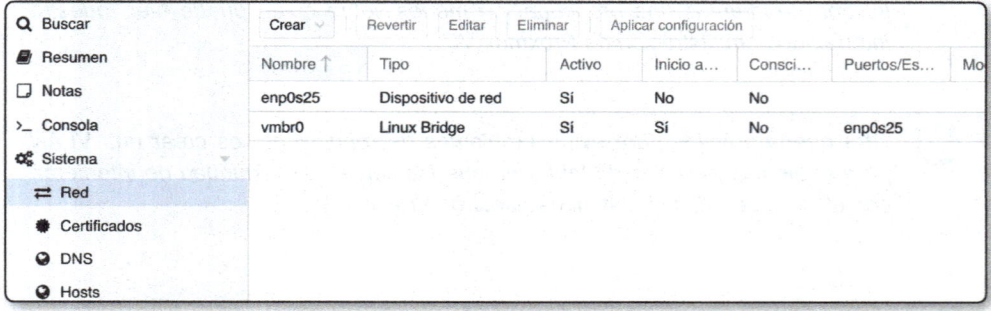

12.6 BONDING EN LINUX BRIDGE

Para configurar las redes en Proxmox VE, hay que realizar la operación en cada uno de los nodos de nuestro cluster, para ello vamos al nodo en cuestión y buscamos en el menú la opción de Sistema, dentro de este menú nos aparecerá la opción de Red, si entramos en esa opción de menú, nos aparecerá la configuración de la red del nodo.

Como vemos aparecen por defecto dos elementos (en caso de que hubiera más interfaces, habría más elementos del tipo "Dispositivo de red").

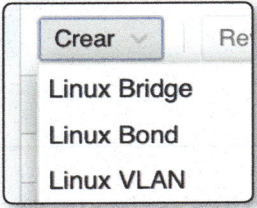

Si pulsamos Crear, tendremos las opciones de:

Vemos que hay Linux Bridge, Linux Bond y Linux VLAN.

12.6.1 Linux Bridge

Se necesita una interfaz que normalmente se llama vmbr para conectar las máquinas virtuales a la red física subyacente. Son un puente de Linux que puede considerarse como un conmutador virtual al que se conectan los invitados y las interfaces físicas.

Podemos tener tantos vmbr como queramos, pero se recomienda usar solo uno y segmentar la red mediante VLAN. Esto es así cuando las interfaces disponen de suficiente ancho de banda.

 De todas formas, si tenemos un nodo de Proxmox VE con varias interfaces físicas conectadas a redes diferentes (por ejemplo una LAN y una WAN) podemos crear un vmbr0 para la LAN y un vmbr1 para la WAN, ya que el hecho de segmentar una red de 1G por ejemplo, reducirá el ancho de banda si el tráfico pasa por ejemplo de la LAN a la WAN y viceversa a través de la misma interfaz usando VLAN.

Como vemos, en la configuración de un Linux Bridge, le diremos la dirección IPv4 o IPv6, la puerta de enlace y la configuración de VLAN (si la necesitásemos).

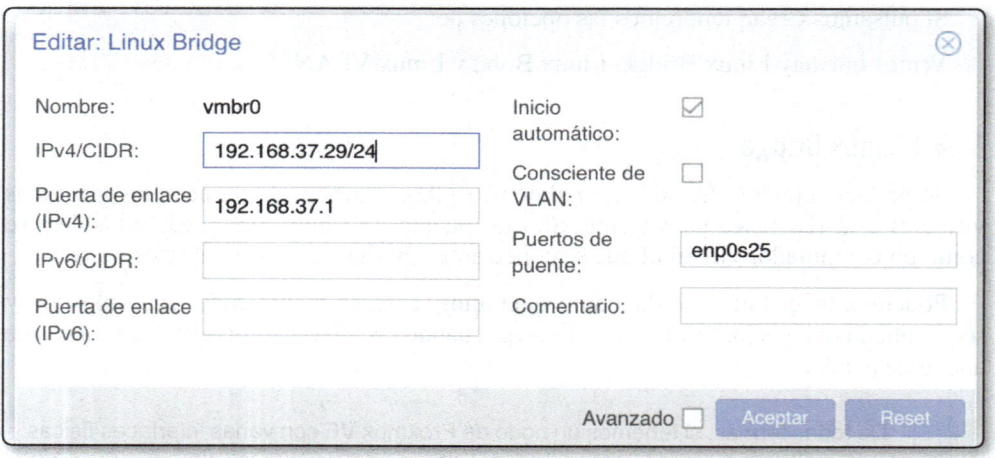

Los puertos de puente, serán o bien una interfaz de red específica, o un grupo (bond).

Ejemplo

12.6.2 Linux Bond

En el caso del linux Bond, lo que hacemos es crear una agrupación de interfaces de red y declararla como una sola, para poder asignarla a uno o varios Linux Bridge en el puerto de puente del campo del Linux Bridge (como vimos antes).

Las asociaciones de los Linux Bond, pueden ser de varios tipos, dependiendo de la funcionalidad, ya que pueden hacerse para aumentar la velocidad o bien para disponer de fiabilidad, o ambas.

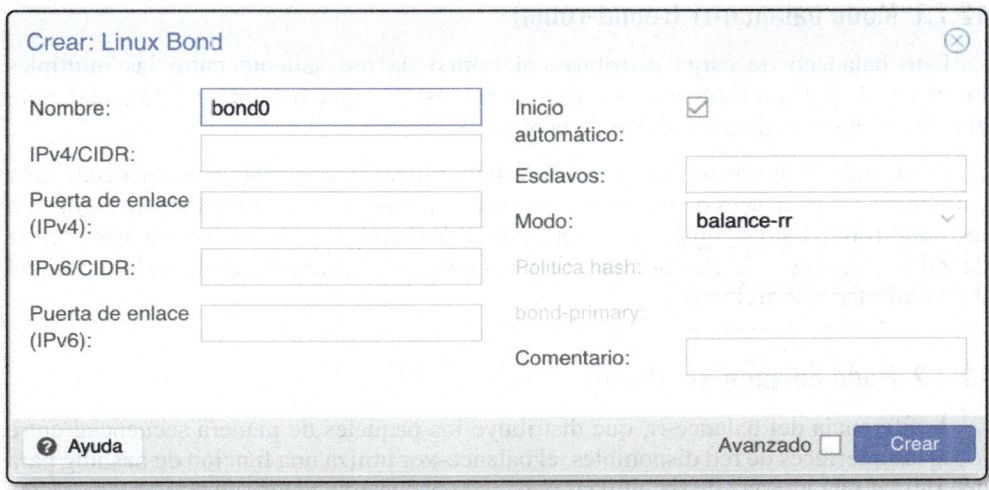

Vemos que podemos poner el direccionamiento, las interfaces que componen el bond (esclavos) y el modo.

 El modo es muy importante tenerlo claro y además planificarlo, ya que en ocasiones implica configuración adicional en la electrónica de red.

12.7 MODOS DE AGREGACIÓN EN UN LINUX BOND

Existen varios modos de agregación en un Linux Bond, cada uno tiene sus peculiaridades y voy a explicarlas a continuación.

12.7.1 Modo balance-rr (round-robin)

Este balanceo de carga distribuye el tráfico de red saliente entre las múltiples interfaces de red que forman el bonding (Esclavos) de manera equitativa, lo que mejora el rendimiento y la disponibilidad de la red.

En el modo "balance-rr", los paquetes de datos salientes se distribuyen secuencialmente entre todas las interfaces de red configuradas en el enlace de red, utilizando un algoritmo de round-robin. Esto significa que cada paquete de datos se envía a través de una interfaz de red diferente en un ciclo continuo, sin tener en cuenta la carga de tráfico o la capacidad de las interfaces individuales.

12.7.2 Modo balance-xor (hash)

A diferencia del balance-rr, que distribuye los paquetes de manera secuencial entre todas las interfaces de red disponibles, el balance-xor utiliza una función de hashing para determinar qué interfaz de red utilizar para cada paquete de datos saliente.

La relación de paquetes/puertos se realiza de la siguiente forma:

Se calcula un hash de ciertos campos de la cabecera del paquete de datos (como las direcciones de origen y destino, puertos TCP/UDP, etc.). Luego, este hash se utiliza para determinar qué interfaz de red se utilizará para enviar el paquete. El cálculo del hash se realiza de tal manera que los paquetes que pertenecen a una misma conexión (como un flujo TCP) se envíen siempre a través de la misma interfaz de red, lo que evita la posibilidad de que los paquetes se reordenen o se entreguen fuera de secuencia.

12.7.3 Modo broadcast

A diferencia de otros modos de bonding que están diseñados para balancear la carga de manera eficiente o proporcionar tolerancia a fallos, el modo "broadcast" tiene un propósito más específico: enviar todos los paquetes de datos a través de todas las interfaces de red configuradas en el enlace.

En el modo "broadcast", cuando un paquete de datos se envía a través de la interfaz de red virtual, el kernel del sistema operativo replica ese paquete y lo envía a través de todas las interfaces físicas configuradas en el enlace de red. Esto significa que todos los dispositivos conectados a esas interfaces físicas recibirán una copia del paquete de datos.

 Debido a su especial modo de funcionamiento es muy específico y que puede generar una mayor carga de tráfico en la red, ya que cada paquete se envía a través de todas las interfaces físicas del enlace. Por lo tanto, debe utilizarse con precaución y solo en situaciones donde sea necesario replicar todos los paquetes de datos, como por ejemplo en aplicaciones de Streaming.

12.7.4 Modo active-backup

En el modo de bondig "activo-backup", el tráfico de red se enruta únicamente a través de la interfaz de red activa. Si la interfaz de red activa falla, el sistema automáticamente cambia el tráfico a una de las interfaces de respaldo que se encuentran en espera. Este proceso se realiza de manera transparente para las aplicaciones y los usuarios, lo que garantiza una conexión de red continua y sin interrupciones.

Algunas características clave del modo "activo-backup" incluyen:

▶ Tolerancia a fallos: el modo "activo-backup" proporciona tolerancia a fallos al asegurar que siempre haya una interfaz de red disponible para manejar el tráfico en caso de que una interfaz activa falle.

▶ Simplicidad: la configuración y gestión del modo "activo-backup" son relativamente simples, ya que solo se necesita especificar las interfaces de red que se utilizarán como activas y de respaldo. Y es uno de los modos en los que no suele ser necesaria la configuración adicional de la electrónica de red.

12.7.5 Modo LACP (802.3ad)

El modo de bonding "balance LACP" (Link Aggregation Control Protocol) utiliza LACP para agrupar varias interfaces de red físicas en un solo canal lógico de alta velocidad que es prácticamente la suma de todos los canales individuales. LACP es un protocolo estándar que permite la agregación dinámica de enlaces (link aggregation) y la distribución de tráfico entre múltiples enlaces físicos de manera eficiente y equitativa.

Cuando se configura en modo "balance LACP", el sistema operativo utiliza LACP para negociar y establecer un canal de agregación de enlaces con un switch. Este canal de agregación de enlaces combina las capacidades de varias interfaces de red físicas para formar una sola interfaz de red lógica de mayor capacidad y rendimiento.

Algunas características clave del modo "balance LACP" incluyen:

▶ Agregación de ancho de banda: el modo "balance LACP" proporciona un mayor ancho de banda agregando el ancho de banda de todas las interfaces de red físicas. Esto permite una mayor capacidad de transferencia de datos y un mejor rendimiento de la red.

▶ Tolerancia a fallos: LACP comprueba continuamente el estado de las interfaces de red físicas en el canal de agregación de enlaces. Si una interfaz de red física falla, LACP automáticamente redistribuye el tráfico entre las interfaces de red restantes, lo que garantiza la continuidad del servicio y la disponibilidad de la red.

▶ Balanceo de carga inteligente: el balanceo de carga en el modo "balance LACP" se realiza de manera inteligente y equitativa, utilizando algoritmos sofisticados para distribuir el tráfico de manera eficiente entre las interfaces de red físicas disponibles. Esto ayuda a evitar la congestión de la red y maximiza el uso de los recursos de red.

El modo "balance LACP" es ampliamente utilizado en entornos donde la red de conectividad es crítica, ya que además algunos switches de red, permiten configurar dos de ellos con LACP entre puertos de equipos diferentes, pasando de esta forma a no solo disponer de 2 o más enlaces, sino que además dispondremos de redundancia a nivel de switches físicos de red, por lo que la caída de uno de ellos no afectará a la conectividad de nuestro entorno Proxmox VE.

12.7.6 Modo balance-tlb (Transmit Load Balancing)

En el modo "balance-tlb» (Transmit Load Balancing), la distribución del tráfico se realiza en función de la carga de tráfico actual en cada interfaz de red individual. El algoritmo de balanceo de carga monitoriza continuamente el estado de la red y ajusta la distribución de los paquetes de datos entre las interfaces de red disponibles para evitar la congestión y maximizar el uso de los recursos de red.

12.7.7 Modo balance-alb (Adaptative Load Balancing)

En el modo "balance-alb", la distribución de la carga de tráfico se realiza también de manera adaptativa y dinámica en función de la carga de tráfico actual en cada interfaz de red individual y de la disponibilidad de ancho de banda. Si una interfaz de red experimenta una alta carga de tráfico o se desconecta, el balanceador de carga reajusta automáticamente la distribución del tráfico para utilizar otras interfaces de red disponibles.

12.7.8 Resumen de los modos de agregación de Linux Bond

Voy a tratar de resumir las características de cada uno de los modelos de Linux Bond.

En la primer columna, está el modo, en la segunda especifica si hay que realizar cambios en la electrónica de red y si estos son sencillos o complejos, la siguiente indica si obtenemos mejoras de velocidad, la cuarta indica el nivel de fiabilidad.

Modo	Cambios	Velocidad	Fiabilidad
balance-rr	Sí / Simples	Si	Media
Balance-xor	Sí / Simples	Si	Media
Broadcast	Sí / Simples	Si	Media
balance-tlb	Sí / Simples	Si	Media
balance-alb	Sí / Simples	Si	Media
active-backup	No	No	Media
LACP	Si / Complejos	Si	Muy alta

12.8 LINUX VLAN

Cuando creamos una Linux VLAN, lo que hacemos es asignar a un bridge una VLAN específica.

Esto que nos permite usarlo en algunos entornos para conectar a un determinado equipo que se encuentre en otra VLAN, no es muy práctico, ya que al final si tenemos muchas VLAN, será un poco caótico administrarlo.

Como vemos en la imagen nos pedirá un nombre, lo recomendable es usar la notación de Linux del tipo interface.vlan, por ejemplo, si queremos crear una vlan sobre nuestro vmbr0, con el tag de VLAN 17, crearemos la interfaz como vmbr0.17.

Podremos asociar a esta VLAN al igual que a cualquiera de las demás interfaces, una dirección de IPv4 y una dirección de IPv6.

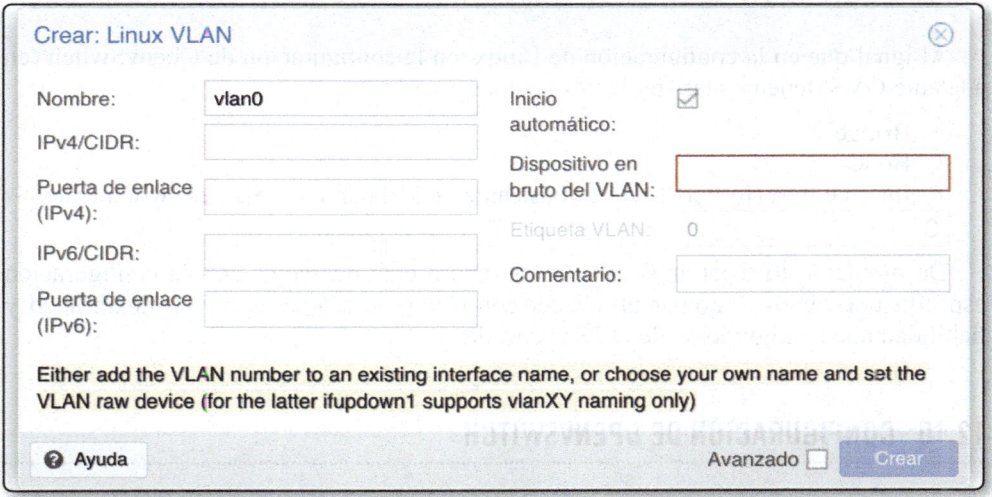

12.9 OPENVSWITCH

OpenvSwitch no viene instalado por defecto cuando instalamos Proxmox VE, por lo que es necesario poder descargarse e instalar el paquete desde los repositorios de Debian.

Para ello, ejecutaremos lo siguiente:

```
apt update
apt install openvswitch-switch
```

Una vez instalado, en el menú de red -> Crear, veremos que hay nuevas opciones disponibles.

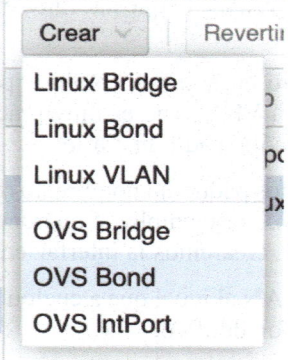

Al igual que en la configuración de Linux, en la configuración de OpenvSwitch (en adelante OVS) tenemos las siguientes opciones:

- Bridge
- Bond
- Internal Port (IntPort). Lo que básicamente sería un puerto de un switch físico.

De momento lo dejaremos así, ya que ahora continuaremos con la configuración específica si vamos a montar un cluster con Ceph, en la que usaré por flexibilidad y fiabilidad una configuración de OVS avanzada.

12.10 CONFIGURACIÓN DE OPENVSWITCH

Por defecto Proxmox VE deja la red configurada con Linux Bridge, si queremos cambiar a OpenvSwitch, deberemos de desconfigurar el Linux Bridge y configurar el OpenvSwitch.

 Este proceso es delicado, ya que podríamos perder la conectividad al nodo de Proxmox VE, recomiendo antes de hacerlo, realizar una copia del fichero interfaces de la carpeta /etc/networks por si acaso.

Pues como he comentado, procedemos a realizar una copia del fichero interfaces.

```
cp /etc/network/interfaces /etc/network/OLD_interfaces
```

Ahora vamos a ver cada una de las opciones que nos ofrece OVS.

12.10.1 OVS Bridge

Al igual que el Linux Bridge, asocia un bridge (vmbr0, vmbr1, etc) a una interfaz física de nuestro nodo de Proxmox VE.

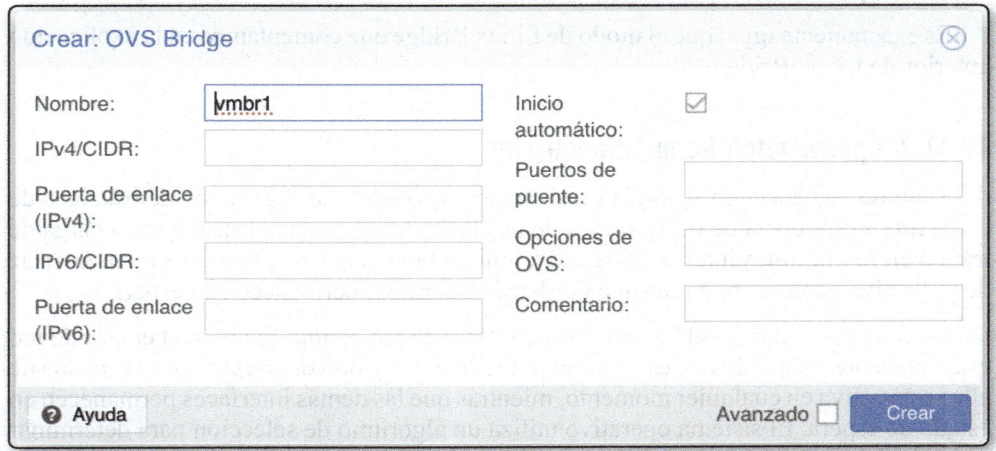

Como vemos, en la configuración de un OVS Bridge, le diremos la dirección IPv4 o IPv6, la puerta de enlace y la configuración de VLAN (si la necesitásemos).

Los puertos de puente, serán o bien una interfaz de red específica, o un grupo (bond).

12.10.2 OVS Bond

Al igual que el bond de Linux Bond, nos permite disponer de fiabilidad y/o mayor velocidad agrupando dos o más interfaces de red.

Hay ciertas diferencias en los modos de funcionamiento con respecto a Linux bridge que voy a explicaros a continuación, como podéis ver en la imagen.

12.11 MODOS DE BONDING DE OPENVSWITCH

12.11.1 OpenvSwitch Bond active-backup

Es exactamente igual que el modo de Linux Bridge que comentamos en la explicación anterior de Linux Bridge.

12.11.2 OpenvSwitch Bond balance-slb

El modo "balance-slb" (Single Load Balancing) es una configuración de balanceo de carga que a diferencia de otros modos de balanceo de carga, que distribuyen la carga de tráfico entre múltiples interfaces de red, el modo "balance-slb" utiliza solo una interfaz de red activa a la vez, mientras que las demás interfaces permanecen en espera.

En el modo "balance-slb", todas las interfaces de red configuradas en el enlace de red están presentes y operativas, es decir no hay una activa y otra de backup, pero solo una de ellas está activa en cualquier momento, mientras que las demás interfaces permanecen en estado de espera. El sistema operativo utiliza un algoritmo de selección para determinar qué interfaz de red debe estar activa y recibir el tráfico de red saliente.

12.11.3 OpenvSwitch Bond LACP balance-slb

LACP balance-slb es una combinación de dos conceptos: el balanceo de carga mediante el modo "balance-slb" y la configuración de enlace de red (bonding) utilizando LACP (Link Aggregation Control Protocol).

Es decir solo hay una interfaz activa y las demás en espera, pero permite la agregación de puertos usando LACP, lo que permite además redundancia de switches, como comenté anteriormente.

12.11.4 OpenvSwitch Bond LACP balance-tcp

Este modo de balanceo de carga es como el LACP del linux Bridge, distribuye la carga de tráfico de manera equitativa entre las interfaces de red físicas disponibles, basándose en el flujo de tráfico TCP. Esto significa que cada flujo TCP (conexión) se envía siempre a través de la misma interfaz de red física, lo que garantiza que no se produzca reordenamiento de paquetes o problemas de latencia asociados con el balanceo de carga basado en paquetes individuales.

Como dije antes, el LACP nos va a permitir usar dos switches diferentes con un puerto de cada uno de ellos configurados como uno de tal forma que cualquier caída de cable, de switch, etc, no afecta a la conectividad.

12.12 CREACIÓN DE LA RED CON OPENVSWITCH

Antes de proceder, voy a explicar el comando ifupdown2. Este comando apareció en la versión 7.0, y antes de que estuviera disponible, la recarga de la configuración de red, a veces requería hasta un reinicio del nodo, este comando permite hacer una recarga de la configuración de red sin reiniciar.

Como he comentado, debemos de tener copia del fichero /etc/network/interfaces.

12.12.1 Configuración inicial

La red nos aparecerá así:

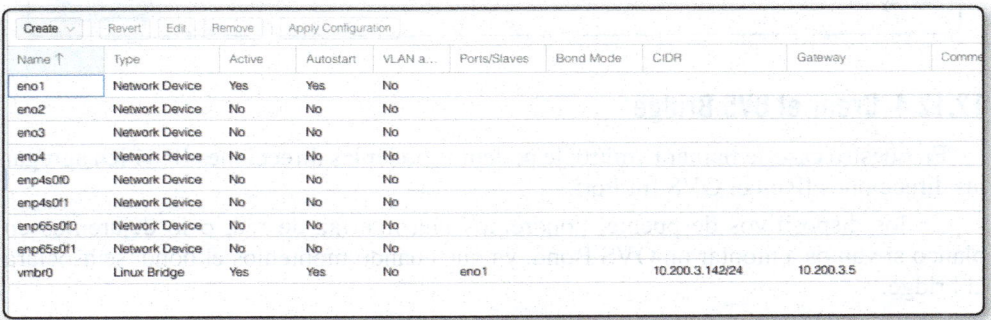

Name ↑	Type	Active	Autostart	VLAN a...	Ports/Slaves	Bond Mode	CIDR	Gateway	Comm
eno1	Network Device	Yes	Yes	No					
eno2	Network Device	No	No	No					
eno3	Network Device	No	No	No					
eno4	Network Device	No	No	No					
enp4s0f0	Network Device	No	No	No					
enp4s0f1	Network Device	No	No	No					
enp65s0f0	Network Device	No	No	No					
enp65s0f1	Network Device	No	No	No					
vmbr0	Linux Bridge	Yes	Yes	No	eno1		10.200.3.142/24	10.200.3.5	

Vemos 8 interfaces de red (eno1 a eno4) y las enp4s0f0, enp4s0f1, enp65s0f0, y la enp65s0f1

12.12.2 Borrar el Linux Bridge

Ahora lo que tendremos que realizar es lo siguiente, paso a paso y con cuidado.

En primer lugar borramos el vmbr0 Linux bridge que tenemos guardando o apuntando las direcciones IP y el gateway si no lo tenías apuntado de antemano, haciendo esto, si por casualidad aplicamos configuración antes de terminar, perderemos la conectividad con el nodo de Proxmox VE, como vemos en la imagen el vmbr0 usa el interfaz eno1.

12.12.3 Crear el nuevo stack de red

Una vez realizado esto, crearemos o bien un OVS Bond o un OVS Bridge, dependiendo de si queremos alta disponibilidad mediante el bond o solo un bridge a una interfaz.

Si lo que queremos es algo sencillo, crearemos un OVS Bridge con sus IP y ya está. Sin embargo si estamos pensando en montar un cluster y/o instalar y usar Ceph en ese cluster, deberemos de instalar todos los componentes, OVS Bridge, OVS Bond (recomendable) y los OVS Int Port.

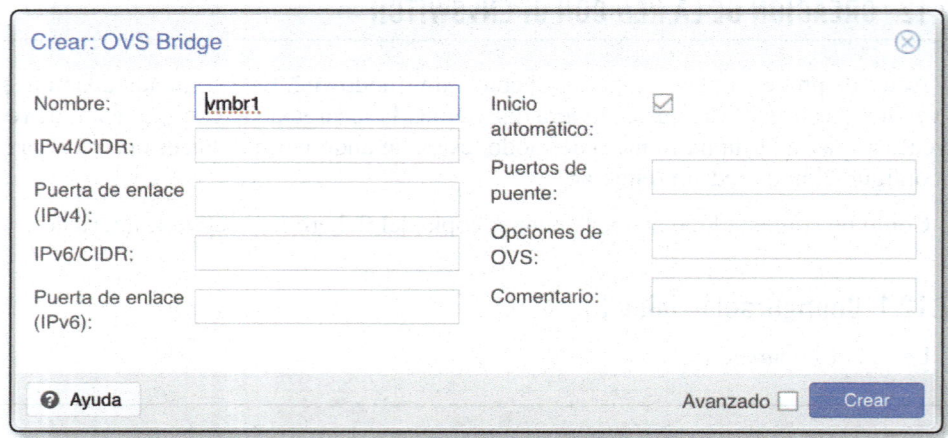

12.12.4 Crear el OVS Bridge

En nuestro caso se llamará vmbr0, le podemos poner las direcciones IP o bien agregar las direcciones IP en el OVS Int Port.

En los dispositivos de puente, pondremos una interfaz de red, o lo dejaremos en blanco si vamos a montar un OVS Bond, ya que cuando montemos el bond, se asociará al bridge.

12.12.5 Crear el OVS Bond (opcional)

Si queremos usar bonding, podremos crear un OVS Bond, para ello, no deberemos de haber asociado ninguna tarjeta de red en "puertos" en el OVS Bridge, ya que el bond, lo asociará en cuanto lo creeemos.

Esto es necesario en escenarios de alta disponibilidad.

12.12.6 Crear los OVS Int Port

Los OVS Int Port se asociarán a direcciones IP y VLAN para segmentar el tráfico en escenarios de redes complejas, o bien si vamos a montar un cluster, ya que esto nos va a permitir separar el tráfico de cada uno de los elementos del cluster para garantizar la conectividad entre los elementos.

12.12.7 Configuración para cluster y Ceph

12.12.7.1 INSTALACIÓN Y CONFIGURACIÓN DE LA RED DE PROXMOX VE

Vamos a partir de una instalación simple de Proxmox VE y sobre ella realizaremos el proceso de instalación, como vimos antes, vamos a diseccionar cada uno de los elementos necesarios para una instalación de cluster de Proxmox VE que sea robusta y fiable.

12.12.7.2 BUENAS PRÁCTICAS EN LA CONFIGURACIÓN DE REDES EN PROXMOX VE

Como he comentado es necesario planificar siempre la instalación de un cluster, y también planificar nuestro crecimiento, ya que en muchos casos, podemos empezar con un nodo de Proxmox VE y que nuestros requerimientos de infraestructura vayan creciendo y que a medida que estos crecen, vayamos necesitando más nodos, y la mejor forma de hacer esto, es siempre tener esto planificado desde el principio, lo que nos ahorrará problemas y gastos innecesarios en el futuro, ya que si está planificado el proceso será sencillamente ir comprando nuevos nodos, y no desechar los que hayamos adquirido con anterioridad.

Otro de los factores a tener en cuenta como he comentado es la configuración de la controladora de almacenamiento para que permita montar Ceph que es un sistema de almacenamiento ultra robusto para almacenar nuestras máquinas virtuales, que al fin y al cabo son la infraestructura de nuestros servicios internos o los que les proporcionamos a terceros en el caso de los ISP (Internet Service Providers).

Tomemos papel y lápiz y empezamos.

Como he comentado vamos a planificar una red con los siguientes elementos:

Red de administración (La red donde estarán las interfaces y las IP de administración de Proxmox). En esta red además deberíamos de incluir las interfaces de administración de los switches, routers, y demás infraestructura de nuestra red, alejándola de esta forma de accesos no deseados y miradas indiscretas.

En el caso de una empresa, tendremos la red de las máquinas virtuales, es decir la red a la que acceden los usuarios a efectos de usar bases de datos, aplicaciones, compartir archivos, etc.

En el caso de un ISP, será la red o redes públicas que permiten que esos servidores puedan proporcionar servicios web, correo, ftp, etc., a los usuarios a los que se dirigen.

La red del cluster, que se puede componer de una o varias interfaces de red, aunque esta red no tiene un volumen de tráfico enorme, sí que es conveniente separarla en una VLAN diferente a efectos de impedir que la congestión en alguna de las otras, impida la comunicación del cluster y por ello nuestro cluster pierda conexión entre los nodos, lo cual os puedo decir que es muy muy malo.

La red de almacenamiento Ceph, en este caso Ceph dispone de dos tipos de red, la red pública que es a la que se accede para gestionar el almacenamiento, pero ojo, cuando digo red pública, me refiero a una red privada a la que acceden los nodos para crear volúmenes de máquinas virtuales, para la gestión de Ceph y otras tareas. Esta red puede coincidir con alguna de las que ya tenemos creadas.

Por otro lado está la red de almacenamiento en sí, y que es la que usan, por decirlo de forma simple, los discos duros de cada uno de los nodos para comunicarse y crear este cluster de almacenamiento.

Por decirlo así es como un interfaz SAS o SATA, pero a través de nuestra red, por lo que como es lógico va a tener un volumen de tráfico muy alto.

Por otro lado vamos a crear una red separada para el tema de almacenamiento NFS para las imágenes iso, por ejemplo, las copias de seguridad y el Proxmox Backup Server.

Podemos crear una red como hace VMware para las tareas de mover máquinas virtuales entre nodos al igual que lo hacemos con la red de Vmotion en VMware, a esta red la podremos llamar red de migración.

Por lo tanto, resumiendo dispondremos de las siguientes redes.

El direccionamiento, como he comentado anteriormente, será el que tengamos para cada una de las funciones, a excepción de la red de cluster y Ceph que será un /28 o /27 para evitar el broadcast en esas dos redes.

Función	Red	VLAN	Direccionamiento
Gestión			
Máquinas virtuales			
Cluster			
Ceph			
Migracion			
Almacenamiento			

Ejemplo de red para nodo de un cluster de Proxmox VE con Ceph.

 Si ponemos correctamente definido el nombre y los comentarios de la función de cada una de las interfaces o VLAN, a la hora de seleccionarlas para cualquier cosa, como la creación del cluster de Proxmox VE o del Cluster de Ceph, será más fácil identificar cada interfaz.

13

CREACIÓN DE UN CLUSTER DE PROXMOX

13.1 CONCEPTOS

Un cluster es un grupo de servidores físicos que permiten compartir una serie de recursos, como por ejemplo los siguientes:

▶ Gestión centralizada basada en web (GUI).

▶ Cada nodo puede realizar todas las tareas de gestión del cluster.

▶ Usa Corosync Cluster Engine para una comunicación entre nodos fiable.

▶ Usa pmxcfs, un sistema de archivos basado en base de datos, para almacenar archivos de configuración, replicados en tiempo real en todos los nodos usando corosync.

▶ Fácil migración de máquinas virtuales y contenedores entre hosts físicos (nodos).

▶ Implementación rápida.

▶ Servicios centralizados para todo el cluster, como firewall, HA, SDN, Backup, almacenamiento, etc.

▶ Alta disponibilidad en un cluster de Proxmox VE, si un servidor físico falla, las máquinas virtuales que se estaban ejecutando en ese servidor pueden ser automáticamente migradas y reiniciadas en otros servidores disponibles dentro del cluster. Esto minimiza el tiempo de inactividad y mantiene en funcionamiento las aplicaciones críticas.

▶ Los clusters de Proxmox VE pueden escalar horizontalmente agregando más servidores físicos al cluster según sea necesario. Esto permite aumentar la capacidad de cómputo y almacenamiento conforme aumentan las demandas de recursos de las aplicaciones.

▶ Los clusters de Proxmox VE permiten la migración en caliente de máquinas virtuales entre servidores físicos sin interrumpir el servicio para los usuarios finales. Esto facilita el mantenimiento planificado, la carga de trabajo dinámica y el equilibrio de carga, asegurando un uso óptimo de los recursos disponibles.

▶ Los clusters de Proxmox VE pueden facilitar la recuperación ante desastres al permitir la replicación de máquinas virtuales y la migración de estas a un sitio de recuperación en caso de fallo de un centro de datos principal, sobre todo usando las características que ofrece en conjunción con la solución de Proxmox Backup Server.

No existe un límite explícito para la cantidad de nodos en un cluster. En la práctica, el número real de nodos posibles puede estar limitado por el rendimiento de los nodos y de la red. Según Proxmox Solutions, hay informes de clústeres (que utilizan hardware empresarial de alta gama) con más de 50 nodos en producción.

13.2 REQUISITOS

13.2.1 Versiones

Para la creación de un cluster es muy importante que todos los nodos estén corriendo la misma versión de Proxmox VE, para evitar sustos con diferentes versiones de según qué librerías o paquetes.

13.2.2 Latencia

Otro de los requisitos es que el cluster esté sobre una red con una latencia baja, montar un cluster sobre una red de una latencia de 20 o 25 ms es una locura y sólo nos causará quebraderos de cabeza.

13.2.3 Planificación

Como he comentado anteriormente, tenemos que disponer de una correcta planificación de red, para evitar que un exceso de tráfico, comprometa la integridad del cluster con todo lo que ello conlleva.

13.2.4 Fecha y hora

Todos los nodos del cluster deben de estar perfectamente sincronizados con un servicio NTP, ya que cualquier fluctuación en este sentido es crítica para el intercambio de claves entre los nodos del cluster, pudiendo producirse desconexiones y que el cluster pierda conectividad entre sus nodos.

13.2.5 Corosync

Todos los nodos deben poder conectarse entre sí a través de los puertos UDP 5405-5412 para que corosync funcione.

13.2.6 Quorum

Proxmox VE utiliza una técnica basada en quórum para proporcionar un estado consistente entre todos los nodos del cluster.

Un quórum es el número mínimo de votos que una transacción distribuida debe obtener para poder realizar una operación en un sistema distribuido.

En el caso de un split-brain (horizonte dividido), los cambios de estado requieren que la mayoría de los nodos estén en línea. El cluster cambia al modo de solo lectura si pierde quórum.

13.2.7 ssh

Se requiere un túnel SSH en el puerto TCP 22 entre nodos, no se debe de cambiar el puerto en la configuración del sshd.

13.2.8 Alta disponibilidad

Debes tener al menos tres nodos para obtener un quórum confiable. Todos los nodos deben tener la misma versión. Desde mi experiencia, si además se va a usar Ceph, siempre monta un número de nodos impar, ya que los clusters con nodos pares, pueden dar problemas de split-brain (horizonte dividido).

13.2.9 Tarjetas de red

Recomiendo una NIC dedicada para el tráfico del cluster, especialmente si utiliza almacenamiento compartido. En su defecto, usar tarjetas de red de 10 Gb o más con segmentación VLAN como ya he comentado.

13.2.10 Password root

Se requiere la contraseña de root de cada nodo del cluster para agregar nodos. Recomiendo que todos tengan la misma contraseña, para evitar confusiones.

13.2.11 Hardware

La migración en caliente de máquinas virtuales solo está soportada cuando los nodos tienen CPU del mismo fabricante. Puede que funcione de todas maneras, pero esto no está garantizado. Si una máquina virtual usa características de alguna CPU física, como veremos más adelante, el cambio de nodo de la máquina puede provocar problemas de rendimiento, o directamente que la máquina deje de funcionar.

13.2.12 Almacenamiento local

He comentado que los nodos han de ser lo más parecidos posibles, por lo que no se deben de mezclar en un cluster nodos con arranque y almacenamiento local en LVM y nodos con almacenamiento local en ZFS, los nodos deben de compartir el mismo sistema de almacenamiento local.

 Esto puede provocar que los almacenamientos locales den fallos de que no se encuentran al unir nodos con diferentes tipos de almacenamiento local a la red. Revisa y si es necesario unifica todos en LVM o en ZFS. Es preferible si se puede unir los nodos además sin almacenamiento compartido, ya que dará menos problemas.

13.2.13 Múltiples clústeres en la misma red

Es posible crear múltiples clústeres en la misma red física o lógica. En este caso, cada cluster debe tener un nombre único para evitar posibles conflictos en la pila de comunicación del cluster. Además, esto ayuda a evitar la confusión humana al hacer que los grupos se distingan claramente.

Si bien el requisito de ancho de banda de un cluster para el corosync es relativamente bajo, la latencia de los paquetes y la tasa de paquetes por segundo (PPS) es el factor limitante. Diferentes clusters en la misma red pueden competir entre sí por estos recursos, por lo que aún puede tener sentido utilizar una infraestructura de red física separada para clusters más grandes.

13.3 PREPARACIÓN DE LOS NODOS

En primer lugar, como hemos comentado, deberemos de crear todas las interfaces y / o las VLAN que vamos a usar para crear nuestro cluster, y comprobar que TODAS las interfaces de todos los nodos del cluster disponen de conectividad entre ellas, es un proceso tedioso, pero nos puede salvar de un problema en el caso de que no haya comunicación con alguna de las interfaces por el motivo que sea.

 Es un proceso tedioso, pero nos puede salvar de un problema en el caso de que no haya comunicación con alguna de las interfaces por el motivo que sea.

Por lo tanto, vamos a comprobar que todos los nodos corren la misma versión y que haciendo ping a través de todas las interfaces que intervienen en la creación del cluster en cada nodo, alcanzamos el resto de los nodos.

Insisto en que esto es un poco tedioso, pero a la larga lo agradeceremos, sobre todo si falla la creación del cluster y tenemos que volver a empezar desde cero reinstalando los nodos.

ⓘ **NOTA MUY IMPORTANTE**

No se puede cambiar la configuración de red una vez creado el cluster.

 Podemos crear las entradas de los nodos en los archivos de /etc/hosts de cada uno con la información de red y el nombre de cada uno de los nodos. Aunque esto no es necesario para que el cluster funcione, en el caso de un cluster con muchos nodos, nos ayudará con las tareas, de mantenimiento al referirnos a ellos por el nombre en lugar de la IP.

 Toda la configuración existente en /etc/pve se sobrescribe al unirse a un cluster. En particular, un nodo que se une no puede contener ninguna máquina virtual o LXC, ya que, de lo contrario, los ID de los invitados podrían entrar en conflicto y el nodo heredará la configuración de almacenamiento del cluster. Para unirse a un nodo con un invitado existente, como solución alternativa, puedes crear una copia de seguridad de cada invitado (usando vzdump) y restaurarla con una ID diferente después de unirse. Si el diseño de almacenamiento del nodo difiere, deberás volver a agregar los almacenamientos del nodo y adaptar la restricción de cada nodo de almacenamiento para reflejar en qué nodos está realmente disponible el almacenamiento.

13.4 CREACIÓN DEL CLUSTER

Para crear un cluster, debemos de ir al menú de Datacenter y en este menú veremos una opción de cluster.

 Cuando creas un cluster nuevo, ten la precaución de no tener máquinas en los demás nodos. Todas las VM deben de estar en el primer nodo, ya que de lo contrario, al sincronizar puedes perder la configuración de las máquinas del resto de los nodos. Por ello, lo mejor si vas a unir nodos a un cluster, es que hagas backup y restore en el primer nodo, de lo contrario puedes perder la configuración de las máquinas del resto de nodos añadidos.

Pulsamos en la opción de crear cluster y nos aparecerá el siguiente cuadro de diálogo.

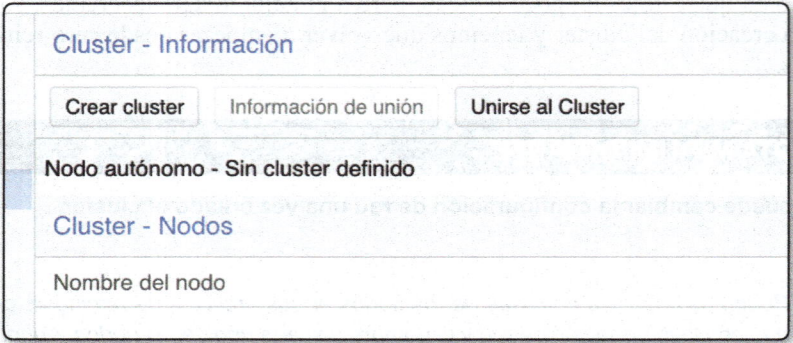

En esta ventana introduciremos el nombre del cluster y la interfaz de red en la que vamos a crear el cluster, como hemos comentado, esta interfaz de red, será o bien la NIC que hemos destinado en exclusiva al cluster o bien la VLAN que vamos a destinar al cluster.

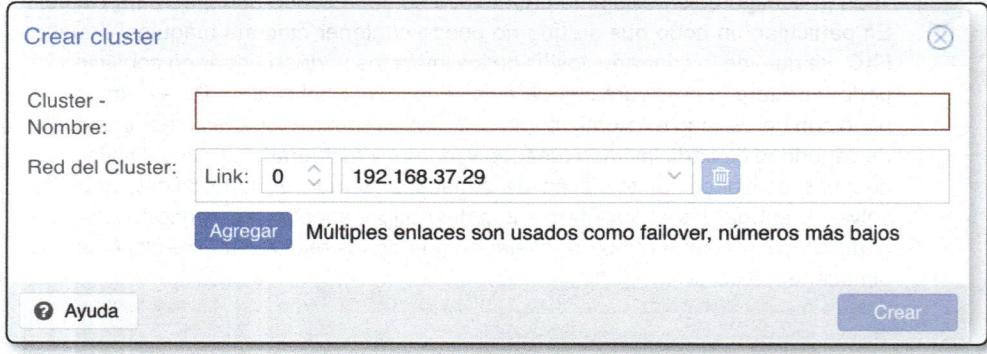

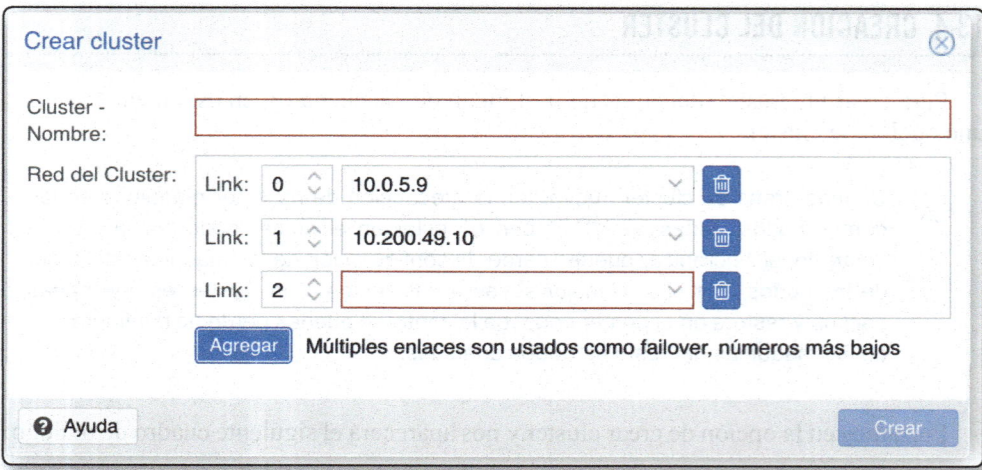

Podemos agregar más interfaces para conformar la red del cluster.

De esta forma, podemos tener varias redes para la comunicación de los nodos del cluster entre sí a efectos de disponer de mayor fiabilidad o en el caso de que el cluster sea especialmente grande disponer de varios enlaces redundados, por si alguno de ellos está saturado.

13.5 AGREGAR NODOS AL CLUSTER

Una vez que hemos creado el cluster, en el nodo en el que acabamos de realizar la operación, nos aparecerá un botón nuevo que se llama información de unión.

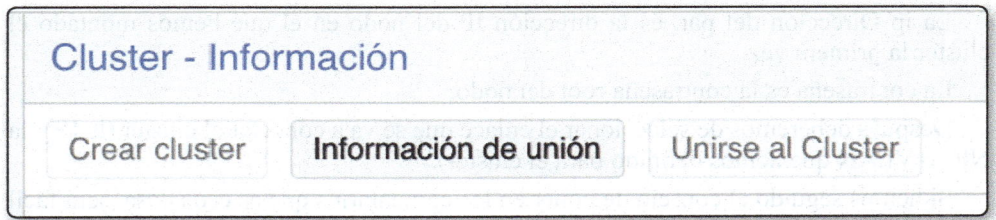

Si pulsamos en este botón, aparecerá una ventana, con la información necesaria para agregar el resto de nodos al cluster (la IP, la Huella Digital, y la información se han tachado por privacidad).

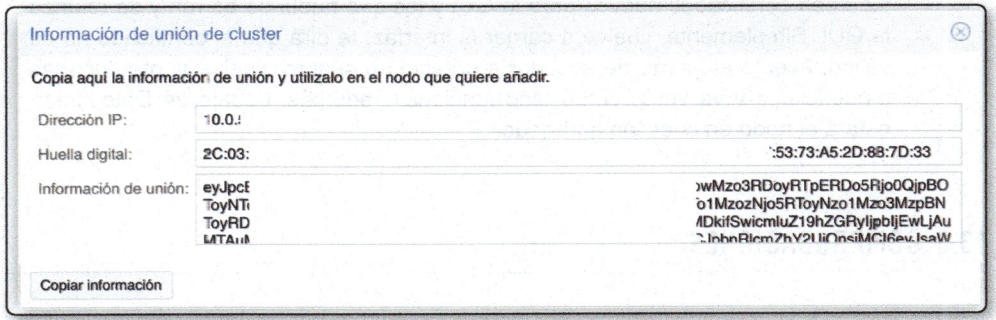

Si pulsamos el botón de copiar información se copiarán todos los datos en el portapapeles de nuestro ordenador.

Ahora tendremos que ir a otro nodo que queramos agregar al cluster, y pulsar en Unirse al Cluster como vemos en la pantalla siguiente (la IP, la Huella Digital, y la información se han tachado por privacidad).

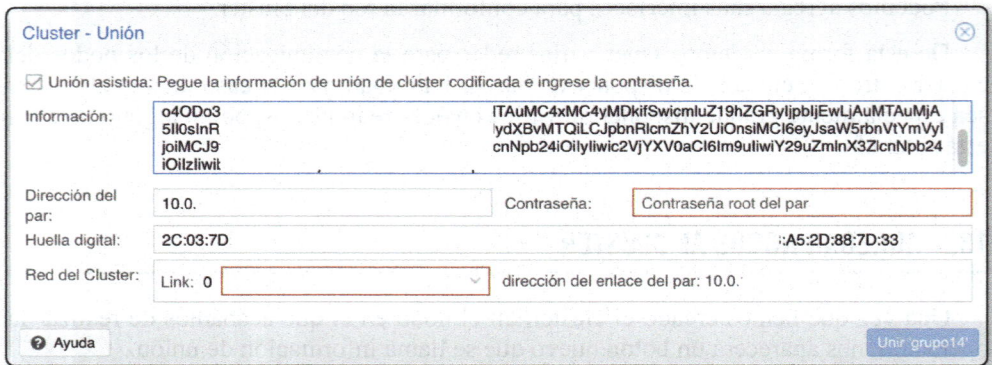

La ip Dirección del par, es la dirección IP del nodo en el que hemos montado el cluster la primera vez.

La contraseña es la contraseña root del nodo.

Después deberemos de seleccionar el enlace que se va a conectar al cluster (la IP y la NIC o VLAN que hemos definido para el cluster).

Si hemos seguido el consejo de poner en los comentarios que es cada cosa, será fácil de identificar, ya que las opciones de Link: o nos mostrará todas las interfaces, el nombre y los comentarios de cada una.

 Cuando hagamos esto, perderemos de repente la comunicación con el nodo, no debes preocuparte, ya que eso es algo normal, debido a que para crear un cluster, se crean certificados nuevos para la GUI y los que había se borran y se relanza la GUI. Simplemente, vuelve a cargar la interfaz, te dirá que el certificado no es válido, acepta el riesgo de acceder a un sitio no seguro, vuelve a introducir las credenciales y ya verás como todo funciona y además, debajo de Datacenter, estará el nodo en cuestión agregado.

13.6 COMPROBACIONES

13.6.1 Red del cluster

La red de clústeres es el núcleo de un cluster. Todos los mensajes enviados a través de él deben entregarse de forma fiable a todos los nodos en su orden respectivo. En Proxmox VE, esta parte la realiza corosync

El stack de cluster Proxmox VE requiere una red fiable con latencias inferiores a 5 milisegundos (rendimiento de LAN) entre todos los nodos para funcionar de manera estable. Si bien en configuraciones con un número pequeño de nodos una red con latencias más altas puede funcionar, esto no está garantizado y resulta bastante improbable con más de tres nodos y latencias superiores a aproximadamente 10 ms. De ahí la importancia de la red de cluster y su rendimineto, y porqué es necesario segmentarla del resto de redes, porque cualquier interferencia por un backup o una copia de un archivo muy grande, puede dejar el cluster en un estado degradado.

13.6.2 Corosync

Corosync no utiliza mucho ancho de banda, pero es sensible a las fluctuaciones de latencia; lo ideal es que corosync se ejecute en su propia red físicamente separada. Especialmente, no utilices una red compartida para corosync y almacenamiento, como ya hemos comentado.

Corosync usaba Multicast antes de la versión 3.0 (introducida en Proxmox VE 6.0). Las versiones modernas dependen de Kronosnet para la comunicación del cluster, que, por ahora, sólo admite unidifusión UDP normal.

 Al crear un cluster sin ningún parámetro, la red del cluster corosync generalmente se comparte con la interfaz web y la red de VM. Dependiendo de su configuración, incluso el tráfico de almacenamiento puede enviarse a través de la misma red. Se recomienda cambiar eso, ya que corosync es una aplicación en tiempo real en la que el tiempo de respuesta es crítico.

Ejemplo de un archivo corosync.conf de la carpeta /etc/pve

```
root@nodo1:/etc/pve# cat corosync.conf
logging {
  debug: off
  to_syslog: yes
}

nodelist {
  node {
    name: nodo1
    nodeid: 1
    quorum_votes: 1
    ring0_addr: 10.200.3.29
  }
  node {
    name: nodo2
    nodeid: 2
    quorum_votes: 1
    ring0_addr: 10.200.3.30
  }
  node {
    name: nodo3
    nodeid: 3
    quorum_votes: 1
    ring0_addr: 10.200.3.31
  }
}
```

```
quorum {
  provider: corosync_votequorum
}

totem {
  cluster_name: MiCluster
  config_version: 3
  interface {
    linknumber: 0
  }
  ip_version: ipv4-6
  link_mode: passive
  secauth: on
  version: 2
}
```

13.6.3 Soporte para Quorum mediante votos externos

Esta sección describe una forma de implementar un voto externo en un cluster Proxmox VE, esto permite disponer del fallo de más nodos sin perder el quorum, no es una configuración habitual, por lo que la explicaré en el apéndice.

13.7 AUTONUMERACIÓN DE VM

Una vez creado el cluster, podemos definir la numeración de las máquinas, para ello vamos a nuestro cluster y en el menú de opciones, podremos elegir la numeración de nuestras máquinas virtuales (el VMID). Para ello dentro del menú de opciones, vemos muchos parámetros, y nos centraremos en el siguiente rango de VMID Libre.

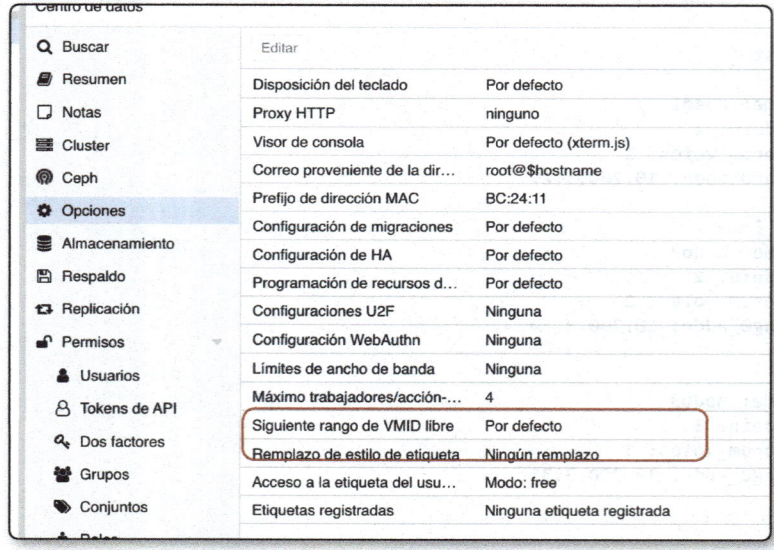

Si pulsamos en esta opción, nos aparece una ventana en la que podremos seleccionar la numeración de nuestras máquinas virtuales.

Como vemos los valores por defecto inferior y superior son respectivamente 100 y 1.000.000 (más que suficiente para casi todo el mundo), pero si tenemos ya algún cluster montado y queremos que en un futuro no tengamos problemas a la hora de mover máquinas entre clusters, o realizar cualquier acción que implique mover máquinas entre clusters, podríamos hacer modificaciones, para prevenir problemas futuros.

Ejemplo, supongamos que vamos a tener clusters con hasta 1000 máquinas en cada uno (o esa es nuestra previsión de crecimiento razonablemente holgada), para no tener confluencia de VMID entre los diferentes clusters, podríamos empezar con el límite inferior de 1000 para el primer cluster, con un límite superior de 1999, de 2000 con un límite superior de 2999 para el segundo cluster y así sucesivamente.

De esta forma, podemos asegurarnos de que no vamos a tener conflicto entre máquinas virtuales con el mismo VMID el día que las movamos de un cluster a otro, o bien consolidemos las máquinas en un cluster con más nodos.

13.8 EL COMANDO PVECM

Hemos visto como crear un cluster a través de la GUI, pero también podemos crear un cluster a través de un comando de Proxmox que se usa para la gestión del cluster.

Es muy necesario que conozcas este comando, pues es el que nos va a ayudar mucho para todas las tareas de administración del cluster cuando haya un problema.

13.8.1 Crear un cluster

```
pvecm create MICLUSTER
```

Una vez creado, para comprobar el estado del cluster, teclearemos

```
pvecm status
```

La salida que obtendremos será la siguiente

```
root@nodo1:~# pvecm status
Cluster information
-------------------
Name:             MICLUSTER
Config Version:   3
Transport:        knet
Secure auth:      on

Quorum information
------------------
Date:             Sat Apr 20 20:41:43 2024
Quorum provider:  corosync_votequorum
Nodes:            3
Node ID:          0x00000001
Ring ID:          1.5b
Quorate:          Yes

Votequorum information
----------------------
Expected votes:   3
Highest expected: 3
Total votes:      3
Quorum:           2
Flags:            Quorate

Membership information
----------------------
    Nodeid      Votes Name
0x00000001          1 10.200.3.29 (local)
0x00000002          1 10.200.3.30
0x00000003          1 10.200.3.31
```

13.8.2 Listar los nodos del cluster

Ejecutaremos el comando pvecm nodes

```
root@nodo1:~# pvecm nodes

Membership information
----------------------
```

```
Nodeid      Votes  Name
     1          1  nodo1 (local)
     2          1  nodo2
     3          1  nodo3
```

13.8.3 Agregar nodos con una red de cluster separada

Al agregar un nodo a un cluster con una red de cluster separada, debe usar el parámetro link0 para configurar la dirección de los nodos en esa red:

```
pvecm add IP-ADDRESS-CLUSTER --link0 LOCAL-IP-ADDRESS-LINK0
```

Ejemplo:

```
pvecm add 10.200.3.29 --link0 10.200.3.30
```

Siendo en este caso, las direcciones IP 10.200.3.x las de la red del cluster.

13.8.4 Eliminar un nodo del cluster

Esta es una tarea muy delicada, y tienes que estar muy seguro, ya que si eliminas un nodo del cluster, la única forma de volver a añadirlo es reinstalarlo.

Además debes de tener en cuenta que no haya máquinas virtuales en el nodo, ya que perderán conectividad y además no podrás después acceder a realizar migración en vivo de las mismas.

 Cuidado con esta opción, ya que además si tienes un cluster de Ceph o algún almacenamiento compartido, puedes perder la información de las máquinas. Esto es siempre la última opción en caso de fallo. ASEGÚRATE BIEN DE QUE ES ESO LO QUE QUIERES HACER.

Antes de nada, lo que debes de hacer es si puedes, mover todas las máquinas virtuales a otros nodos del cluster, o en su defecto realizar copias de seguridad y apagarlas.

Asegúrate de haber realizado copias de los datos locales (las carpetas de Proxmox que están en /etc/pve) o copias de seguridad de lo que desees conservar. Además, asegúrese de eliminar cualquier trabajo de replicación programado en el nodo que se va a eliminar.

 Cuidado, Si no se eliminan los trabajos de replicación de un nodo antes de eliminar dicho nodo, el trabajo de replicación se volverá inamovible. Ten en cuenta especialmente que la replicación cambia automáticamente de dirección si se migra una máquina virtual replicada, por lo que al migrar una máquina virtual replicada desde un nodo que se va a eliminar, los trabajos de replicación se configurarán en ese nodo automáticamente.

Si lo tienes perfectamente claro, y es esto lo que quieres hacer, tienes que hacer login por SSH a otro de los nodos del cluster que se vaya a quedar en el mismo.

 Cuidado, revisa bien, no puedes eliminar un nodo del cluster desde el mismo nodo, tienes que hacerlo desde otro de los que vayan a quedar en el cluster.

Volvemos a ejecutar el comando pvecm nodes.

```
root@nodo1:~# pvecm nodes

Membership information
----------------------
    Nodeid      Votes Name
        1          1 nodo1 (local)
        2          1 nodo2
        3          1 nodo3
        4          1 nodo4
```

Como podemos ver, estamos en el nodo1, ahora vamos a preceder a eliminar el nodo4

Para ello teclearemos:

```
pvecm delnode nodo4
```

 En este punto, es posible que recibas un mensaje de error que indique No se pudo eliminar el nodo (error = CS_ERR_NOT_EXIST). Esto no significa un fallo real en la eliminación del nodo, sino más bien una fallo en el corosync al intentar eliminar un nodo fuera de línea. Por lo tanto, se puede ignorar con seguridad.

Si volvemos a ejecutar el pvecm nodes.

```
root@nodo1:~# pvecm nodes

Membership information
----------------------
    Nodeid      Votes Name
        1          1 nodo1 (local)
        2          1 nodo2
        3          1 nodo3
```

Vemos que el nodo4 ya no existe.

13.8.5 Separar un nodo sin eliminarlo del cluster

El procedimiento para realizar esto, lo explicaré con detalle en la solución de problemas comunes.

13.8.6 Arranque desde cero del cluster

Es obvio que un cluster no tiene quórum cuando todos los nodos están apagados o desconectados. Este es un caso común después de un corte de energía.

Al iniciar el nodo, el servicio pve-guests se inicia y espera el quórum. Una vez que hay quórum, inicia todas las máquinas virtuales que tienen configurada la opción de arrancar al inicio.

Cuando enciendes los nodos, o cuando vuelve la corriente después de un corte de suministro eléctrico, es probable que algunos nodos se inicien más rápido que otros. Ten en cuenta que el inicio de las máquinas virtuales se retrasa hasta que alcance el quórum.

14

PROXMOX CLUSTER FILE SYSTEM (PMXCFS)

14.1 CONCEPTOS

El sistema de archivos Proxmox Cluster ("pmxcfs") es un sistema de archivos basado en una base de datos para almacenar archivos de configuración, replicados en tiempo real en todos los nodos del cluster mediante corosync.

Proxmox VE usa esto para almacenar todos los archivos de configuración relacionados con Proxmox VE.

Aunque el sistema de archivos almacena todos los datos dentro de una base de datos persistente en el disco, una copia de los datos reside en la RAM para aumentar el rendimiento. Esto impone restricciones en el tamaño máximo, que actualmente es de 128 MiB, lo cual es suficiente para almacenar la configuración de varios miles de máquinas virtuales.

Este sistema proporciona las siguientes ventajas:

▶ Replicación de toda la configuración en todos los nodos en tiempo real.

▶ Proporciona controles sólidos de coherencia para evitar ID de VM duplicados.

▶ Sólo lectura cuando un nodo pierde quórum.

▶ Actualizaciones automáticas de la configuración del cluster corosync para todos los nodos.

▶ Incluye un mecanismo de bloqueo distribuido.

14.2 COMPATIBILIDAD POSIX

El sistema de archivos se basa en FUSE, por lo que el comportamiento es similar a POSIX. Pero algunas funciones simplemente no están implementadas porque no se necesitan.

Puede generar archivos y directorios normales, pero no enlaces simbólicos.

No puede cambiar el nombre de directorios que no estén vacíos (porque esto facilita garantizar que los VMID sean únicos).

No puede cambiar los permisos de los archivos (los permisos se basan en rutas).

Las creaciones de O_EXCL no eran atómicas (como el antiguo NFS).

Las creaciones de O_TRUNC no son atómicas (restricción FUSE).

14.3 PRIVILEGIOS DE ACCESO

Todos los archivos y directorios son propiedad del usuario root y tienen el grupo www-data. Sólo root tiene permisos de escritura, pero el grupo www-data puede leer la mayoría de los archivos.

Los archivos que se encuentran debajo de las siguientes rutas solo son accesibles para root:

```
/etc/pve/priv/
/etc/pve/nodes/${NAME}/priv/
```

14.4 TECNOLOGÍA

Usa Corosync Cluster Engine para la comunicación del cluster y SQlite para el archivo de base de datos. El sistema de archivos se implementa en el espacio del usuario mediante FUSE.

14.5 ARCHIVOS DE PMXCFS

El sistema de archivos se monta en la carpeta /etc/pve.

14.6 ENLACES SIMBÓLICOS

Ciertos directorios dentro del sistema de archivos del cluster utilizan enlaces simbólicos para apuntar a los archivos de configuración propios de un nodo. Por lo tanto, los archivos señalados en la siguiente tabla se refieren a archivos diferentes en cada nodo del cluster.

local	nodes/<LOCAL_HOST_NAME>
lxc	nodes/<LOCAL_HOST_NAME>/lxc/
qemu-server	nodes/<LOCAL_HOST_NAME>/qemu-server/

14.7 DEPURACIÓN

En muchos casos necesitaremos habilitar la depuración en un clúster ya que es importante por varias razones que abarcan la identificación, análisis y resolución de problemas

Para ello podemos habilitar la depuración

Puedes habilitar mensajes syslog detallados del clúster ejecutando el siguiente comando:

```
echo "1" >/etc/pve/.debug
```

Para deshabilitar el modo debug o depuración, volveremos a ejecutar el comando con un 0 en lugar de un 1

```
echo "0" >/etc/pve/.debug
```

Los mensajes aparecerán en el syslog.

15

INSTALACIÓN Y CONFIGURACIÓN DE UN CLUSTER CEPH HIPERCONVERGENTE

15.1 ¿POR QUÉ USAR CEPH?

Hasta hace unos años los sistemas eran máquinas que compartían espacio de almacenamiento en una cabina de disco, bien fuera la de los fabricantes al uso como Synology o Qnap, o bien a los de las cabinas Enterprise como HP, Dell, Netapp, etc.

Con la llegada de la virtualización, los sistemas han evolucionado, posibilitando que en lugar de un servidor, fuera el hipervisor el que se conectaba al almacenamiento usando las mismas tecnologías de antaño (NFS, CIFS, iSCSI, etc).

Esto podríamos contemplarlo como un "legacy" de los sistemas basados en máquinas físicas, pero con el tiempo, las empresas pioneras en la virtualización, han visto que esto era un eslabón débil en la fiabilidad, ya que un fallo en la cabina de almacenamiento podría dejar "tumbado" todo el sistema de virtualización.

Los pioneros a los que me refiero son VMware con su VSAN, Nutanix con su solución de almacenamiento y Proxmox con Ceph.

Básicamente la solución consiste en usar discos de los nodos que componen los hipervisores de la solución de virtualización como un sistema de almacenamiento replicado a lo largo de todos ellos.

De esta forma si tenemos la suficiente redundancia, han de caerse dos o más nodos para tener un problema de almacenamiento, lo cual es bastante improbable (siempre y cuando hagamos las cosas medianamente bien en nuestra infraestructura).

Las soluciones de VMware y Nutanix son propietarias, y por lo tanto hay que ceñirse a adquirir la licencia del sistema de virtualización (que no es barata) y en el caso de VMware, la licencia de VSAN, (que además encarece el precio de la solución bastante).

Por eso, personalmente, me gusta tanto Ceph que además de estar basado en código abierto, y que es usado por Proxmox, además de Red Hat, Suse e IBM entre otras, parece ser la solución.

Proxmox ha hecho que la instalación de Ceph sea muy sencilla, aunque está integrada con el sistema de hipervisores y clusters de Proxmox.

Ceph es un sistema de almacenamiento distribuido de código abierto diseñado para manejar petabytes de datos de manera eficiente y confiable. Está diseñado para el uso con gran cantidad de datos, está muy enfocado para el uso con Big Data. Ceph se basa en una arquitectura descentralizada que utiliza clusters de nodos para almacenar y gestionar datos de forma distribuida.

Este modo de almacenar los datos de forma distribuida permite a Ceph ser un sistema robusto sin ningún punto único de fallo. Los datos tienen replicación libre de errores, haciéndolo, por tanto, tolerante a fallos.

La arquitectura distribuida de Ceph garantiza una alta disponibilidad y redundancia, haciéndolo un sistema muy fiable para el almacenamiento. Los datos se replican automáticamente a través de múltiples nodos en el cluster, lo que protege contra la pérdida de datos en caso de fallos de hardware o de red. Además, Ceph utiliza algoritmos avanzados de recuperación de errores para detectar y corregir posibles problemas de manera proactiva, minimizando así el riesgo de pérdida de datos.

15.2 REQUISITOS

Como ya he comentado, para instalar un cluster hiperconvergente de Ceph, vamos a necesitar una controladora en modo IT o un HBA para la gestión de los discos, y una red de alta velocidad y muy baja latencia para la comunicación de Ceph.

Hay que tener en cuenta que cuando montamos un cluster de Ceph, la comunicación entre los discos de los diferentes nodos ha de ser muy fluida ya que todos los datos de las máquinas virtuales, se almacenan y replican mediante esta red. De ahí la importancia de esta para garantizar que no hay cuellos de botella, lo que producirá latencias en el acceso a disco, y por lo tanto lentitud en nuestras máquinas virtuales.

Otra cosa a tener en cuenta es usar discos con un volumen alto de IOPS Inputs Outputs Per Second (Entradas Salidas Por Segundo), la latencia no sólo se basa en la velocidad del bus SATA/SAS/NVME de nuestro nodo hacia los discos del nodo, sino también en la velocidad en que los discos son capaces de procesar dicha información para almacenarla.

Como ejemplo, si tenemos discos sata de 6GB/s con una tasa de IOPS de 8000 IOPS, en operaciones con gran tasa de transferencia, el disco dejará en espera las operaciones cuando su buffer se llene, provocando lentitud, sin embargo, si el disco es capaz de procesar un número mayor, el flujo de datos entre el interfaz SAS/SATA/NVME será mucho mayor, no provocando esperas y aumentando exponencialmente la tasa de movimiento de datos y por lo tanto disminuirá la latencia de acceso a disco.

En un cluster Ceph, con discos estándar SSD, podremos tener tasas de latencia de 3/10 ms, si usamos discos con mucho mayor número de IOPS (aunque usemos el mismo interfaz SAS/SATA) podemos dejar esa latencia en un máximo de 1 ms, lo que implica bajarla en 2/3 sobre el mejor valor de los otros discos.

Por supuesto que hay que tener un balance entre número de nodos del cluster, IOPS, velocidad y latencia de la red.

Si tenemos un cluster con una red de por ejemplo 10Gb con muy baja latencia, y discos muy muy rápidos con un número alto de IOPS, en un cluster de 3 nodos, eso funcionará perfectamente, sobre todo si usamos LACP con balance TCP. A medida que aumentemos el número de nodos, tendremos que ir subiendo la velocidad de la red a 2 x 25 Gb, 2 x 40 Gb, e incluso a 2 x 100 Gb en el caso de discos NVME de alta gama y un número alto de nodos.

Otra posibilidad es o bien usar una tarjeta de red sólo para la comunicación de los OSD en modo LACP, o bien usar una tecnología de red diferente como UltraEthernet, que permite eliminar numerosos cuellos de botella respecto a las redes tradicionales.

15.3 CONCEPTOS

Proxmox VE unifica toda la infraestructura informática de los sistemas informáticos y de almacenamiento de una organización, es decir, puedes utilizar los mismos nodos físicos dentro de un cluster tanto para la informática (procesamiento de máquinas virtuales y contenedores) como para el almacenamiento replicado. Los recursos tradicionales de servidores y de almacenamiento se pueden agrupar en un único dispositivo hiperconvergente. Desaparecen las redes de almacenamiento separadas (SAN) y las conexiones a través de almacenamiento conectado a la red (NAS). Con la integración de Ceph, una plataforma de almacenamiento definido por software de código abierto, Proxmox VE tiene la capacidad de ejecutar y administrar el almacenamiento Ceph directamente en los nodos del hipervisor.

Ceph proporciona los siguientes tipos de almacenamiento:

- Almacenamiento por bloques con RBD (RADOS Block Device).
- Almacenamiento por ficheros con CephFS.
- Almacenamiento por objetos con RADOS Gateway (puede ser NFS, SAMBA, S3, etc).

15.3.1 Características de Ceph

Ceph es un sistema de archivos y almacén de objetos distribuidos diseñado para proporcionar excelente rendimiento, confiabilidad y escalabilidad.

Algunas ventajas de Ceph cuando se combina con Proxmox VE son:

▼ Fácil configuración y gestión a través de CLI y GUI.

▼ Thin provisioning.

▼ Soporte de instantáneas.

▼ Self healing (no es necesaria intervención para reparar fallos habitualmente).

▼ Escalable al nivel de exabyte.

▼ Proporciona almacenamiento de bloques, sistema de archivos y objetos.

▼ Configurar grupos con diferentes características de rendimiento y redundancia (tiering).

▼ Los datos se replican, lo que los hace tolerantes a fallos.

▼ Funciona con hardware básico.

▼ No se necesitan controladores RAID de hardware.

▼ Open source.

Para implementaciones pequeñas y medianas, es posible instalar un servidor Ceph para usar RADOS Block Devices (RBD) o CephFS directamente en los nodos del cluster Proxmox VE. El hardware actual tiene mucha potencia de CPU y RAM, por lo que es posible ejecutar servicios de almacenamiento y máquinas virtuales en el mismo nodo.

Para simplificar la administración, Proxmox VE te brinda integración nativa para instalar y administrar los servicios Ceph en los nodos Proxmox VE, ya sea a través de la interfaz web incorporada o usando la herramienta de línea de comandos pveceph.

Ceph además nos permite modificar nuestra configuración de almacenamiento sin parar el sistema, podemos ampliar o incluso reducir nuestro volumen de almacenamiento sustituyendo discos, el proceso es delicado, y debemos de ir sustituyendo o bien añadir o quitar los OSD de uno en uno, pero se puede hacer sin necesidad de parada de nuestro cluster.

15.4 COMPONENTES DE CEPH

15.4.1 OSD

Ceph OSD Daemon (Ceph Object Storage Daemon): los Ceph OSD almacenan los datos de los clientes de Ceph. Además, los OSD de Ceph utilizan la CPU, la memoria y la red de los nodos de Ceph para realizar funciones de replicación de datos, codificación de borrado (Erasure coding), reequilibrio, recuperación, monitorización, etc.

Básicamente los OSD, suelen ser per sé, los discos duros del nodo que ejecuta Ceph.

Las funciones de reequilibrio, sirven para que en el caso de que tengamos OSD de diferente tamaño dentro de nuestro cluster de Ceph, esta funcionalidad, almacenará más datos en los OSD de más tamaño y menos en los más pequeños, dejando de esta forma todos al mismo porcentaje de llenado.

15.4.2 Monitores

Un Ceph Monitor es un proceso que mantiene una copia maestra del mapa del cluster Ceph, con el estado actual del cluster. Mantiene mapas del estado del cluster, incluido el mapa del monitor, el mapa del administrador, el mapa OSD, el mapa MDS (Ceph Metadata Service) y el mapa CRUSH. Estos mapas son estados de cluster críticos necesarios para que los demonios de Ceph se coordinen entre sí. Los monitores también son responsables de gestionar la autenticación entre demonios y clientes. Normalmente se requieren al menos tres monitores para lograr redundancia y alta disponibilidad.

Para la comunicación usan pasos para garantizar la coherencia de toda esta información.

15.4.3 Managers

Ceph Manager mantiene información detallada sobre grupos de ubicación, metadatos de procesos y metadatos de host en lugar de Ceph Monitor.

Es el responsable de realizar un seguimiento de las métricas de tiempo de ejecución y el estado actual del cluster de Ceph, incluida la utilización del almacenamiento, las métricas de rendimiento actuales y la carga del sistema.

Esto mejora significativamente el rendimiento a gran escala. Ceph Manager maneja la ejecución de muchas de las consultas de Ceph CLI de solo lectura, como las estadísticas del grupo de ubicación.

15.4.4 Placement groups (PG)

PG = "grupo de colocación". Al colocar datos en el cluster, los objetos se asignan a PG y esos PG se asignan a OSD. Estos PG usan una dirección indirecta para poder agrupar objetos, lo que reduce la cantidad de metadatos por objeto que se necesitan para realizar el seguimiento y los procesos que debemos ejecutar (sería prohibitivo a nivel de recursos realizar un seguimiento, por ejemplo, del historial de ubicación por objeto). Aumentar la cantidad de PG puede reducir la variación en la carga por OSD en tu cluster, pero cada PG requiere un poco más de CPU y memoria en los OSD que lo almacenan. El cálculo general es de 100 PG/OSD, aunque puede variar dependiendo de factores como el número de objetos.

En las versiones antiguas de Ceph estos PG se establecían en el momento de crear el cluster y esto lo hacía poco efectivo a la hora de modificar el número de OSD en el cluster, en las nuevas versiones esto se realiza de forma dinámica.

15.4.5 Replicación

De forma predeterminada, los grupos de Ceph se crean con el tipo "replicado". En los grupos de tipo replicado, cada objeto se copia en varios discos. Esta copia múltiple es el método de protección de datos conocido como "replicación".

La réplica es configurable en el momento de la instalación, pero por lo general se usa réplica 3 (la información del objeto se almacena tres veces) con lo que como vemos la capacidad de recuperación ante fallos es muy elevada.

Replicación Ceph

En la imagen podemos ver el proceso de replicación cuando se escribe en Ceph.

15.4.6 Erasure code

Ceph puede usar uno de los muchos algoritmos de Erasure Code (código de borrado). El primero y más utilizado es el algoritmo de Reed-Solomon. Un código de borrado es en realidad un código de corrección de errores directos forward error correction (FEC).

Los grupos con código de borrado utilizan un método de protección de datos diferente de la replicación. En la codificación de borrado, los datos se dividen en fragmentos de dos tipos: bloques de datos y bloques de paridad. Si una unidad falla o se daña, los bloques de paridad se utilizan para reconstruir los datos, de forma parecida a como lo hace cualquier configuración RAID o ZFS.

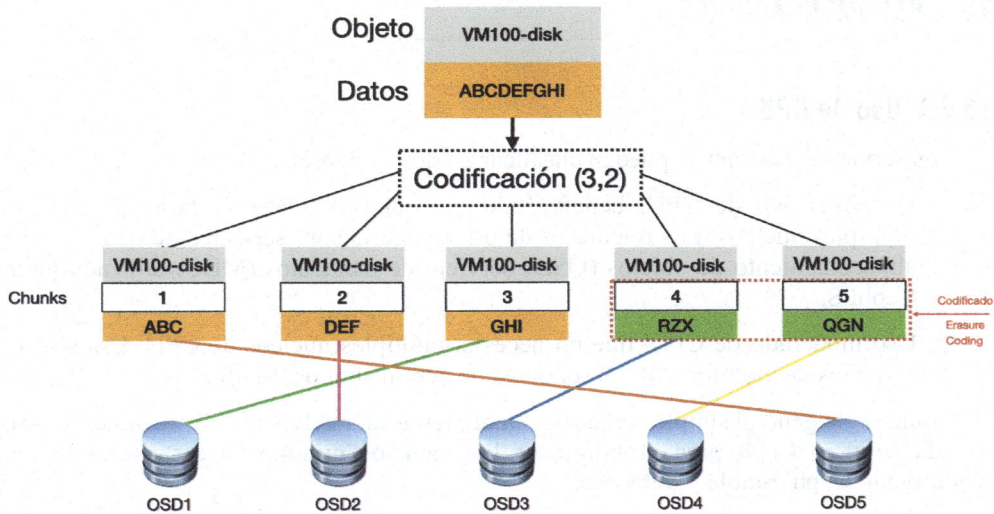

En la siguiente imagen podemos ver una aproximación a como funciona el modelo de erasure coding en Ceph.

15.5 ARQUITECTURA DE LA RED DE CEPH

Como he comentado anteriormente, la red de un cluster de Ceph se compone de dos redes, la red pública y la red del cluster, aunque se pueden poner ambas en la misma VLAN / Interfaz, no es conveniente bajo ningún concepto porque la red de cluster va a gestionar gran cantidad de datos para comunicar los OSD entre sí, y eso como he dicho, puede afectar al rendimiento de la red de cluster, pudiendo perder conectividad y por lo tanto, provocando un problema de perder el cluster.

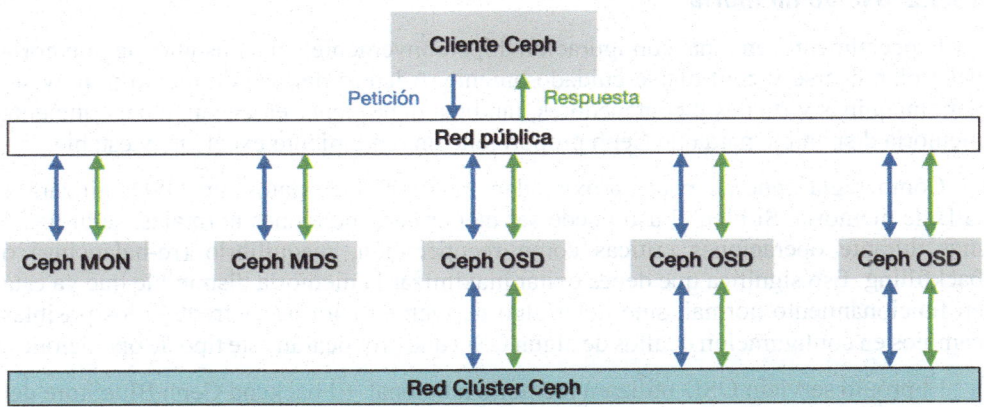

15.6 RECOMENDACIONES

15.6.1 Uso de CPU

Los servicios de Ceph se pueden clasificar en dos categorías:

▼ Uso intensivo de CPU, beneficiándose de altas frecuencias base de CPU y múltiples núcleos. Los miembros de esa categoría son: servicios de demonio de almacenamiento de objetos (OSD) servicio de metadatos (MDS) utilizado para CephFS.

▼ Uso moderado de CPU, que no necesita múltiples núcleos de CPU. Estos son: servicios de monitor (MON) servicios de administrador (MGR).

Como regla general simple, debe asignar al menos un núcleo de CPU (o subproceso) a cada servicio Ceph para proporcionar los recursos mínimos necesarios para un rendimiento Ceph estable y duradero.

Por ejemplo, si planeas ejecutar un monitor Ceph, un administrador Ceph y 6 servicios OSD de Ceph en un nodo, debes reservar 8 núcleos de CPU exclusivamente para Ceph cuando busques un rendimiento básico y estable.

Ten en cuenta que el uso de la CPU de los OSD depende principalmente del rendimiento de los discos. Cuanto mayor sea el número de IOPS (operaciones IO por segundo) posibles de un disco, más CPU podrá utilizar un servicio OSD.

Para los discos SSD empresariales modernos, como los NVMe, que pueden soportar permanentemente una alta carga de IOPS de más de 100000 con una latencia inferior a milisegundos, cada OSD puede utilizar múltiples subprocesos de CPU; por ejemplo, es probable que se utilicen de cuatro a seis subprocesos de CPU por OSD cuando por cada disco NVMe para velocidades muy altas y discos de alto rendimiento.

15.6.2 Uso de memoria

Especialmente en una configuración hiperconvergente, el consumo de memoria debe planificarse y controlarse cuidadosamente. Además del uso de memoria previsto para máquinas virtuales y contenedores, también debes tener en cuenta tener suficiente memoria disponible para que Ceph proporcione un rendimiento excelente y estable.

Como regla general, para aproximadamente 1 TiB de datos, un OSD utilizará 1 GiB de memoria. Si bien el uso puede ser menor en condiciones normales, se utilizará más durante operaciones críticas como recuperación, reequilibrio (re-balancing) o backfilling. Eso significa que debes evitar maximizar la memoria disponible que ya está en funcionamiento normal, sino dejar algo de margen para hacer frente a los posibles cambios en configuración o fallos de algún OSD que provocarán este tipo de operaciones.

El propio servicio OSD utilizará memoria adicional. El backend Ceph BlueStore del demonio requiere de forma predeterminada entre 3 y 5 GiB de memoria (ajustable).

15.6.3 Red

Para estimar tus necesidades de ancho de banda, debes tener en cuenta el rendimiento de los discos. Si bien es posible que un solo disco duro no sature un enlace de 1 Gb, varios OSD de disco duro por nodo ya pueden saturar 10 Gbps también. Si se utilizan SSD modernos conectados a NVMe, uno solo ya puede saturar 10 Gbps de ancho de banda o más. Para configuraciones de alto rendimiento, recomendamos al menos 25 Gbps, aunque es posible que se requieran incluso 40 Gbps o más de 100 Gbps para utilizar todo el potencial de rendimiento de los discos subyacentes.

Si no estás seguro, recomendamos utilizar tres redes (físicas) separadas para configuraciones de alto rendimiento:

- ⚑ Una red de ancho de banda muy alto (más de 25 Gbps) para el tráfico del cluster Ceph (interno).

- ⚑ Una red de alto ancho de banda (más de 10 Gpbs) para el tráfico Ceph (público) entre el servidor ceph y el tráfico de almacenamiento del cliente ceph. Dependiendo de tus necesidades, esto también se puede utilizar para alojar el tráfico de invitados virtuales y el tráfico de migración en vivo de VM.

- ⚑ Un ancho de banda medio (10 Gbps) con VLAN exclusivo para la comunicación del cluster corosync que ya vimos que es muy sensible a la latencia.

Estas configuraciones variaran en función del número de nodos del cluster, como ya he comentado.

15.6.4 Discos

Al planificar el tamaño de tu cluster Ceph, es importante tener en cuenta el tiempo de recuperación. Especialmente en el caso de grupos pequeños, la recuperación puede llevar mucho tiempo. Te recomiendo utilizar SSD y huir de los discos mecánicos para reducir el tiempo de recuperación y minimizar la probabilidad de un fallo durante la recuperación.

 Respecto a los discos sobre todo en el caso de los SSD, hay que tener en cuenta dos cosas, por un lado el usar discos con un wearout muy alto puede provocar un fallo en cadena (al igual que en los discos mecánicos) por el estrés al que se somete a los discos en los procesos de recuperación. Por otro lado si es posible, recomiendo no comprar todos los discos en la misma fecha, porque un fallo de firmware o de fabricación afectará a todos a la vez y porque la tasa de wearout será la misma aproximadamente para todos. Es preferible comenzar con una capacidad ajustada e ir creciendo a medida que crecen nuestras necesidades de almacenamiento.

Aparte del tipo de disco, Ceph funciona mejor con una cantidad de discos de tamaños uniformes y distribuidos uniformemente por nodo. Por ejemplo, 4 discos de 1 TB dentro de cada nodo son mejor que una configuración mixta con un solo disco de 2 TB y cuatro discos de 500 GB.

También es necesario equilibrar el recuento de OSD y la capacidad de un único OSD. Más capacidad te permite aumentar la densidad de almacenamiento, pero también significa que un fallo de un OSD obliga a Ceph a recuperar más datos a la vez, con lo cual el proceso de re-balancing será más largo y requerirá más consumo de recursos en los nodos y más ancho de banda en la red.

15.7 COMPROBACIONES

Para poder instalar un cluster de Ceph, es necesario previamente disponer de un cluster de Proxmox operativo y sin ningún tipo de error.

El cluster debe de estar compuesto por al menos 3 nodos.

Además deberemos de hacer como en el caso del cluster de Proxmox, establecer que la comunicación entre los nodos a través tanto de la red pública, como a través de la red del cluster de Ceph es correcta y la latencia es la apropiada (normalmente del orden de menos de 1 ms para la red del cluster de Ceph).

Comprobamos también que todos los nodos corren la misma versión de Proxmox VE y que en todos los nodos se encuentra habilitado el repositorio de Ceph y que es el mismo para todos los nodos (no es conveniente mezclar diferentes repositorios de Ceph en cada uno de los nodos del cluster) si bien puede funcionar, podemos encontramos con incompatibilidades en los metadatos de los OSD, que pueden provocar graves problemas de consistencia en nuestro cluster.

 Antes de instalar Ceph, debes asegurarte de no tener máquinas provisionadas.

Lo primero como ya hemos comentado es disponer de las redes de Ceph configuradas, en mi caso, he creado dos redes, una Ceph_public (no confundir con una red pública, es simplemente la red que se va a usar para conectar los monitores, managers, OSD y las máquinas virtuales con el almacenamiento). En este caso he usado un direccionamiento 10.192.30.0/28 y la VLAN 30. En segundo lugar la red del cluster de Ceph que se ocupa de la replicación de datos entre los OSD, para ello he usado la red 10.192.20.0/28 con la VLAN 20.

Una vez creada la red en los tres nodos de nuestro cluster de pruebas (y que hemos comprobado la conectividad entre ellos por ambas interfaces), procederemos a la instalación de Ceph.

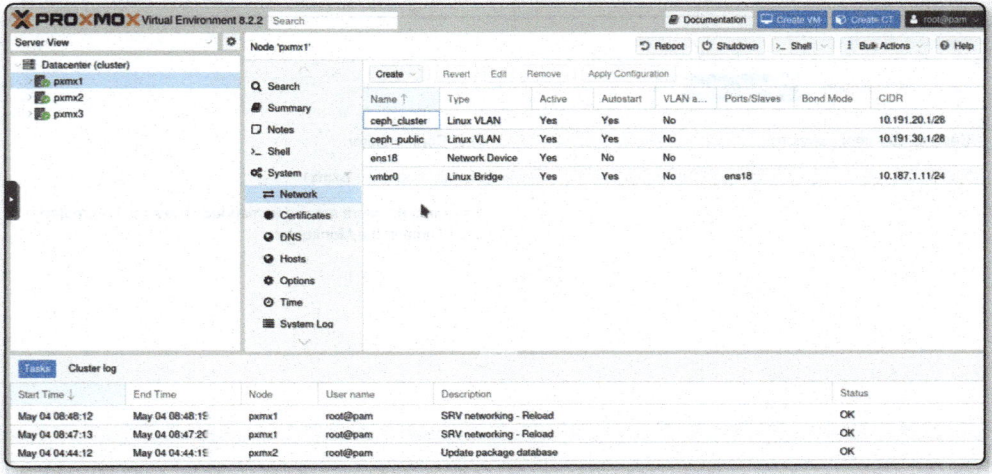

15.8 INSTALACIÓN DE CEPH

Proxmox VE tiene la ventaja de contar con un asistente de instalación fácil de usar para Ceph. Haz clic en uno de los nodos del cluster y en el menú ve hasta la opción de Ceph. Si Ceph aún no está instalado, verás un mensaje que le preguntará si quieres instalar Cepha.

El asistente está dividido en varias secciones, cada una de las cuales debe finalizar correctamente para poder utilizar Ceph.

Primero debes elegir qué versión de Ceph deseas instalar. Como he comentado en todos los nodos debes de instalar la misma versión, si es el primer nodo en el que vas a instalar Ceph, usa el más actual.

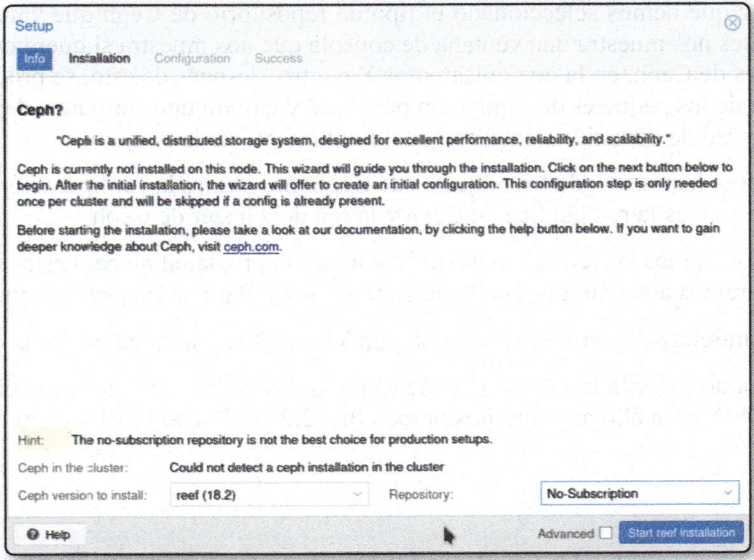

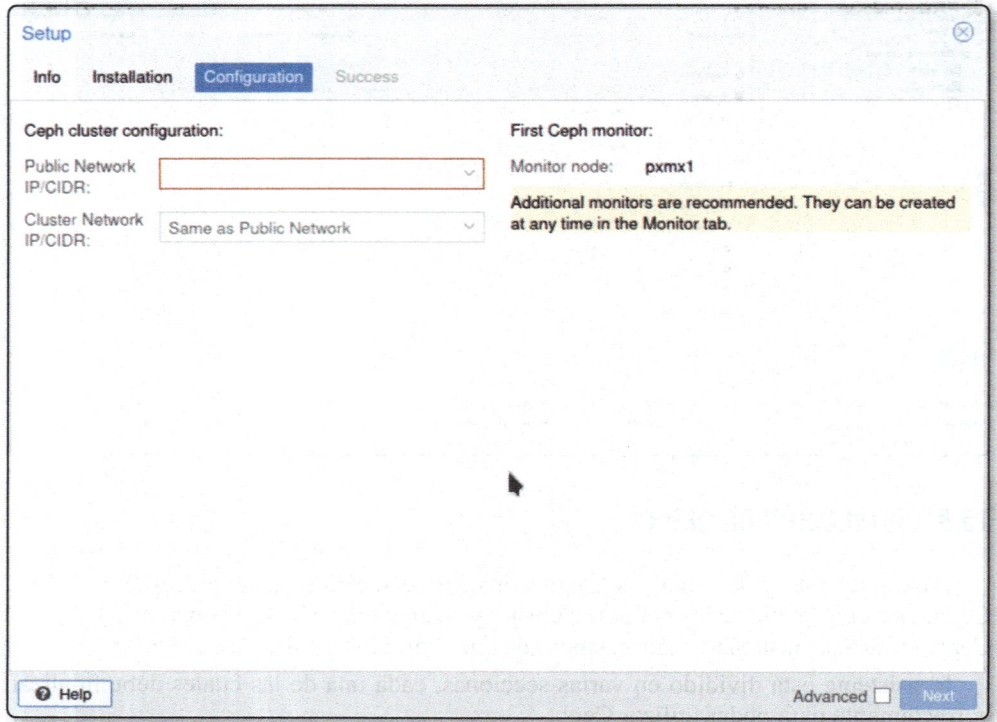

Después de iniciar la instalación, el asistente descargará e instalará todos los paquetes necesarios desde el repositorio Ceph de Proxmox VE.

Una vez que hemos seleccionado el tipo de repositorio de Ceph que vamos a usar, los siguientes nos muestra una ventana de consola que nos muestra si queremos instalar los paquetes de Ceph, en la que pulsaremos Y e intro, después de esto, se procederá a la instalación de los paquetes de Ceph (son bastantes y tardará unos minutos, dependiendo de la velocidad de conexión a internet y del rendimiento de la máquina).

Una vez se han instalado los paquetes de Ceph, nos pedirá la configuración de Ceph, solicitando cual es la red pública de Ceph y la red del cluster de Ceph.

Seleccionaremos las redes que hemos configurado previamente para estas funciones, y las ajustaremos a la configuración que vamos a delimitar para nuestro Ceph.

Configuraremos la red 10.192.30.0/28 y la VLAN 30 para la red pública.

En segundo lugar la red del cluster de Ceph que se ocupa de la replicación de datos entre los OSD, para ello asignaremos la red 10.192.20.0/28 con la VLAN 20.

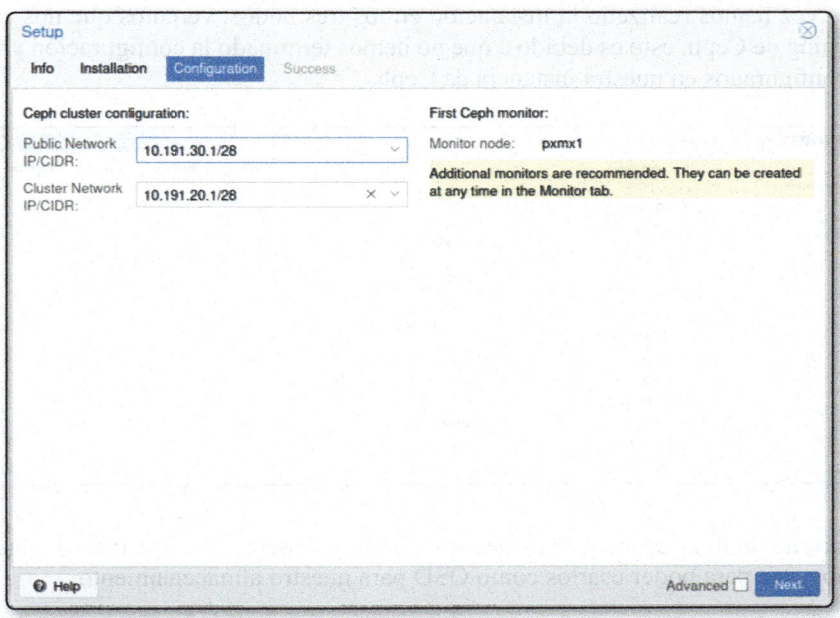

Pulsaremos Next y ya estará configurado nuestro primer nodo de Ceph.

Realizaremos la misma operación en el resto de los nodos. En la parte de configuración, veremos que ya no nos pide nada, puesto que la configuración de las redes se realiza en el primer nodo, y el resto la hereda.

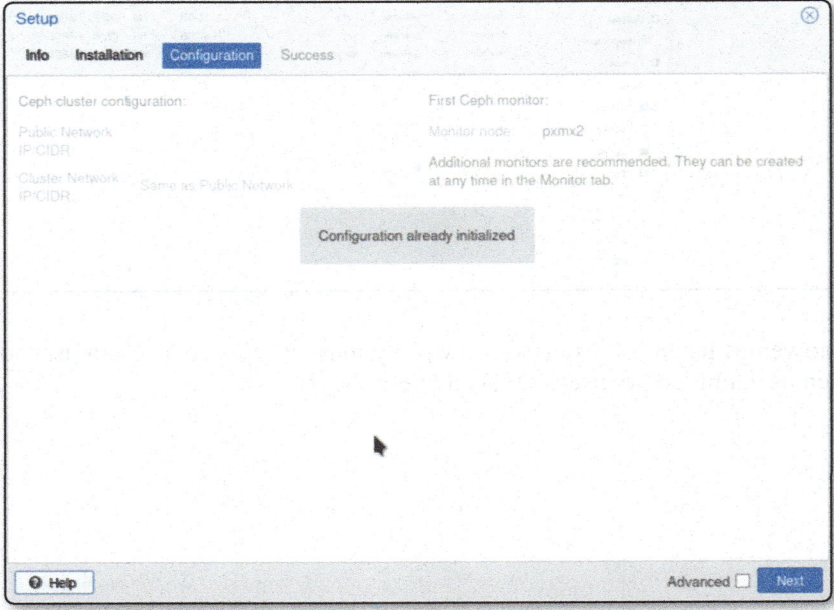

Una vez hemos realizado la instalación en los tres nodos, veremos que nos aparece un warning de Ceph, esto es debido a que no hemos terminado la configuración y no hay OSD configurados en nuestra instancia de Ceph.

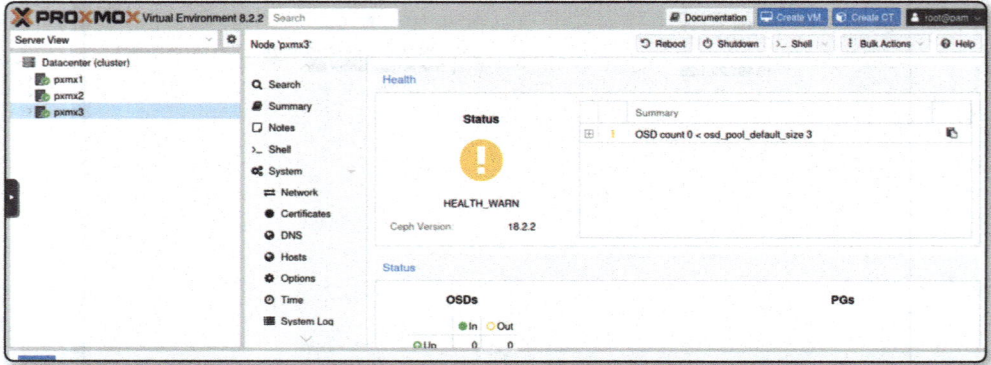

Para ello iremos de nuevo a nuestros nodos y buscaremos los discos libres que podemos usar para poder usarlos como OSD para nuestro almacenamiento.

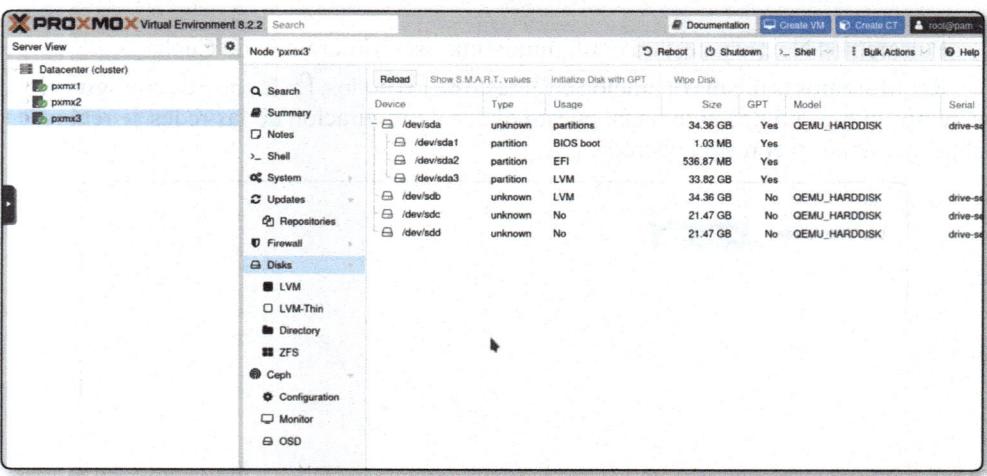

Como vemos tenemos dos discos /dev/sdc y /dev/sdd que no se están usando y que los podemos definir como discos OSD en nuestro Ceph.

15.9 CONFIGURACIÓN DE CEPH

En la siguiente pantalla podemos ver como ha quedado la configuración de Ceph, en los tres nodos la configuración es la misma.

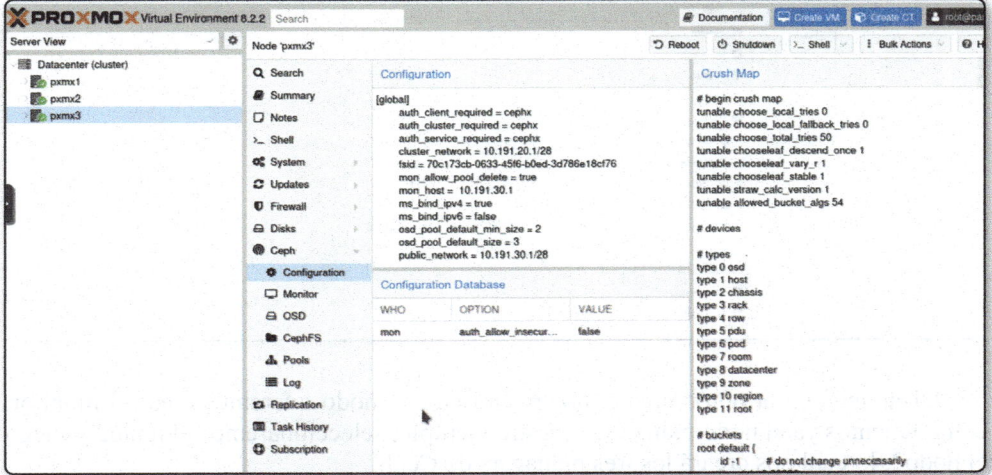

15.9.1 Creación de los monitores

A continuación crearemos los monitores y los managers, por defecto vemos que ha dejado un monitor en el primer nodo en el que se instaló el Ceph, la recomendación es que haya al menos 3 monitores para disponer del quorum necesario.

No es conveniente poner más de 3 monitores independientemente del tamaño del cluster (desde mi experiencia, recomiendo clusters de 5 nodos, ya que la relación prestaciones / pérdida de almacenamiento es la mejor).

Si usamos clusters de 3 nodos, perderemos 2/3 del almacenamiento por la réplica3, y si ponemos 7 o más nodos, estaremos saturando la red con el tráfico de la red de OSD (la red de cluster) sobre todo con los discos SSD actuales.

Como he comentado hay que guardar una relación entre la velocidad de los discos y el ancho de banda de la red.

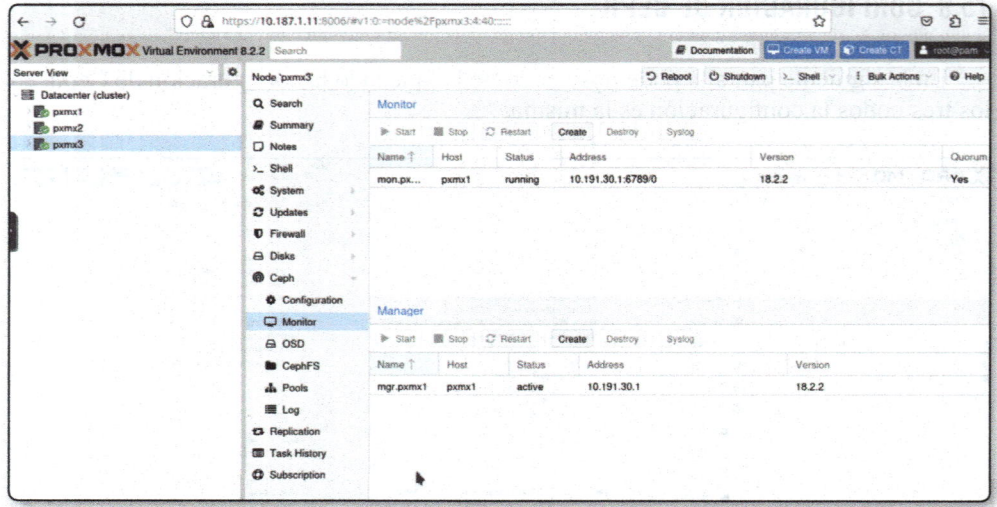

Pulsaremos en el botón create, nos pedirá en qué nodo queremos crear el monitor, como tenemos ya el nodo pxmx1 de nuestro ejemplo, seleccionaremos el nodo2 y luego el nodo2, lo cual nos creará los tres managers de Ceph.

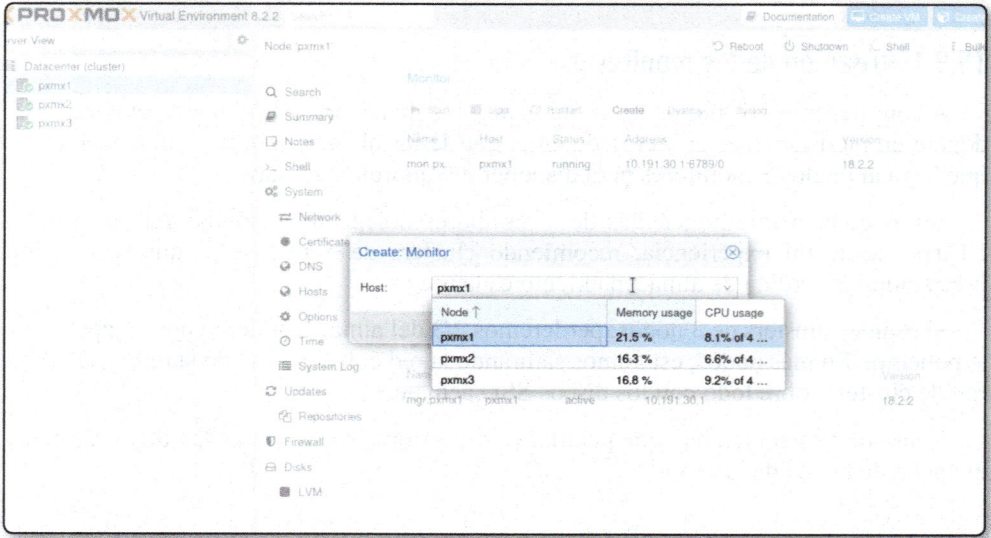

Una vez realizado tendremos tres monitores de Ceph, y disponemos del quorum suficiente en el cluster de Ceph, vamos a crear los OSD.

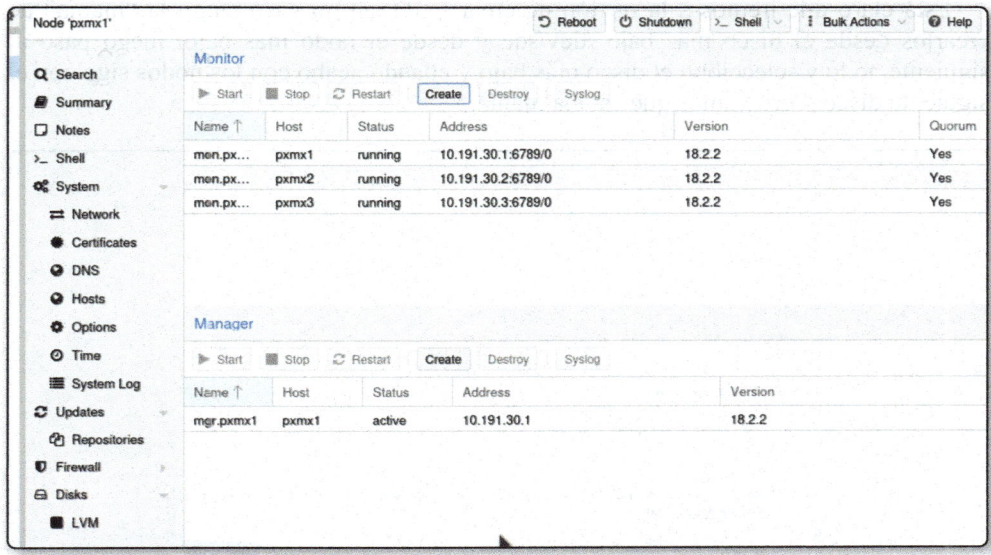

15.9.2 Creación de OSD

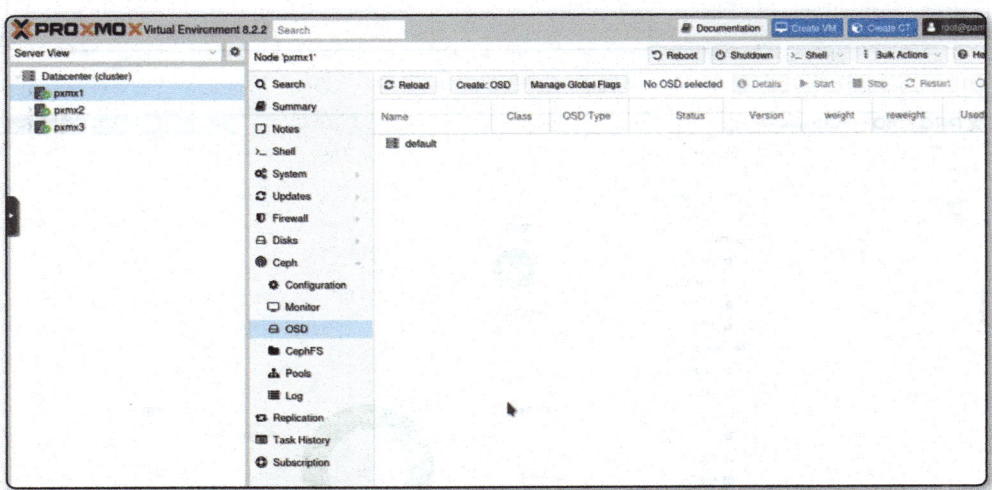

Para crear los OSD iremos al menú de nodo y en Ceph seleccionaremos la opción OSD.

Vemos que en la parte superior de izquierda a derecha tenemos las opciones de recargar, crear OSD y gestionar las variables globales.

Está claro que iremos a la opción de crear OSD, en mi caso tengo la "manía" de crearlos desde el disco más bajo /dev/sdc y desde el nodo más bajo, luego paso al siguiente nodo y selecciono el disco más bajo y cuando acabo con los nodos sigo con el siguiente disco. Pero vamos que es una manía.

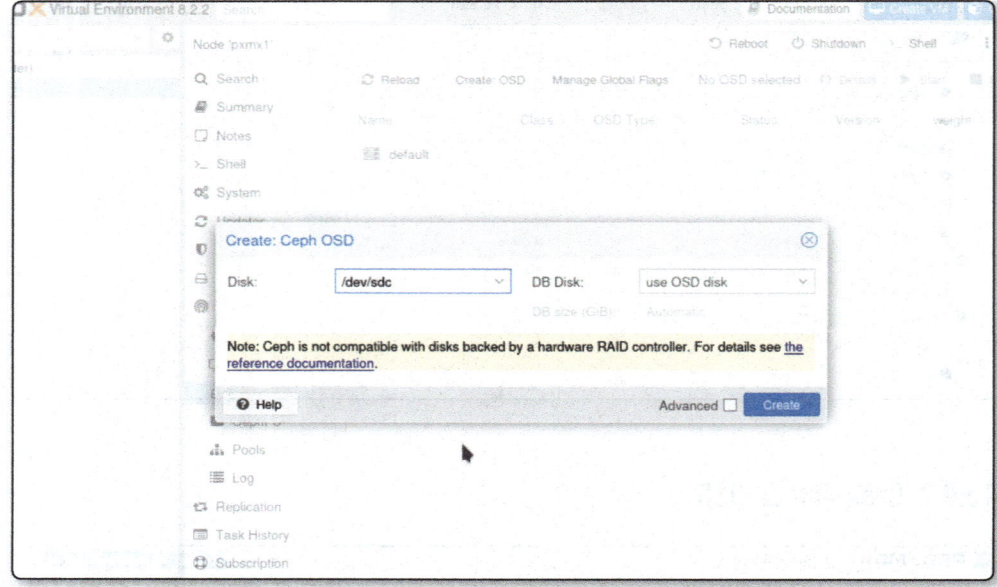

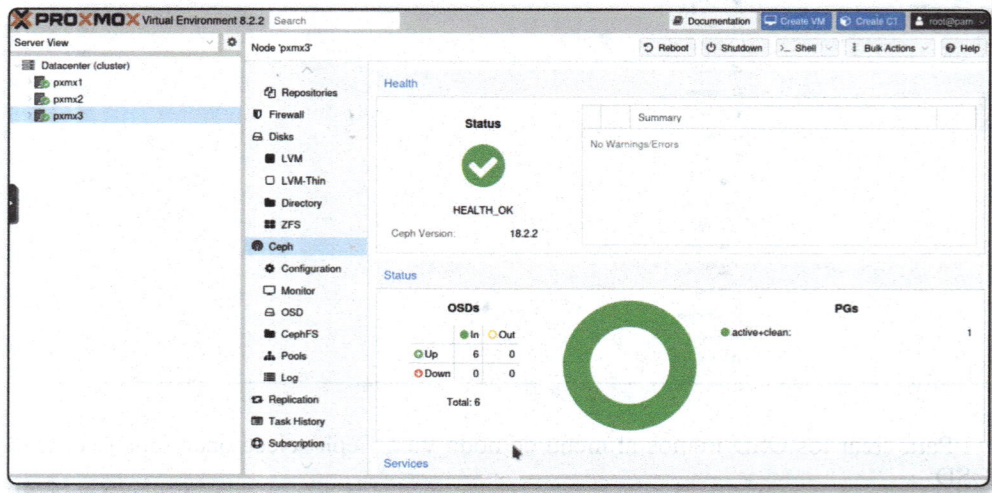

Cuando tenemos todos los OSD creados, la pantalla de los OSD nos aparecerá como se muestra en la siguiente figura, en la pantalla, podemos ver que tenemos 6 OSD funcionando.

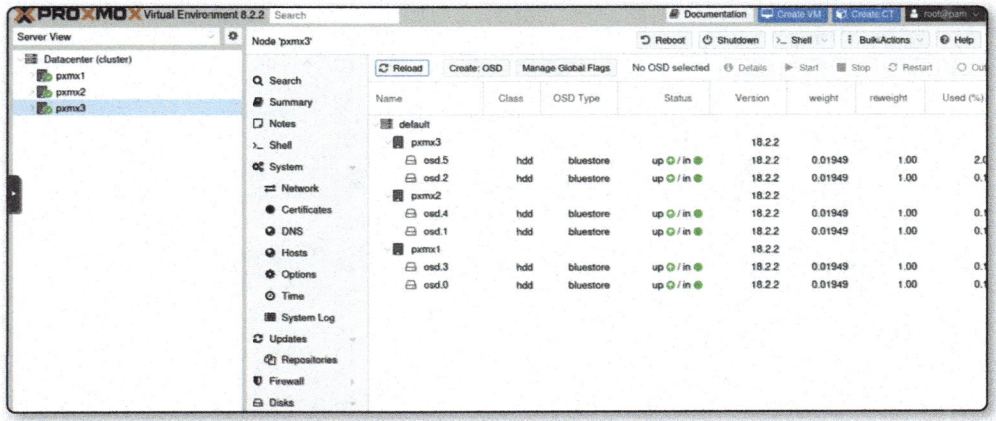

Ahora si miramos el estado del Ceph, podemos ver que ya no aparecen warning, puesto que ya tenemos configurados los OSD para nuestro almacenamiento y por lo tanto, aunque no hayamos configurado ningún espacio de almacenamiento, que vamos a crear a continuación, la configuración es estable.

Como podemos ver en la siguiente imagen, nuestro Ceph está correcto.

15.9.3 Creación del Pool

Como ya tenemos los 3 monitores, vamos a proceder a la creación de un pool de almacenamiento.

Un pool en Ceph es una colección lógica de objetos almacenados que comparten características de almacenamiento similares, como la configuración de réplicas, el nivel de redundancia, las políticas de almacenamiento y los permisos de acceso. Los pools son una característica fundamental en el sistema de almacenamiento distribuido Ceph y se utilizan para organizar y gestionar los datos almacenados en el cluster.

Para crear el pool, vamos a un nodo, en las opciones de Ceph, seleccionamos Pool y procedemos a la creación del pool.

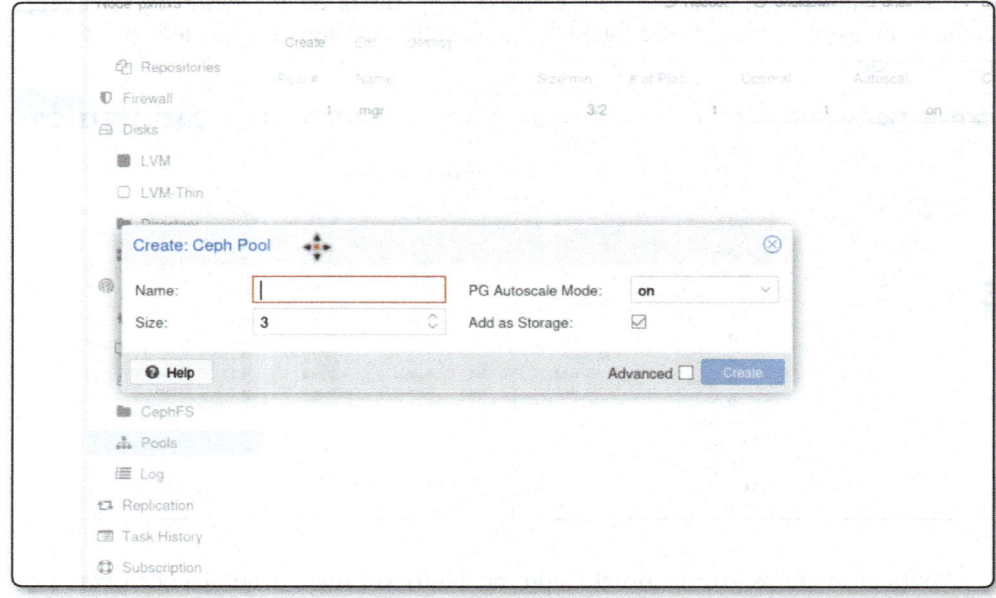

Normalmente en la creación del pool, nos pedirá el nombre, el tamaño de la réplica (en el ejemplo he escogido 3, que es el más seguro para prevenir una pérdida de datos), el modo de la autoescala de los PG (Placement Groups).

En Ceph, los PG (Placement Groups) son unidades fundamentales para la organización y distribución de datos dentro del cluster. Los PGs representan grupos lógicos de objetos almacenados en el sistema de archivos distribuido de Ceph. Cada objeto almacenado en Ceph es asignado a un PG específico.

Antiguamente esto se realizaba de forma manual, y se delimitaba en la creación mediante unas fórmulas muy complejas, lo que tenía el inconveniente de que si aumentábamos o disminuíamos el número de OSD, Ceph nos presentaba un warning, ya que el número de PG no se correspondía con la distribución física de los OSD, y se tenía que ir ajustando.

Con la opción de autoescalado de los PG se elimina este problema, ya que a medida que se añadan o eliminen OSD, los PG se ajustarán de forma automática.

Por último tenemos la opción de agregarlo como almacenamiento, esto lo que hará es añadir a nuestro Cluster de Proxmox VE, el almacenamiento recién creado como un almacenamiento distribuido en nuestro cluster, al igual que cuando agregábamos otro tipo de almacenamiento.

En la imagen se puede ver al almacenamiento (en la parte inferior izquierda - vmpool) así como en el pool, los datos de la configuración (Size/min) que corresponde a la réplica 3 (3 copias, y un mínimo de 2) así como los Placement Groups (42).

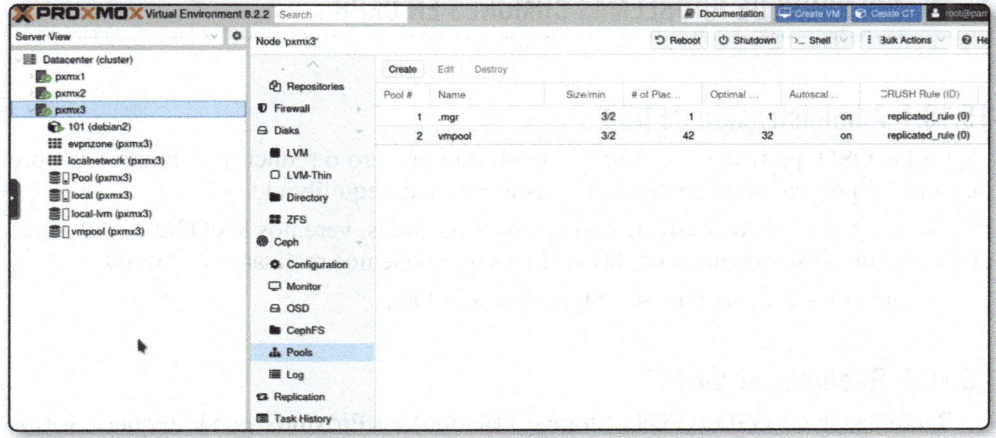

15.9.4 Creación de los managers

A continuación crearemos los managers, normalmente sólo hay uno en funcionamiento y el resto está en standby.

Los Ceph Managers proporcionan funcionalidades de monitorización, gestión y recopilación de datos en el cluster. Son responsables de recopilar información del estado del cluster, administrar la configuración del sistema y proporcionar interfaces de usuario y APIs para interactuar con el cluster de Ceph.

Para ello vamos de nuevo a la opción de monitor de Cepn y creamos un manager por cada nodo.

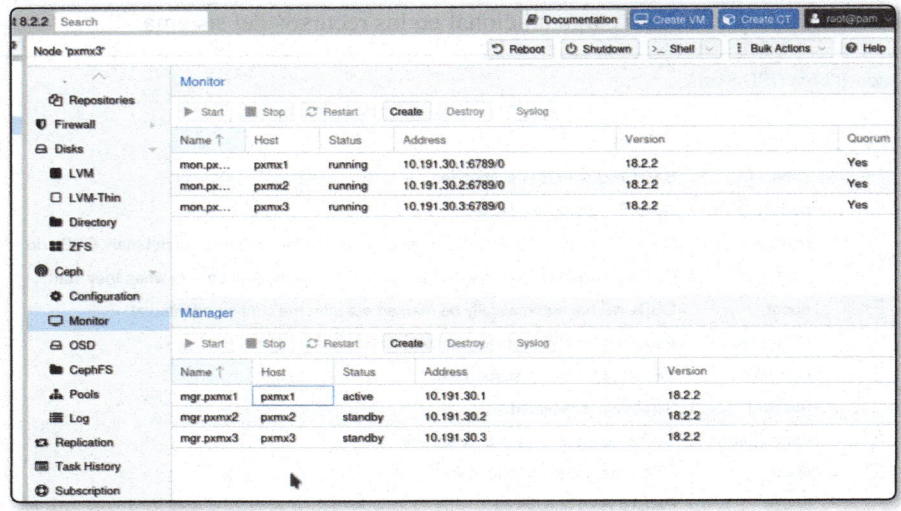

Como vemos tenemos los tres managers preparados, con el del nodo 1 activo, y el resto en standby por si falla este.

15.10 SOLUCIÓN DE PROBLEMAS COMUNES EN CEPH

15.10.1 Administración de OSD

En los OSD, podemos sustituirlos, ampliar el número o reducir el número (siempre de forma simétrica, de lo contrario el cluster estará desequilibrado.

Si vamos al menú de OSD de uno de nuestros nodos, veremos los OSD, si pulsamos en alguno de ellos, podemos ver las acciones que podemos realizar con el OSD.

Las opciones que tenemos son Stop, Restart y Out.

15.10.2 Reemplazar un OSD

Reemplazar un OSD (Object Storage Daemon) en Proxmox puede requerir varios pasos dependiendo de la configuración específica del cluster de Ceph y de si el OSD necesita retirarse debido a un fallo o si se está actualizando.

En muchos casos, si lo que estamos haciendo es un cambio rápido debido a un fallo del OSD, es conveniente usar los flags, como os muestro a continuación.

Como ves en la pantalla en los flags del cluster de Ceph, permiten establecer determinados valores que se aplican a todos los nodos.

La que nos ocupa en este momento es la de norebalance. El parámetro norebalance en Ceph es una configuración que se aplica a un pool para evitar que el sistema de almacenamiento redistribuya los datos almacenados en el cluster después de realizar ciertas operaciones. Esto es especialmente útil en el caso de una sustitución de disco, ya que evita la redistribución de datos debido al cambio en la configuración del cluster al sustituir un disco y evita una carga adicional en los recursos del sistema.

Manage Global OSD Flags

Enable	Name	Description
☐	nobackfill	Backfilling of PGs is suspended.
☐	nodeep-scrub	Deep Scrubbing is disabled.
☐	nodown	OSD failure reports are being ignored, such that the monitors will not mark OSDs do...
☐	noin	OSDs that were previously marked out will not be marked back in when they start.
☐	noout	OSDs will not automatically be marked out after the configured interval.
☐	norebalance	Rebalancing of PGs is suspended.
☐	norecover	Recovery of PGs is suspended.
☐	noscrub	Scrubbing is disabled.
☐	notieragent	Cache tiering activity is suspended.
☐	noup	OSDs are not allowed to start.
☐	pause	Pauses read and writes.

❷ Help   Apply

Una vez que hemos tenido en cuenta esto, lo primero que tenemos que hacer es decomisionar el OSD, mediante la selección del OSD, y pulsar en OUT, esto quitará el OSD del pool, permitiendo de esta forma poder comenzar con su reeemplazo.

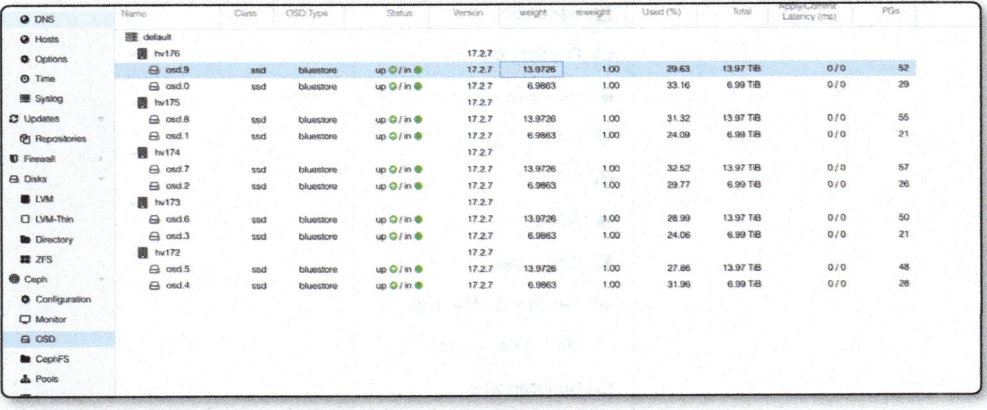

15.11 USAR CEPH CON DISCOS DE DIFERENTE TAMAÑO

Aunque siempre he hablado de usar discos del mismo tamaño, la arquitectura de Ceph, permite usar discos de diferente tamaño, ya que el propio sistema que usa Ceph se encargará de balancear los pesos entre los discos, para que la forma de llenarlos sea uniforme.

Como ya he comentado, el único problema es que si el almacenamiento está muy lleno, y fallan dos de los discos, y estos son muy grandes, puede provocar que los discos más pequeños se queden sin espacio.

En la imagen, podéis ver un cluster de Ceph en producción con diferentes tamaños de discos.

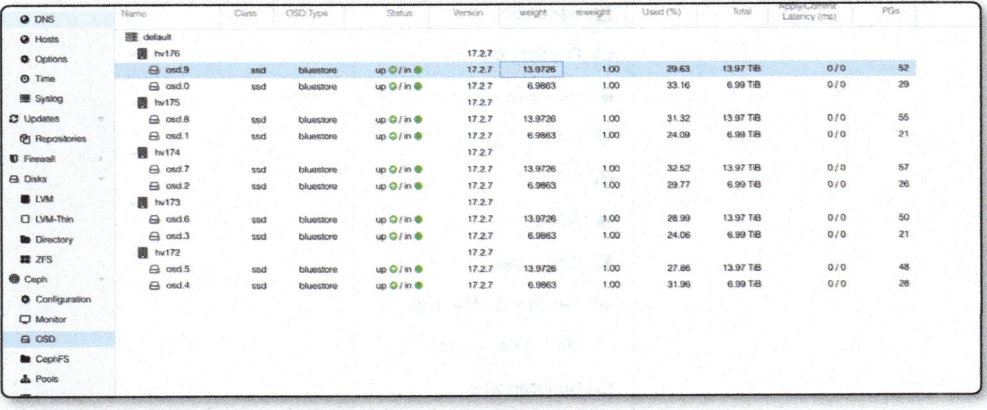

16

MENÚ DE OPCIONES.
DATACENTER (CENTRO DE DATOS)

Una vez que tenemos nuestro sistema creado con o sin cluster de Proxmox y/o Ceph, voy a ir explicando las opciones de las que disponemos en la entidad Centro de Datos (a la que voy a llamar datacenter en adelante), que aglutina todos los nodos de nuestro Proxmox VE.

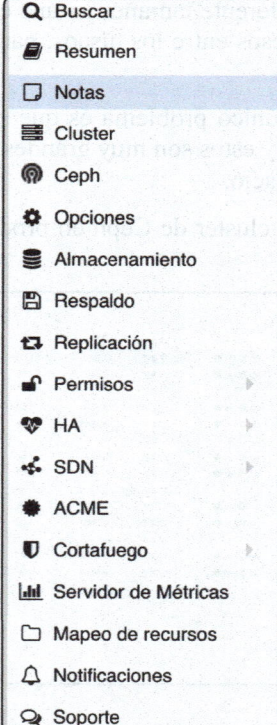

16.1 BUSCAR

Permite obtener una vista general de nuestro datacenter, con todas las máquinas virtuales, nodos, almacenamiento, SDN, y Pools.

En la siguiente imagen puedes ver la vista general del menú buscar del datacenter.

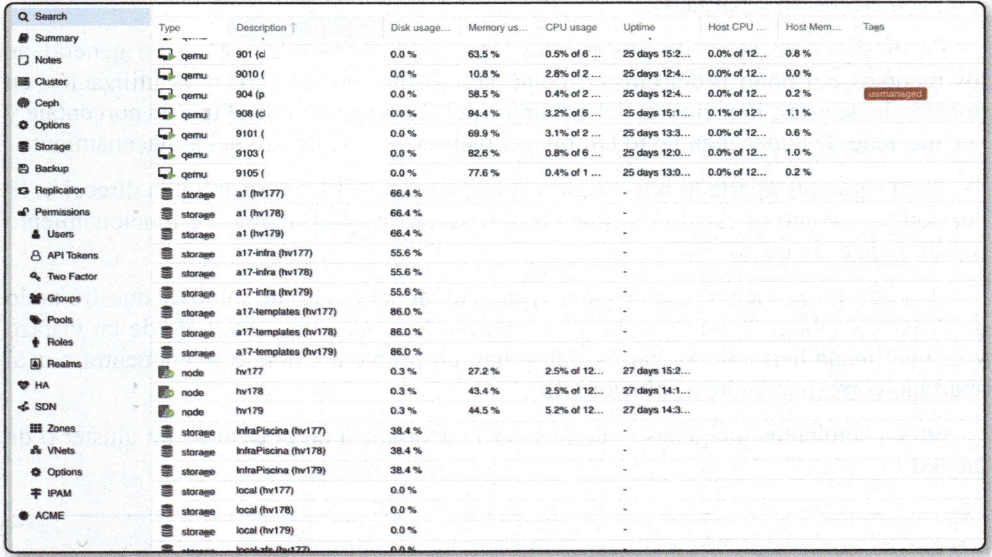

En la parte superior derecha, tenemos una caja de diálogo que nos permite filtrar y/o buscar un elemento en esta lista.

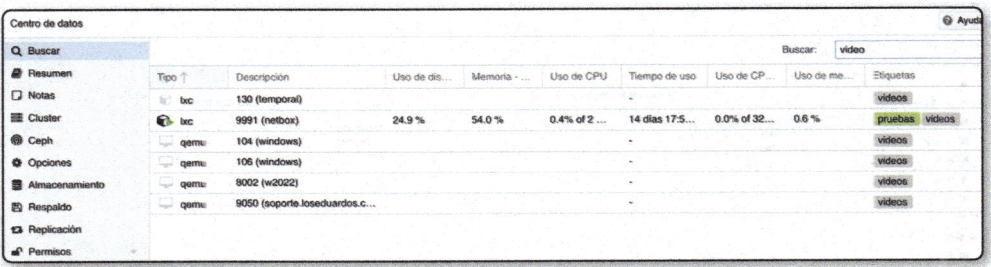

16.2 RESUMEN

Nos muestra un resumen del estado de nuestro Datacenter, en él se puede ver el estado de este en cuanto a si tenemos un nodo o varios. Si tenemos un nodo, nos dará el estado del nodo con un check verde si todo está correcto y si por el contrario tenemos un cluster, nos mostrará el estado del quorum del cluster.

Si tenemos instalado Ceph, nos mostrará también el estado del cluster de Ceph.

En este primer apartado también tenemos el número de nodos y los que están online o desconectados.

Lugo tendremos un apartado con el número de máquinas virtuales, contenedores y plantillas (de máquinas virtuales como veremos más adelante) así como el estado de estas (en ejecución o paradas).

En el siguiente apartado nos mostrará en un dashboard el estado en general de los recursos del nodo o del cluster, como son el número de CPU y la utilización en porcentaje de estas, la memoria del sistema o del cluster junto con el uso en porcentaje y la capacidad de almacenamiento también con el porcentaje de uso del almacenamiento.

En el siguiente apartado nos muestra el consumo de CPU, memoria y la dirección IP del nodo así como el estado (en linea o desconectado) y el tiempo de funcionamiento (uptime) de cada uno de los nodos.

Con esta información tenemos una vista general del estado de salud de nuestro nodo de Proxmox o bien de nuestro cluster, a efectos de saber como está todo de un vistazo y es una buena herramienta para saber si hay un problema, donde se encuentra e ir al apartado correspondiente a solucionarlo.

En las siguientes imágenes podemos ver la apariencia en el caso de un cluster o de un nodo.

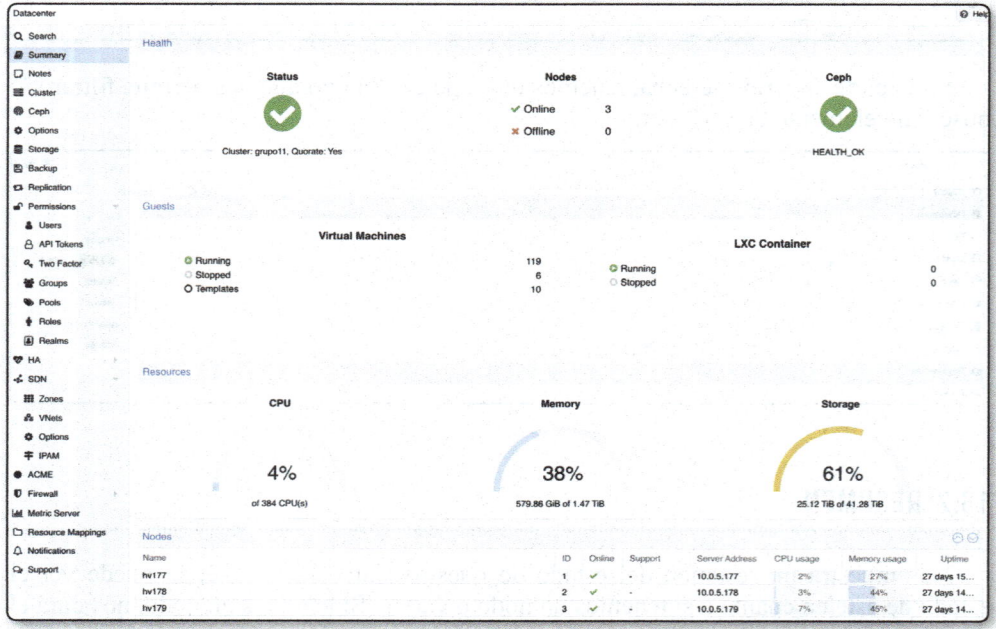

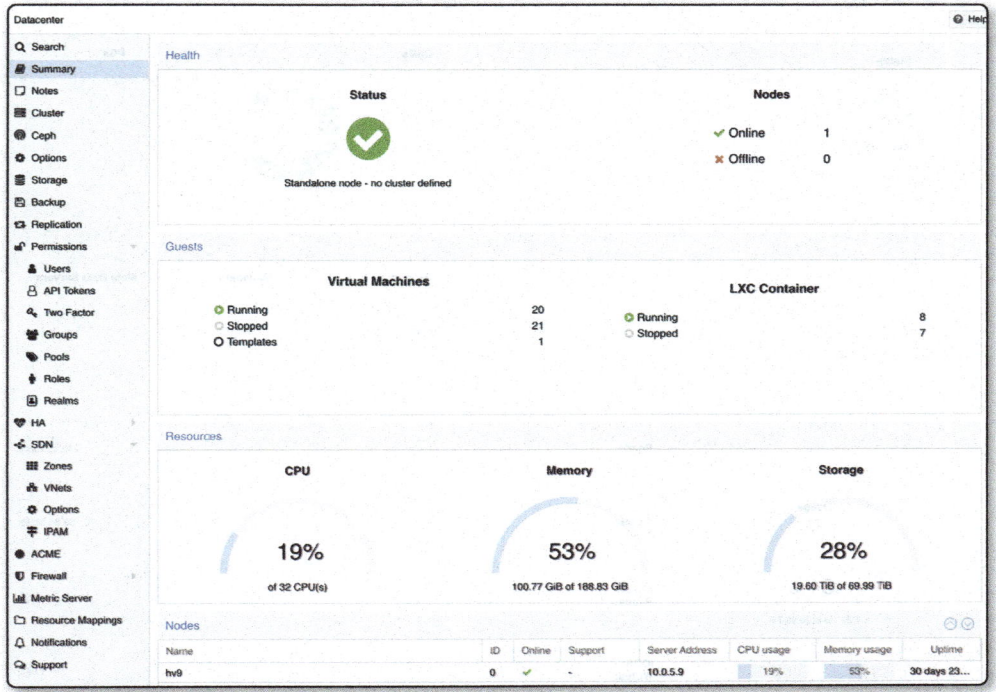

16.3 NOTAS

Permite agregar notas internas sobre nuestros sistemas, para no volver sobre este tema, las notas se pueden poner a nivel de Datacenter, Nodo o máquina virtual. Se pueden escribir con markdown que es un tipo de lenguaje que se usa por ejemplo en la wikipedia, para poner texto de distintos tamaños, tablas, enlaces, etc. o bien en RTF.

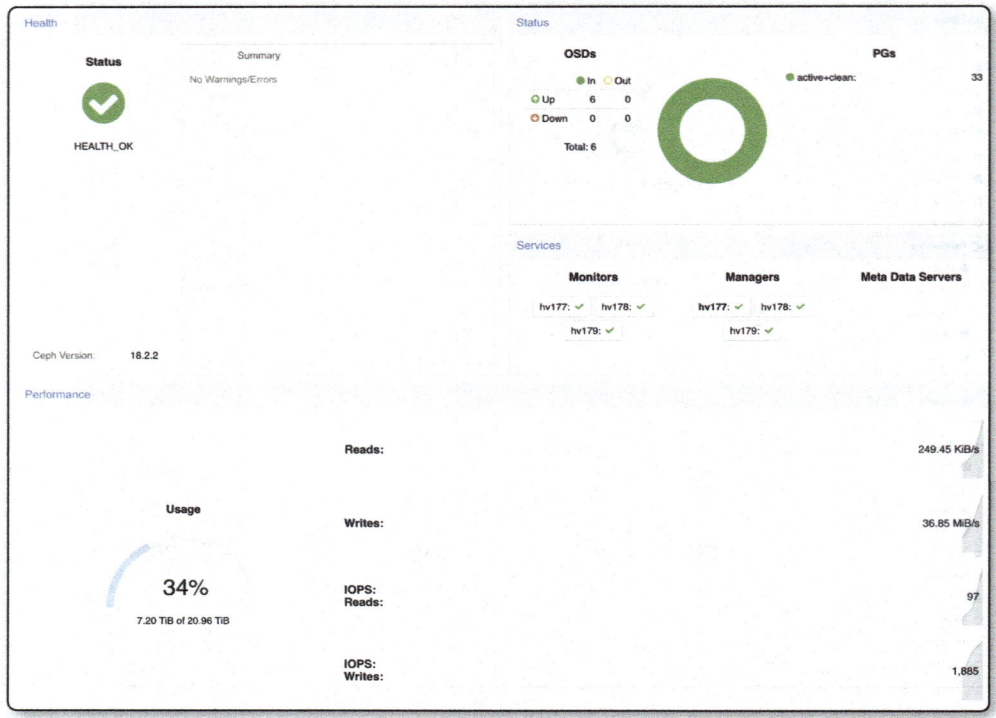

Por ejemplo:

```
Notes

# Nodo de Pruebas
### https://eduardotaboada.com
[![ko-fi](https://ko-fi.com/img/githubbutton_sm.svg)](https://ko-fi.com/)
```

El resultado de esta nota sería este:

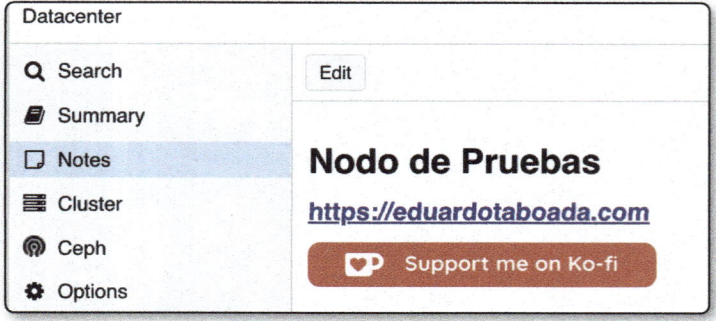

16.4 CLUSTER

Como ya vimos este apartado se reserva para la creación del cluster y la adición de nodos a este.

16.5 CEPH

Como también vimos en esta sección se instala y configura el cluster de Ceph. Una vez instalado en este apartado aparecerán las estadísticas y el estado de dicho cluster de Ceph, en las que se muestran el estado de salud del sistema Ceph en general, el estado de los OSD, el estado de los servicios asociados a Ceph como son los Monitores, Managers y en el caso de CephFS los MDS (Meta Data Servers) además del estado de uso del almacenamiento y las estadísticas de rendimiento del sistema Ceph en forma de Kib o Mib por segundo de lectura y escritura así como las operaciones de IOPS de lectura y escritura del sistema Ceph. En la siguiente imagen se pueden ver todos estos datos de un cluster Ceph.

16.6 OPCIONES

Las opciones permiten configurar parámetros del Datacenter, algunas ya las hemos visto, así que vamos a repasarlas, junto con otras opciones interesantes que podemos encontrar.

16.6.1 Keyboard layout - disposición del teclado

Esta opción nos permitirá definir el idioma y la distribución de teclas de nuestro teclado.

16.7 HTTP PROXY

Permite definir un proxy para la conexión a Internet de nuestro Proxmox VE. Se utiliza cuando nuestra infraestructura por motivos principalmente de seguridad, no tiene acceso directo a internet.

16.8 VISOR DE CONSOLA

Es el visor de consola que usará nuestro datacenter para las máquinas virtuales por defecto. Normalmente es xterm.js, pero podemos configurarlo en SPICE o HTML5.

16.9 EMAIL FROM ADDRESS

Será la dirección desde las que nos envía las notificaciones a nuestro Datacenter de Proxmox VE.

16.10 PREFIJO DE DIRECCIÓN DE MAC

Desde la versión 8.1 de Proxmox VE, A Proxmox Server Solution GmbH, se le asignó un identificador único (OUI) de MAC con el prefijo BC:24:11 oficial del IEEE para usarlo como prefijo MAC predeterminado para máquinas virtuales.

Este parámetro que está fijado desde entonces en la configuración del Datacenter, puede cambiarse.

Keyboard Layout	Spanish (es)
HTTP proxy	none
Console Viewer	Default (xterm.js)
Email from address	root@$hostname
MAC address prefix	BC:24:11
Migration Settings	Default
HA Settings	Default
Cluster Resource Scheduling	Default

16.11 AJUSTES DE MIGRACIÓN

En este apartado podemos seleccionar la red que vamos a usar para las tareas de migración de máquinas virtuales entre nodos, como en el caso de VMware que dispone de una red para el movimiento de máquinas entre nodos en el Vcenter, en Proxmox podemos definir la red que se usará como predefinida para las migraciones, de esta forma podemos tener una VLAN o una tarjeta separada para las tareas de Live Migration.

16.12 AJUSTES DE HA

Este apartado gestiona los ajustes de la alta disponibilidad y lo revisaremos en el capítulo dedicado a la alta disponibilidad.

16.13 CLUSTER RESOURCE SCHEDULING - PROGRAMACIÓN DE RECURSOS DE CLUSTER

Este apartado también está relacionado con el modo de funcionamiento de la HA y lo contaré en el capítulo dedicado a la alta disponibilidad.

16.14 AJUSTES DE U2F

Ajustes de la autenticación de U2F, puesto que esto ya está obsoleto y se mantiene por retrocompatibilidad, no incidiré en ello. Ya que se ha sustituido por Webauthn.

16.15 AJUSTES DE WEBAUTHN

WebAuthn (Web Authentication) es un estándar web desarrollado por el World Wide Web Consortium (W3C) y la FIDO Alliance que permite a los usuarios autenticarse en aplicaciones web utilizando métodos de autenticación fuertes y sin contraseñas.

Esto permite acceder a nuestro Proxmox VE usando una llave del tipo YUBI o FIDO o bien con aplicaciones con Authy, Google Authenticator, etc.

En el apartado de usuarios y autenticación lo explicaré en detalle.

16.16 LÍMITES DE ANCHO DE BANDA

En el caso de que tengamos algunas limitaciones de ancho de banda en nuestra red o bien no queramos saturarla en determinadas operaciones. Podemos usar dos opciones:

Establecer una VLAN para cada una de esas operaciones y configurar un QoS en nuestra electrónica de red.

Establecer límites en nuestro Datacenter.

En la siguiente pantalla, podemos ver como establecer esos límites por operación.

Podemos como veis, establecer una cantidad de MiB/s en ciertas operaciones como restaurar un backup, realizar una migración, clonar o mover un disco (estas operaciones las explicaré en el capítulo de las máquinas virtuales).

16.17 MAX WORKERS

He decidido dejar el título en inglés, ya que la traducción de la interfaz en español no es digamos muy clara (demasiado literal tal vez), ya que habla del número máximo de trabajadores, cuando en realidad se refiere a procesos.

Este número define el número de procesos simultáneos a ejecutar cuando se realiza una acción masiva en nuestro Datacenter.

16.18 SIGUIENTE RANGO DE VMID

Esto lo conté en el apartado de creación de cluster y nos permite definir el número porque nuestro cluster va a empezar a asignar los VMID y hasta cuantas.

16.19 ETIQUETAS

Las siguientes opciones hay que contarlas de forma más gráfica. Os presento el menú de opciones y las tres últimas que son las que nos interesan.

Centro de datos		
Q Buscar	Editar	
🗐 Resumen	Disposición del teclado	Spanish (es)
🗌 Notas	Proxy HTTP	ninguno
☰ Cluster	Visor de consola	HTML5 (noVNC)
◉ Ceph	Correo proveniente de la dir…	root@$hostname
⚙ Opciones	Prefijo de dirección MAC	BC:24:11
🗄 Almacenamiento	Configuración de migraciones	Por defecto
🖺 Respaldo	Configuración de HA	Por defecto
⇄ Replicación	Programación de recursos d…	Por defecto
🔓 Permisos	Configuraciones U2F	Ninguna
👤 Usuarios	Configuración WebAuthn	Ninguna
👥 Tokens de API	Límites de ancho de banda	Ninguna
🔑 Dos factores	Máximo trabajadores/acción-…	4
👥 Grupos	Siguiente rango de VMID libre	lower=20000
🏷 Conjuntos	Remplazo de estilo de etiqueta	Forma del árbol: Lleno, Orden: Por defecto (Alfabético)
👤 Roles	Acceso a la etiqueta del usu…	Modo: free
	Etiquetas registradas	Eduardo Pruebas Videos

Las etiquetas nos permiten mostrar de forma más intuitiva determinadas máquinas virtuales en nuestro Proxmox VE.

Cuando tenemos decenas o cientos de máquinas, a veces es difícil identificarlas, o bien buscar un determinado grupo, en la opción buscar vimos que podría buscar las máquinas por su nombre como comenté en la caja de búsqueda de la esquina superior derecha, pero usando las etiquetas de forma inteligente, podemos mostrar las máquinas que tengan una determinada etiqueta.

Las etiquetas se asignan en las máquinas virtuales y se establece un color por defecto que se puede modificar. También se puede modificar la forma de visualización de estas.

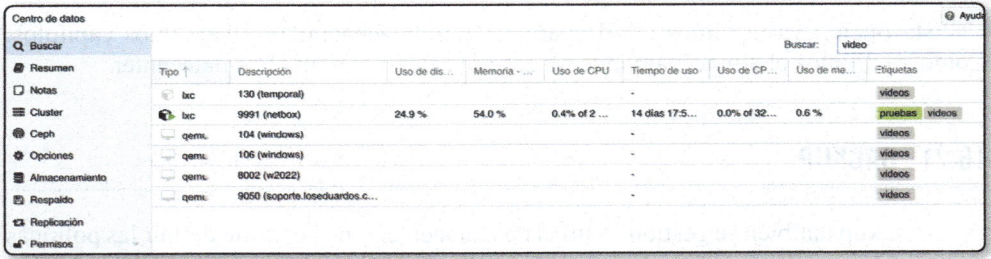

En la imagen podemos ver una búsqueda por el nombre de una etiqueta.

En la opción de Remplazo de estilo de etiqueta (tag style override), podemos ver las opciones de visualización (círculo, lleno, o denso) y si es preciso, reemplazar algún color en función del texto de la etiqueta.

La opción que recomiendo es la de filled (lleno), ya que no sólo nos muestra el color, sino también el texto de la etiqueta, lo que facilita la localización.

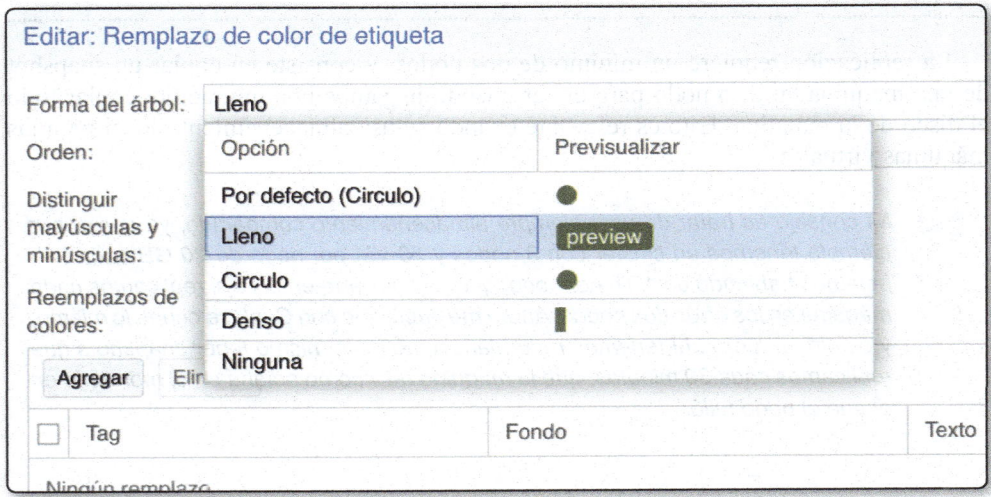

16.19.1 Acceso a la etiqueta

Permite los modos Free (defecto), existing, list y none.

16.19.2 Etiquetas registradas

Nos permite gestionar (añadir o eliminar) etiquetas existentes.

16.20 ALMACENAMIENTO

Esta opción ya la vimos en el apartado del almacenamiento hace unos capítulos. Como ya dijimos el almacenamiento se gestiona siempre a nivel de datacenter.

16.21 BACKUP

El backup también se gestiona a nivel de Datacenter y nos permite definir las políticas de backup de nuestras máquinas virtuales, como por ejemplo que máquinas se copian (recomiendo todas, claro está), a qué hora y en que almacenamiento. Incluso las políticas de retención de las copias (cuantas copias guardo, una diaria 15 días, una mensual, una anual, etc).

El backup merece un capítulo aparte puesto que hay muchos parámetros que configurar, y aunque no es muy extenso, prefiero dedicarle un capítulo a esta opción.

16.22 REPLICACIÓN

La replicación requiere un mínimo de dos nodos, y consiste en copiar un snapshot de una máquina en otro nodo para evitar cuando hagamos una migración, copiar todo el disco de la máquina. Esto es relevante cuando se usa almacenamiento local para las máquinas virtuales.

 Mi consejo es tratar de usar siempre almacenamiento compartido, ya que si por ejemplo tenemos un cluster con 3 nodos y 50 VM por nodo de 20 GB cada una estamos hablando de 1 Tb por nodo, que se convierte en 3 Tb si replicamos cada máquina en los otros dos nodos. Ahora me diréis que con Ceph se ocupa lo mismo, y os diré sí, pero ahí tenemos redundancia, no es lo mismo tener snapshots que replicamos cada 30 minutos, que la máquina tal y como estaba en el momento en el que el nodo falló.

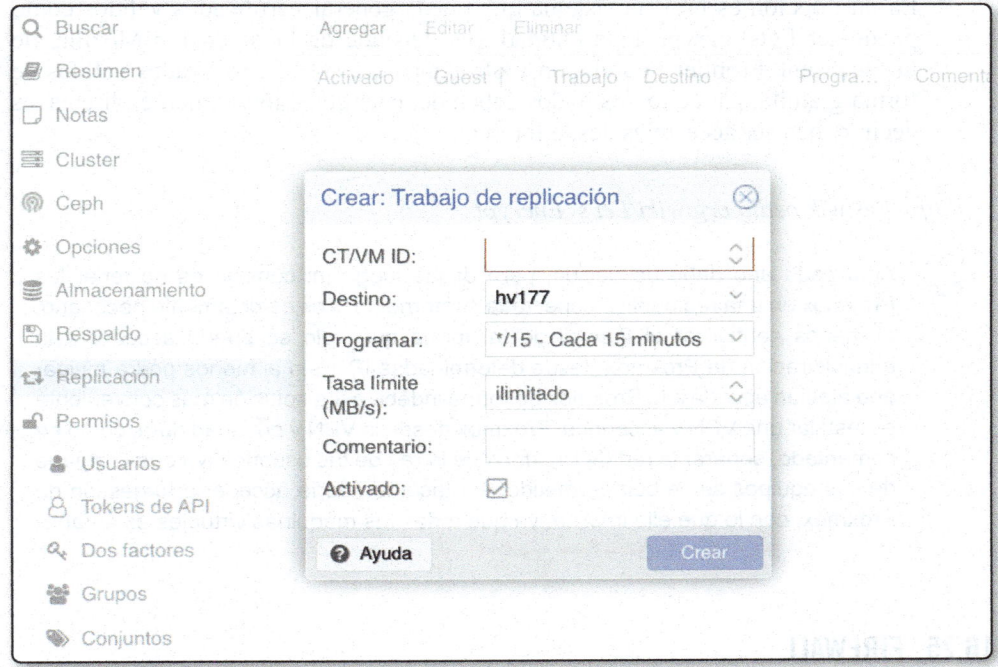

16.23 PERMISOS, HA Y SDN

Al igual que con otros apartados del menú, los permisos el HA y la SDN, merecen por su complejidad un capítulo especial dedicado a ellos.

16.24 ACME

Para los que ya tenemos una edad, cuando vemos lo de ACME, nos recuerda al coyote y al correcaminos jajaja, pero no, en este caso ACME proviene de Automatic Certificate Management Environment, es decir un sistema para la gestión de certificados.

Normalmente cuando queremos instalar un certificado en un servicio web como puede ser la interfaz de administración de Proxmox, tenemos dos opciones:

▶ Adquirir un certificado wildcard que explico brevemente. Si tu dominio es *ejemplo.com* y quieres instalar el certificado en tus Promox, has de adquirir un wildcard, que validará todo lo que lleve *ejemplo.com*, es decir nodo1.ejemplo. com, nodo2.ejemplo.com, etc.

▶ La otra opción es usar un sistema que pueda generar certificados válidos como puede ser LetsEncrypt. Esta entidad que depende de la fundación Mozilla, de la Electronic Frontier Foundation y otros más que emite certificados válidos de forma gratuita, para ello, los nodos deben de tener conexión a Internet directa, es decir, deben ser accesibles desde Internet.

https://es.wikipedia.org/wiki/Let's_Encrypt

 Aquí cada uno debe de decidir, pero desde luego mi consejo es no tener los Proxmox en una red pública conectada a Internet, o si es estrictamente necesario, al menos configurar el firewall de tal forma que solo se pueda acceder a la administración de Proxmox desde determinadas IP. Esto al menos podrá mitigar que alguien acceda a tu Proxmox de forma indebida. La solución más conveniente es instalar una VPN y acceder al Proxmox desde la VPN y por añadidura, como he comentado, separar la red de Proxmox de la red de tus usuarios, ya que si alguno de sus equipos se ve comprometido, el atacante podría acceder a tu gestión de Proxmox, con lo que ello implica, ya que todas tus máquinas virtuales están ahí.

16.25 FIREWALL

Al hilo de lo que hemos hablado antes, la siguiente opción es el firewall. El firewall de Proxmox consiste por así decirlo en un firewall multinivel, puesto que hay Firewall a nivel de Datacenter, de nodo y de máquina virtual.

Esto que así parece un poco complejo, nos va a permitir mayor granularidad en las reglas de firewall de si las queremos aplicar a nivel de Datacenter, nodo o máquina virtual.

En la última versión de Proxmox VE (8.2) se cambia el cortafuegos antiguo, basado en iptables por una versión basada en nftables.

El cortafuegos también es complejo, por lo que es preferible explicarlo en profundidad en un capítulo.

 Proxmox VE usa muchos puertos de comunicación para la gestión de todas las tareas sobre todo en los clusters (corosync, ceph, almacenamiento, etc). Mi consejo es tratar de separar las redes mediante VLAN y no tocar demasiado el cortafuegos, ya que se puede bloquear la comunicación de estos procesos, provocando fallos en la sincronización. Por lo tanto recomiendo no usar el cortafuegos a no ser a nivel de máquina virtual (y a veces ni eso) ya que si es una máquina virtual conectada a la red pública es casi preferible establecer políticas específicas para cada máquina en función de los servicios dentro de la propia máquina.

16.26 SERVIDOR DE MÉTRICAS

Proxmox VE genera sus propias métricas, pero podemos agregar un servidor Graphite o InfluxDB para mostrar las métricas de Proxmox en un dashboard como Grafana por ejemplo.

La configuración de esto excede del alcance de este libro, pero en la imagen, podéis ver el ejemplo de la configuración para InfluxDB.

16.27 MAPEO DE RECURSOS

Como he comentado, hay una opción en Proxmox VE de hacer PassThru de dispositivos desde el nodo hacía la máquina virtual.

Desde esta opción en el Datacenter, podemos gestionar los dispositivos a nivel de Datacenter para poder definir el dispositivo/nodo y gestionarlo de forma global.

Podemos hacerlo con dispositivos PCI o con dispositivos USB.

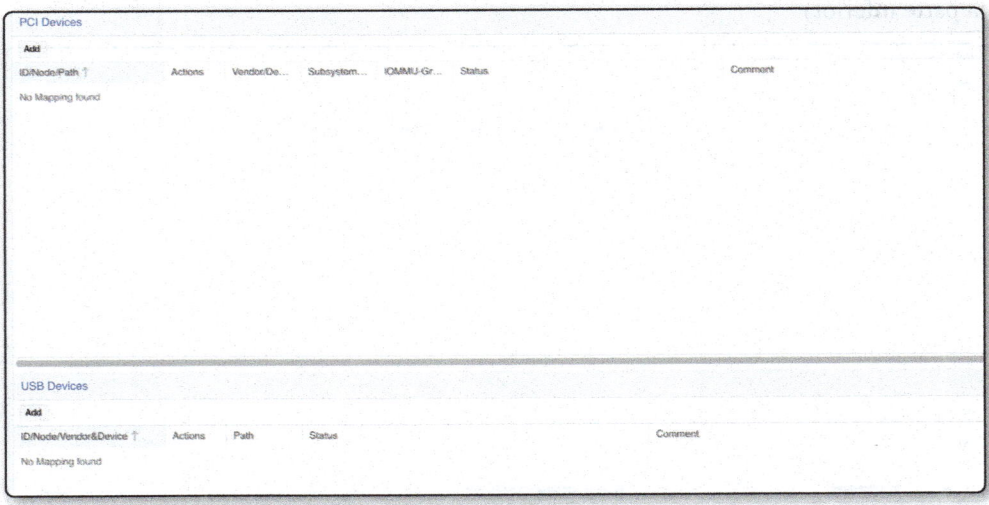

En la pantalla, podemos ver los dos grupos de dispositivos para poder mapear.

Si seleccionamos por ejemplo en dispositivos PCI y pulsamos en agregar un dispositivo PCI, nos aparecerán todos los dispositivos del nodo del hipervisor seleccionado.

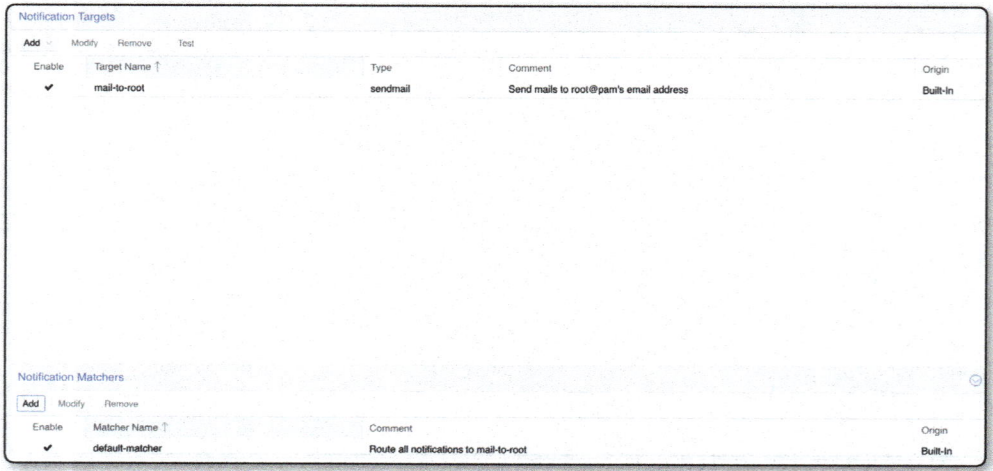

16.28 NOTIFICACIONES

En esta opción podemos definir, cuando, como y a quién se envían las notificaciones de los eventos de nuestra Datacenter.

En la pantalla puedes ver los destinos y una serie de reglas para las notificaciones (en la parte inferior).

16.29 SOPORTE

En esta opción está el estado del soporte de la suscripción a Proxmox (en caso de haber adquirido la correspondiente licencia por parte de Proxmox).

17

MENÚ DE OPCIONES - NODO

Al igual que comentábamos antes en el Datacenter, en cada nodo tenemos un menú de opciones que reflejan las características que se pueden parametrizar a nivel de los nodos de nuestro cluster o bien de un nodo independiente.

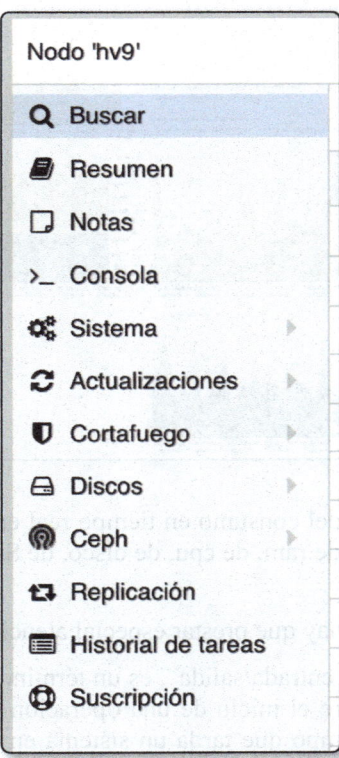

Como vemos en el menú tenemos un conjunto de opciones muy parecidas a las que tenemos en el Datacenter.

17.1 BUSCAR

Al igual que en el menú Datacenter, esta opción nos permite buscar, pero en este caso la búsqueda se restringe al ámbito del nodo que tengamos seleccionado.

Resumen.

Al igual que en Datacenter, nos muestra un resumen en este caso del nodo, con la salvedad de que la información que se muestra es la relativa al nodo con las características físicas del hardware, y con las gráficas de rendimiento del nodo en cuestión.

En la parte superior derecha, se puede modificar la visualización de las estadísticas para mostrar la media diaria, mensual o anual o bien los máximos en el mismo período. Tanto de CPU; carga del servidor, uso de memoria o tráfico de red.

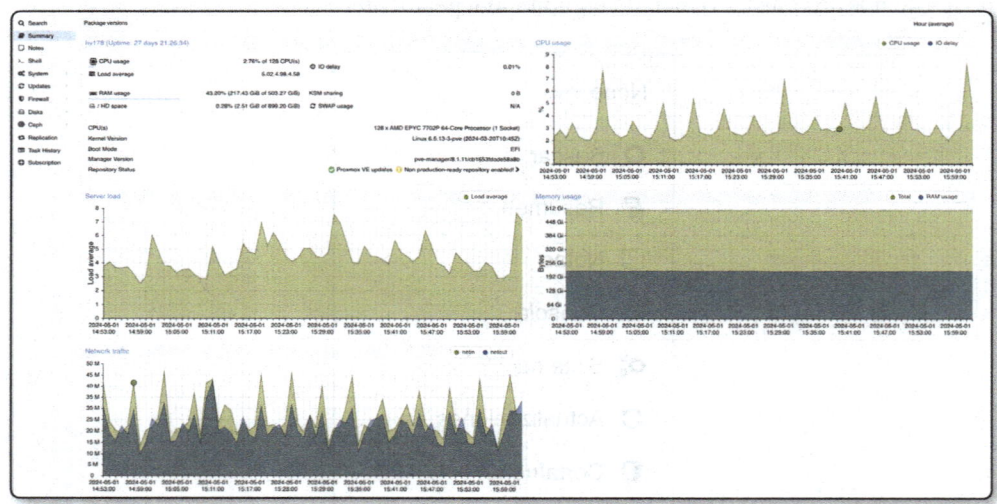

Nos muestra estadísticas del consumo en tiempo real en la parte superior izquierda, junto con el tamaño y el uso de ram, de cpu, de disco, de Swap, y el tipo de procesador, la versión de kernel, etc.

Hay un parámetro al que hay que prestar especial atención que se llama I/O delay.

El IO delay, o "retraso de entrada/salida", es un término que se utiliza para describir el tiempo que transcurre entre el inicio de una operación de entrada/salida (E/S) y su finalización. Se refiere al tiempo que tarda un sistema en completar una operación de lectura o escritura en un dispositivo de almacenamiento. Este valor debe ser lo más cercano a cero posible, puesto que tener un I/O delay alto implica que los invitados, sufrirán retrasos en las operaciones de lectura/escritura llevando al sistema al colapso si el valor es muy alto, ya que las máquinas virtuales se quedarán mucho tiempo esperando el fin de la operación de disco.

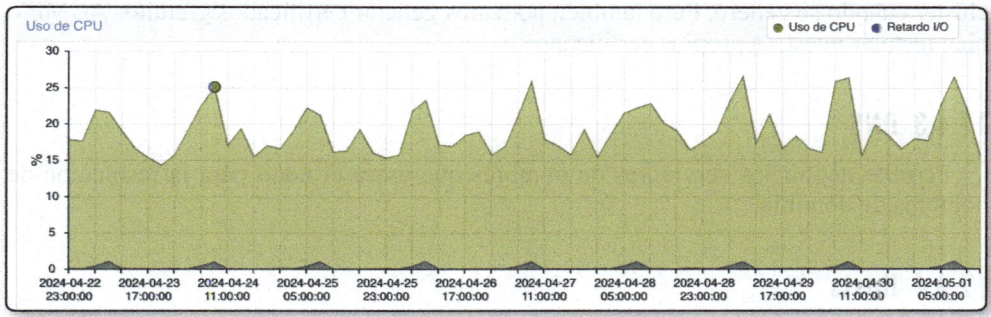

En la imagen se puede apreciar el I/O delay (Retardo de I/O) que aparece de vez en cuando, está en valores contenidos, pero si aumenta, tenemos problemas de rendimiento con el almacenamiento.

17.2 NOTAS

El funcionamiento es igual al de la opción Datacenter.

17.3 CONSOLA

Nos permite usar en la ventana derecha la consola Linux del nodo en cuestión.

17.4 SISTEMA

Dentro del menú de sistema encontraremos los servicios del sistema Linux, así como la opción de iniciar, parar o reiniciar los mismos. Además nos permite mostrar una ventana con el syslog.

Además hay varios submenús dentro del menú sistema.

17.4.1 Red

Que ya lo hemos tratado en la configuración de red.

17.4.2 Certificados

Gestiona los certificados para la gestión web del Proxmox VE, por defecto tendremos los certificados generados en el momento de la instalación, o los correspondientes al cluster cuando se generó. Pero también podemos generar certificados gratuitos ACME o bien instalar nuestros propios certificados.

17.4.3 DNS

Permite definir los servidores de nombres que usará el nodo para la resolución de nombres de dominio.

17.4.4 Hosts

Permite editar el fichero /etc/hosts desde la interfaz GUI a fin de añadir sistemas que no tienen resolución DNS o bien a los cuales queremos acceder por otra interfaz distinta de la interfaz conectada a la red pública (supongamos un servidor de PBS que se llama *copias.eduardotaboada.com* con su certificado válido y conectado a Internet, pero no queremos que las copias se hagan a través de su dirección IP de internet para mantener ese tráfico dentro de nuestra red, el servidor PBS tiene dos interfaces una en Internet y otra en nuestra red o VLAN de almacenamiento). Crearemos en el fichero hosts una entrada 10.200.10.35 pbs.eduardotaboada.com, de esa forma las copias de seguridad hacia ese PBS pasarán por la interfaz de nuestro Proxmox VE que tiene conexión directa con esa red, por ejemplo la 10.200.10.36.

17.4.5 Opciones

Aquí podemos configurar el retraso al inicio en cada arranque de VM por defecto, y la dirección Mac para ejecutar un Wake on LAN (arranque del nodo, si entra en reposo, a través de la red).

17.4.6 Horario

Define la zona horaria y la hora del servidor.

 Cambiar esto afectará al cluster y al Ceph, es muy importante la sincronización horaria, de lo contrario el cluster y/o el Ceph fallarán.

17.4.7 Registros del sistema

Muestra los registros de eventos del nodo.

17.5 ACTUALIZACIONES Y REPOSITORIOS

Este tema ya lo abordamos en la instalación del Proxmox VE y en la configuración de repositorios y actualizaciones del sistema.

17.6 CORTAFUEGOS

Al igual que en el Datacenter, lo explicaré en un capítulo aparte.

17.7 DISCOS

Esta opción nos permite gestionar los discos locales del nodo, tanto físicos como LVM o ZFS, y esto ya se explicó en la parte del almacenamiento local en el capítulo de almacenamiento.

17.8 CEPH

En esta parte del menú se gestiona el estado del Ceph en este nodo, aunque se puede obtener información del resto de nodos.

Al igual que en el apartado de Datacenter, tenemos los datos estadísticos, de rendimiento y de estado del Ceph, pero también tenemos la visualización de la configuración, la gestión de monitores y managers, la gestión de los OSD, el CephFS, los pools y el log.

17.9 REPLICACIÓN

Al igual que en la opción de Datacenter.

17.10 HISTORIAL DE TAREAS

Nos muestra el historial de tareas del nodo (arranque de máquinas, reset, backups, actualizaciones, etc).

17.11 SUSCRIPCIÓN

Permite gestionar la suscripción y agregar la clave de validación de esta cuando se adquiere.

18

MÁQUINAS VIRTUALES KVM

18.1 CONCEPTOS

QEMU (forma abreviada de Quick Emulator) es un hipervisor de código abierto que emula un ordenador físico. Desde la perspectiva del sistema host donde se ejecuta QEMU, QEMU es un programa de usuario que tiene acceso a una serie de recursos locales como particiones, archivos y tarjetas de red que luego se pasan al ordenador emulando que los ve como si fueran dispositivos reales.

Un sistema operativo invitado que se ejecuta en el ordenador emulado accede a estos dispositivos y se ejecuta como si estuviera ejecutándose en hardware real. Por ejemplo, puedes pasar una imagen ISO como parámetro a QEMU, y el sistema operativo que se ejecuta en ordenador emulado verá un CD-ROM real insertado en una unidad de CD.

QEMU puede emular una gran variedad de hardware desde ARM hasta Sparc, pero Proxmox VE sólo se ocupa de la emulación de ordenadores de 32 y 64 bits (x86 y x86-64), ya que representan la inmensa mayoría del hardware de servidor. La emulación de este tipo de procesadores también es una de las más rápidas debido a la disponibilidad de extensiones de procesador que aceleran enormemente QEMU cuando la arquitectura emulada es la misma que la arquitectura del host.

18.1.1 KVM y QEMU

A veces puedes encontrarte con el término KVM (máquina virtual basada en kernel). Significa que QEMU se ejecuta con el soporte de las extensiones del procesador de virtualización, a través del módulo KVM de Linux. En el contexto de Proxmox VE, QEMU y KVM se pueden usar indistintamente, ya que QEMU en Proxmox VE siempre intentará cargar el módulo KVM.

18.1.2 Emulación de dispositivos y paravirtualización

El hardware de PC emulado por QEMU incluye placa base, controladores de red, tarjetas de vídeo, controladores SCSI, IDE y SATA, puertos serie, etc.

Todos estos dispositivos son el equivalente exacto en software de los dispositivos de hardware existentes, y si el sistema operativo que se ejecuta en el invitado tiene los controladores adecuados, utilizará los dispositivos como si se estuvieran ejecutando en hardware real. Esto permite a QEMU ejecutar sistemas operativos sin necesidad de modificar nada en el proceso de instalación.

Sin embargo, esto tiene un impacto en el rendimiento, ya que ejecutar en software lo que debería ejecutarse en hardware implica un exceso de trabajo adicional para la CPU del host. Para mitigar esto, QEMU puede presentar al sistema operativo invitando dispositivos paravirtualizados, donde el sistema operativo invitado reconoce que se está ejecutando dentro de QEMU y aprovecha los recursos del hipervisor.

QEMU se basa en el estándar de virtualización virtio y, por tanto, es capaz de presentar dispositivos virtio paravirtualizados, que incluyen un controlador de disco genérico paravirtualizado, una tarjeta de red paravirtualizada, un puerto serie paravirtualizado, un controlador SCSI paravirtualizado, etc.

18.2 CREACIÓN Y CONFIGURACIÓN DE UNA MÁQUINA VIRTUAL

Antes de proceder a la creación de la máquina virtual, debemos de tener planificado ciertos aspectos, como por ejemplo:

- ► Sistema Operativo.
- ► Tipo de disco que vamos a usar (IDE,SATA, SCSI, Virtio).
- ► Tamaño de disco.
- ► RAM.
- ► Núcleos de CPU.
- ► Configuración de red.

A la hora de crear una máquina virtual con KVM, iremos a nuestro nodo en el caso de una instalación individual, o a un nodo de nuestro cluster, y podemos crear la máquina virtual bien pulsando botón derecho sobre el nombre del nodo, o bien mediante un botón que se encuentra en la parte superior derecha de la GUI.

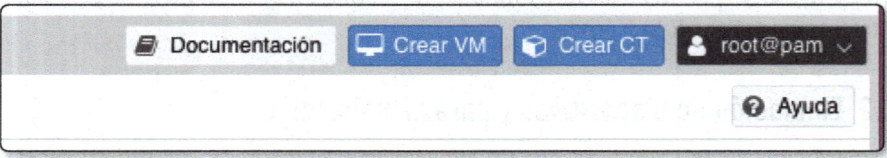

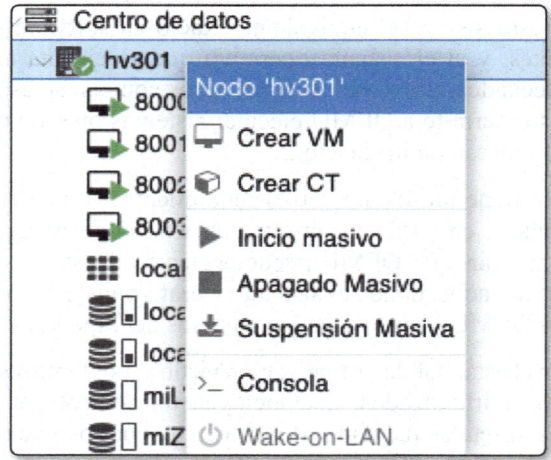

Menú de creación de VM en el menú de la GUI.

Menú de creación a través del botón derecho desde el nodo.

18.2.1 Ajustes de una máquina virtual

Una vez que hemos pulsado en la opción de crear una máquina virtual, nos aparecerá una ventana en la que seguiremos paso a paso todo el proceso para crear la máquina virtual.

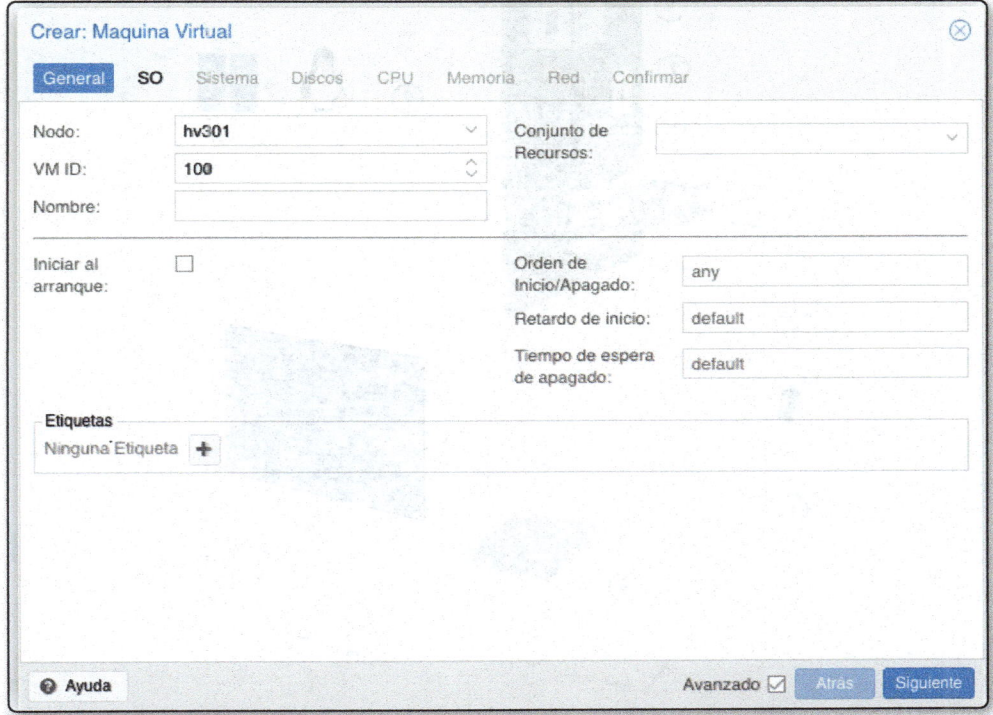

18.2.2 Analogías

Como vemos en la imagen anterior, tenemos una pantalla de creación de máquina virtual y en esta pantalla vemos varias opciones:

- ▶ General.
- ▶ SO (sistema operativo).
- ▶ Sistema.
- ▶ Discos.
- ▶ CPU.
- ▶ Memoria.
- ▶ Red.

Para hacerlo más claro, y para todos los que no estáis familiarizados con la virtualización, voy a utilizar analogías entre la VM y la máquina física, para ello, voy a partir de una máquina física convencional en la que he numerado los elementos de la máquina física y su relación con las diferentes opciones que podremos configurar en la máquina virtual.

De esta forma será más fácil interpretar lo que significa cada opción y a partir de ello, que las opciones que podemos configurar tengan más sentido.

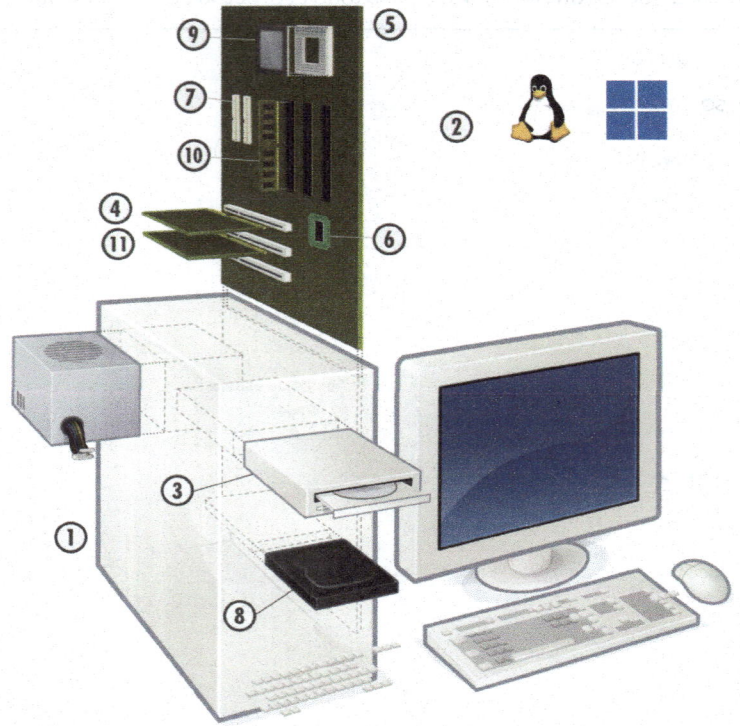

18.2.3 Opciones generales de la VM

Esto corresponde con el número 1 de nuestro dibujo de la máquina física, es decir lo que es el sistema.

En la pantalla de creación de máquina, vemos las opciones generales de la VM, básicamente son:

El nodo en el que queremos crear la VM, no importa en el caso de un cluster, en que nodo hayamos seleccionado la creación de la VM, en este cuadro, podremos seleccionar el nodo en el que aprovisionará la máquina.

El VMID, como he comentado en varias ocasiones es el identificador de la VM, y tiene que ser único en el cluster o en nuestro nodo si es una instalación de nodo único.

Nombre es el nombre de la máquina, tiene que estar compuesto de números y letras con los caracteres (. Y -) el resto de caracteres no está admitido.

El conjunto de recursos es la opción para asignar esa máquina a un conjunto de recursos (pool) determinado.

Entre las opciones que luego podremos ir configurando están al igual que en otros hipervisores como VMware, si la máquina arranca al arrancar el hipervisor es decir cuando nuestro nodo de Proxmox VE arranque, la máquina se iniciará, y para ajustar esto tenemos el orden de inicio de esta máquina con respecto al resto de las máquinas del nodo, el retardo de inicio desde que recibe la orden de arrancar y el tiempo de espera de apagado.

18.2.4 Elección del sistema operativo

Corresponde con el número 2 de nuestro dibujo, que muestra dos de las opciones más populares, Linux y Windows.

A continuación seleccionaremos el tipo de sistema operativo. Al crear una máquina virtual (VM), configurar el sistema operativo (SO) adecuado permite a Proxmox VE optimizar algunos parámetros de bajo nivel. Por ejemplo, el sistema operativo Windows espera que el reloj del BIOS use la hora local, mientras que el sistema operativo basado en Unix espera que el reloj del BIOS tenga la hora UTC.

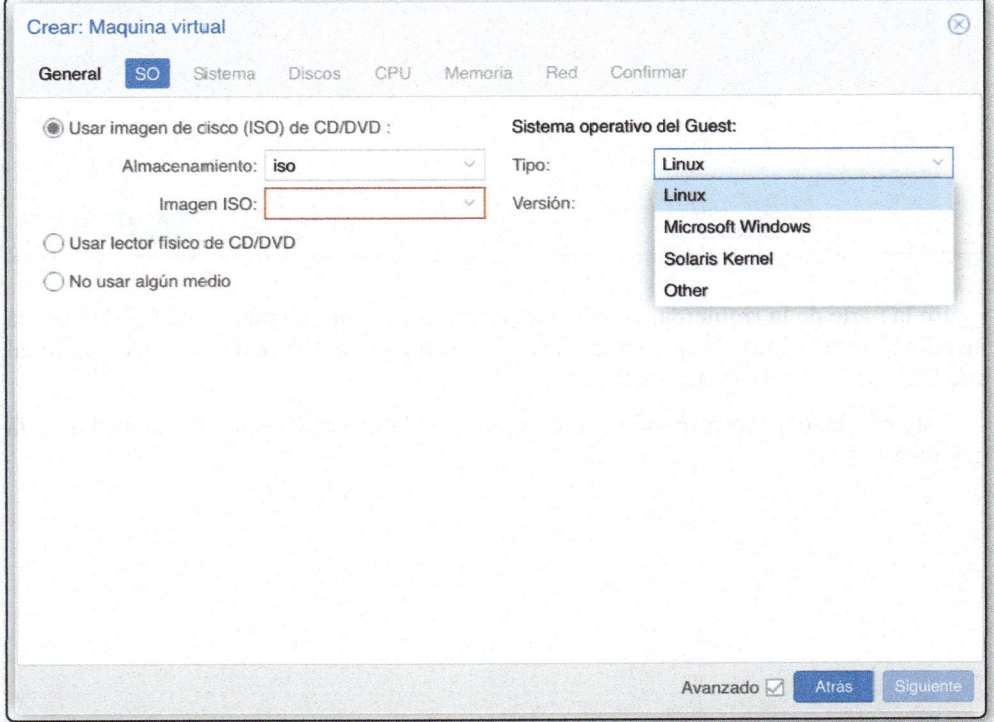

Vemos que en opciones de Sistema Operativo, tenemos Linux, Windows, Solaris u otros.

Además podemos elegir la versión, para que los parámetros se ajusten lo más posible a la versión del sistema operativo invitado.

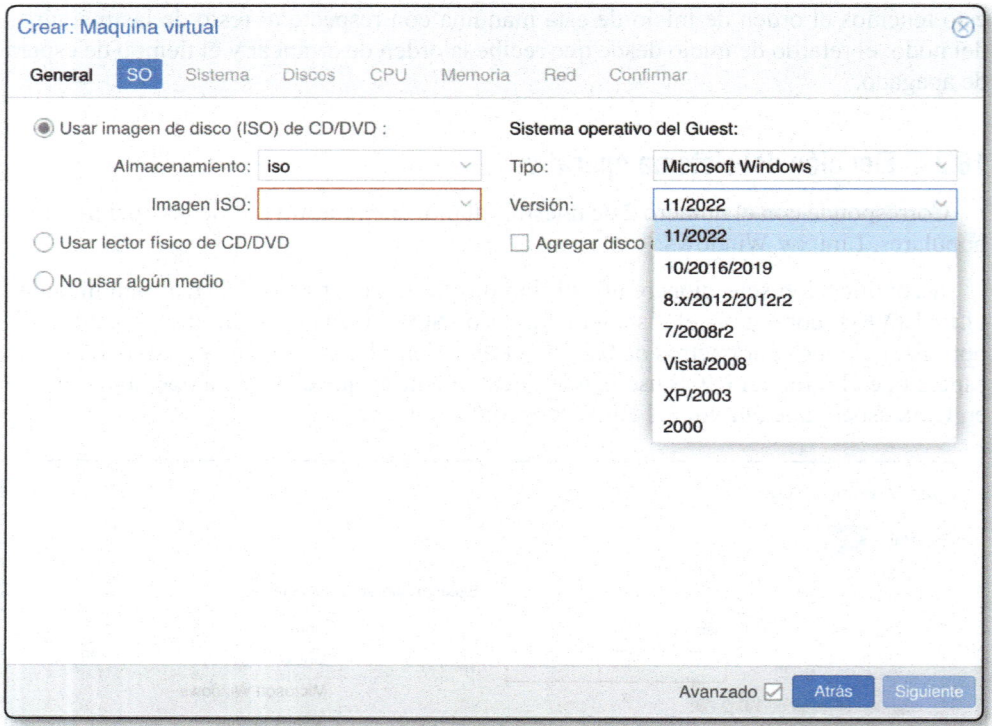

En la parte de la izquierda, vemos que podemos asociar una unidad de CD/DVD a la máquina virtual, desde la que se realizará la instalación del sistema operativo, al igual que hacemos con un ordenador físico.

Este apartado se corresponde con el número 3 de nuestro dibujo del esquema de la máquina física.

⦿ Usar imagen de disco (ISO) de CD/DVD :   **Sistema operativo del Guest:**

            Almacenamiento: | iso   ⌄ | Tipo: **Microsoft Windo**

               Imagen ISO: | ⌄ | Versión: **11/2022**

◯ Usar lector físico de CD/[Nombre

◯ No usar algún medio

SW-18.0.1_MR-1-Build396-396.iso

SW_DVD9_NTRL_Windows_Svrs_2012_R2_Spanish_2_FPP_C

SW_DVD9_NTRL_Windows_Svrs_2016_Spanish_2_Std_DC_FF

SW_DVD9_Win_Server_STD_CORE_2019_64Bit_Spanish_DC_

TrueNAS-SCALE-22.12.1.iso

TrueNAS-SCALE-22.12.4.iso

ubuntu-16.04.3-server-amd64.iso

ubuntu-16.04.4-desktop-amd64.iso

ubuntu-18.04.2-live-server-amd64.iso

Ubuntu_Server_22.04.3_LTS.iso

virtio-win-0-1-141-iso

Como puedes ver, en la parte de la derecha abajo, hay una opción de agregar los drivers vertió cuando seleccionamos un sistema operativo Windows.

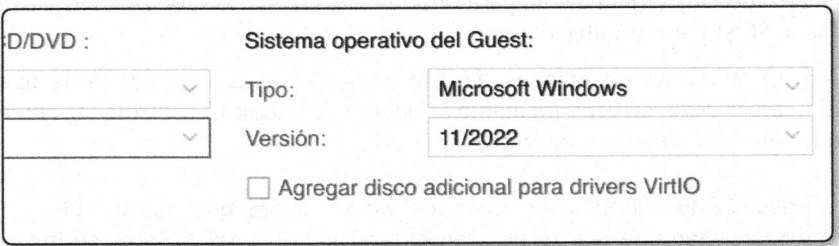

Esto nos va a añadir un CD/DVD adicional con los drivers virtio, que podremos seleccionar de nuestra carpeta de imágenes ISO.

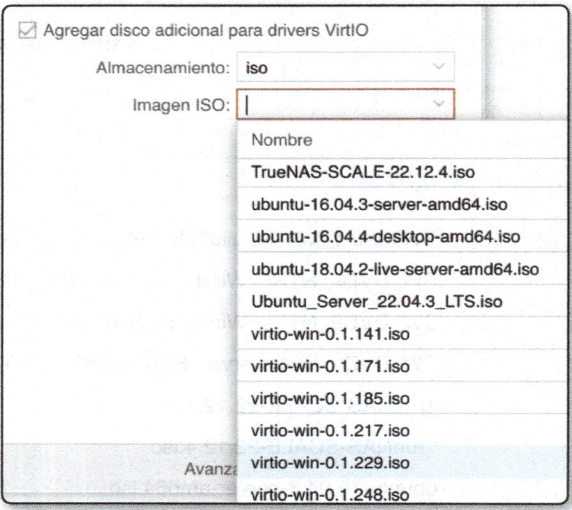

Aunque esto no lo he numerado en la máquina física, sería como poner un segundo número 3, es decir un segundo CD/DVD a la máquina.

18.2.5 Drivers virtio

QEMU se basa en el estándar de virtualización virtio y, por tanto, es capaz de presentar dispositivos virtio paravirtualizados, que incluyen un controlador de disco genérico paravirtualizado, una tarjeta de red paravirtualizada, un puerto serie paravirtualizado, un controlador SCSI paravirtualizado, etc.

Microsoft Windows no dispone de este conjunto de drivers de forma nativa, es necesario cargar estos drivers, mediante la opción de cargar el controlador adicional al llegar a la selección del disco de Windows.

 Recomiendo utilizar los dispositivos virtio siempre que sea posible, ya que proporcionan una gran mejora en el rendimiento y, en general, se mantienen mejor. El uso del controlador de disco genérico virtio frente a un controlador IDE emulado duplicará el rendimiento de escritura secuencial, del mismo modo el interfaz virtio de red, tiene el triple de rendimiento que un controlador de Intel E1000.

18.2.6 Sistema

La siguiente pantalla, nos mostrará la elección de la emulación de hardware del sistema base de nuestra máquina virtual, para seguir la analogía, esto será el hardware de la placa principal.

En nuestro dibujo, esto se corresponde con los números 4,5,6 y 7, que representan la tarjeta de vídeo, la placa principal (chipset), la BIOS, y por último la controladora de disco respectivamente.

Podremos escoger el "chipset", la tarjeta gráfica, la controladora de disco, si vamos a usar BIOS o UEFI, y si queremos añadir el módulo de plataforma de confianza o TPM (Trusted Platform Module) por sus siglas en inglés, que en el caso de algunos sistemas operativos es indispensable para su instalación.

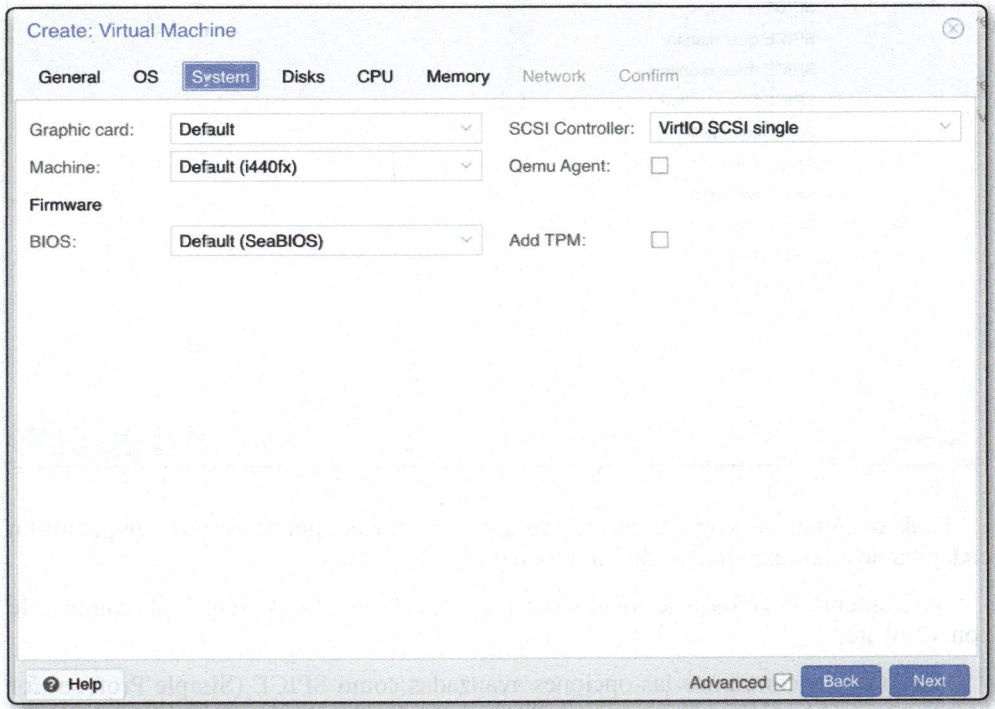

Vamos a ver las opciones que tenemos, que son muy variadas como puedes imaginar.

18.2.7 Tarjeta de vídeo

Siguiendo el orden que he usado para la numeración, comenzamos con la opción 4 de nuestra imagen de analogía de máquina física a virtual que es el tipo de tarjeta de vídeo (Graphic card), que dispone de una multitud de opciones.

Estas opciones las voy a tratar de explicar brevemente, porque si nos detenemos en cada una de ellas, esto puede dar para todo un libro.

Básicamente tenemos la de por defecto que es igual a una VGA estándar, la compatible con VMware.

Luego nos encontramos las opciones avanzadas como SPICE (Simple Protocol for Independent Computing Environments) es una solución de computación remota de código abierto diseñada especialmente para entornos virtuales. Permite a los usuarios visualizar un entorno de escritorio virtual, similar a lo que experimentarían con un equipo físico, pero ejecutado de forma remota en un servidor.

La integración de SPICE en Proxmox VE ofrece una solución para interactuar con dispositivos de escritorio virtualizados, como teclado, ratón, audio y video. Esto significa que los usuarios pueden acceder y utilizar máquinas virtuales que ejecutan sistemas operativos completos, como Windows o Linux, desde cualquier lugar, siempre que tengan acceso a la red.

La interacción entre el front-end (la interfaz de usuario que el usuario ve y utiliza) y el back-end (los sistemas y servidores que ejecutan las máquinas virtuales) se realiza utilizando Interfaces de Dispositivos Virtuales (VDI, por sus siglas en inglés). Estas interfaces permiten la comunicación eficiente y la transmisión de datos entre el cliente remoto y el servidor que aloja las máquinas virtuales.

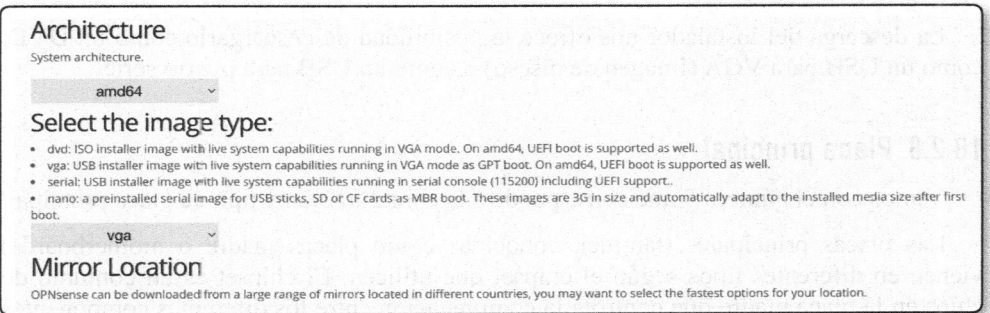

Para usar SPICE necesitamos dos cosas, los drivers de SPICE dentro de la máquina virtual (Virtio, y los drivers QXL de la tarjeta gráfica) y en el equipo de la parte cliente, necesitas instalar una aplicación a efectos de aprovechar la versatilidad de SPICE.

▸ Windows: virt-viewer 0.5.6 o superior, http://www.spice-space.org/download.html

▸ Linux: virt-viewer 0.5.6 o superior.

▸ OS X (aún no funciona como se esperaba): virt-viewer 0.5.7 o superior, *https://www.spice-space.org/osx-client.html* y no es algo que se instale de forma sencilla.

Android (aSPICE).

Un cliente web basado en HTML5.

En la página de descargas de SPICE, vemos los clientes disponibles, así como el estado de madurez de cada uno.

https://www.spice-space.org/download.html

Además de eso, tenemos la tarjeta gráfica Virtio-GPU, esta emulación de QEMU proporciona un backend de usuario vhost que ejecuta la pila de gráficos en un proceso separado para mejorar el aislamiento y el rendimiento.

La siguiente tarjeta es la VIR-GL, que utiliza es estándar de MESA3D, VirGL es una GPU 3D virtual para usar dentro de máquinas virtuales QEMU, que permite al sistema operativo invitado utilizar las capacidades de la GPU host para acelerar la renderización 3D. El objetivo es tener una GPU invitada que sea totalmente independiente de la GPU anfitriona.

Los puertos serie, tienen como principal uso la obtención de la salida de pantalla por el puerto serie, que se usa en los casos de emulación de equipos de comunicaciones como routers virtualizados, firewalls virtualizados, etc.

Por poner un ejemplo, si descargamos la imagen de instalación de un OPNSense que es un firewall Open Source, veremos que a la hora de descargar nos ofrece las siguientes opciones.

La descarga del instalador nos ofrece la posibilidad de descargarlo como un DVD, como un USB para VGA (Imagen de discso) o como un USB para puerto serie.

18.2.8 Placa principal

Vamos con el número 5 que corresponde a la configuración y tipo de placa principal.

Las placas principales (también conocidas como placas madre o motherboards) vienen en diferentes tipos según el chipset que utilicen. El chipset es un conjunto de chips en la placa madre que controla la comunicación entre los diferentes componentes del sistema.

El tipo de máquina de una VM define el diseño de hardware de la placa base virtual de la VM. Puedes elegir entre el chipset Intel 440FX predeterminado o el Q35, que también proporciona un bus PCIe virtual y, por lo tanto, puede ser necesario si deseas pasar a través de hardware PCIe.(pass-through).

Cada tipo de máquina tiene una versión en QEMU y un binario QEMU determinado admite muchas versiones de máquina. Las nuevas versiones pueden brindar soporte para nuevas funciones, correcciones o mejoras generales. Sin embargo, también cambian las propiedades del hardware virtual. Para evitar cambios repentinos desde la perspectiva del huésped y garantizar la compatibilidad del estado de la VM, la migración en vivo y las instantáneas con RAM seguirán usando la misma versión de la máquina en la nueva instancia de QEMU.

Para los invitados de Windows, la versión de la máquina se fija durante la creación, porque Windows es sensible a los cambios en el hardware virtual, incluso entre arranques en frío. Por ejemplo, la enumeración de dispositivos de red puede ser diferente según las distintas versiones de la máquina. Otros sistemas operativos como Linux generalmente pueden manejar estos cambios sin problemas. Para ellos, la última versión de la máquina se utiliza de forma predeterminada. Esto significa que después de un nuevo arranque, se utiliza la versión de máquina más reciente compatible con el binario QEMU (por ejemplo, la versión de máquina más nueva compatible con QEMU 8.1 es la versión 8.1 para cada tipo de máquina).

 Recuerdo una actualización de Proxmox que cambiaba las características de la tarjeta de red, provocando que los invitados detectaran la tarjeta como una nueva interfaz de red, lo que provocó muchos problemas, sobre todo en invitados Windows, que de repente reconocieron la nueva red, y pasaron de tener su IP asignada a tener una nueva tarjeta con la configuración por defecto (DHCP) que en el mejor de los casos si había un servidor DHCP en la red tendrían conexión (aunque con otra IP) y en otros casos, estaban desconectadas. FUE UNA GRAN FIESTA EN MUCHOS SITIOS.

Al igual que ocurre con otros entornos de virtualización como VMware, las versiones de máquinas muy antiguas pueden quedar obsoletas en QEMU. Por ejemplo, este es el caso de las versiones 1.4 a 1.7 para el tipo de máquina i440fx.

Es muy posible que en algún momento se elimine el soporte para estas versiones de máquina. Si ves una advertencia de obsolescencia, debes cambiar la versión de la máquina por una más nueva.

Primero asegúrate de tener una copia de seguridad que funcione y estate preparado para cambios en la forma en que el invitado ve el hardware.

En algunos escenarios, es posible que sea necesario reinstalar ciertos controladores.

 También debes verificar si hay snapshots con RAM que se hicieron con estas versiones de máquina (es decir, la entrada de configuración de la máquina en ejecución). Desafortunadamente, no hay forma de cambiar la versión de la máquina de una instantánea, por lo que deberás de consolidar los snapshots.

18.2.9 BIOS

Esta opción que en nuestro esquema viene con el número 6, nos permite seleccionar el tipo de BIOS de la máquina virtual.

La BIOS (Basic Input/Output System) es un conjunto de software integrado en la placa base de una orderador. Su función principal es inicializar y configurar los componentes de hardware esenciales del sistema durante el proceso de arranque, antes de cargar el sistema operativo.

En las nuevas versiones de ordenadores y servidores, la BIOS ha sido reemplazada en muchos casos por el UEFI (Unified Extensible Firmware Interface), que es una interfaz más avanzada y flexible para el inicio y la gestión del hardware del sistema.

Proxmox VE permite iniciar máquinas virtuales con diferentes firmwares y tipos de máquinas, concretamente SeaBIOS y OVMF. En la mayoría de los casos, debes cambiar del SeaBIOS predeterminado a OVMF solo si deseas utilizar el paso a través de PCIe (pass-through).

18.2.10 Controladora de disco

La he numerado con el número 7 en el esquema, y aunque en la imagen vemos los dos obsoletos interfaces IDE, vamos a ver que en la configuración de nuestra máquina virtual podremos además de la anciana interfaz IDE, usar SATA, SCSI, etc.

QEMU soporta la emulación de varios tipos de controladoras de disco.

Te recomiendo siempre que puedas utilizar el controlador VirtIO SCSI o VirtIO Block por motivos de rendimiento y porque son los que disponen de las últimas actualizaciones.

El controlador IDE (Integrated Drive Electronics), también conocido como controlador ATA (Advanced Technology Attachment), como puedes suponer es el más compatible ya que tiene un diseño que se remonta al controlador de disco PC/AT de 1984. Antes de su introducción, los discos duros y las unidades de disco se conectaban a través de controladores de disco separados, lo que requería una configuración más compleja y ocupaba más espacio en la placa base. Incluso si este controlador ha sido reemplazado por diseños recientes, todos y cada uno de los sistemas operativos que puedas imaginar son compatibles con él, lo que lo convierte en una excelente opción si deseas ejecutar un sistema operativo lanzado antes de 2003. Puedes conectar hasta 4 dispositivos en este controlador.

El controlador SATA (Serial ATA), que data de 2003, a diferencia del controlador IDE, que utiliza una interfaz paralela, SATA utiliza una interfaz serie. Esto significa que los datos se transmiten de forma secuencial a través de un solo cable, lo que reduce la interferencia y simplifica el diseño del cableado. Tiene un diseño más moderno, lo que permite un mayor rendimiento y la conexión de un mayor número de dispositivos. Puede conectar hasta 6 dispositivos en este controlador. Es el controlador recomendado por la relación prestaciones/compatibilidad cuando migramos máquinas desde máquinas físicas o de otros entornos de virtualización hasta que tengamos instalados los drivers virtio en la máquina virtual.

El controlador SCSI (Small Computer System Interface) es un estándar de interfaz de comunicación diseñado para conectar dispositivos periféricos de alta velocidad, diseñado en 1985, se encuentra comúnmente en hardware de nivel de servidor y puede conectar hasta 14 dispositivos de almacenamiento (e incluso escáneres e impresoras). Proxmox VE emula por defecto un controlador LSI 53C895A, es un controlador que se puede usar normalmente cuando migramos una máquina desde VMware, ya que es uno de los controladores habituales en las máquinas virtuales de VMware.

Si buscas rendimiento, te recomiendo usar el tipo de controlador SCSI VirtIO SCSI único y habilitar la configuración IO Thread para los discos conectados. Este es el valor predeterminado para las máquinas virtuales Linux recién creadas desde Proxmox VE 7.3. Cada disco tendrá su propio controlador VirtIO SCSI y QEMU manejará las E/S de los discos en un subproceso dedicado. Debido a esta funcionalidad el rendimiento es muy alto.

Las distribuciones de Linux admiten este controlador desde 2012 y FreeBSD desde 2014. Para los sistemas operativos Windows, como hemos comentado debes de decirle en la instalación que debe de cargar controladores adicionales y proporcionar la ISO de virtio adicional que contiene los controladores durante la instalación del sistema operativo.

El controlador VirtIO Block, a menudo llamado simplemente VirtIO o virtio-blk, es un tipo más antiguo de controlador paravirtualizado. Ha sido reemplazado por el controlador VirtIO SCSI, en términos de características y prestaciones.

18.2.11 Formatos de las imágenes de disco

En el número 8 de la imagen, puedes ver un disco duro, siguiendo con la analogía, en una máquina virtual el disco duro es un objeto o un archivo almacenado en el disco duro del hipervisor.

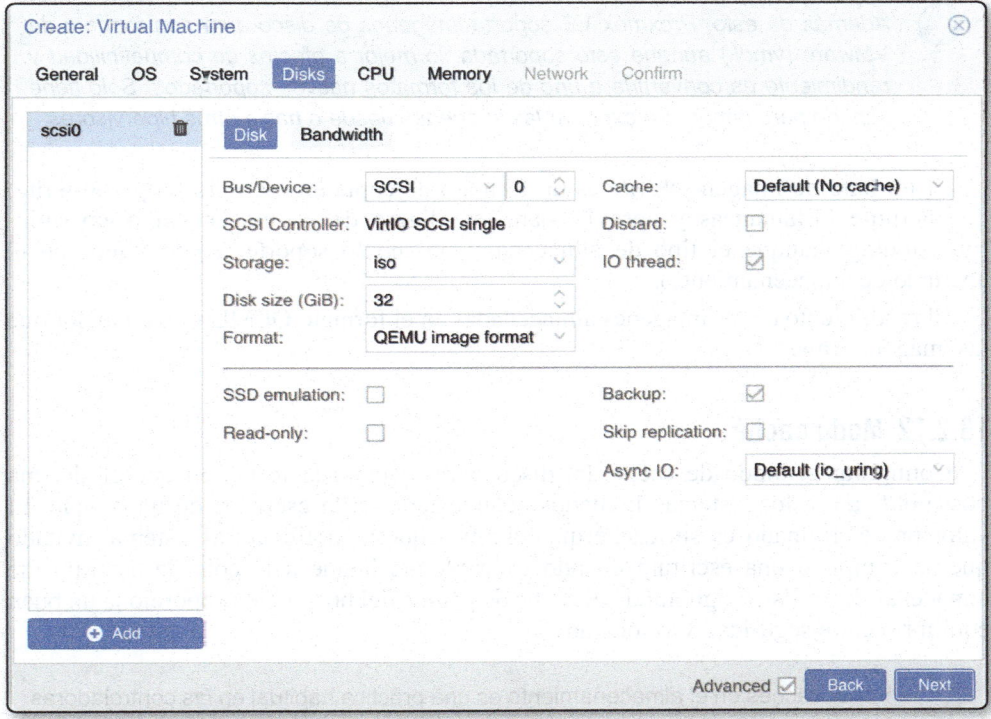

Hasta ahora hemos hablado de imágenes en disco, pero ¿qué es exactamente una imagen de disco?

Pues imagina tu disco duro físico, si copiamos bit a bit cada uno de los datos del disco duro en un archivo, esto es una imagen de disco.

Para los que no lo habéis usado nuca, eso es exactamente lo que hace el comando **dd** de Linux.

Esto es el equivalente en nuestro almacenamiento a lo que vamos a llamar imagen de disco sin formato (raw) que es básicamente según la traducción literal del inglés el formato "crudo".

Este formato no admite thin-provisioning ni snapshots (instantáneas) per se, por lo que para estas tareas debe de estar soportado por el tipo de almacenamiento que usemos.

En cada controlador se conecta una cantidad de discos duros emulados, que están respaldados por un archivo o un dispositivo de bloque que reside en alguno de los tipos de almacenamiento que hemos configurado como vimos en el apartado de almacenamiento.

La elección de un tipo de almacenamiento determinará el formato de la imagen del disco duro. Los almacenamientos que presentan dispositivos de bloque (LVM, ZFS, Ceph) requerirán el formato de imagen de disco sin formato (RAW), mientras que los almacenamientos basados en archivos (Ext4, NFS, CIFS, GlusterFS) te permitirán elegir el formato de imagen de disco sin formato o el formato de imagen QEMU (qcow2).

 Además de esto, Proxmox VE soporta imágenes de disco duro con formato de VMware (vmdk) aunque esté soportada, lo mejor a efectos de compatibilidad y rendimiento es convertirla a uno de los formatos nativos soportados. Solo tiene sentido para importar o exportar las imágenes desde o hacia otros hipervisores.

El formato de imagen QEMU es un formato de copia en escritura (copy-on-write) que permite instantáneas y aprovisionamiento ligero de la imagen del disco (thin-provisioning) aunque el tipo de almacenamiento no lo soporte (como vimos en el apartado de almacenamiento).

El rendimiento de las imágenes almacenadas en el formato QEMU es algo mejor que las imágenes raw.

18.2.12 Modo caché

Configurar el modo de caché del disco duro afectará la forma en que el sistema host notificará a los sistemas invitados cuando termina la escritura de un bloque. El valor predeterminado es sin caché que significa que se notificará al sistema invitado que se completó una escritura cuando cada bloque llegue a la cola de escritura de almacenamiento físico, ignorando el caché de página del host. Esto proporciona un buen equilibrio entre seguridad y velocidad.

 Poner cachés en el almacenamiento es una práctica habitual en las controladoras basadas en hardware, sin embargo, siempre suelen estar respaldadas por una batería que garantiza que las operaciones de escritura se completan en caso de un fallo de alimentación. Usar este tipo de mecanismos de caché sin disponer de la funcionalidad de la batería de backup (BBU) es una práctica muy arriesgada que puede derivar en una pérdida de información o corrupción del almacenamiento de la máquina virtual en caso de un fallo de alimentación eléctrica.

18.2.13 Copias de seguridad

Si deseas que el administrador de copias de seguridad de Proxmox VE omita un disco al realizar una copia de seguridad de una máquina virtual, puedes configurar la opción Sin copia de seguridad en ese disco.

Usar la opción de no realizar copias de seguridad de determinados discos, es peligrosa en cuanto si no tenemos copia del disco y la máquina virtual o el almacenamiento fallan, o bien un ransomware o un usuario "poco cuidadoso" borra información. No tenemos forma de recuperarla.

18.2.14 Omitir replicación

La opción de replicación merece un capítulo por si sola, pero esta opción en el caso de determinados almacenamientos como Ceph no es necesario hacerla, y además no soporta todos los tipos de almacenamiento.

18.2.15 Emulación de SSD

Sólo tiene sentido en el caso de usar discos mecánicos y decirle a nuestra máquina virtual que realmente los discos son SSD. Como he comentado, dado el precio de los discos SSD, usa discos SSD en la medida de lo posible si no quieres cuellos de botella.

La emulación SSD no está disponible con los discos que usan Virtio Block.

18.2.16 Selección de CPU

Vamos con el apartado 9 de nuestro dibujo, que representa la CPU de nuestra máquina.

Create: Virtual Machine						⊗
General	OS	System	Disks	**CPU**	Memory	Network Confirm

Sockets:	1	Type:	x86-64-v2-AES
Cores:	1	Total cores:	1

VCPUs:	1	CPU units:	100
CPU limit:	unlimited	Enable NUMA:	☐
CPU Affinity:	All Cores		

Extra CPU Flags:

Default	- ⦿ +	md-clear	Required to let the guest OS know if MDS is mitigated correctly
Default	- ⦿ +	pcid	Meltdown fix cost reduction on Westmere, Sandy-, and IvyBridge Intel CPUs
Default	- ⦿ +	spec-ctrl	Allows improved Spectre mitigation with Intel CPUs
Default	- ⦿ +	ssbd	Protection for "Speculative Store Bypass" for Intel models
Default	- ⦿ +	ibpb	Allows improved Spectre mitigation with AMD CPUs
Default	- ⦿ +	virt-ssbd	Basis for "Speculative Store Bypass" protection for AMD models

❷ Help		Advanced ☑	Back	Next

En la CPU hay también múltiples opciones y ajustes.

Lo primero que vemos es la selección del número de sockets y de cores. Si no sabéis lo que es esto, os refresco la memoria.

En los servidores existe la posibilidad de usar 2 o más CPU físicas en la misma placa, a cada uno de los zócalos (sockets) en los que se puede instalar una CPU como es lógico se le denomina socket.

18.2.17 Ventajas de tener equipos con varios sockets físicos

Mayor capacidad de procesamiento: al tener múltiples procesadores trabajando juntos, el sistema puede manejar una mayor cantidad de trabajo simultáneo. Cada procesador puede ejecutar tareas de manera independiente, lo que puede resultar en un rendimiento general del sistema significativamente mejorado, especialmente en cargas de trabajo intensivas en CPU.

Redundancia y tolerancia a fallos: en algunas configuraciones, especialmente en servidores, tener múltiples procesadores puede proporcionar redundancia y tolerancia a fallos. Si un procesador falla, el sistema puede continuar funcionando, utilizando los otros procesadores disponibles, siempre y cuando el fallo de uno de los procesadores no deje la máquina "colgada" o bien que no arranque, esto dependerá de como lo gestione el hardware y el sistema de control del servidor.

Paralelismo a nivel de CPU: al distribuir las tareas entre múltiples procesadores, se puede aprovechar el paralelismo a nivel de CPU para acelerar la ejecución de programas que pueden dividirse en subprocesos independientes.

Como vemos tenemos muchas ventajas, pero entonces ¿podemos poner en la configuración de nuestra máquina varios sockets, independientemente de los que tenga el hardware?

La pregunta es recurrente y como experiencia os puedo decir que debemos de tratar de alinear el número de sockets de nuestra máquina virtual a los que tiene físicamente el hardware.

18.2.18 NUMA

Además de esto debemos tener en cuenta la gestión de NUMA (Non-Uniform Memory Access) que básicamente es una arquitectura de memoria utilizada en sistemas multiprocesador donde cada procesador tiene acceso a su propia memoria local, así como a la memoria compartida entre todos los procesadores. La principal característica de NUMA es que el acceso a la memoria no es uniforme en términos de tiempo de acceso.

Es decir cada procesador tiene "su" memoria asignada en su banco de memoria RAM, pero también puede acceder a la memoria de los "otros".

La arquitectura NUMA se diseñó para abordar algunos de los desafíos de escalabilidad en sistemas multiprocesador. Al permitir que cada procesador acceda a una porción de la memoria de forma más rápida y eficiente, NUMA puede mejorar el rendimiento en cargas de trabajo que involucran acceso frecuente a la memoria, especialmente en sistemas con un gran número de procesadores.

Sin embargo, el diseño NUMA también puede introducir cierta complejidad en la gestión de la memoria y la asignación de recursos, ya que los sistemas operativos deben ser conscientes de la topología NUMA y optimizar la asignación de memoria y tareas para minimizar el impacto de la latencia de acceso a la memoria remota.

Resumiendo, si ponemos muchos sockets (más de los que tiene el hardware) el NUMA puede provocar retardos al intentar acceder a la memoria que no es la del propio procesador, resultando en accesos a memorias más lentos.

 Como consejo, intenta siempre alinear los sockets de la máquina virtual con los disponibles en la máquina física para evitar retardos en el acceso a memoria.

18.2.19 Cores

El número de cores, también influye en el rendimiento de la máquina virtual, en Proxmox VE, si tenemos un servidor con 2 sockets de 10 núcleos físicos, nos lo mostrará como un sistema con 40 cores, esto es debido a una técnica que usan desde hace años los procesadores que se llama "hiperthreading" y que es una tecnología desarrollada por Intel que permite que un core físico del procesador simule dos "cores lógicos" o "hilos". Estos hilos adicionales comparten recursos físicos del core, como la unidad de ejecución y la caché, pero permiten que el sistema operativo vea y utilice dos núcleos lógicos separados. Con el hiperthreading, un core puede manejar múltiples tareas de manera más eficiente al permitir que se ejecuten dos hilos de instrucciones simultáneamente en lugar de uno solo.

En la práctica, la relación suele ser de 1,5, no de 2 como marca la teoría, es decir en nuestro ejemplo anterior, si tenemos 20 cores físicos, a efectos de rendimiento serán unos 30.

18.2.20 Tipo de CPU

En la parte derecha de la ventana, puedes seleccionar el tipo de CPU entre una multitud de emulaciones.

Como se puede apreciar hay multitud de emulaciones de CPU en la pantalla se muestra una mínima parte de las mismas, como vemos hay emulación de varios modelos de AMD con sus familias respectivas (EPYC-Milan, EPYC-ROME, EPYC-GENOA, Opteron en varios modelos, etc) en la siguiente pantalla podemos ver también varios modelos de Intel, con su familia correspondiente (Broadwell, Cascadelake, Conroe, Copperlake, Core 2 Duo, Haswell, hasta Pentium2 —si, Pentium2 —) Esto permite alinear la CPU con una máquina virtual a efectos de compatibilidad con equipos antiguos.

Por otro lado luego tenemos emulaciones de KVM64, KMV32, qemu, etc, que usan la emulación nativa de QEMU para la CPU.

Por otro lado tenemos la posibilidad de usar un modelo de CPU llamado host que permite que el equipo invitado pueda acceder directamente a la CPU de nuestro hipervisor, con lo que a nivel de máquina virtual, si nuestro servidor tiene procesadores Intel® Xeon® Platinum 8562Y, y creamos una máquina virtual con el modelo de CPU host, la máquina virtual, si revisamos la configuración veremos que refleja el modelo exacto de la CPU del servidor.

En la siguiente imagen se muestra una máquina virtual con KVM-64.

Procesador	Common KVM processor 2.60 GHz
RAM instalada	8,00 GB
Identificador de dispositivo	91218F09-F241-4782-A1C8-6F9FB19F1A16
Id. del producto	00330-80000-00000-AA106
Tipo de sistema	Sistema operativo de 64 bits, procesador basado en x64
Lápiz y entrada táctil	La entrada táctil o manuscrita no está disponible para esta pantalla

▦	Memory	8.00 GiB
▥	Processors	2 (1 sockets, 2 cores) [kvm64,f
▮	BIOS	Default (SeaBIOS)

En la configuración de la máquina virtual, podemos ver que el tipo de CPU es KVM64.

Sistema ──

Procesador:	Intel(R) Xeon(R) CPU E5-2670 0 @ 2.60GHz 2.60 GHz (2 procesadores)
Memoria instalada (RAM):	8,00 GB
Tipo de sistema:	Sistema operativo de 64 bits, procesador x64
Lápiz y entrada táctil:	La entrada táctil o manuscrita no está disponible para esta pantalla

Configuración de nombre, dominio y grupo de trabajo del equipo ──────────

Esta sin embargo muestra una máquina virtual con el tipo de CPU host.

▦	Memory	8.00 GiB
▥	Processors	4 (2 sockets, 2 cores) [host]
▮	BIOS	Default (SeaBIOS)

Como vemos en el segundo caso, la CPU del servidor está reflejada en la máquina virtual.

18.2.21 Flags extra de la CPU

En el apéndice encontrarás más información sobre los ajustes extra de la CPU que permiten optimizar el rendimiento de nuestras máquinas virtuales.

18.2.22 Ajustes de memoria

La siguiente pantalla, muestra la configuración de memoria, que corresponde con el número 10 de nuestra analogía entre una máquina virtual y una física.

La memoria tiene un número menor de parámetros, como podemos ver en la siguiente imagen.

En la pantalla podemos ver la memoria de la máquina virtual.

Hay dos valores, la memoria y la memoria mínima, normalmente, si ambos valores son iguales, Proxmox VE asignará este tamaño a la máquina virtual de forma fija.

El modo "ballooning" en Proxmox es una técnica utilizada para administrar la asignación de memoria entre las máquinas virtuales (VM) y el hipervisor. Esta técnica es especialmente útil en situaciones donde se necesita liberar memoria de las VM para asignarles a otras VM que lo necesitan más, sin necesidad de apagar o reiniciar las máquinas virtuales.

El ballooning requiere un controlador especial en las VM conocido como "Hypervisor-aware Guest Driver". Este controlador es proporcionado por los drivers virtio y se instala en las máquinas virtuales para permitir la comunicación entre el hipervisor y las VM.

Cuando el hipervisor detecta que necesita más memoria para otras VM o para sus propios fines, puede solicitar a las VM que liberen parte de la memoria que están utilizando.

El controlador de ballooning en las VM responde a esta solicitud devolviendo la memoria asignada, pero sin liberarla realmente a la VM. En cambio, la memoria se "infrautiliza" y se mantiene disponible para otras VM o para el hipervisor.

En resumen, el ballooning en Proxmox es una técnica de administración de memoria que permite al hipervisor ajustar dinámicamente la asignación de memoria entre las máquinas virtuales para optimizar el rendimiento y la utilización de los recursos en entornos de virtualización.

18.2.23 Configuración de red

El siguiente paso es la configuración de la tarjeta de red, que se corresponde con el número 11 de nuestra analogía entre la máquina física y virtual.

La tarjeta de red es la que establecerá la comunicación entre nuestra máquina virtual y los bridges que hemos establecido en la configuración de red de nuestro Proxmox VE.

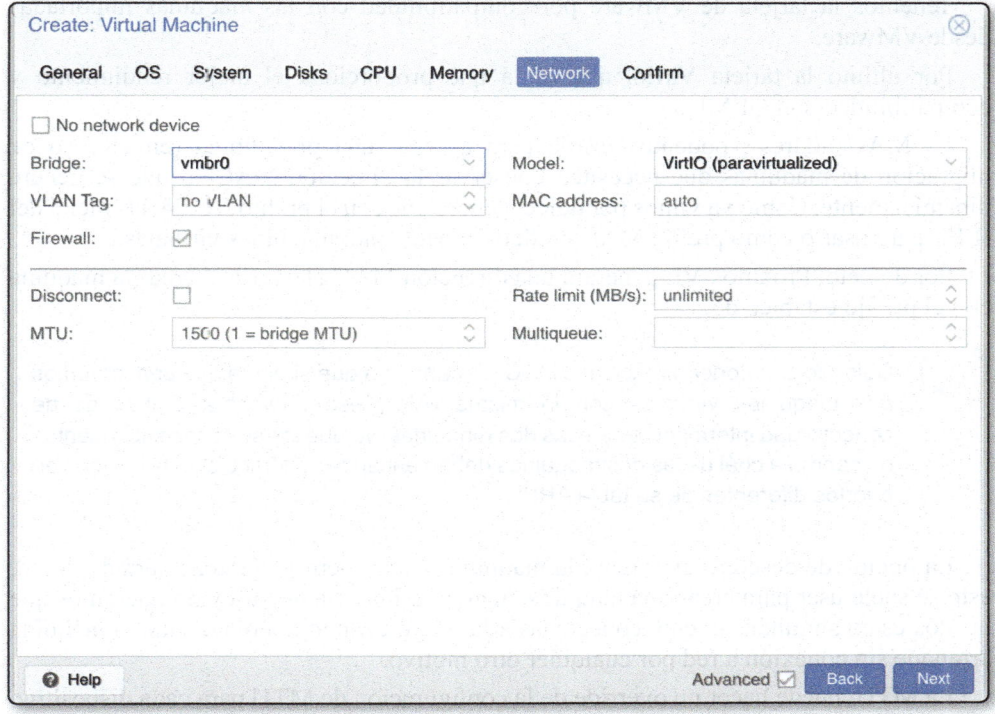

En la configuración de red, podemos optar por no agregar un dispositivo de red (que no tiene demasiado sentido).

Podemos seleccionar el bridge o interfaz de nuestra red a la que queremos conectar la VM, junto con la etiqueta VLAN que vamos a poner en la VM.

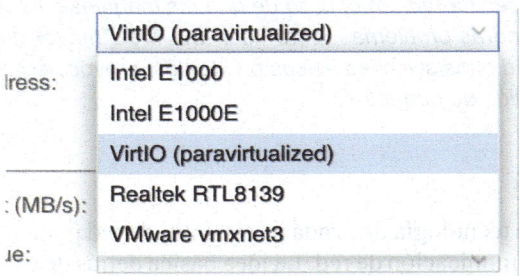

Seleccionaremos el modelo de tarjeta de red, de los que hay disponibles.

Vemos que tenemos los siguientes modelos de tarjeta, las Intel E1000 y la Intel E1000E, que se mantienen por compatibilidad, por otro lado, la Realtek RTL8139 **sólo soporta conexiones de 100 MB**, no es una tarjeta Gigabit.

Tenemos la tarjeta de VMware por compatibilidad con las máquinas importadas desde VMware.

Por último la tarjeta Virtio, que es la que proporciona el mejor rendimiento y compatibilidad con QEMU.

La MAC address, podemos usarla para agregar una predefinida (en el caso de migración de máquinas que necesiten conservar la dirección MAC) o que se genere dinámicamente. Como ya vimos por defect genera una con el prefijo BC:24:11 oficial del IEEE para usarlo como prefijo MAC predeterminado para máquinas virtuales.

Por defecto, Proxmox VE generará una dirección MAC aleatoria al crear la máquina con el prefijo establecido.

 Cuidado con poner direcciones MAC a "mano", ya que si por lo que sea, creamos dos máquinas virtuales con la misma MAC, eso provocará problemas de conectividad intermitentes a esas dos máquinas, ya que los switches subyacentes no sabrán a cuál de las dos máquinas deben encauzar el tráfico al estar ambas en puertos diferentes de su tabla ARP.

La opción de desconectar, creará la máquina virtual, pero la desconectará de la red, esto se suele usar para crear una máquina cuando se importa de otra y no queremos que las dos estén simultáneamente conectadas a la red, o cuando queremos que la máquina arranque sin conexión a red por cualquier otro motivo.

La MTU, puede hacer un override de la configuración de MTU para cada dispositivo de red de la máquina virtual. La opción mtu=1 representa un caso especial, en el que el valor de MTU se heredará del puente subyacente. Esta opción solo está disponible para dispositivos de red VirtIO.

 Te recomiendo usar siempre Jumbo Frames (MTU = 9216) en toda la infraestructura de red, ya que al usarla en los switches físicos y virtuales así como en las interfaces de red, en el caso de que las máquinas virtuales usen una MTU menor, no tendrás problemas, pero usar una MTU mayor que la que tienen los puertos de red o los switches físicos o virtuales, provocará problemas de lentitud de red o pérdida de paquetes.

18.2.24 Multiqueue

Multiqueue es una tecnología utilizada en sistemas de red para mejorar el rendimiento y la eficiencia de la comunicación de red. La idea básica detrás de Multiqueue es distribuir la carga de trabajo de red entre múltiples colas o «queues» de transmisión y recepción, en lugar de depender de una única cola como en los sistemas tradicionales de red.

Si está utilizando el controlador VirtIO, opcionalmente puedes activar la opción Multiqueue. Esta opción permite que el sistema operativo invitado procese paquetes de red utilizando múltiples CPU virtuales, lo que proporciona un aumento en la cantidad total de paquetes transferidos.

Cuando se utiliza el controlador VirtIO con Proxmox VE, cada cola de red NIC se pasa al kernel del host, donde la cola será procesada por un subproceso (hilo) del kernel generado por el controlador vhost. Con esta opción activada, es posible pasar varias colas de red al kernel del host para cada NIC.

Al utilizar Multiqueue, recomiendo que lo configures en un valor igual a la cantidad de vCPU de la máquina virtual. Recuerda que la cantidad de vCPU es la cantidad de sockets multiplicada por la cantidad de núcleos configurados para la máquina virtual.

Para configurar una máquina virtual de Windows para Multiqueue, instala los controladores del adaptador Ethernet Redhat VirtIO y luego adapta la configuración de la NIC de la siguiente manera:

Abre el administrador de dispositivos, haz clic derecho en la tarjeta de red Virtio en "Adaptadores de red".

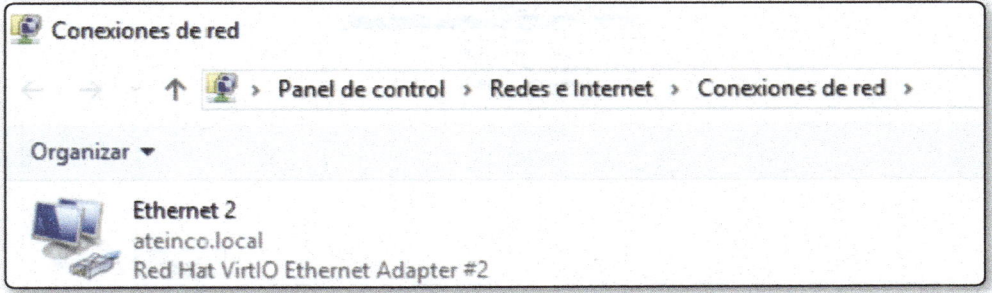

Selecciona "Propiedades". Luego abre la pestaña "Avanzado".

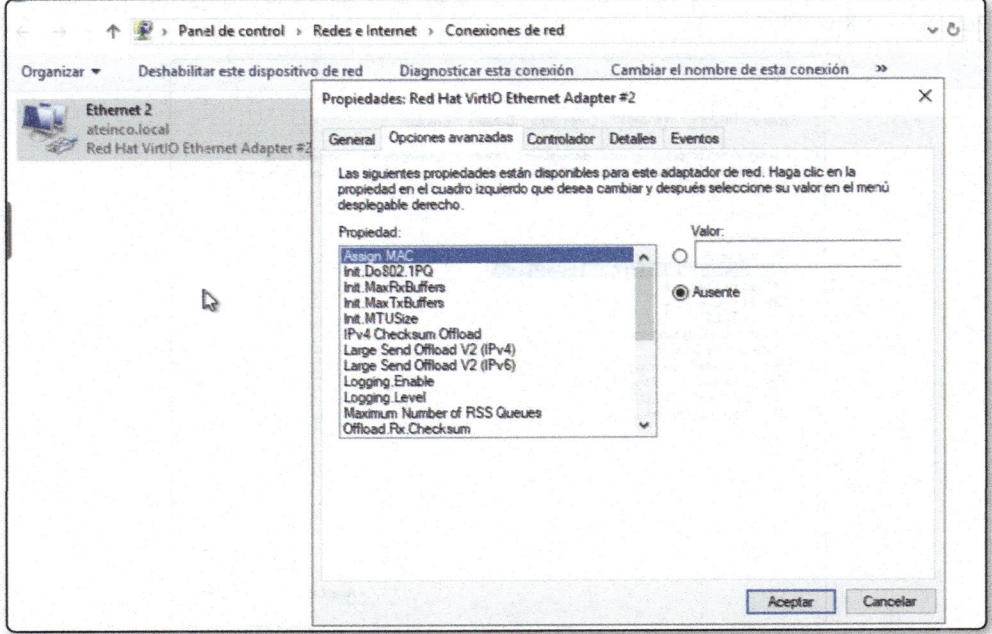

Selecciona "Receive Side Scaling" de la lista de la izquierda. Asegúrate de que esté configurado en "Habilitado".

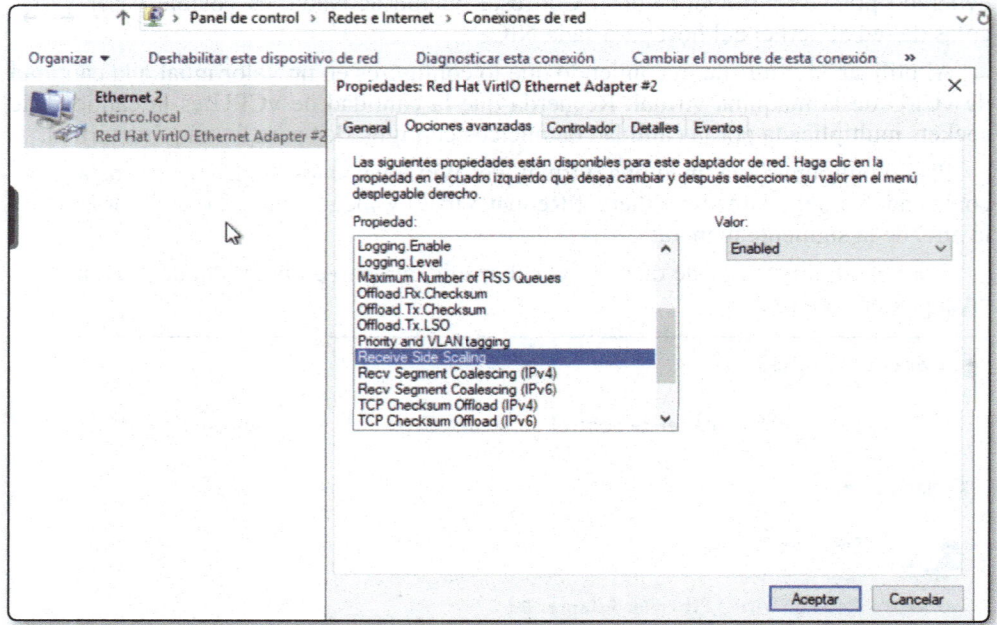

A continuación, navega hasta "Número máximo de colas RSS" en la lista y configúralo en el número de vCPU de tu VM. (En la imagen se muestra la configuración para un equipo con 8 vCPU).

Una vez que haya verificado que la configuración es correcta, haz clic en "Aceptar" para confirmarla.

Debes tener en cuenta que configurar el parámetro Multiqueue en un valor mayor que uno aumentará la carga de la CPU en el hipervisor y en la máquina virtual a medida que aumenta el tráfico ya que lo que hace es usar más procesos de CPU para gestionar el tráfico de red. Recomendamos configurar esta opción solo cuando la VM tenga que procesar una gran cantidad de conexiones entrantes, como cuando la VM se ejecuta como por ejemplo un router, un proxy inverso, un balanceador de tráfico de red, o bien un servidor de correo o un servidor HTTP con una gran cantidad de tráfico.

18.3 GENERACIÓN DE ID DE VM Y EL UUID

Como ya vimos anteriormente, al crear una máquina se genera un VMID, pero además se genera de forma aleatoria un UUID, esto es un identificador único universal o universally unique identifier (UUID) que es un número de 128 bits, que identifica de forma única la máquina virtual que acabamos de crear.

Si vamos a la carpeta /etc/pve/qemu-server de nuestro nodo, en el que acabamos de crear la máquina por ejemplo con el VMID 100, y hacemos un cat del fichero, podemos ver lo siguiente:

```
root@nodo1:/etc/pve/qemu-server# cat 100.conf
boot: order=virtio0;ide2;net0
cores: 2
cpu: x86-64-v2-AES
ide2: iso:iso/proxmox-backup-server_3.0-1.iso,media=cdrom,size=897906K
memory: 8192
meta: creation-qemu=8.1.2,ctime=1704533114
name: pbstest
net0: virtio=BC:24:11:71:9C:B9,bridge=vmbr0,firewall=1,tag=111
numa: 0
ostype: l26
scsihw: virtio-scsi-single
smbios1: uuid=bb07d9ef-c0a4-45ae-b984-ac9c98bfb968
sockets: 2
tags: develop
virtio0: local-lvm:vm-100-disk-0,iothread=1,size=20G
virtio1: local-lvm:vm-100-disk-1,iothread=1,size=50G
virtio2: local-lvm:vm-100-disk-2,iothread=1,size=50G
virtio3: local-lvm:vm-100-disk-3,iothread=1,size=50G
virtio4: local-lvm:vm-100-disk-4,iothread=1,size=50G
virtio5: local-lvm:vm-100-disk-5,iothread=1,size=50G
vmgenid: 47bd64c8-214c-46cb-934a-6e6f32d018ce
```

Vamos a analizar la máquina que acabamos de ver en modo fichero y como la vemos en la GUI de nuestro nodo.

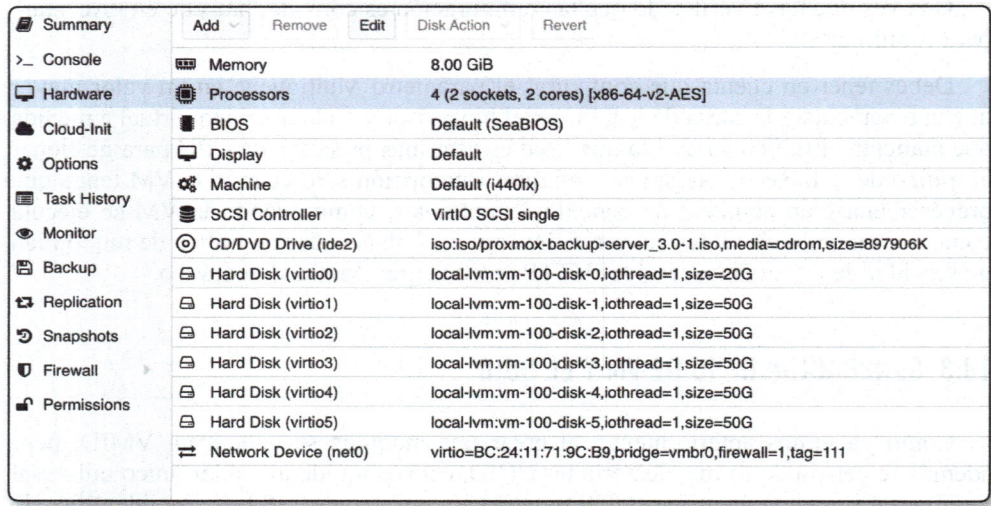

Vamos por orden en nuestro archivo de configuración de la máquina virtual.

Tenemos en primer lugar el orden de arranque, del que hablaré luego, luego los cores, que como vemos en la imagen corresponde con 2 cores (y dos sockets) como luego veremos.

Lo siguiente es el tipo de CPU que hemos seleccionado cuando hemos configurado la CPU, el CD-ROM / DVD que en este caso es una imagen de Proxmox Backup Server.

Unos metadatos, el nombre de la máquina (que asignábamos en la primera pantalla), la tarjeta de red, con su MAC, el bridge, la configuración de firewall y la VLAN.

SI usa o no usa NUMA (en este caso no).

El tipo de sistema operativo (en este caso Linux con Kernel 6.x).

Lo siguiente es la controladora de disco (virtio-scsi-single).

Y ahora es cuando viene el uuid de la BIOS de la máquina.

Los sockets.

Las etiquetas (este tema lo veremos más adelante).

Y los discos (en este caso 6 discos).

18.4 DRIVERS VIRTIO

18.4.1 Drivers virtio en Linux

Linux por defecto reconoce los drivers virtio, por lo que no es necesario realizar ninguna acción para la utilización de los drivers virtio en Linux.

18.4.2 Drivers virtio en Windows

Como he comentado, los sistemas Windows, necesitan los drivers virtio para el funcionamiento, de hecho para instalar una máquina nueva Windows, necesitaremos agregar a la máquina el CD de virtio en la creación de la máquina, para poder instalar el sistema operativo.

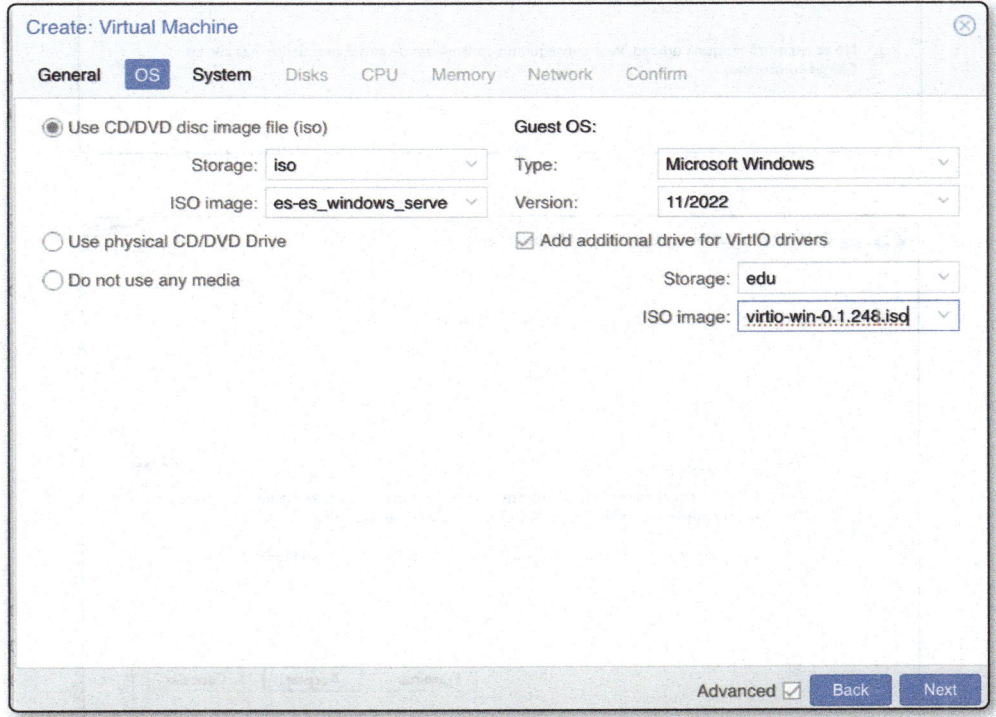

Como se puede ver en la imagen, la máquina Windows tiene una imagen ISO con el Windows Server, y otro cd con los drivers virtio.

Cuando arrancamos la máquina, en la instalación no encontrará ningún disco para poder instalar.

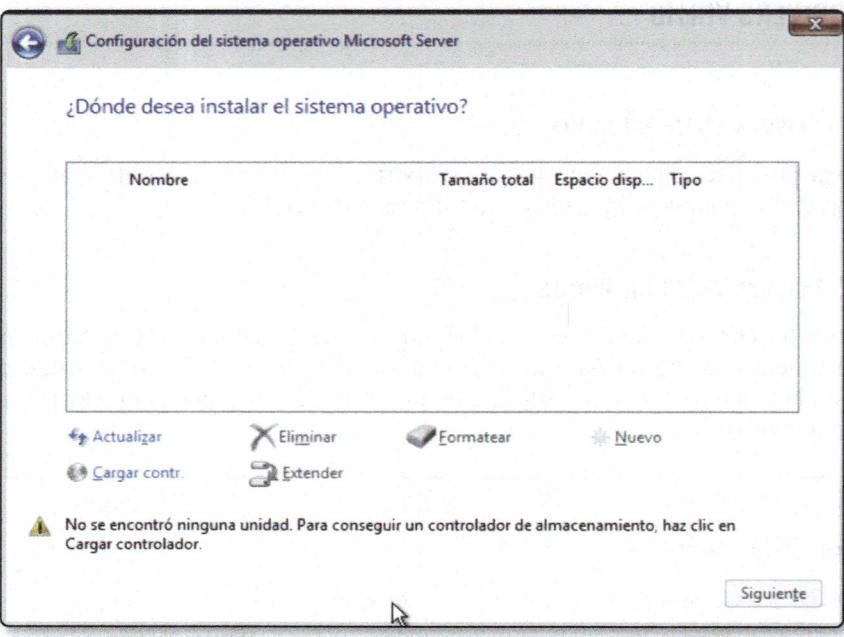

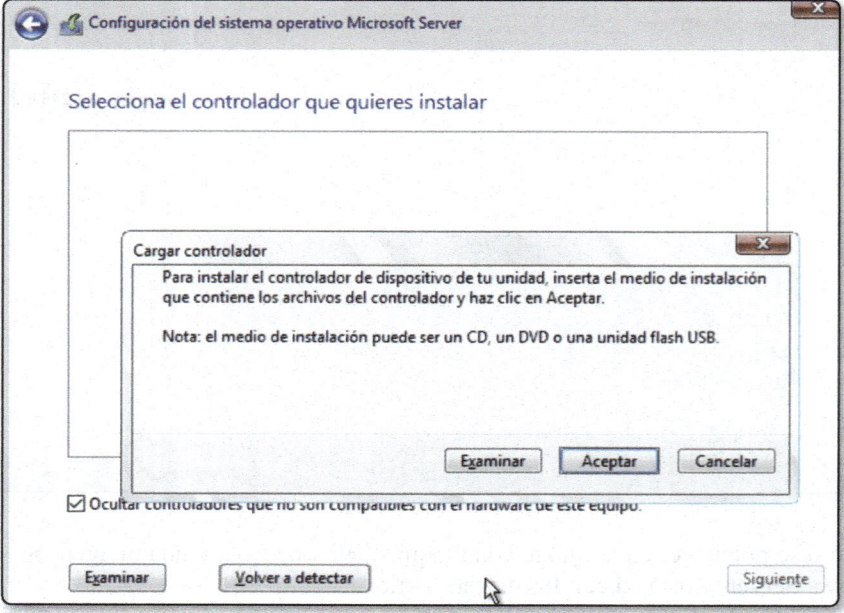

Pulsaremos la opción de Cargar contr., para poder cargar los controladores virtio de disco.

Ahora detectará el CD con los drivers virtio.

 En caso de que no los reconozca de forma automática, aunque por defecto sí que lo hace, sólo tendremos que seleccionar la unidad de CD/DVD que contiene los drivers virtio y si tampoco los localiza (hay que decirle que busque en subdirectorios) iremos a la carpeta virtiostor del CD/DVD y en amd64 seleccionaremos la carpeta de nuestra versión de sistema operativo.

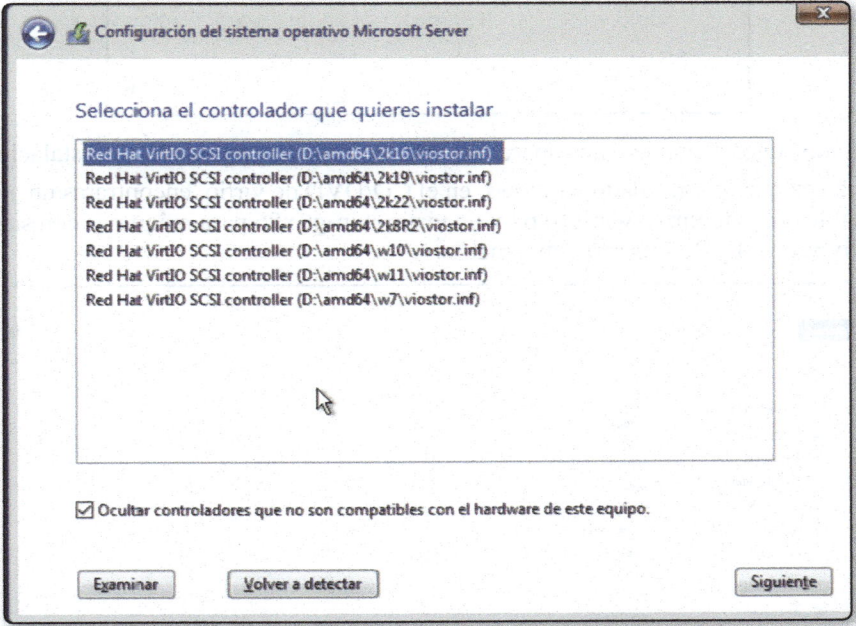

Como vemos tenemos los drivers de virtiostor de todas las versiones de Windows, como la que estamos instalando es la versión de Windows 2022 Server, seleccionaremos el driver amd64\2k22\viostor.inf

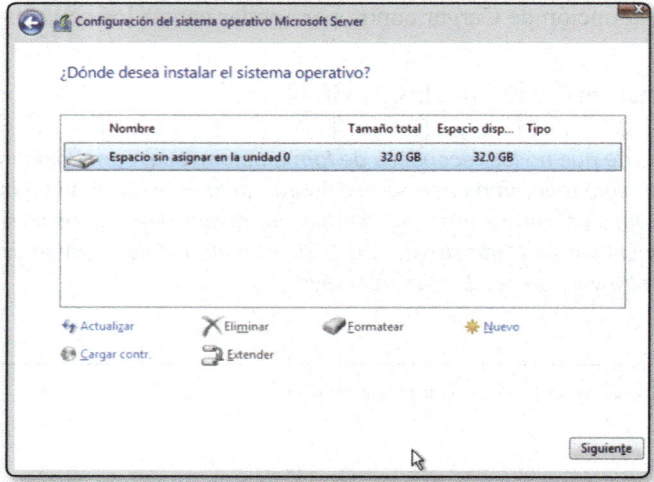

Pasados unos segundos, nos aparecerá el disco en nuestra pantalla de instalación.

Una vez que has instalado windows, en el CD/DVD de virtio, encontrarás un archivo ejecutable llamado virtio-win-gt-x64 y un virtio-win-gt-x86 para máquinas con sistemas operativos de 64 y 32 bits respectivamente.

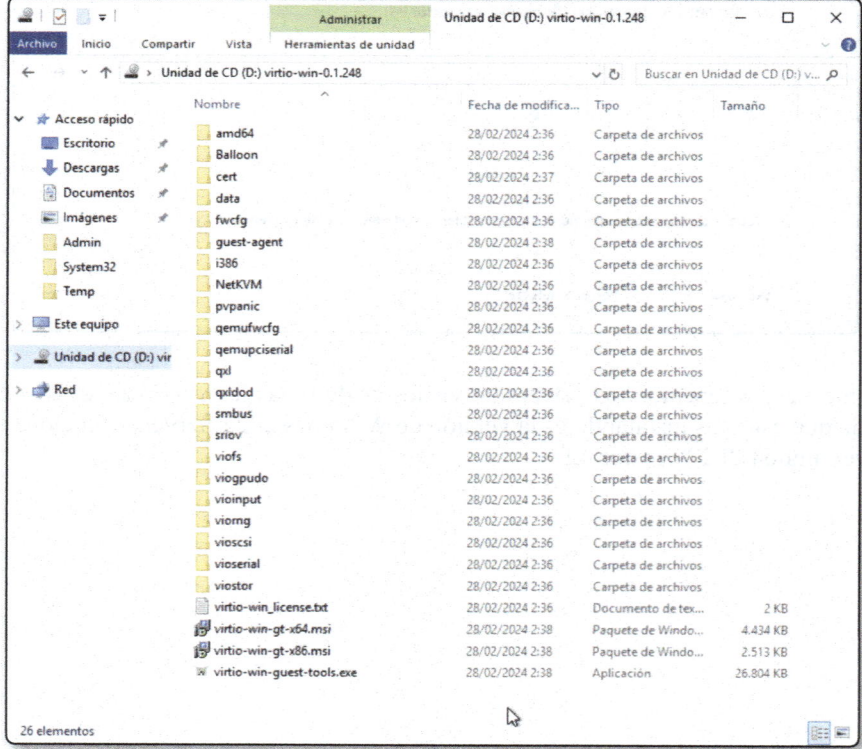

Deberás ejecutar el archivo para proceder a la instalación del resto de drivers de la máquina virtual Windows (si usas por ejemplo la tarjeta de red virtio).

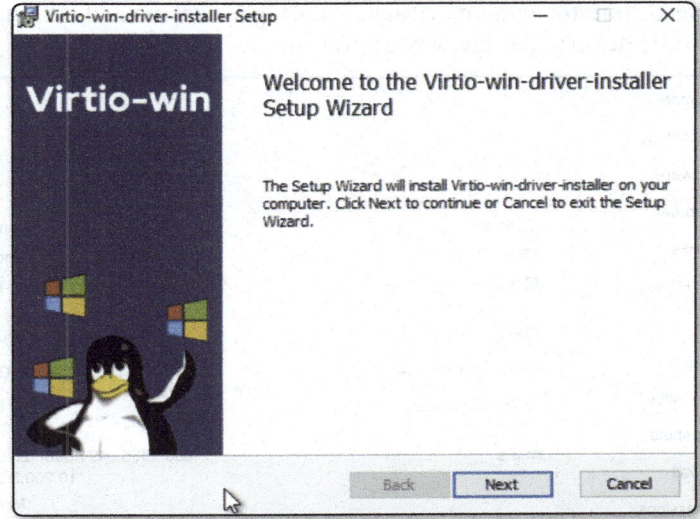

Es el típico asistente de Windows que instala todos los drivers necesarios para el prefecto funcionamiento de la máquina con QEMU (al igual que los necesitas con las VMtools de VMware).

Como puedes ver instala todo lo necesario para que la nueva máquina virtual de Windows esté perfectamente integrada con la emulación QEMU del hipervisor Proxmox VE.

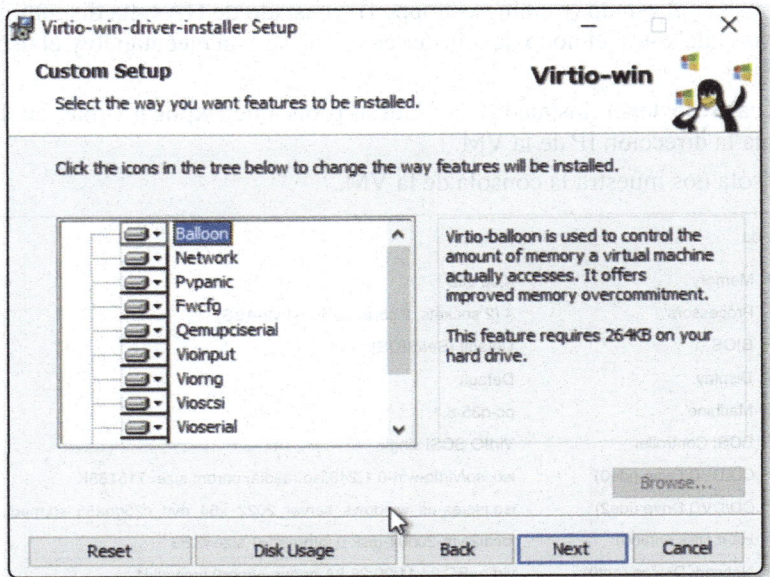

18.5 GESTIÓN DE LA MÁQUINA VIRTUAL

Una vez creada nuestra máquina virtual, vemos que en el menú de la máquina virtual aparecen una serie de opciones que voy a explicar.

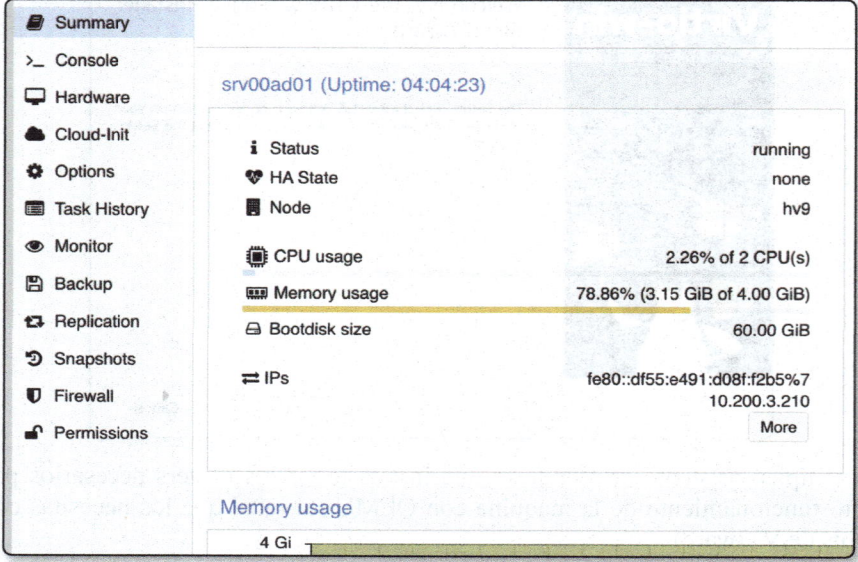

Comenzamos con la opción Resumen o Summary, que es una breve descripción del estado de la máquina virtual.

Podemos ver el estado (running o stopped), el estado de HA (alta disponibilidad que veremos más adelante), el nodo del cluster en el que se está ejecutando y el uso de CPU, RAM y disco.

En el caso de tener instaladas las Guest-Tools que explicaré más adelante, nos proporciona la dirección IP de la VM.

La consola nos muestra la consola de la VM.

Add ⌄	Remove Edit Disk Action Revert	
🖥 Memory	4.00 GiB	
⚙ Processors	4 (2 sockets, 2 cores) [x86-64-v2-AES]	
▣ BIOS	Default (SeaBIOS)	
🖥 Display	Default	
⚙ Machine	pc-q35-8.1	
▤ SCSI Controller	VirtIO SCSI single	
◉ CD/DVD Drive (ide0)	iso:iso/virtio-win-0.1.248.iso,media=cdrom,size=715188K	
◉ CD/DVD Drive (ide2)	iso:iso/es-es_windows_server_2022_x64_dvd_c25dea55.iso,media=c	
⊟ Hard Disk (virtio0)	local2:vm-20004-disk-0,iothread=1,size=32G	
⇄ Network Device (net0)	virtio=BC:24:11:29:26:8A,bridge=vmbr0,firewall=1	

En hardware nos muestra la configuración del hardware de la VM como ya hemos visto.

En este apartado tenemos una serie de opciones en la parte superior que son Agregar (Add), Quitar (remove), Edit, Acciones de disco y Revertir.

Vamos a verlas una por una, puesto que son muy útiles para la gestión de nuestra máquina virtual.

18.5.1 Agregar

Si pulsamos agregar, vemos que tenemos una serie de opciones de hardware para agregar a nuestra VM.

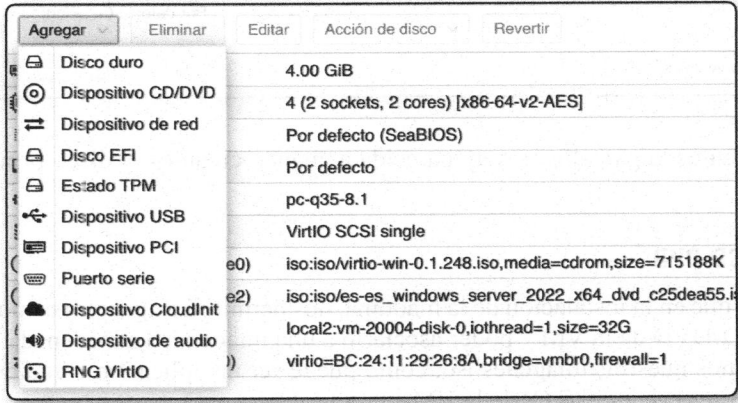

Como vemos podemos agregar todos esos dispositivos a nuestra VM, una vez creada, los dispositivos son:

18.5.1.1 DISCO DURO

De esto no hay mucho que decir, podemos agregar un disco duro nuevo a la VM; si por ejemplo queremos un disco con el S.O. de arranque y otro para los datos, lo agregamos desde aquí y luego lo formatearemos desde el sistema operativo de la VM.

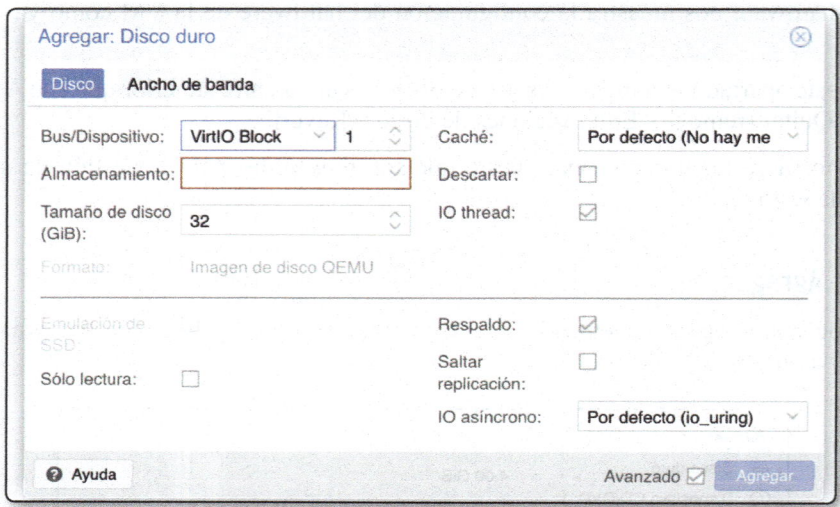

Como vemos la pantalla es muy parecida a cuando creamos el disco principal de la VM.

18.5.1.2 CD-DVD

Al igual que en la instalación de la máquina, nos permitirá asignar un dispositivo IDE como un CD-DVD de la VM y poder asociarlo a una imagen iso almacenada en el lugar donde tenemos nuestras imágenes iso, como puede ser un aplicativo o cualquier cosa a la que necesite acceder el S.O. de la VM.

18.5.1.3 DISPOSITIVO DE RED

Podemos añadir tarjetas de red a la VM, aunque la configuración de las VM de Proxmox VE no soporta más de 32 tarjetas de red, que a menudo son más que suficientes.

 Si necesitas más de 32 tarjetas o bien no quieres llenar tu VM de tarjetas, puedes configurar algunas tarjetas sin VLAN asociada y agregarlas dentro del S.O. de la VM por ejemplo en Linux puedes crear una tarjeta eno1 y luego crear la eno1.45, la eno1.53, etc., para que la tarjeta pueda acceder a las VLAN 45 y 53 respectivamente.

 Para realizar esto, la tarjeta principal (la de la VM) no debe tener asignada ninguna VLAN, ni el bridge tampoco debe tener ninguna VLAN asignada por defecto (lo que se conoce como modo acceso). La tarjeta (NIC) y el bridge estarán configurados como Trunk para permitir este tráfico.

18.5.1.4 DISCO EFI

En el caso de que lo necesitemos, y no lo hayamos creado al crear la máquina (la máquina la creamos como SEABIOS) podemos a posteriori crear el disco EFI.

18.5.1.5 ESTADO TPM

Al igual que en el caso del disco EFI, si necesitamos el módulo TPM por necesidades del S.O. de la VM, lo podemos agregar desde esta opción del menú de hardware.

18.5.1.6 DISPOSITIVO USB

Como comenté al principio, una de las ventajas de Proxmox VE sobre otros sistemas de virtualización es la versatilidad sobre el passthrough de los dispositivos, ya que no tienen que ser de un fabricante y modelo específico como pasaba con VMware.

Por ello podemos asignar como dispositivo USB de la VM cualquier dispositivo USB conectado físicamente al hardware del hipervisor.

18.5.1.7 DISPOSITIVO PCI

Al igual que en el caso del USB, también podemos asignar dispositivos PCI instalados en el hipervisor a la VM.

 Si asociamos dispositivos físicos y CD-DVD mediante passthrough a las VM, deberemos tener en cuenta, que en caso de backup y restore, si no los tenemos asociados o en el nodo, la máquina no arrancará. Del mismo modo el HA (High Availability) tampoco funcionará de forma automatizada, ya que la VM tiene un dispositivo físico del hardware del hipervisor asociado a la misma y no podrá moverla.

18.5.1.8 PUERTO SERIE

Nos permite configurar como ya comentamos un puerto serie para consola o como visualización de esta en la VM.

18.5.1.9 DISPOSITIVO CLOUD-INIT

Cloud-init es una herramienta para usuarios avanzados. Cloud-init es una herramienta utilizada para la configuración automatizada de instancias de máquinas virtuales (VM) durante su inicio. Permite realizar tareas de configuración inicial para personalizar la VM según los requisitos del usuario. Esto puede incluir la configuración de la red, la creación de usuarios, la instalación de paquetes de software y la ejecución de scripts de inicialización.

18.5.1.10 DISPOSITIVO DE AUDIO

Esta opción permite configurar una emulación de un dispositivo de audio en la VM. Los dispositivos de audio compatibles son:

- ich9-intel-hda: controlador de audio Intel HD, emula ICH9.
- Intel-hda: controlador de audio Intel HD, emula ICH6.
- AC97: audio Codec '97, útil para sistemas operativos antiguos como Windows XP.
- Los backends son SPICE y none.

El backend Spice se puede usar en combinación con SPICE, mientras que el backend none puede ser útil si se necesita un dispositivo de audio en la VM para que funcione algún software. Para utilizar el dispositivo de audio físico del host, utilice el dispositivo de transferencia (PCI Passthrough y USB Passthrough). Los protocolos remotos como el RDP de Microsoft tienen opciones para reproducir sonido desde el propio software de escritorio remoto.

18.5.1.11 VIRTIO RNG

Un RNG (generador de números aleatorios) es un dispositivo o un algoritmo que proporciona entropía (aleatoriedad) a un sistema. La principal aplicación es para los sistemas de criptografía y la generación de claves aleatorias. Se puede utilizar un RNG de hardware virtual para proporcionar dicha entropía desde el hipervisor a una máquina virtual. Esto ayuda a evitar problemas de falta de entropía en la máquina virtual para las tareas habituales como por ejemplo el cifrado en los inicios de sesión. Aunque realmente usa procesos del sistema (lo que no garantiza que sea especialmente "aleatorio") como son el /dev/urandom o el /dev/random. Si lo que queremos es un sistema muy seguro, lo preferible es usar una fuente externa para la generación de los números aleatorios.

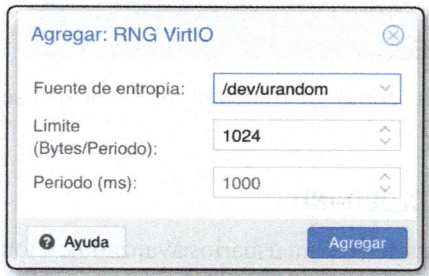

 Algunas empresas, usan una pared llena de lámparas de lava, para la generación de patrones aleatorios basándose en la fluctuación de las "burbujas" en las lámparas. En nuestro caso hay dispositivos usb que permiten hacer lo mismo basándose en ruido de señales RF. (Más práctico y seguramente más barato)

18.5.2 Modificaciones en el hardware

Hay una serie de opciones que es necesario conocer a efectos del funcionamiento correcto y gestión de las máquinas virtuales. Está en el apartado de opciones.

18.5.3 Opciones

Hay una serie de parámetros que es necesario conocer a efectos del funcionamiento correcto y gestión de las máquinas virtuales. Está en el apartado de opciones.

Maquina virtual 20004 (windows) en el nodo hv9	Ninguna etiqueta ✏
🗐 Resumen	Editar Revertir
>_ Consola	Nombre	windows
🖵 Hardware	Iniciar al arranque	No
☁ Cloud-Init	Orden de inicio/apagado	order=any
⚙ **Opciones**	Tipo de SO	Microsoft Windows 11/2022
	Orden de arranque	virtio0, ide0, ide2, net0
🗐 Historial de tareas	Usar tableta para el puntero	Sí
👁 Monitor	Hotplug	Disco, Red, USB
🗐 Respaldo	Soporte ACPI	Sí
🗘 Replicación	Virtualización de hardware KVM	Sí
🕑 Snapshots	Congelar CPU al arranque	No
🛡 Cortafuego	Usar tiempo local para RTC	Por defecto (Activar para Windows)
🔓 Permisos	Fecha de inicio RTC	now
	Configuración SMBIOS (tipo 1)	uuid=27195fa5-a9a1-4757-ae06-f2ea3d3b7eab
	QEMU Guest Agent	Por defecto (Desactivado)
	Protección	No
	Mejoras de SPICE	ninguno
	Almacenamiento de estado de la VM	Automático

En este apartado tenemos como podemos ver en la imagen un sinfín de parámetros que podemos modificar, por lo que voy a tratar de explicarlos uno por uno.

18.5.3.1 NOMBRE

Es el nombre de la máquina que podemos ver en los hipervisores, y que sólo sirve para identificarla a nivel interno. Este nombre no tiene nada que ver con el nombre DNS o el nombre que tenga la máquina dentro del sistema operativo. Eso sí, hay que seguir una serie de criterios a la hora de nombrarla, los caracteres válidos son números y letras, guiones medios y puntos.

18.5.3.2 INICIAR AL ARRANQUE

Como se puede intuir, este parámetro indica si la máquina va a arrancar al iniciar el hipervisor (el nodo).

18.5.3.3 ORDEN DE INICIO/APAGADO

Establece el orden de inicio de la máquina, y el tiempo de espera (retardo de inicio) antes de arrancar la máquina o de apagarla (Tiempo de espera de apagado).

18.5.3.4 TIPO DE SO

Establece el tipo de sistema operativo de la máquina virtual, por si nos hemos equivocado en la creación de esta, como he comentado en este apartado en la creación de la máquina virtual, esto ajusta ciertos parámetros de la emulación QEMU para la misma, por lo que no es conveniente seleccionar un sistema que no sea el que tiene instalado.

18.5.3.5 ORDEN DE ARRANQUE

El orden de arranque al igual que ocurre en la BIOS o en la UEFI, establece el orden de arranque de los dispositivos y que dispositivos están habilitados para arrancar, de tal forma que el orden que se pone aquí es el orden en el que buscará un dispositivo de arranque y por lo tanto arrancará en primer lugar de este dispositivo, si no arranca, irá probando con todos los habilitados hasta dar con uno que funcione.

18.5.3.6 USAR TABLETA PARA EL PUNTERO

Activa/desactiva la tableta USB. Este dispositivo suele ser necesario para permitir el posicionamiento absoluto del ratón con VNC. De lo contrario, el mouse no estará sincronizado con los clientes VNC normales.

18.5.3.7 HOTPLUG

Establece qué dispositivos se pueden conectar o desconectar con la máquina virtual funcionando, es decir que dispositivos no afectarán al funcionamiento de esta cuando los conectemos o desconectemos. Es importante conocer el comportamiento con determinados elementos como la CPU o la RAM.

18.5.3.8 HOTPLUG DE CPU

Los sistemas operativos modernos ya introducen la capacidad de conectar en caliente y, hasta cierto punto, desconectar en caliente las CPU en un sistema en ejecución.

El hotplug de CPU es una característica que permite agregar o quitar CPU (unidades de procesamiento central) de una máquina virtual mientras está en funcionamiento, sin necesidad de reiniciar el sistema. Aún así, esta es una característica bastante nueva y complicada, por lo que su uso debe restringirse a los casos en que sea absolutamente necesario.

La capacidad de hotplug de CPU depende tanto del hardware como del sistema operativo que se esté utilizando. No todos los sistemas y plataformas admiten el hotplug de CPU, aunque como he comentado muchos sistemas operativos modernos ya admiten esa posibilidad.

 Antes de poner en producción una máquina virtual con el hotplug de CPU, es conveniente hacer pruebas, para evitar comportamientos no deseados en el caso de habilitar el hotplug.

18.5.3.9 HOTPLUG DE MEMORIA

El hotplug de memoria es una característica que permite agregar o quitar módulos de memoria RAM de una máquina virtual mientras está en funcionamiento, sin necesidad de apagar o reiniciar el sistema. Al igual que el hotplug de CPU, esta capacidad de hotplugging de memoria ofrece flexibilidad y escalabilidad en entornos donde se requieren cambios dinámicos en los recursos de memoria. Al igual que el hotplug de CPU hay que usarlo con mucha cautela.

La máquina virtual gestiona la memoria como módulos de 512 MB, y el hotplug agregará o quitará los "módulos virtuales" en esta cantidad.

18.5.3.10 SOPORTE ACPI

ACPI (Advanced Configuration and Power Interface) es un estándar de la industria desarrollado por Intel, Microsoft y Toshiba, entre otros, que define una interfaz para la gestión de la configuración avanzada y la energía en sistemas informáticos. Si se habilita permite la gestión de energía en la máquina virtual como la administración del estado de energía (hibernación, suspensión), la programación de eventos de encendido/apagado, etc.

18.5.3.11 VIRTUALIZACIÓN DE HARDWARE KVM

Esta función permite habilitar o deshabilitar la virtualización anidada, o lo que es lo mismo, habilitar el flag de virtualización dentro de la máquina virtual.

18.5.3.12 CONGELAR CPU EN EL ARRANQUE

Si seleccionas esta opción, puedes iniciar la máquina virtual, pero se congela inmediatamente. Puedes abrir una consola y verá una VM suspendida. Si la consola está lista, puedes "reanudar" la VM y ésta continuará iniciándose.

18.5.3.13 USAR LA HORA LOCAL PARA EL RTC

Configura el reloj de tiempo real (RTC) a la hora local del hipervisor. Esto está habilitado de forma predeterminada si el sistema operativo de la máquina virtual es Microsoft Windows.

18.5.3.14 CONFIGURACIÓN SMBIOS

Corresponde al UUID que ya comenté para el identificador único de la máquina. En esta opción también podemos configurar parámetros adicionales como pueden ser el modelo y número de serie de la máquina. Esto es especialmente útil cuando queremos migrar de una máquina física a una virtual, y necesitamos conservar determinados aspectos de la máquina física por temas como por ejemplo un programa que necesita cierto hardware para ejecutarse.

18.5.3.15 QEMU GUEST AGENT

Quemu-guest-agent es un daemon que se instala en el sistema operativo de la máquina KVM invitado. Se utiliza para intercambiar información entre el host Proxmox y el invitado, y para ejecutar comandos en el invitado.

En Proxmox VE, qemu-guest-agent se usa principalmente para dos cosas:

Para apagar correctamente el invitado, en lugar de depender de los comandos de ACPI o las políticas de Windows.

Para congelar el sistema de archivos invitado al hacer una copia de seguridad (en Windows, usa el servicio de instantáneas de volumen VSS).

Para usarlo, la máquina virtual necesita tenerlo instalado, bien en Linux mediante el comando:

```
apt-get install qemu-guest-agent
```

En Debian o bien.

```
yum install qemu-guest-agent
```

En sistemas basados en Redhat (almalinux, centos, etc).

Necesitamos que el agente se inicie con el sistema de forma automática.

```
systemctl enable qemu-guest-agent
systemctl start qemu-guest-agent
```

En Windows, cuando instalamos los drivers virtio, el agente se instala como un servicio de Windows, comprobamos que está habilitado y con arranque automático.

```
PS C:\Users\Administrator> Get-Service QEMU-GA

Status   Name              DisplayName
------   ----              -----------
Running  QEMU-GA           QEMU Guest Agent
```

Ahora tenemos que habilitarlo en la configuración de la máquina.

Comprobar que el agente está corriendo, desde la consola del nodo.

```
qm agent <vmid> ping
```

Si no devuelve error, todo funciona correctamente.

18.5.3.16 PROTECCIÓN

Especialmente útil cuando hay mucha gente "tocando" las máquinas virtuales. Este flag establece el indicador de protección de la VM. Esto deshabilitará las operaciones de eliminación de VM y eliminación de disco. (No veas lo útil que puede llegar a ser)

18.5.3.17 MEJORAS DE SPICE

Configure mejoras adicionales para SPICE como por ejemplo compartir carpetas entre la máquina virtual y el cliente SPICE (necesita el demonio Spice-WebDAV habilitado en la máquina virtual), o bien habilitar la compresión de los streaming de video cuando se usa la máquina virtual para retransmisión de video o videoconferencias.

18.5.3.18 ALMACENAMIENTO DEL ESTADO DE LA MÁQUINA VIRTUAL

Define donde se almacenará el estado de una máquina cuando la ponemos en modo hibernación.

18.6 RESUMEN

Nos muestra los datos relativos a la máquina virtual de la misma forma que cuando veíamos el resumen de un nodo, con los valores en tiempo real, y las gráficas de uso por día, mes y año.

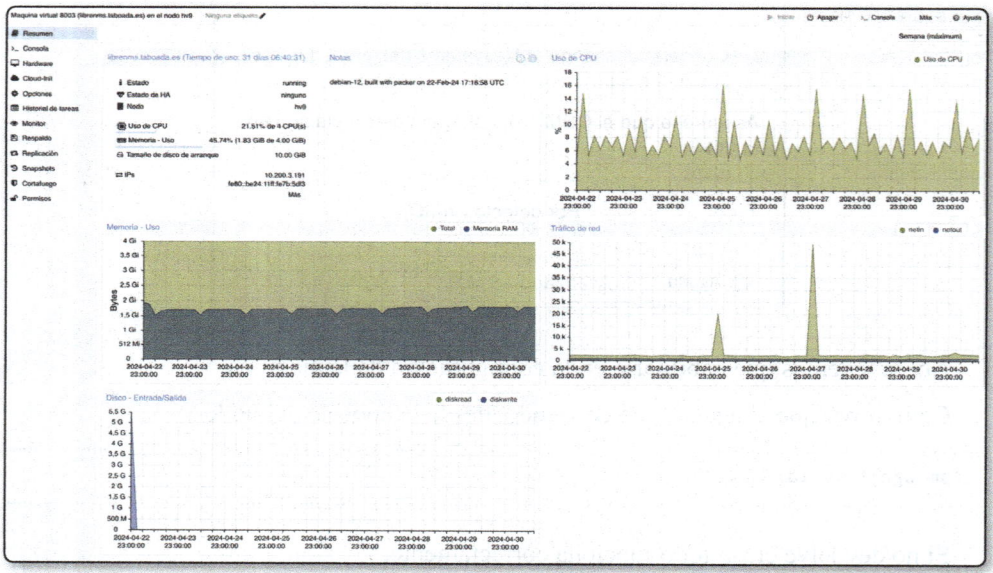

La información que nos proporciona es el uso de cpu, ram y el del disco de arranque, así como la dirección IP si el agente de qemu (que veremos más adelante) está instalado.

Hay una opción de notas que se comporta como las notas que ya hemos señalado, pero a nivel de máquina virtual.

En la parte superior derecha, vemos una serie de botones que se corresponden con las opciones de gestión de la energía de la máquina:

- ▼ Apagar: apaga de forma ordenada usando el ACPI (apagado del sistema operativo como cuando pulsamos una sola vez el botón de apagado) esto cierra las tareas y apaga la máquina.

- ▼ Reiniciar: reinicia de forma ordenada (mediante ACPI) la máquina.

- ▼ Pausar: pone la máquina en pausa (si la VM lo permite).

▼ Hibernar: pone la máquina en esto de hibernación.

▼ Parar: es como un apagado pulsando el botón de encendido durante un tiempo o quitando el cable de alimentación.

▼ Resetear: equivale a pulsar el botón de reset en una máquina física.

18.7 CONSOLA

Nos permite mostrar en la ventana de la parte derecha la consola de la máquina virtual (mediante una opción de la parte superior derecha de la pantalla de la máquina virtual, nos permite obtener esta consola en una ventana nueva).

18.8 CLOUD-INIT

Nos muestra la información de la configuración de Cloud-init en el caso de tener esta opción habilitada en nuestra VM.

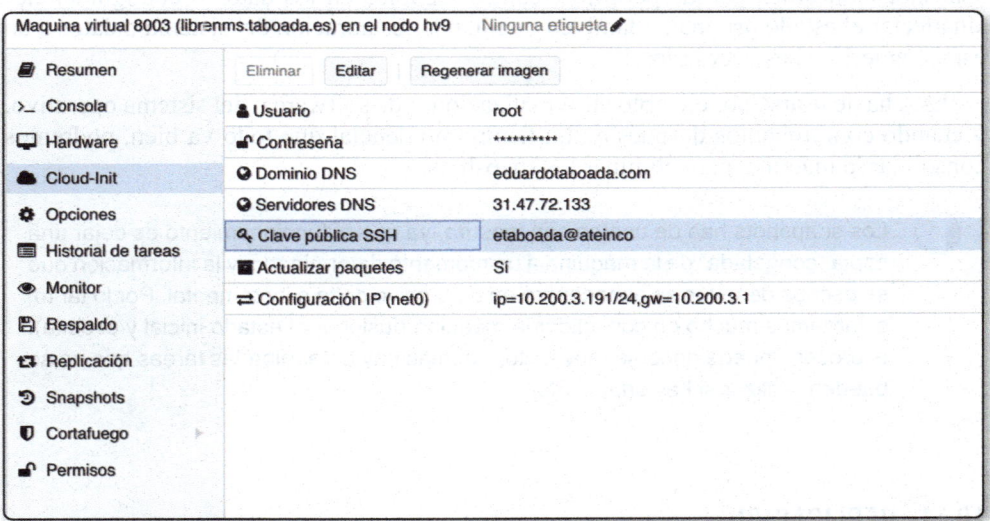

En la imagen se puede ver la configuración de cloud-init, esto nos permite modificar parámetros de la máquina virtual sin necesidad de intervenir en la misma, es decir, podemos cambiar la password, los DNS, la clave pública SSH, la dirección IP, etc.

De esta forma esto lo podríamos realizar desde el API de Proxmox o desde el comando, sin necesidad de conocer el sistema operativo, ni acceder al interior de la máquina.

18.9 BACKUPS

Esta opción nos mostrará los backups de la máquina virtual para cada uno de los almacenamientos.

 Debido a que los backups de Proxmox VE son incrementales, es recomendable usar sólo una ubicación para el almacenamiento de los backups, ya que de lo contrario, si hacemos dos backups consecutivos en distintas ubicaciones, en lugar de hacer un backup incremental, lo hará completo, con lo que supone en tiempo y espacio en disco usado.

18.10 SNAPSHOTS

Los snapshots son copias instantáneas del estado de un sistema en un momento específico en el tiempo. Esta copia incluye el estado de los archivos, las configuraciones del sistema, o incluso el estado completo de una máquina virtual, entre otros. Los snapshots son útiles porque permiten realizar cambios en los datos o configuraciones sin afectar el estado original, y también facilitan la restauración del sistema o datos a un estado anterior si es necesario.

Esto ha de usarse por ejemplo en actualizaciones de software o del sistema operativo, y cuando comprobamos después de un tiempo prudencial que todo va bien, podremos consolidar la máquina para eliminar los snapshots.

 Los snapshots han de usarse con mesura, ya que el funcionamiento es dejar una copia "congelada" de la máquina a un momento determinado, y la información que se escriba después se almacenará en un archivo delta o incremental. Por lo tanto, si tardamos mucho en consolidar la máquina (fusionar el estado inicial y el delta), el proceso puede hacerse muy lento. Además hay determinadas tareas que no se pueden realizar si hay snapshots.

18.11 REPLICACIÓN

La replicación del almacenamiento brinda redundancia para las máquinas virtuales que utilizan almacenamiento local y reduce el tiempo de migración.

Replica volúmenes a otro nodo para que todos los datos estén disponibles sin utilizar almacenamiento compartido. La replicación utiliza instantáneas (snapshots) para minimizar el tráfico enviado a través de la red. Por lo tanto, los datos nuevos se envían sólo de forma incremental después de la sincronización completa inicial. En caso de fallo del nodo, los datos de sus invitados (VM) aún están disponibles en el nodo replicado.

 Si usas un almacenamiento compartido (sobre todo con Ceph) no debes usar la replicación, esto sólo se aplica en el caso de almacenamientos locales (local-lvm o ZFS local) para minimizar el tiempo de migración entre nodos. En el caso de almacenamientos compartidos no es necesario.

18.12 MONITOR

Este menú proporciona acceso directo al monitor QEMU, que puede considerarse como un acceso de bajo nivel al hipervisor, si accedemos a esta opción nos aparecerá una linea de comando en la parte inferior, tecleando help obtendremos la lista de comandos disponibles.

En la gestión avanzada, tienes una breve explicación de estos.

18.13 FIREWALL

El firewall proporciona reglas de acceso a la configuración del firewall que explicaremos en el capítulo destinado a este tema.

18.14 HISTORIAL DE TAREAS

Al igual que ya hemos visto, el historial de tareas muestra las tareas realizadas sobre la máquina virtual en concreto a lo largo del tiempo, y el resultado de estas.

18.15 PERMISOS

Como he comentado, dedicaremos un capítulo a los permisos y los usuarios.

18.16 GESTIÓN DE ENERGÍA

Como ya he comentado podemos apagar, reiniciar, pausar, hibernar, parar o resetear la máquina.

18.17 BOTÓN MÁS

Al lado de las opciones de consola y energía en la parte superior derecha de la ventana de la máquina virtual, tenemos un botón con el texto Más (more) en esta opción podemos realizar las siguientes acciones:

- Clonar.
- Convertir a plantilla.
- Administrar la alta disponibilidad.
- Eliminar (sólo si la máquina está apagada y no tiene activada la opción de protección).

18.18 MAPEO DE RECURSOS

Cuando nos referimos a dispositivos locales en la asignación del passtrough, como la dirección de un dispositivo PCI dentro de un servidor, usar la dirección directamente puede ser problemático. Por ejemplo:

En sistemas de alta disponibilidad (HA), podría haber dispositivos diferentes con la misma dirección en diferentes servidores. Si no tenemos cuidado al asignar tareas a grupos de HA, podríamos terminar usando el dispositivo incorrecto, lo que daría lugar a problemas de funcionamiento de la máquina.

Cambiar el hardware puede cambiar las direcciones y las rutas de los dispositivos. Esto significa que tendríamos que revisar todas las tareas asignadas para asegurarnos de que sigan funcionando correctamente después del cambio.

Para manejar esto de manera más efectiva, podemos definir asignaciones de recursos en todo el grupo de servidores. Así, cada recurso tiene una identificación única seleccionada por el usuario que puede corresponder a diferentes dispositivos en diferentes servidores. Con esto, el sistema de alta disponibilidad no iniciará una tarea con un dispositivo incorrecto y podremos detectar los cambios de hardware sin problemas.

La creación de dicha asignación se puede realizar con la GUI web de Proxmox VE en Centro de datos en la pestaña correspondiente en la categoría Asignaciones de recursos, como ya vimos.

18.19 HIBERNACIÓN

Como vimos en la gestión de energía, podemos poner la máquina en hibernación al igual que se hace con un portátil, esto lo que hará será copiar el contenido de la memoria al disco y recuperarlo en el momento que volvamos a despertar la máquina.

18.20 GESTIÓN DE VM DESDE LÍNEA DE COMANDO - EL COMANDO QM

El comando qm permite realizar muchas de las acciones mediante la línea de comando de tal manera que se pueden automatizar mediante scripts, o bien mediante aplicaciones externas como Ansible.

La referencia de los comandos qm se encuentra en el manual de Proxmox VE.

18.21 ARCHIVOS DE CONFIGURACIÓN DE LAS VM

Los archivos de configuración de las VM se almacenan dentro del sistema de archivos del cluster Proxmox y se puede acceder a ellos en /etc/pve/qemu-server/<VMID>.conf. Al igual que otros archivos almacenados dentro de /etc/pve/, se replican automáticamente en todos los demás nodos del cluster.

El siguiente archivo contiene la configuración de una máquina virtual con Windows 10.

```
root@pve:/etc/pve/qemu-server# cat 104.conf
boot: order=virtio0;ide2;net0;ide0
cores: 1
cpu: x86-64-v2-AES
ide0: local:iso/vitro.iso,media=cdrom,size=522284K
ide2: local:iso/SW_DVD9_Win_10_2004_64BIT_Spanish_Home_Pro_SL_S_N_OEM_2_X22-
29869.ISO,media=cdrom,size=5163942K
machine: pc-q35-8.0
memory: 8192
meta: creation-qemu=8.0.2,ctime=1694935052
name: windows
net0: virtio=96:9B:75:6D:B0:1B,bridge=vmbr0,firewall=1,tag=1
numa: 0
ostype: win11
scsihw: virtio-scsi-single
smbios1: uuid=4c8a82fc-2329-4505-a7e9-af0014ca9b80
sockets: 2
virtio0: local-lvm:vm-104-disk-0,iothread=1,size=50G
vmgenid: 157bfb0a-ebfe-4542-b7c1-2794b3806bd3
```

18.22 BLOQUEOS

En algunas ocasiones, al hacer backup o en determinados procesos, la máquina se puede bloquear esto se ve porque la máquina aparece con un candado justo en la parte inferior derecha del icono de la máquina. Para desbloquearla podemos usar el comando qm unlock y el número de la máquina. Por ejemplo.

```
qm unlock 102
```

19

LINUX CONTAINERS LXC

19.1 CONCEPTOS

LXC (Linux Containers) es una tecnología de virtualización a nivel de sistema operativo, a diferencia de la virtualización de KVM que permite ejecutar máquinas virtuales completas, cada una con su propio kernel, sistema operativo, y aplicaciones, LXC proporciona contenedores a nivel de sistema operativo que comparten el mismo kernel del host.

Un contenedor LXC es una instancia virtual aislada del sistema operativo anfitrión, que comparte el kernel con el mismo pero tiene su propio sistema de archivos, procesos, redes y espacio de usuarios.

19.2 TECNOLOGÍA DE LXC

Los contenedores son una alternativa ligera a las máquinas totalmente virtualizadas (VM). Utilizan el núcleo del sistema host en el que se ejecutan, en lugar de emular un sistema operativo (SO) completo. Esto que se conoce como paravirtualización en la que la máquina virtual usa un espacio aislado usando los recursos del sistema operativo del hipervisor.

Esto significa que los contenedores pueden acceder directamente a los recursos del sistema host.

Los costes de funcionamiento de los contenedores son bajos, normalmente insignificantes. Sin embargo, existen algunos inconvenientes que es necesario considerar:

Sólo las distribuciones de Linux se pueden ejecutar en Proxmox Containers. No es posible ejecutar otros sistemas operativos como, por ejemplo, FreeBSD o Microsoft Windows dentro de un contenedor.

Por razones de seguridad, es necesario restringir el acceso a los recursos del host. Por lo tanto, los contenedores se ejecutan en sus propios espacios de nombres separados. Además, algunas llamadas al sistema (solicitudes de espacio del usuario al kernel de Linux) no están permitidas dentro de los contenedores.

19.3 DISTRIBUCIONES SOPORTADAS

Como he comentado sólo están soportadas las distribuciones basadas en Linux, no en FreeBSD ni Windows.

Las distribuciones soportadas son:

- Alpine Linux
- Arch Linux
- Centos, Almalinux, Rocky Linux
- Debian
- Devuan
- Fedora
- Gentoo
- OpenSUSE
- Ubuntu

19.4 IMÁGENES DE LXC

Las imágenes de LXC o contenedores LXC, a veces también denominadas "plantillas" o "dispositivos", son archivos tal que contienen todo lo necesario para ejecutar un contenedor.

El propio Proxmox VE proporciona una variedad de plantillas básicas para las distribuciones de Linux más comunes. Se pueden descargar mediante la GUI o la utilidad de línea de comandos pveam (abreviatura de Proxmox VE Appliance Manager). Además, las plantillas de contenedores TurnKey Linux también están disponibles para descargar.

La lista de plantillas disponibles se actualiza diariamente a través del proceso cron que diariamente comprueba las actualizaciones disponibles. También puedes activar una actualización manualmente ejecutando.

```
pveam update
```

242 PROXMOX. CURSO PRÁCTICO

19.5 REPOSITORIO DE IMÁGENES

En este repositorio como he comentado, hay imágenes de sistemas operativos, y plantillas de Turnkey con aplicativos previamente instalados.

Con el comando pveam available, podemos ver las disponibles en cada momento, la lista es muy larga, por lo que no voy a reproducirla, pero si ejecutamos.

```
root@hv9:~# pveam available | wc -l
131
```

Vemos que hay más de 130 imágenes entre las que encontramos el Proxmox Mail Gateway, todas las distribuciones soportadas así como muchos appliances de turnkey preconfigurados con Drupalm, Magento, Prestashop, Wodrpress, Wiregurad, etc.

Esto nos permite disponer o bien de un sistema operativo o bien un aplicativo en producción en minutos (o segundos) provisionado.

Pare descargarnos cualquiera de ellos ejecutamos.

```
pveam download iso debian-12-standard_12.2-1_amd64.tar.zst
```

Esto descargará la imagen de un contenedor de Debian 12 en el almacenamiento NFS iso que tengo configurado. Si queremos descargarlo en el disco local sustituiremos iso por local.

19.6 CREACIÓN DE UN LXC

Al igual que cuando creamos una máquina virtual, procederemos pulsando, botón derecho en nuestro nodo o bien en el menú superior derecho crear CT. Una vez hemos pulsado, nos aparecerá la ventana que mostramos en la imagen anterior.

En esta imagen podemos ver en primer lugar el nodo en el que vamos a crear el contenedor, el VMID del contenedor, que es consecutivo a las máquinas virtuales según lo configuramos en los identificadores de máquinas virtuales. Hay que tener en cuenta que en la vista del nodo aparece en primer lugar los LXC y después las máquinas virtuales, con lo que no van en orden como iban las máquinas virtuales.

En tercer lugar, nos pedirá el nombre del host en este caso sí que es el nombre del que va a aparecer en el fichero hosts de nuestro LXC.

Seguimos por la parte superior derecha y vemos que podemos asignarlo a un Pool que ya comentaremos más adelante y podemos poner la contraseña de acceso root de nuestro contenedor y nos pedirá la confirmación de contraseña, y además podemos añadir una clave pública. Nuestra clave pública que usamos para acceder a todas las máquinas Linux.

En la parte izquierda vemos dos checks que corresponde a la opción de contenedores sin privilegios y contenedores anidados. Voy a explicar un poco en qué consisten estas dos opciones.

19.6.1 Contenedores sin privilegios

Los contenedores sin privilegios utilizan una nueva característica del carnet de Linux, que se llama espacios de nombres de usuario. Para ello se asigna el UID 0 dentro del contenedor a un usuario sin privilegios en el sistema operativo del hipervisor.

Esto significa que la mayoría de problemas de seguridad por parte de usuarios o procesos que nos podemos encontrar como por ejemplo, uso de recursos, no autorizados, poder salir del espacio del contenedor, afectarán a un usuario aleatorio sin ningún tipo de privilegios y generará un error de seguridad genérico del kernel en lugar de un problema en el propio contenedor.

En la documentación sobre los Linux containers el equipo de desarrollo que los contenedores sin privilegios son seguros debido a su diseño.

Esta opción es la predeterminada cuando se crea un contenedor nuevo.

19.6.2 Contenedores privilegiados

En los contenedores privilegiados, la seguridad se logra mediante el uso de restricciones de la funcionalidad de AppArmor, que obliga a pasar por este sistema de control, los filtros de Seccom y los espacios de nombres del kernel de Linux. Este tipo de contenedor se considera mucho más inseguro y puede que no controle los nuevos exploits que puedan generar problemas de seguridad, por lo que no es conveniente usar contenedores privilegiados.

> ### (i) NOTA
>
> Hay que tener en cuenta que muchas funcionalidades no se pueden ejecutar en los contenedores sin privilegios por ejemplo, no podemos montar un servidor NFS, y otras funcionalidades que estarán restringidas debido a la propia forma en la que se gestionan los contenedores sin privilegios.

19.6.3 Contenedores anidados

Al igual que vimos en las máquinas virtuales, el uso de contenedores anidados permite disponer de funciones de virtualización anidada dentro del contenedor.

19.6.4 Plantilla

Una vez que hemos rellenado los datos de la configuración general, la siguiente pantalla nos muestra la plantilla que vamos a usar. Para ello usamos el almacenamiento donde tenemos nuestras plantillas y escogemos la plantilla que vamos a usar para nuestro contenedor.

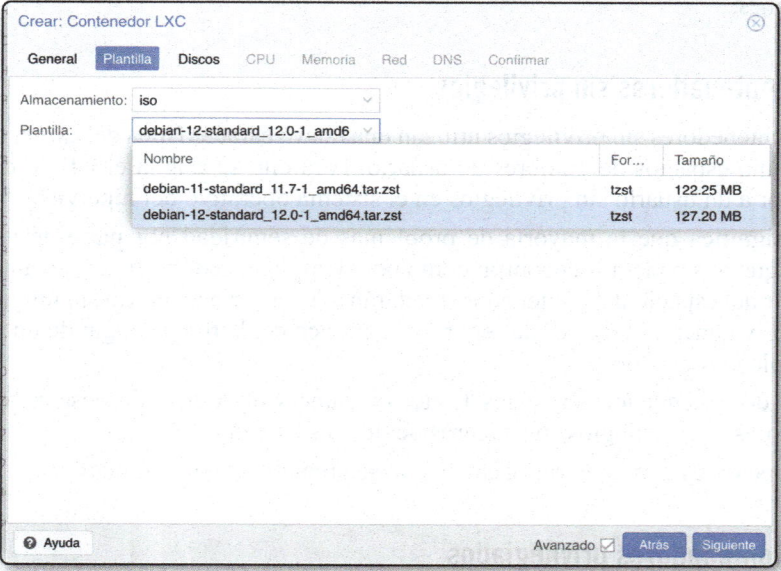

Una vez que hemos configurado estos valores, pasamos a la siguiente pantalla que nos permite seleccionar el disco o los discos de nuestro contenedor.

19.6.5 Discos

La parte de almacenamiento no es igual exactamente que una máquina Virtual, como veremos más adelante, lo que hacemos es generar puntos de montaje para cada almacenamiento.

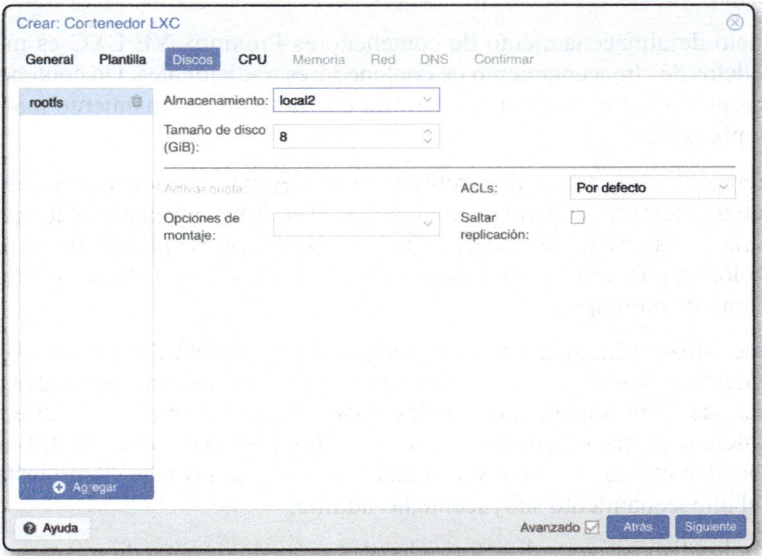

En la pantalla podemos ver que por defecto nos genera un root en un disco de nuestro sistema almacenamiento. Si añadimos un segundo disco, debemos de seleccionar la ruta o el punto de montaje.

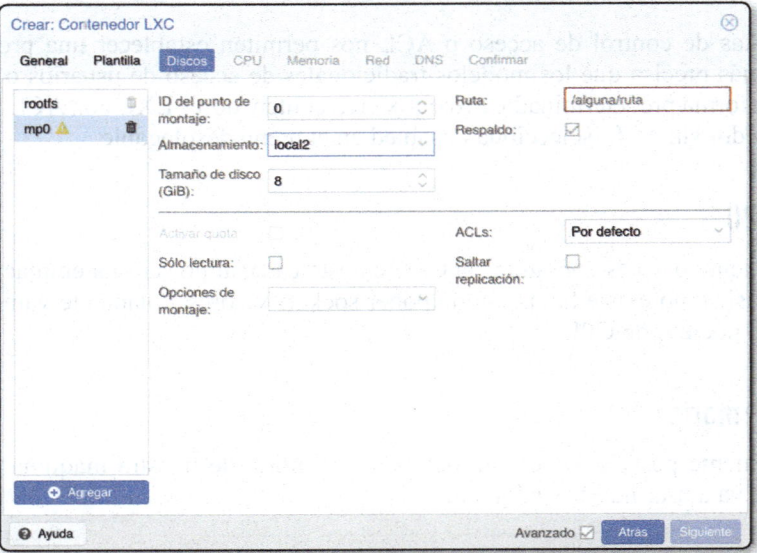

En este caso, le voy a poner por ejemplo como ruta /mnt/eduardo, esta ruta podéis poner cualquiera que necesitéis para vuestro contenedor.

El punto de montaje raíz se configura con la propiedad rootfs. Puedes configurar hasta 256 puntos de montaje adicionales. Las opciones correspondientes se denominan mp0 a mp255.

El modelo de almacenamiento de contenedores Proxmox VE LXC es más flexible que los modelos de almacenamiento de contenedores tradicionales. Un contenedor puede tener varios puntos de montaje. Esto permite utilizar el almacenamiento más adecuado para cada aplicación.

Por ejemplo, el sistema de archivos raíz del contenedor puede estar en un almacenamiento lento y económico como pueden ser discos mecánicos (aunque ya sabes que no los recomiendo), mientras que la base de datos u otras aplicaciones que necesitan más prestaciones, pueden estar en un almacenamiento rápido y distribuido a través de un segundo punto de montaje.

Se puede utilizar cualquier tipo de almacenamiento compatible con las bibliotecas de almacenamiento Proxmox VE. Esto significa que los contenedores se pueden almacenar en sistemas de almacenamiento locales (por ejemplo, lvm, zfs o directorio), en almacenamientos externos compartidos (como iSCSI, NFS) o incluso distribuidos como Ceph. Se pueden utilizar funciones de almacenamiento avanzadas, como instantáneas o clones, si el almacenamiento subyacente las admite.

Además, los dispositivos o directorios locales se pueden montar directamente mediante montajes vinculados. Esto brinda acceso a recursos locales dentro de un contenedor con gastos generales prácticamente nulos. Los montajes vinculados se pueden utilizar como una forma sencilla de compartir datos entre contenedores.

ACL.

Las listas de control de acceso o ACL nos permiten establecer una propiedad de archivos más precisa que los modelos tradicionales de acceso de usuarios o grupos de Linux. De forma predeterminada, Proxmox crea contenedores LXC con ACL. Para crear un contenedor sin ACL, selecciona Disabled en el menú desplegable.

19.6.6 CPU

El siguiente paso es configurar la CPU en este caso, al no ser una emulación de una máquina física, no existe la opción de poner sockets y cores, solamente vamos a poner los cores o núcleos de CPU.

19.6.7 Memoria

La siguiente pestaña sirve para definir la memoria de nuestra máquina y el disco Swap, que va a usar nuestra máquina.

Cuando usemos discos SSD, es preferible poner el tamaño del swap a cero puesto que el precio de la memoria es relativamente barato hoy en día y es preferible aumentar el tamaño de la memoria y no usar disco Swap porque vamos con esto a disminuir la vida útil del disco SSD, también con los discos mecánicos, lo que vamos a conseguir reducir el rendimiento de nuestro contenedor, puesto que las faltas de memoria se sufrirán con disco que es mucho más lento y por lo tanto repercutirá en el rendimiento de la máquina.

19.6.8 Red

Lo siguiente que vamos a configurar es la tarjeta de red, y al igual que ocurre las máquinas virtuales tenemos nuestro tarjeta de red, el bridge al que va conectada y la VLAN, así como la opción de poner o no poner cortafuegos tenemos también los límites de transferencia y el MTU, pero en este caso la dirección IP se configura directamente aquí y no dentro de la máquina entonces pues tenemos la opción de poner IP estática o por DHCP tanto en IPv4 como en IPv6.

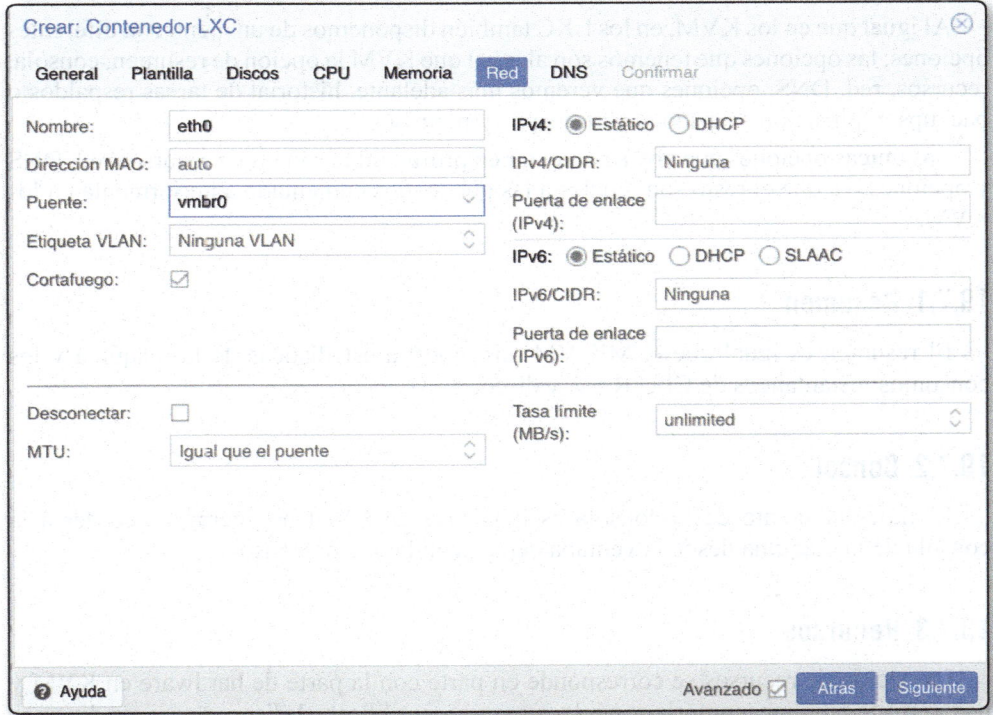

Además en IPv6 como vemos en la imagen podemos configurar tanto de DHCP como SLAAC.

19.6.9 DNS

El siguiente paso sería configurar el DNS, aquí configuraremos el nombre del dominio en ese por ejemplo eduardotaboada.com y los servidores de DNS que vamos a usar.

Una vez que hemos configurado todo esto, vamos a la pantalla de confirmar y se procederá la creación de nuestro contenedor. Tardará unos segundos, generará las claves SSH y una vez terminado nuestro contenedor está listo para usar, este proceso es muy rápido por lo que, por lo que comentaba que es muy útil para creación de maquetas o para pruebas, sobre todo, también se pueden usar en equipos en producción, pero con las limitaciones que ya hemos visto de que no es una máquina virtual, como tal, sino es una paravirtualización del sistema operativo, anfitrión del hipervisor y esto nos da ciertas limitaciones sobre lo que podemos y no podemos hacer en el contenedor.

19.7 AJUSTES DE LOS LXC

Al igual que en los KVM, en los LXC también disponemos de un menú con diferentes opciones, las opciones que tenemos son al igual que KVM la opción de resumen, consola, recursos, red, DNS, opciones que veremos más adelante, historial de tareas respaldos o backups, replicación snapshots, cortafuegos y permisos.

Las únicas opciones que voy a comentar en profundidad son las de recursos red, DNS y opciones, ya que el resto son iguales a las que hemos comentado anteriormente en los KVM.

19.7.1 Resumen

El resumen es igual que el MK VM nos muestra estadísticas de la máquina y los consumos instantáneos de CPU RAM y disco.

19.7.2 Consola

El funcionamiento de la consola es igual que en KVM nos permite acceder a la consola de la máquina desde la ventana derecha en la opción consola.

19.7.3 Recursos

La opción de recursos se corresponde en parte con la parte de hardware en KVM y nos permite ampliar memoria y núcleos (cores), modificar el disco o agregar diversos componentes, como pueden ser otro disco en otro punto montaje o bien un passtru de un elemento del hipervisor.

A diferencia de los KVM, en los contenedores, podemos ampliar o disminuir memoria y núcleos sin necesidad de reiniciar la máquina. Este proceso como es una para virtualización se puede realizar en caliente.

19.7.4 Red

En el apartado de red podemos cambiar la configuración de la red, es decir, la configuración que vimos anteriormente de IP en DHCP o IP estática, la VLAN etc. se puede configurar en este apartado.

19.7.5 DNS

En la parte de DNS, podemos cambiar las opciones de DNS, como son el nombre del host, el nombre del dominio que tiene asociado el contenedor, así como los servidores de DNS correspondientes del contenedor.

19.7.6 Opciones

Al igual que ocurría en los KVM en el apartado de opciones podemos configurar diversos parámetros que voy a tratar de explicar un poco cada una de ellas en qué consiste. Aunque muchas son iguales a las de los KVM, otras son específicas de los contenedores.

Las opciones que tenemos son en primer lugar, iniciar al arranque, que es la misma que KVM que cuando arranque el hipervisor se arranque el contenedor también de forma automática.

La siguiente también es la opción del orden de arranque, que ya vimos como funcionaba.

Luego tenemos las opciones del tipo de sistema operativo y la arquitectura que son fijas y vienen determinados por la plantilla del contenedor.

Después decimos si activamos el dispositivo que va a actuar como consola que por defecto suele ser /dev/console.

Después podemos poner el número de TTY, es decir, el número de terminales que va a tener el contenedor por defecto viene asignado a dos, pero podemos ampliarlo o reducirlo.

Después tenemos el modo consola que puede ser por defecto, TTY o bien puede ser el /dev/console, como dijimos o el shell de Linux.

A continuación tenemos si el contenedor dispone de protección para evitar la eliminación accidental y dos opciones que son si el contenedor es privilegiado o no, esto se establece cuando se crea el contenedor y no se puede modificar.

Hay que recordar que los contenedores cuando se crean se establece esta propiedad y no se puede cambiar, a no ser que una vez tengamos una copia de seguridad, restauremos de esa copia y en ese caso, sí que podremos cambiar el nivel de privilegio del contenedor.

19.7.7 Funcionalidades

Por último, tenemos las funcionalidades que son diferentes, dependiendo de si el contenedor es privilegiado o no.

Entre las propiedades del contenedor, podemos ver que podemos usar el anidado, podemos habilitar NFS o samba CIFS o bien Fuse en los contenedores. Las opciones de samba y NFS solo están disponibles en contenedores privilegiados.

Respecto al resto de opciones del menú de un contenedor, tenemos historial de tareas al igual que, en el resto de menús, las opciones de respaldo backup para ver las copias de nuestro contenedor, la replicación, la gestión de los snapshots, el cortafuegos y por último los permisos.

19.8 CONSIDERACIONES DE SEGURIDAD

Los contenedores utilizan el kernel del sistema host (hipervisor). Esto significa exponer una superficie de ataque para usuarios malintencionados.

Las máquinas virtuales KVM proporcionan mejoras en cuanto al aislamiento, ya que el kernel del host no es accesible. Debes tener esto en cuenta, sobre todo si los contenedores se proporcionan a personas desconocidas o que no son de confianza.

No es buena idea proporcionar acceso root en los contenedores si tienes un ISP o similar, ya que como he comentado, un usuario malintencionado o poco versado, puede provocar problemas que afecten a todo el hipervisor.

Para reducir la superficie de ataque, LXC utiliza muchas funciones de seguridad como AppArmor, CGroups y espacios de nombres del kernel.

19.8.1 AppArmor

Los perfiles de AppArmor se utilizan para restringir el acceso a acciones posiblemente peligrosas. Algunas llamadas al sistema, como por ejemplo, montar un dispositivo, están prohibidas por el perfil.

Aunque no se recomienda, AppArmor se puede desactivar para un contenedor. Esto trae consigo riesgos de seguridad. Algunas llamadas al sistema pueden provocar una escalada de privilegios cuando se ejecutan dentro de un contenedor si el sistema está mal configurado o si existe una vulnerabilidad de LXC o del kernel de Linux.

19.8.2 Cgroups

Cgroup es un mecanismo del núcleo que se utiliza para organizar jerárquicamente procesos y distribuir recursos del sistema.

Los principales recursos controlados a través de cgroups son el tiempo de CPU, los límites de memoria y swap y el acceso a los nodos del dispositivo. Los cgroups también se utilizan para "congelar" un contenedor antes de tomar instantáneas.

Existen dos tipos de cgroups disponibles: Legacy y cgroupv2.

Desde Proxmox VE 7.0, el valor predeterminado es un entorno cgroupv2 puro. Anteriormente se usaba una configuración "híbrida", donde el control de recursos se realizaba principalmente en cgroupv1 con un controlador cgroupv2 adicional que podía hacerse cargo de algunos subsistemas.

Si deseamos usar quota de disco, esto no es posible con el cgroupv2, debemos usar el Legacy.

19.9 BACKUPS Y RESTAURACIÓN

Al contrario de lo que ocurre con los KVM en los contenedores LXC la configuración de backup no permite copias incrementales, las copias se realizan siempre íntegras. Debemos tener en cuenta esto a la hora de planificar el espacio de copias de seguridad puesto que si el contenedor ocupa por ejemplo 100 GB y guardamos 10 copias, tendremos un tera de almacenamiento ocupado. Sin embargo, en las KVM este espacio es menor, debido a que se hacen copias incrementales.

19.10 MIGRACIÓN

La migración de los contenedores LXC se realiza apagando el contenedor es decir no se puede hacer una migración en vivo con la máquina encendida. La máquina del momento de la migración se apaga y se enciende en el nuevo destino.

19.11 BLOQUEOS

Las migraciones de contenedores, instantáneas y copias de seguridad (vzdump) establecen un bloqueo en el contenedor para evitar acciones que se ejecuten durante el proceso incompatible en el contenedor afectado. A veces es necesario eliminar dicho bloqueo manualmente.

19.12 GESTIÓN DE LXC MEDIANTE EL COMANDO PCT

Toda la gestión de los contenedores se puede automatizar o ejecutar desde consola con el comando pct. En la documentación encontrarás más información sobre este comando.

20

CONVERTIR IMÁGENES VMDK, RAW, QCOW2, VDI Y VPC CON QEMU-IMG

La herramienta de línea de comandos qemu-img permite manipular y convertir varios formatos de imagen de disco (vmdk, raw, qcow2, vdi y vpc), utilizados principalmente por sistemas de virtualización como VMware, KVM, Xen, Virtualbox o Hyper-V.

El funcionamiento es realmente sencillo, lo primero que debemos revisar es que la herramienta está instalada. En caso contrario, podemos instalarla desde apt:

```
# whereis qemu-img
qemu-img: /usr/bin/qemu-img /usr/share/man/man1/qemu-img.1.gz
```

A la hora de hacer la conversión, simplemente debemos tener en cuenta el formato e imagen de disco origen y destino. Si no especificamos el formato de origen (-f) qemu-img intenta detectarlo de forma automática. El formato destino se especifica con -O y seguido la imagen de origen y destino. El siguiente ejemplo convierte una imagen de disco de formato qcow2 (KVM) a vmdk (VMware).

```
qemu-img convert -f qcow2 -O vmdk imagen_origen.qcow2 imagen_destino.vmdk
```

Otro ejemplo en el que convertimos de imagen raw (.img) a qcow2.

```
qemu-img convert -f raw -O qcow2 image_origen.img imagen_destino.qcow2
```

Una vez que tenemos la imagen convertida, por ejemplo a vmdk, tendríamos que crear una nueva máquina virtual y en el proceso de creación asignarle el disco vmdk que hemos creado con la conversión («Use an existing virtual disk»). Existen otras opciones interesantes como activar la compresión para la imagen de destino (sólo en qcow) con la opción -c

```
qemu-img convert -c -f raw -O qcow2 disco_virtual.img disco_virtual_destino.qcow2
```

21

IMPORTACIÓN DE MÁQUINAS FÍSICAS A VM DE PROXMOX VE

21.1 REQUISITOS

Tenemos que conectar un disco duro vacio, bien por el bus IDE, SATA o USB a nuestra máquina, o bien una carpeta compartida en NFS con espacio libre mayor que el tamaño del disco de la máquina a migrar. Disponer de una imagen de arranque de un Linux o bien una Live. Para esto lo mejor es usar Ventoy que encontrarás como crearlo y usarlo en los apéndices.

21.2 PASOS PREVIOS

Instalar el mergeide que se pude descargar de varias ubicaciones, o desde aquí MergeIDE.zip

Este archivo es un ejecutable bat que inserta unas claves de registro. Si no se ejecuta, podemos insertarlas a mano (vienen en el archivo ZIP) como podemos ver en la imagen inferior.

21.3 CREACIÓN DE LA IMAGEN DE LA MÁQUINA FÍSICA

Una vez instalado el Mergeide, procedemos a arrancar la máquina desde un sistema Linux desde CD o USB, recomendamos la utilidad GRML que se puede descargar de grml.org.

Una vez que se ha arrancado la máquina, deberemos de tener nuestro disco extraíble o una unidad de red a la que copiar nuestro archivo de imagen que generaremos con la utilidad ddrescue. El manual de esta utilidad lo podemos localizar aquí.

Montamos la unidad de disco extraible o el NFS en el Linux o en el grml.

En nuestro ejemplo la vamos a llamar copia.

```
mkdir /mnt/copia
```

Montamos el disco (suponiendo que nuestro disco vacío sea por ejemplo el sdb).

```
mount /dev/sdb1 /mnt/copia
```

O bien si es un NTFS.

```
mount -t ntfs 10.20.0.21/mimaquina /mnt/copia
```

Iniciamos el ddrescue (suponiendo que el disco de la máquina física que queremos clonar es el /dev/sda).

```
ddrescue -d -f -r3 /dev/sda /mnt/copia/windows_2019.img rescue.log
```

Podemos hacerlo con un dd de Linux también.

```
dd if= /dev/sda of=/mnt/copia/windows_2019.img rescue.log bs=64K
conv=noerror,sync
```

21.4 IMPORTACIÓN DE LA IMAGEN DE DISCO

21.4.1 Convertir imagen de máquina física a Proxmox

Para esto existen dos formas.

21.4.2 Forma "lenta" qemu-img convert

Ejecutamos un qemu-img convert suponiendo que la imagen que hemos creado se llama midisco.raw.

```
qemu-img convert -f raw midisco.raw -O qcow2 midisco.qcow2
```

Una vez ha terminado el proceso de conversión que será largo, creamos una máquina virtual nueva, con disco en formato IDE y almacenamiento en la unidad de red, ya que si la creamos en ceph o en lvm o cualquier sistema de archivos local, creará un fichero de bloques y no un fichero convencional. Una vez creada la máquina, si el ID es por ejemplo 500, tendremos un archivo que se llamará 500.qcow2. Ahora hacemos backup de este archivo (lo podemos llamar old500.qcow2) y renombramos el archivo midisco.qcow2 como 500.qcow2 y ya está.

21.4.3 qm importdisk (la más cómoda)

Otra opción es crear la máquina virtual y desde la línea de comando ejecutar:

```
qm importdisk <machine-number> windows_1029.img storage (lvm, nfs, etc.)
```

> **ⓘ NOTA IMPORTANTE**
>
> Personalmente, una vez creada la máquina y para seguir el orden (vmxxx-disk0, vmxxx-disk1) es aconsejable borrar el disco de la máquina recién creada y que el proceso de importación del disco cree el disco con el ID 0.
>
> machine-number es el número de la máquina creada, y storage es el nombre del almacenamiento donde la vamos a almacenar.

 Los SATA y los cambios de virio son sólo para máquinas Windows, en las Linux podemos usar virtio directamente.

Esto nos creará un disco sin asignar en la máquina, que asignaremos con el interfaz SATA como interfaz de disco (solo en el caso de máquinas Windows, en máquinas Linux podemos usar virtio a no ser que sea un Linux muy antiguo).

Cambiaremos el orden de arranque para que haga el arranque desde el disco SATA recién asignado.

Arrancamos la máquina, si todo va bien, arrancará el sistema operativo. Si no es así, podemos hacer un truco, que es quitar el disco de la máquina virtual, y después agregarle de nuevo el disco que aparecerá como unused (doble click en unused disk).

Si arranca la máquina, ahora le instalamos los drivers del virtio (solo en el caso de Windows) que los puedes descargar de aquí. Si no tienes ningún dispositivo virtio (red, etc), para poner el disco en virtio (que es lo mejor), lo que hacemos es crearnos un disco de por ejemplo 5 Gb con virtio y asignarlo a la máquina.

Cuando arranque, nos pedirá los drivers del virtio para el disco, se los instalamos, y cuando arranque la próxima vez, si reconoce el disco, apagamos, quitamos el disco IDE o SATA, luego añadimos el disco de arranque que acabamos de desconectar y le decimos que es virtio (doble click en unused disk) y luego, muy importante, vamos a opciones y cambiamos el orden de arranque para que arranque del virtio en lugar del disco IDE (si no haces esto, te llevas un susto que para que…)

Y ya debería todo de funcionar correctamente.

21.5 CONSERVACIÓN DE AJUSTES DE LA MÁQUINA FÍSICA

Muchos sistemas y muchas aplicaciones verifican la información del BIOS durante el proceso de instalación o bien para conservar los datos de licencia de algún software y si están instaladas en un hardware diferente al que se produjeron, la instalación falla con un mensaje como este: "Este sistema no es una plataforma compatible".

Para ver los datos de la máquina podemos ejecutar lo siguiente:

```
# dmidecode 2.11
SMBIOS 2.6 present.
35 structures occupying 1145 bytes.
Table at 0x000FB330.
Handle 0x0000, DMI type 0, 24 bytes
BIOS Information
Vendor: HP
Version: O41
Release Date: 07/29/2011
...
...
Handle 0x0001, DMI type 1, 27 bytes
System Information
Manufacturer: HPE
Product Name: ProLiantDL380Gen10
Version:U30
Serial Number: 123456AB
UUID: 1E3BD500-1DD2-11B2-8000-009C02ABDD39
Wake-up Type: Power Switch
SKU Number: P24841-B21
Family:
…
```

Esto nos dará la información específica del hardware de la máquina física. Para reflejar esto en la máquina virtual procederemos como comentamos a las opciones de SMBIOS en las opciones de nuestra máquina virtual.

A efectos de realizar esto, agregamos esta información en la configuración de la máquina virtual.

```
<os>
  <type arch='x86_64' machine='pc-1.0'>hvm</type>
  <boot dev='hd'/>
  <bootmenu enable='yes'/>
  <smbios mode='sysinfo'/>
</os>
<sysinfo type='smbios'>
  <bios>
      <entry name='vendor'>HP</entry>
      <entry name='version'>P71</entry>
  </bios>
  <system>
      <entry name='manufacturer'>HP</entry>
      <entry name='product'>ProLiant DL360p Gen8</entry>
      <entry name='serial'>CZJ3210VK4</entry>
      <entry name='sku'>646901-421</entry>
  </system>
</sysinfo>
```

O bien desde la interfaz gráfica (necesitaremos apagar la máquina).

Entramos en opciones, y en el apartado SMBIOS Settings, hacemos doble click.

Nos aparecerá una ventana con la información que tenemos que rellenar partiendo de los datos de la máquina física que hemos virtualizado y que queremos conservar por compatibilidad.

Rellenamos los datos que nos pide. Como podemos ver en la imagen siguiente, y al arrancar, el sistema operativo de la máquina virtual y las aplicaciones se comportarán reconociendo esta como una máquina física con el número de serie, marca y modelo, tal y como estaba en el original.

A veces esto también nos puede pasar con la dirección MAC de determinada tarjeta de red o incluso con los números de serie de los discos duros.

21.5.1 Cambiar la dirección MAC

Este proceso es muy sencillo, bastará con ir a la configuración del hardware de nuestra máquina virtual, hacer doble click en la tarjeta de red correspondiente y modificar el número de MAC que aparece, por el que teníamos en la máquina original.

21.5.2 Cambiar o establecer el número de serie en los discos virtuales

Muchas aplicaciones en su instalación guardan el valor del número de serie del disco de la máquina, por lo que una migración puede dejar el registro del aplicativo inservible.

Cambiar o establecer el número de serie de un disco en Proxmox VE.

Para solucionar esto, os vamos a contar como definir un número de serie determinado en un disco duro en Proxmox VE. Pongamos el ejemplo de una máquina con discos virtio.

El comando para establecer un número de serie determinado a los discos sería este para por ejemplo 3 discos de una máquina virtual.

```
root@hv9:~# qm set 9995 --virtio1 local-lvm:vm-9995-disk-1,serial=vm9995disk1
update VM 9995: -virtio1 local-lvm:vm-9995-disk-1,serial=vm9995disk1
root@hv9:~# qm set 9995 --virtio2 local-lvm:vm-9995-disk-2,serial=vm9995disk2
update VM 9995: -virtio2 local-lvm:vm-9995-disk-2,serial=vm9995disk2
root@hv9:~# qm set 9995 --virtio3 local-lvm:vm-9995-disk-3,serial=vm9995disk3
update VM 9995: -virtio3 local-lvm:vm-9995-disk-3,serial=vm9995disk3
root@hv9:~#
```

Los discos ahora quedarían pendientes de apagar y reiniciar la máquina para que los valores queden grabados

🖳	Memory	10.00 GiB
🖵	Processors	4 (2 sockets, 2 cores)
🖴	BIOS	Default (SeaBIOS)
🖥	Display	Default
⚙	Machine	Default (i440fx)
🖴	SCSI Controller	VirtIO SCSI single
◎	CD/DVD Drive (ide2)	iso:iso/TrueNAS-SCALE-22.12.4.iso,media=cdrom,size=1713884K
🖴	Hard Disk (virtio0)	local-lvm:vm-9995-disk-0,iothread=1,size=32G
🖴	Hard Disk (virtio1)	local-lvm:vm-9995-disk-1,iothread=1,size=50G local-lvm:vm-9995-disk-1,serial=vm9995disk1,size=50G
🖴	Hard Disk (virtio2)	local-lvm:vm-9995-disk-2,iothread=1,size=50G local-lvm:vm-9995-disk-2,serial=vm9995disk2,size=50G
🖴	Hard Disk (virtio3)	local-lvm:vm-9995-disk-3,iothread=1,size=50G local-lvm:vm-9995-disk-3,serial=vm9995disk3,size=50G
⇄	Network Device (net0)	virtio=AE:CE:B7:9F:75:20,bridge=vmbr0,firewall=1,tag=111

Si el número de serie que necesitamos es otro, bastará con obtener el número de serie original del disco y escribirlo.

21.5.2.1 OTROS CONTROLADORES

Esto lo hemos visto para virtio, pero en el caso de otros controladores el proceso es el mismo, supongamos que el número de serie de nuestro disco es 12345678, en el caso de una controladora IDE y una controladora SATA.

```
qm set 104 --ide1 local-lvm:vm-104-disk-1,serial=12345678
qm set 104 --sata0 local-lvm:vm-104-disk-1,serial=12345678
```

Como vemos la sintaxis es qm set [número o id de la máquina] --controlador (virtio,ide,scsi,sata) y el número, el nombre del archivo o del objeto disco (incluyendo el almacenamiento) y el número de serie.

22

IMPORTACIÓN DE VM DESDE VMWARE A PROXMOX VE

22.1 REQUISITOS

Para migrar una máquina virtual desde VMware a Proxmox, requiere que instalemos unas entradas de registro que ya veremos y que desinstalemos las VMware Tools de la máquina, es importante seguir este orden, puesto que una vez desinstaladas las VMware Tools, perderemos el acceso a la red y el ratón en el caso de entornos gráficos, no funcionará nada bien. Por lo tanto es recomendable que desinstalar las VMware tools sea el último paso.

Además es recomendable tener ambos entornos en la misma red, para poder copiar la imagen de la máquina desde VMware a Proxmox.

22.2 PASOS PREVIOS

Instalar el mergeide que se puede descargar de varias ubicaciones, o desde aquí MergeIDE.zip

Este archivo es un ejecutable bat que inserta unas claves de registro. Si no se ejecuta, podemos insertarlas a mano (vienen en el archivo ZIP) como podemos ver en la imagen inferior.

```
Windows Registry Editor Version 5.00

[HKEY_LOCAL_MACHINE\SYSTEM\CurrentControlSet\Control\CriticalDeviceDatabase\primary_ide_channel]
"ClassGUID"="{4D36E96A-E325-11CE-BFC1-08002BE10318}"
"Service"="atapi"

[HKEY_LOCAL_MACHINE\SYSTEM\CurrentControlSet\Control\CriticalDeviceDatabase\secondary_ide_channel]
"ClassGUID"="{4D36E96A-E325-11CE-BFC1-08002BE10318}"
"Service"="atapi"

[HKEY_LOCAL_MACHINE\SYSTEM\CurrentControlSet\Control\CriticalDeviceDatabase\*pnp0600]
"ClassGUID"="{4D36E96A-E325-11CE-BFC1-08002BE10318}"
"Service"="atapi"

[HKEY_LOCAL_MACHINE\SYSTEM\CurrentControlSet\Control\CriticalDeviceDatabase\*azt0502]
"ClassGUID"="{4D36E96A-E325-11CE-BFC1-08002BE10318}"
"Service"="atapi"

[HKEY_LOCAL_MACHINE\SYSTEM\CurrentControlSet\Control\CriticalDeviceDatabase\gendisk]
"ClassGUID"="{4D36E967-E325-11CE-BFC1-08002BE10318}"
"Service"="disk"

[HKEY_LOCAL_MACHINE\SYSTEM\CurrentControlSet\Control\CriticalDeviceDatabase\pci#cc_0101]
"ClassGUID"="{4D36E96A-E325-11CE-BFC1-08002BE10318}"
"Service"="pciide"

[HKEY_LOCAL_MACHINE\SYSTEM\CurrentControlSet\Control\CriticalDeviceDatabase\pci#ven_0e11&dev_ae33]
"ClassGUID"="{4D36E96A-E325-11CE-BFC1-08002BE10318}"
"Service"="pciide"
```

22.3 OPCIÓN AL VIEJO ESTILO (A MANO) Y LA MÁS COMPLEJA

22.3.1 Copia de la imagen VMDK

Comprobar que no están instaladas las VMware Tools. Si están instaladas, desinstalarlas y reiniciar. A continuación apagaremos la máquina de VMware.

Copiar los archivos .vmdk a un almacenamiento en red.

Cuando copiamos los vmdk, hay dos archivos para cada disco, un vmdk y un flat-vmdk (por ejemplo si tenemos un disco que se llama midisco, tendremos un midisco. vmdk y un midisco-flat.vmdk). El primer archivo es un descriptor, y el segundo es el disco en sí.

Hay dos formas de realizar el proceso, con conversión de disco y después crear la máquina, o bien creando la máquina e importando el disco.

22.3.1.1 CONVERSIÓN DE DISCO

Ejecutar el convertidor de vmdk a qcow2 sobre el midisco.vmdk. Para ello, ambos ficheros vmdk deben de estar en la misma carpeta.

El comando para realizar esto es:

```
qemu-img convert -f vmdk midisco.vmdk -O qcow2 midisco.qcow2
```

Una vez ha terminado el proceso de conversión que será largo, creamos una máquina virtual nueva, con disco en formato IDE y almacenamiento en la unidad de red, ya que si la creamos en ceph o en lvm o cualquier sistema de archivos local, creará un fichero de bloques y no un fichero convencional.

Una vez creada la máquina, si el ID es por ejemplo 500, tendremos un archivo que se llamará 500.qcow2.

Ahora hacemos backup de este archivo (lo podemos llamar old500.qcow2) y renombramos el archivo midisco.qcow2 como 500.qcow2.

22.3.1.2 IMPORTANDO EL DISCO

Otra opción es crear la máquina virtual (pongamos el mismo ejemplo de máquina 500 y mi disco) para importar al almacenamiento local y desde línea de comando ejecutar:

```
qm importdisk 500 midisco.vmdk storage lvm-local
```

22.3.2 Procesos a posteriori

Arrancamos la máquina, si todo va bien, arrancará el sistema operativo. Si no es así,podemos hacer un truco, que es quitar el disco de la máquina virtual, y después agregarle de nuevo el disco que aparecerá como unused (doble click en unused disk).

Si arranca la máquina, ahora le instalamos los drivers del virtio que los puedes descargar de aquí.

Si no tienes ningún dispositivo virtio (red, etc), para poner el disco en virtio (que es mejor), lo que hacemos es crearnos un disco de por ejemplo 5 Gb con virtio y asignarlo a la máquina.

Cuando arranque, nos pedirá los drivers del virtio para el disco, se los instalamos, y cuando arranque la próxima vez, si reconoce el disco, apagamos, quitamos el disco IDE, luego añadimos el disco de arranque que acabamos de desconectar y le decimos que es virtio (doble click en unused disk) y luego, muy importante, vamos a opciones y cambiamos el orden de arranque para que arranque del virtio en lugar del disco IDE (si no haces esto, te llevas un susto que para que…)

Y ya debería todo de funcionar correctamente.

22.4 OPCIÓN CON EL ASISTENTE NUEVO (DESDE LA VERSIÓN 8.1) LA SENCILLA

Desde la versión 8.1 de Proxmox VE, podemos agregar el VMware como un almacenamiento en un nodo o cluster de Proxmox, nos pedirá un ID (como siempre), la dirección IP de nuestro VMware, el usuario con permisos (normalmente root) y la contraseña.

Importante activar la opción de Saltar la validación del certificado a no ser que tengamos un certificado válido en nuestro VMware.

Una vez realizado esto, nos aparecerán nuestras máquinas virtuales VMware en nuestro almacenamiento de Proxmox VE.

Si las máquinas están apagadas, nos permitirá seleccionar la opción de Importar que aparece en la parte superior.

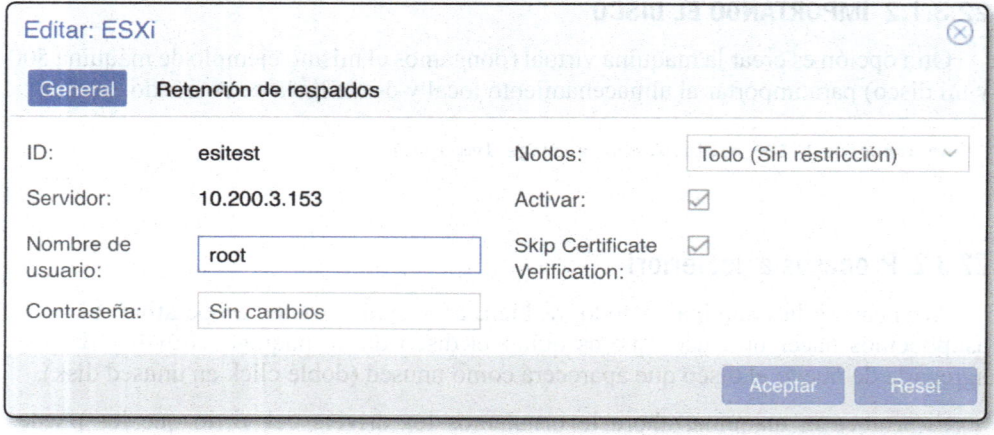

Esto importará la máquina virtual al nodo en cuestión de Proxmox VE y ya tenemos la máquina migrada de VMware a Proxmox.

23

IMPORTACIÓN DE VM DESDE HYPER-V A PROXMOX VE

23.1 REQUISITOS

A partir de una máquina de Hyper-V podemos realizar una copia del disco duro de dicha máquina y de esta forma poder migrar la máquina a Proxmox.

23.2 PASOS PREVIOS

A partir de una máquina de Hyper-V podemos realizar una copia del disco duro de dicha máquina y de esta forma poder migrar la máquina a Proxmox.

Instalar el mergeide que se pude descargar de varias ubicaciones, o desde aquí MergeIDE.zip.

Este archivo es un ejecutable bat que inserta unas claves de registro. Si no se ejecuta, podemos insertarlas a mano (vienen en el archivo ZIP).

Copiar el disco duro que se encuentra normalmente en:

C:\Program Data\Microsoft\Windows\Virtual Hard Disks

23.3 COPIA DE LA IMAGEN VHDX

El disco se compone al igual que en el caso de los discos vmdk de Vmware de dos archivos, un archivo con la extensión vhdx, que contiene la descripción del disco, y el archivo del disco en sí, que suele ser el nombre de la máquina y un UID con la extensión avhdx.

El formato de las máquinas Hyper V es vhdx, este formato no deja de ser un formato raw de máquina virtual, para importar una máquina desde Hyper V, tendremos que ejecutar o bien una conversión de disco.

Una vez copiados, podemos hacer lo siguiente para importarlo en Proxmox:

23.4 CREACIÓN DE LA MÁQUINA E IMPORTACIÓN DEL DISCO

Al igual que hemos hecho en otras importaciones, creamos una máquina Virtual y, una vez creada, procedemos a importar el disco.

```
qm importdisk <machine-number> vhdx storage (lvm, nfs, etc.)
```

machine-number es el número de la máquina creada, y storage es el nombre del almacenamiento donde la vamos a almacenar.

Esto realiza el proceso de conversión en un sólo paso.

23.5 IMPORTACIÓN / CONVERSIÓN DEL ARCHIVO VHDX

La otra opción consiste en copiar el disco en formato VHDX y convertirlo a formato RAW. Para eso usamos la utilidad de conversión de qm inageconvert.

```
qemu-img convert -f vhdx -O raw windowsvmdisk.vhdx proxmoxdisk.raw
```

Una vez que hemos convertido el disco, podemos crear una máquina virtual, eliminar el disco que hemos creado con la máquina virtual y borrarlo y posteriormente copiar este disco RAW que hemos convertido como el disco de la máquina.

24

IMPORTACIÓN DESDE OVA / OVF A PROXMOX VE

24.1 PASOS PREVIOS

El formato OVA o bien OVF es un formato que se usa en los entornos Virtualbox e incluso en VMware.

24.2 COPIA DE LA IMAGEN OVA/OVF

Copiaremos la imagen a uno de nuestros almacenamientos.

24.3 EXTRACCIÓN DE LOS ARCHIVOS

Supongamos que tenemos una máquina virtual que se llama debian-minimal-12.1.0, extraemos los archivos.

```
tar xvf debian-minimal-12.1.0.ova
```

Esto nos dejará tres archivos (o más si la máquina tiene más discos).

```
debian-minimal-12.1.0.ovf
debian-minimal-12.1.0.mf
debian-minimal-12.1.0-disk1.vmdk
```

El archivo ovf contiene la descripción de la máquina virtual, que es un fichero XML con la configuración (como el VMX de VMware).

```
<?xml version="1.0" encoding="UTF-8"?>
<!--Generated by VMware ESX Server, User: root, UTC time:
2023-07-30T12:14:21.762012Z-->
<Envelope vmw:buildId="build-14320388" xmlns="http://schemas.dmtf.org/
ovf/envelope/1" xmlns:cim="http://schemas.dmtf.org/wbem/wscim/1/common"
xmlns:ovf="http://schemas.dmtf.org/ovf/envelope/1" xmlns:rasd="http://schemas.
dmtf.org/wbem/wscim/1/cim-schema/>
  <References>
    <File ovf:href="debian-minimal-12.1.0-disk1.vmdk" ovf:id="file1"
ovf:size="459838464"/>
  </References>
  <DiskSection>
    <Info>Virtual disk information</Info>
    <Disk ovf:capacity="40000" ovf:capacityAllocationUnits="byte * 2^20"
ovf:diskId="vmdisk1" ovf:fileRef="file1" ovf:format="http://www.vmware.com/inter-
faces/specifications/vmdk.html#streamOptimized" ovf:populatedSize="1528823808"/>
  </DiskSection>
  <NetworkSection>
    <Info>The list of logical networks</Info>
    <Network ovf:name="VM Network">
      <Description>The VM Network network</Description>
    </Network>
  </NetworkSection>
  <VirtualSystem ovf:id="debian-minimal-12.1.0">
    <Info>A virtual machine</Info>
    <Name>debian-minimal-12.1.0</Name>
    <OperatingSystemSection ovf:id="1" vmw:osType="otherGuest">
      <Info>The kind of installed guest operating system</Info>
    </OperatingSystemSection>............................
```

24.4 CREACIÓN DE LA MÁQUINA VIRTUAL

Ejecutaremos el comando qm importovf.

```
qm importovf <vmid> <manifest> <storage> [OPTIONS]
```

vmid es el de nuestra nueva máquina, manifest es el archivo ovf y storage es el almacenamiento destino.

En este caso lo hacemos con --dryrun que no modifica nada, y nos permite comprobar que todo está correcto.

```
qm importovf 202 debian-minimal-12.1.0.ovf local-lvm --dryrun
{
   "disks" : [
      {
         "backing_file" : "/mnt/pve/NAS/debian-minimal-12.1.0-disk1.vmdk",
         "disk_address" : "scsi0",
         "virtual_size" : 41943040000
      }
   ],
   „qm" : {
      "cores" : "2",
      „memory" : „2048",
      "name" : "debian-minimal-12.1.0"
   }
}
```

Como vemos, ha pasado los chequeos.

Ahora podemos ejecutar el comando sin el dry-run y nos creará la máquina virtual.

24.5 IMPORTACIÓN / CONVERSIÓN DEL ARCHIVO VMDK

```
root@pve:/mnt/pve/NAS# qm importovf 202 debian-minimal-12.1.0.ovf local-lvm
   Logical volume "vm-202-disk-0" created.
transferred 0.0 B of 39.1 GiB (0.00%)
transferred 400.0 MiB of 39.1 GiB (1.00%)
transferred 804.0 MiB of 39.1 GiB (2.01%)
transferred 1.2 GiB of 39.1 GiB (3.01%)
transferred 1.6 GiB of 39.1 GiB (4.01%)
transferred 2.0 GiB of 39.1 GiB (5.02%)
transferred 2.4 GiB of 39.1 GiB (6.02%)
transferred 2.7 GiB of 39.1 GiB (7.02%)
transferred 3.1 GiB of 39.1 GiB (8.02%)
transferred 3.5 GiB of 39.1 GiB (9.03%)
.......................................
transferred 38.0 GiB of 39.1 GiB (97.30%)
transferred 38.4 GiB of 39.1 GiB (98.30%)
transferred 38.8 GiB of 39.1 GiB (99.31%)
transferred 39.1 GiB of 39.1 GiB (100.00%)
transferred 39.1 GiB of 39.1 GiB (100.00%)
root@pve:/mnt/pve/NAS#
```

En ese momento tendríamos la máquina creada.

Y ahora podremos realizar los cambios necesarios una vez arranque (MAC, tipo de disco, procesador, etc).

24.6 PROBLEMAS QUE PODEMOS ENCONTRARNOS

Algunas veces el disco del archivo manifest (ovf) no está demasiado bien definido, y nos puede dar problemas, ya que nos puede crear una máquina sin nombre, y sin disco.

No hay problema, importamos posteriormente el disco como lo hemos hecho en otras importaciones de VMware (ya que es un vmdk) y le ponemos el nombre a la máquina.

25

GESTIÓN AVANZADA DE REDES EN PROXMOX

25.1 ADVERTENCIA

Esta sección describe el funcionamiento de la gestión avanzada de redes en Proxmox, no supone un manual de redes como tal, aunque se tratan conceptos básicos de red.

Es necesario tener conocimiento de redes para ciertas configuraciones, que escapan del alcance de este manual, por lo que si vas a tratar con ciertas configuraciones de red como BGP, o IS-IS es recomendable que previamente leas algún manual de redes y routing.

25.2 CONCEPTOS

Las SDN o redes definidas por software (Software-Defined Network), son un paradigma nuevo de virtualización, hasta ahora hemos visto como virtualizar máquinas con sistemas operativos, pero si vamos un paso más allá, veremos comopodremos virtualizar nuestra red mediante el uso de tecnologías que permiten la simulación de elementos de red de hardware en un plataforma virtualizada.

Proxmox VE permite la creación de zonas y redes virtuales (VNet). Esta funcionalidad simplifica las configuraciones de red avanzadas y la configuración multitenant.

La separación se gestiona a través de zonas, redes virtuales (VNet) y subredes. Una zona es su propia área de red prácticamente separada. Una VNet es una red virtual que pertenece a una zona. Una subred es un rango de IP dentro de una red virtual.

25.2.1 Sistemas autónomos (AS)

La mejor definición de un Sistema Autónomo es un conjunto de redes que son gestionadas por una única organización a nivel administrativo y que comparten la misma política de enrutamiento y esta es única hacia el exterior de esa red.

25.2.2 BGP, iBGP y eBGP

BGP (Border Gateway Protocol) es un protocolo de enrutamiento que se utiliza en Internet para intercambiar información de enrutamiento entre diferentes sistemas autónomos (AS). Es fundamentalmente importante para el funcionamiento de Internet, ya que permite que los routers en diferentes redes intercambien información de enrutamiento y tomen decisiones sobre comoenviar paquetes de datos.

eBGP (External BGP) se utiliza para intercambiar información de enrutamiento entre sistemas autónomos diferentes. Los routers eBGP están configurados para intercambiar información de enrutamiento con routers BGP en sistemas autónomos externos. Generalmente, se utiliza para intercambiar rutas entre proveedores de servicios de Internet (ISP) y otros sistemas autónomos externos.

iBGP (Internal BGP) se utiliza para intercambiar información de enrutamiento dentro de un mismo sistema autónomo. Los routers iBGP están configurados para intercambiar información de enrutamiento entre sí dentro del mismo sistema autónomo. Es fundamental para la propagación de rutas dentro de un sistema autónomo grande y complejo. Aunque los routers iBGP están dentro del mismo sistema autónomo, todavía necesitan establecer conexiones TCP/BGP entre sí para intercambiar información de enrutamiento.

En resumen, eBGP se utiliza para intercambiar información de enrutamiento entre sistemas autónomos diferentes, mientras que iBGP se utiliza para intercambiar información de enrutamiento dentro del mismo sistema autónomo.

25.2.3 MTU

El MTU (Maximum Transmission Unit) es el tamaño máximo de un paquete de datos que puede transmitirse a través de una red de datos sin fragmentación. En otras palabras, es la cantidad máxima de datos que puede enviarse en un solo paquete antes de que necesite dividirse en paquetes más pequeños para transmitirse a través de la red.

Por ejemplo, en una red Ethernet típica, el MTU suele ser de 1500 bytes, mientras que en una red de túneles VPN puede ser menor debido al encapsulamiento adicional de los datos.

Por lo tanto es muy recomendable si vamos a usar el SDN, disponer de una MTU alta (Jumbo Frames) tanto en el hardware de red subyacente (Switches y routers) como en la configuración de nuestras interfaces de red en Proxmox VE.

25.2.4 Jumbo Frames

Las Jumbo Frames son paquetes de datos que superan el tamaño máximo estándar de los paquetes de red. Como hemos comentado, los paquetes de datos tienen un tamaño máximo permitido conocido como MTU (Maximum Transmission Unit), que varía según el tipo de red, pero suele ser de 1500 bytes en las redes Ethernet convencionales.

Los Jumbo Frames son paquetes que exceden este límite estándar de tamaño, a menudo con tamaños que van desde 9000 bytes hasta 9216 bytes o más. Estos paquetes grandes van a permitir la sobrecarga adicional de los paquetes de red que usen los diversos tipos de SDN que añaden campos que aumentan este tamaño estándar de 1500.

25.3 SDN

Proxmox VE SDN permite la separación y el control detallado de redes de máquinas virtuales, utilizando configuraciones flexibles controladas por software.

Dependiendo del tipo de zona, la red se comporta de manera diferente y ofrece características, ventajas y limitaciones específicas.

Los casos de uso de SDN varían desde una red privada aislada en cada nodo individual hasta redes superpuestas complejas en múltiples clústeres PVE en diferentes ubicaciones.

Después de configurar una VNet en la interfaz de administración SDN del centro de datos de todo el cluster, está disponible como un Linux Bridge, localmente en cada nodo, para asignarse a máquinas virtuales y contenedores.

25.4 SDN EN PROXMOX

El estado de soporte actual para las distintas capas de nuestra instalación SDN es el siguiente:

Core SDN, que incluye gestión de VNet y su integración con la pila Proxmox VE, es totalmente compatible.

IPAM, incluida la gestión de DHCP para invitados virtuales, se encuentra en preview.

El enrutamiento a través de FRRouting y la integración del controlador se encuentran en estado de preview a la fecha.

25.5 REQUISITOS PREVIOS

Proxmox VE versión 7.0 y las superiores tienen integrado el paquete ifupdown2 instalado de forma predeterminada. Si instalaste originalmente Proxmox VE con una versión anterior, debes instalar el paquete ifupdown2.

25.6 INSTALACIÓN DE SDN EN PROXMOX VE

Desde Proxmox VE 8.1, los paquetes principales de red definida por software (SDN) se instalan de forma predeterminada.

Si actualizas desde una versión anterior, deberás instalar el paquete libpve-network-perl en cada nodo:

```
apt update
apt install libpve-network-perl
```

Después de la instalación, debes asegurarte de que la línea /etc/network/interfaces.d/* esté al final del archivo de configuración /etc/network/interfaces en todos los nodos, para que la configuración SDN se incluya y se active.

DHCP

La integración de DHCP en stack de administración de direcciones IP integrado de Proxmox VE actualmente utiliza dnsmasq para la concesión de direcciones IP por DHCP. Actualmente, esto es opcional.

Para utilizar esa función, necesitas instalar el paquete dnsmasq en cada nodo:

```
apt update
apt install dnsmasq
# disable default instance
systemctl disable --now dnsmasq
```

Proxmox VE SDN utiliza el proyecto FRRouting para configuraciones avanzadas. Actualmente, este paquete es opcional.

Para utilizar la integración de enrutamiento SDN, debes instalar el paquete frr-pythontools en todos los nodos:

```
apt update
apt install frr-pythontools
```

25.7 UTILIDAD

La utilidad del SDN en Proxmox VE, nos permitirá realizar configuraciones complejas que nos ayudarán en la operación de nuestra red, al fin de realizar tareas como conectar dos VM en dos clusters diferentes bien en la misma red local o separados geográficamente, sin la complejidad que conlleva configurar VLAN en los switches y configurar routers para gestionar estas redes.

Por ejemplo si queremos conectar algunas máquinas de un cluster, por ejemplo para la monitorización o bien porque esas máquinas necesitan una configuración especial, la forma habitual de hacer esto es configurar en nuestros nodos de Proxmox cada una de las VLAN, y configurar estas VLAN en la electrónica de red que conecta el cluster.

Con SDN, podemos crear una red distribuida entre el cluster o incluso entre clusters, sin necesidad de hacer ninguna modificación en la red física.

Esto nos permite, ser lo suficientemente autónomos, al no depender de la gente de redes para hacer determinadas tareas entre nuestras máquinas. Esto es especialmente útil en entornos en los que el Proxmox no está alojado en nuestra infraestructura, sino que está alojado una infraestructura de terceros, como por ejemplo un proveedor de Housing.

Usando la SDN, podemos gestionar nuestra red independientemente de como esté conectada en nuestro proveedor de Housing.

Esto nos va a dar la funcionalidad de poder extender el nivel 2 o el nivel 3 de nuestra red entre diferentes nodos o clusters o máquinas independientes en cualquier ubicación, sin depender de la red física en la que se apoya nuestra infraestructura.

Esto nos permitirá enlazar las VRF (Virtual Routing and Forwarding) entre los nodos de Proxmox, pero preguntarás: ¿qué es una VRF?

Una VRF, es una tecnología de red que permite tener instancias virtuales separadas y aisladas de la tabla de enrutamiento en un dispositivo de red, como un router o un switch de capa 3.

Es decir, una VRF crea dominios de enrutamiento virtuales independientes. Cada VRF tiene su propia tabla de enrutamiento, lo que le permite mantener rutas y reenviar el tráfico de manera independiente del resto de las VRF en el mismo dispositivo. Esto significa que el tráfico puede enrutarse de manera diferente y aislada en cada VRF, incluso si comparten la misma infraestructura física.

25.8 CONFIGURACIÓN INICIAL

La configuración se realiza en la interfaz de usuario web a nivel del centro de datos (datacenter), separada en las siguientes secciones, cada sección corresponde con una capa que podemos ver esquemáticamente a continuación:

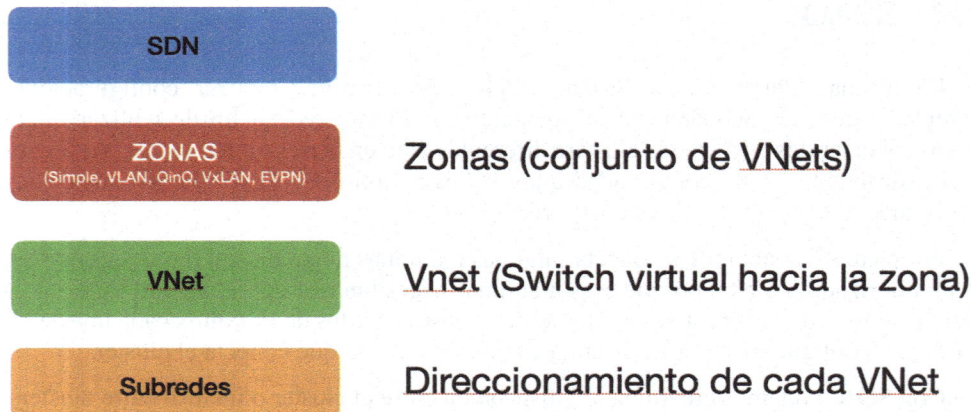

25.8.1 SDN

Aquí tienes una descripción general del estado actual de las SDN activas y puedes aplicar todos los cambios pendientes a todo el cluster. (Hay que tener en cuenta que todos los cambios que se realizan en las demás opciones, no son efectivos, hasta que no se aplican desde esta opción).

25.8.2 Zonas

Crea y administra zonas de red virtualmente separadas, cada zona puede ser de un tipo según la tecnología que queremos usar. Cada zona aglutina una o varias VNet (redes virtuales). Estas VNet se corresponden con una combinación de direccionamiento IP y asociación VLAN, para que a través de estas últimas se puedan interconectar nodos en el mismo cluster o nodos en clústeres diferentes o nodos independientes.

25.8.3 VNets

Crea y administra bridges virtuales y administra subredes, en cada zona debe haber al menos una VNet, y cada VNet tiene su propio direccionamiento y/o un servicio de DHCP basado o bien en el IPAM de PVE que viene por defecto, o bien conectando nuestro propio IPAM como veremos más adelante.

Las VNets creadas dentro de la misma zona, se ven entre sí, debido a que están en la misma VRF con lo cual comparten tabla de enrutamiento.

25.8.4 Opciones

Permite agregar y administrar servicios adicionales globales, para usar en la configuración de SDN, como los siguientes:

25.8.4.1 CONTROLADORES

Para controlar el enrutamiento de capa 3 en configuraciones complejas, mediante FRR, los controladores nos permiten definir el tipo de enrutamiento en las configuraciones complejas de EVPN.

25.8.4.2 DHCP

En este apartado se define un servidor DHCP para una zona que asigna automáticamente direcciones IP para clientes de red en el IPAM y las asigna a los invitados a través de DHCP.

25.8.4.3 IPAM

Habilita la gestión externa de direcciones IP para invitados, mediante un IPAM interno (PVE) o integrado mediante API, con Netbox o PHPIpam.

25.8.4.4 DNS

Esta opción permite definir una integración de servidor DNS para registrar el nombre de host y las direcciones IP de los invitados virtuales.

25.9 TECNOLOGÍA

La implementación de la red definida por software (SDN) de Proxmox VE utiliza la red Linux estándar en la medida de lo posible. La razón de esto es que hoy en día las redes Linux cubren casi todas las necesidades para una implementación SDN completa y evitan el tener que agregar dependencias externas con lo que se reduce la cantidad total de componentes que pueden fallar.

Las configuraciones de Proxmox VE SDN se encuentran en /etc/pve/sdn, que se comparte con todos los demás nodos del cluster a través del sistema de archivos de configuración de Proxmox VE. Esas configuraciones se traducen a los respectivos formatos de configuración de las herramientas que se administran a través del stack de red subyacente (por ejemplo, ifupdown2 o frr).

Como ya comenté, los nuevos cambios no se aplican inmediatamente, sino que se registran primero como pendientes. Luego puedes aplicar esos cambios todos a la vez en el panel principal de descripción general de SDN de una sola vez, en lugar de cambios individuales que pueden provocar problemas de conectividad. Para hacer el reinicio del servicio de red tendremos que ir a SDN --> "Aplicar".

25.10 ZONAS

Una zona define una tabla de red independiente (un dominio de encaminamiento común). Las zonas están restringidas a nodos específicos y permisos asignados, para restringir a los usuarios a una zona determinada y sus redes virtuales contenidas de tal forma que disponemos de la posibilidad de segmentar quién puede acceder.

Se pueden utilizar diferentes tecnologías para la separación:

25.10.1 Simple

Un bridge de enrutamiento de capa 3 (NAT) simple, es un bridge aislado. Es importante la configuración de SNAT, ya que en este tipo de configuración hay que usar siempre NAT.

Las zonas simples son como su nombre indica, la forma más sencilla de usar SDN, sin embargo, en estas es importante habilitar como he comentado las opciones de puerta de enlace y SNAT en el apartado de las VNets que vamos a asociar a esta red.

25.10.2 VLAN

LAN virtuales que son el método clásico de subdividir una LAN.

25.10.3 QinQ

QinQ (conocido como apilamiento VLAN) está estandarizado por el IEEE 802.1ad. Encapsula la etiqueta VLAN con dos capas: una etiqueta interior (de una red privada) y una etiqueta exterior (de la red pública) que en nuestro caso hemos llamado datos.

Como esta información añadida, aumenta el tamaño de la trama, una de dos o usamos siempre Jumbo Frames, o en su defecto, tenemos que reducir la MUT a 1450 (ya que el tamaño adicional son 50 bytes).

Un paquete etiquetado 802.11Q se encapsula en otra etiqueta 802.1Q. Es decir se añade una segunda etiqueta VLAN a un paquete de datos que ya tiene una etiqueta VLAN. Esta técnica se implementa principalmente en redes de proveedores de servicios para permitir el transporte de múltiples VLANs de clientes sobre una infraestructura común, manteniendo la separación y la integridad del tráfico de cada cliente.

Los paquetes se reenvían en función de la etiqueta VLAN exterior en la red pública, se interpreta que la etiqueta forma parte de los datos, por lo que esta también se transmite en la red pública.

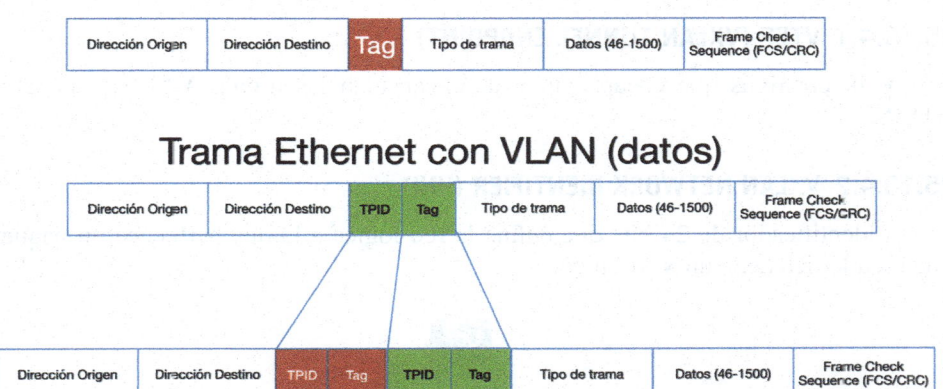

Al llegar a destino se "desgrana" transmitiendo el paquete en la red destino con la etiqueta original (voz).

Q-in-Q es una técnica esencial para la escalabilidad y la gestión eficiente del tráfico en redes de proveedores de servicios, permitiendo transportar múltiples VLANs de clientes sobre una infraestructura común sin sacrificar la seguridad ni la integridad del tráfico.

25.10.4 VXLAN

Extender una red VXLAN de capa 2 a través de un túnel UDP. VXLAN es una tecnología de virtualización de redes que se utiliza para extender las redes LAN virtuales más allá de los límites de un único centro de datos. Funciona encapsulando tramas Ethernet en paquetes UDP (User Datagram Protocol), lo que permite que las redes virtuales se extiendan sobre una red IP existente, incluidas las redes públicas como Internet.

VXLAN es definido por el estándar IETF RFC 7348,

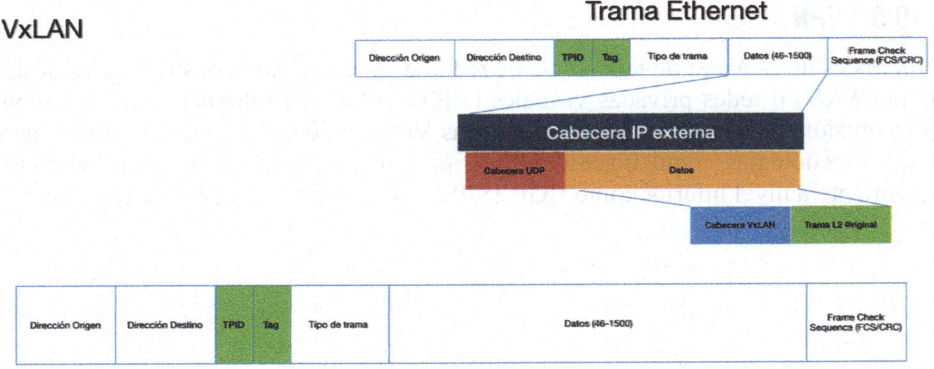

Trama Ethernet con VLAN (datos)

Los elementos clave de VXLAN son los siguientes:

25.10.4.1 VTEP (VXLAN TUNNEL ENDPOINT)

Los dispositivos que encapsulan y desencapsulan las tramas VXLAN se llaman VTEPs.

25.10.4.2 VXLAN NETWORK IDENTIFIER (VNI)

Un identificador de 24 bits que define la red lógica a la que pertenece un paquete. Cada red lógica tiene un VNI único.

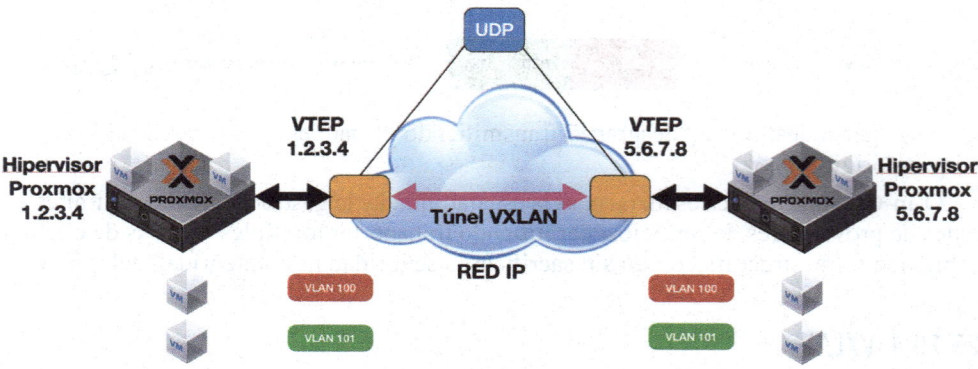

25.10.4.3 MULTICAST Y UNICAST

VXLAN puede utilizar direcciones multicast para la distribución de tramas de broadcast, multicast y unknown unicast.

25.10.5 EVPN

EVPN es un estándar de tecnología de red que se utiliza para construir redes de área amplia (WAN) o redes privadas virtuales (VPN) utilizando Ethernet como tecnología de transmisión subyacente. A diferencia de las VPN tradicionales, que generalmente se basan en tecnologías como IPsec o MPLS, para usarse ha de haber un protocolo de enrutamiento a nivel inferior como BGP, IS-IS, que permita conectar ambas redes.

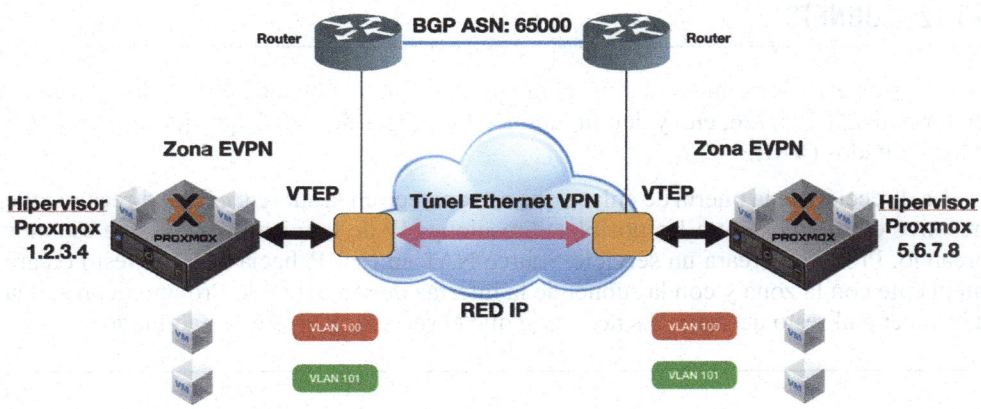

Una red EVPN sirve para proporcionar servicios de Ethernet multipunto a multipunto sobre una red IP existente. EVPN utiliza BGP (Border Gateway Protocol) para la señalización y el intercambio de información de rutas, tanto para direcciones MAC (capa 2) como para direcciones IP (capa 3).

VTEPs (VXLAN Tunnel Endpoints) en la configuración de EVPN, los dispositivos de borde que encapsulan y desencapsulan el tráfico se denominan PEs (Provider Edge routers). Estos routers realizan funciones similares a los VTEPs en VXLAN, pero con capacidades adicionales de señalización BGP.

El VTEP en el nodo de origen encapsula el paquete Ethernet original en un paquete VXLAN, añadiendo un encabezado VXLAN que incluye el VNI (Virtual Network Identifier) que ya expliqué.

El paquete VXLAN encapsulado es transportado a través de la red IP subyacente hacia el VTEP de destino.

El VTEP de destino desencapsula el paquete VXLAN, usa el VNI para determinar la VRF correspondiente y reenvía el paquete Ethernet original al destino final.

Los routers y switches que soportan VRF-VXLAN realizan el enrutamiento entre diferentes VRFs utilizando tablas de enrutamiento separadas.

Cada VRF mantiene su propia tabla de enrutamiento, proporcionando un aislamiento completo del tráfico entre diferentes redes lógicas.

25.11 VNETS

Las VNETS son básicamente switches virtuales que comunican con las zonas, por lo tanto, una VNet (Virtual Network) se refiere a la configuración de redes virtuales que conectan las VMs y contenedores dentro del entorno Proxmox, así como la integración con redes físicas externas.

25.12 SUBNETS

Las subnets nos permiten definir el rango de la red en notación CIDR (Ip + máscara en formato /24, /25, /26, etc) y definir también los rangos de DHCP que queremos ofrecer a los invitados (VM).

La dirección de la puerta de enlace que nos aparece en la subred, es una dirección que nosotros elegiremos entre las posibles direcciones IP de la misma subred que estamos creando. Proxmox creará un servicio Source NAT en esa IP, hacia la VNet, esto creará un puente con la zona y con la subnet de la interfaz de red del nodo Proxmox con salida a internet o al resto de redes. Es necesario que el servicio SNAT esté habilitado.

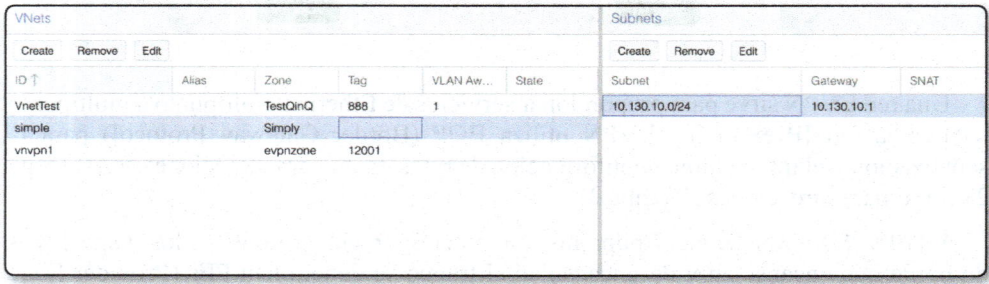

25.13 CONTROLADORES

Algunas zonas implementan un plano de datos y control separado que requiere un controlador externo para administrar el plano de control de la VNet. Estos controladores sólo se requieren de momento para las EVPN.

El controlador EVPN configura el enrutador Free Range Routing (frr) para permitir el enrutamiento, por lo que cada nodo del cluster, debe tener instalado el complemento de FRR. Para configurar el controlador vamos a tener que gestionar una serie de opciones en la configuración del controlador EVPN.

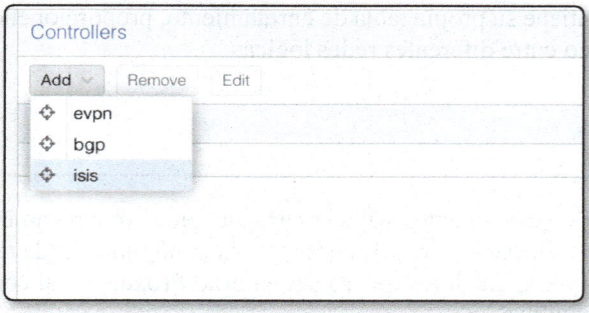

25.13.1 El número de ASN

Un número ASN BGP único. Utiliza siempre uno de los números reservados para el ASN privado (64512 – 65534, 4200000000 – 4294967294), ya que de lo contrario podría provocar problemas en el enrutamiento global de tu red. Consulta con el departamento de redes si no tienes tú el control de la red para evitar usar algún ASN privado que se utilice para cualquier otra cosa dentro de tu red global.

25.13.2 Peers

Esto es una lista de todos los nodos, que forman parte de la zona EVPN, y se corresponde con las direcciones IP de todos los nodos del cluster y de los otros clusters con los que queramos comunicarnos o bien si tenemos nodos independientes, las direcciones IP de estos nodos.

También pueden ser router reflector server.

25.13.3 Controlador BGP

El controlador BGP no es usado directamente por una zona, pero puedes usarlo para configurar el FRR para administrar los Peer BGP.

Para BGP-EVPN, se puede utilizar para definir un ASN diferente por nodo, lo que hace EBGP. También se puede utilizar para exportar rutas EVPN a un par BGP externo. Nota de forma predeterminada, para un EVPN de malla completa simple, no es necesario definir un controlador BGP.

25.13.4 Nodo

El nodo de este controlador BGP. Aquí definimos también un ASN, un peer, y si el número del AS remoto es diferente necesitamos habilitar el EBGP, ya que comentamos un AS se define por un conjunto de redes que comparten la misma política de enrutamiento. Por lo tanto, si tenemos un AS diferente tendremos que habilitar EBGP.

Además de BGP, podemos usar el protocolo IS-IS, el controlador IS-IS no es utilizado directamente por una zona, se utilizaría para configurar FRR y exportar rutas EVPN a dominio IS-IS.

Opciones de configuración del controlador ISIS:

- Nodo.
- El nodo de este controlador ISIS.
- Dominio.
- Un dominio único de ISIS.
- Título de la entidad de red.
- Una dirección de red ISIS única que identifica este nodo.
- Interfaces.
- Una lista de interfaces físicas utilizadas por ISIS.

25.14 IPAM

Las herramientas de administración de direcciones IP (IPAM) administran las direcciones IP de los clientes en la red. SDN en Proxmox VE utiliza IPAM, por ejemplo, para encontrar direcciones IP libres para las máquinas virtuales nuevas a medida que se provisionen.

Una única instancia de IPAM se puede asociar con una o más zonas.

El Complemento IPAM para Proxmox VE es una herramienta integrada que te ayuda a administrar las direcciones IP en tu cluster de Proxmox VE.

25.14.1 Complemento IPAM PVE

Puedes ver comoestá funcionando el complemento IPAM en la sección de SDN (Redes Definidas por Software) de la configuración de tu centro de datos. Desde allí, puedes crear, actualizar y eliminar asignaciones de direcciones IP. Esto es especialmente útil cuando utilizas la función DHCP para asignar direcciones IP automáticamente.

Si estás usando DHCP, el panel IPAM te permite crear o editar asignaciones de direcciones IP específicas para tus máquinas virtuales. Esto significa que puedes cambiar las direcciones IP asignadas a través de DHCP para una máquina virtual en particular. Pero cuando hagas cambios en las direcciones IP de una máquina virtual que utiliza DHCP, asegúrate de forzar a la máquina virtual a obtener nuevas direcciones IP de DHCP. Normalmente, esto se puede lograr recargando o reiniciando la red de la máquina virtual.

25.14.2 Complemento IPAM de NetBox

NetBox es una herramienta de código abierto de gestión de direcciones IP (IPAM) y de gestión de infraestructura de centros de datos (DCIM).

Para integrar NetBox con Proxmox VE SDN, crea un token API en NetBox, establece las propiedades de la URL del API de Netbox (generalmente http://netbox. eduardotaboada.com/api), y el token de acceso.

25.14.3 Complemento phpIPAM

En phpIPAM necesitas crear una "aplicación" y agregar un token API con privilegios de administrador a la aplicación.

Las propiedades de configuración de phpIPAM son:

La url de phpIPAM, que normalmente es http://phpipam.eduardotaboada.com/api/<appname>/, el token de la API, y la sección que es un ID entero. Las secciones son un grupo de subredes en phpIPAM. Las instalaciones predeterminadas utilizan sectionid=1 para los clientes.

25.15 DNS

El complemento DNS en Proxmox VE SDN se utiliza para definir un servidor API DNS para registrar el nombre de host y dirección IP de las máquinas virtuales. Una configuración DNS está asociada con una o más zonas, para proporcionar el correspondiente registro DNS en el servidor DNS para todas las IP de subred configuradas para una zona.

Esto nos permite que cada vez que registramos una máquina le vamos a asociar un nombre DNS con una dirección IP para que sea más fácil de localizar.

A fecha de hoy el único plugin disponible es el de PowerDNS, necesitas habilitar el servidor web y la API en la configuración de tu servidor PowerDNS para poder usarlo. La documentación, la puedes encontrar en esta URL:

https://doc.powerdns.com/authoritative/http-api/index.html

25.16 DHCP

El complemento DHCP en Proxmox VE SDN se puede utilizar para implementar automáticamente un servidor DHCP para una zona. Proporciona DHCP para todas las subredes de una zona que tengan configurado un rango de DHCP. Actualmente, el único complemento de backend disponible para DHCP es el complemento dnsmasq que se instaló en la configuración inicial.

El complemento DHCP funciona asignando una IP en el complemento IPAM configurado en la Zona al agregar una nueva interfaz de red a una VM/CT.

Cuando se inicia la VM, se crea una asignación para la dirección MAC y la IP en el complemento DHCP de la zona. Cuando se eliminan las interfaces de red o se destruyen VM/CT, la entrada en IPAM y el servidor DHCP también se eliminan.

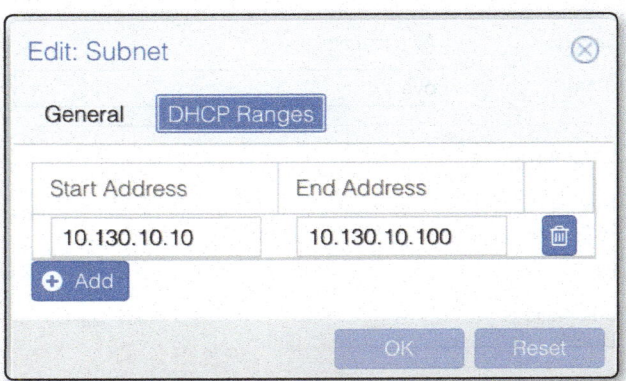

Puedes habilitar DHCP automático para una zona en la interfaz de usuario web a través del panel Zonas y habilitar DHCP en las opciones avanzadas de una zona.

Nota actualmente, solo las zonas simples son compatibles con DHCP automático.

Después de habilitar el DHCP automático para una zona, es necesario configurar los rangos de DHCP para las subredes de una zona. Para ello, ve al panel Vnets y selecciona la subred para la que deseas configurar rangos DHCP. En el diálogo de edición puedes configurar rangos de DHCP en la pestaña respectiva.

25.17 PROCESO DE CREACIÓN DE REDES SDN

Para crear una red SDN, tenemos que seguir el procedimiento, que consiste en crear en primer lugar el controlador para las redes EVPN (sólo para este caso), en el resto de los casos creamos la zona del tipo que queremos, (Simple, VLAN, QinQ o VxLAN), la Vnet, el rango y en su caso el DHCP.

Recuerda que cada vez que modifiques, tienes que aplicar cambios desde el menú principal de SDN, de lo contrario, no funcionará y te volverás loco investigando por qué no funciona.

25.18 SIMPLE

Una red simple en un SDN de Promox, no es más que una red dentro de este cluster aislada.

Para crear una zona simple, vamos al menú de zonas y seleccionamos simple.

Una vez que hemos seleccionado la zona simple, procederemos a configurar los parámetros. Recuerda que la zona simple, necesita habilitar el NAT para poder salir a Internet, aunque realmente no es la forma más elegante de configurar una salida a Internet ya que el Proxmox no es el que tiene que proporcionar la salida a Internet. Lo suyo es crear una máquina virtual como por ejemplo un router mikrotik virtual, un Pfsense, OPNSense, o cualquier cosa, la que más os guste para proporcionar el NAT y la salida de Internet.

En la imagen podemos ver que para crear la zona simple nos pide la MTU, los nodos a los que va asociado a la zona, el gestor de direcciones IP (IPAM) que podemos usar el propio de Proxmox o bien usar un gestor de IP como ya hemos comentado antes, los servidores DNS tanto directos como inversos y la zona DNS.

25.19 VLAN

Nos permite configurar una red aislada entre los nodos de Proxmox, para ello en las zonas, crearemos una nueva zona con el servicio VLAN.

Seleccionaremos el bridge sobre el que queremos montarla, y crearemos una Vnet como en todos los casos.

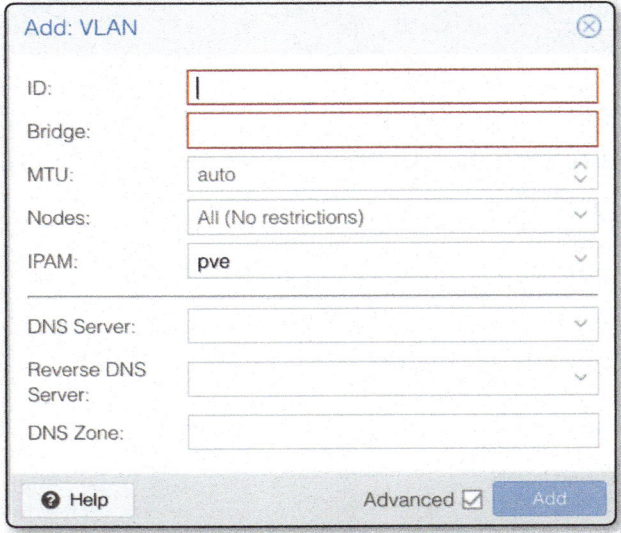

25.20 OTRAS SDN

Las opciones de Q-in-Q, VLAN y EVPN nos van a permitir expandir el volumen de VLAN's dentro de nuestra infraestructura de red, ya que al encapsular una VLAN dentro de otra, podremos tener hasta 4096 x 4096 VLAN.

En entornos multitenant, cada cliente puede tener su propia VLAN y dentro de esta cada uno de ellos puede tener hasta 4096 VLAN dentro de su propia VLAN usando estas técnicas de encapsulación de VLAN dentro de VLAN.

25.21 Q-IN-Q

Esta opción nos permite levantar túneles, nivel dos o nivel tres entre distintos hipervisores.

Como hemos visto antes, el QinQ nos permite tener una VLAN y dentro de esa VLAN a otra VLAN encapsulada.

Esto va a provocar que aumente el tamaño de la cabecera de Ethernet, si los switches y la electrónica de red no está preparado para esto sufriremos fragmentación de paquetes y probablemente funcione mal.

Por lo tanto, tendremos que aumentar la MTU desde el valor que viene por defecto de 1500 a un valor superior normalmente las Jumbo Frames como hemos comentado.

En el QinQ, definiré el Bridge al que se va a aplicar, la VLAN, el protocolo de VLAN (802.1q o 802.1ad), los nodos, y el resto como en cualquiera de las configuraciones de SDN.

Iremos al apartado de zonas en el menú de SDN y escogeremos Q-in-Q.

En la parte de vnets, seleccionaremos una vnet para la zona, este apartado se repite a lo largo de las demás secciones de la SDN.

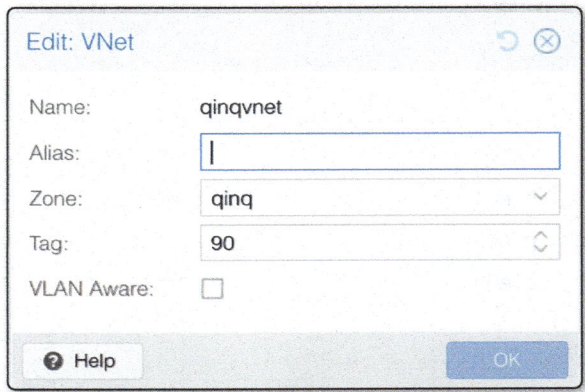

Pondremos un tag que será el identificador VLAN que se propagará a través de todos los nodos del cluster o entre diferentes clusters o nodos individuales de nuestra red.

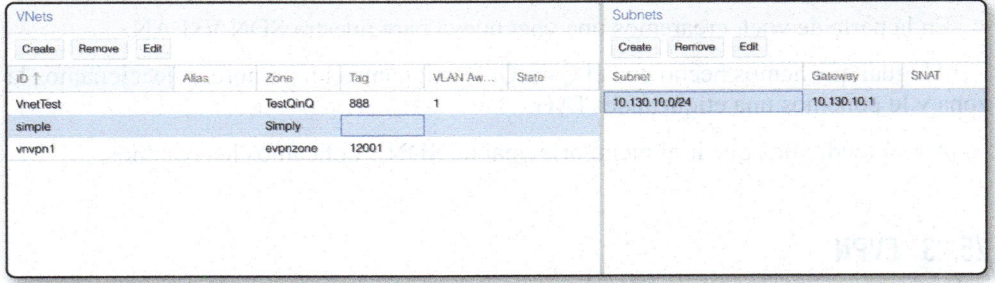

25.22 VXLAN

Esta opción nos permite levantar túneles, nivel dos o nivel tres entre distintos hipervisores, para ello iremos de nuevo a la parte de Zonas, y crearemos una zona VXLAN, en la zona especificaremos lo siguiente:

Un nombre.

La lista de nodos de Proxmox que van a participar en la VXLAN, en el caso de un cluster, pondremos los tres nodos.

Seleccionaremos la opción de IPAM, y los demás parámetros.

En la parte de vnet, crearemos una vnet nueva para nuestra SDN VxLAN.

Al igual que hemos hecho con el Q-in-Q, le asignamos un nombre, seleccionamos la zona y le ponemos una etiqueta del TAG.

Ahora tendremos que ir al menú principal de SDN y aplicamos los cambios.

25.23 EVPN

Para usar EVPN es necesario tener instalado el paquete frr-pythontools en todos los nodos, ya que para este escenario se van a usar las funcionalidades de FR Routing.

En este caso, evpn se basa en una configuración bastante más compleja, ya que para configurar evpn necesitamos sí o sí un router, que en caso de Proxmox es FRR (FR Routing) que es el sistema que se usa para el enrutamiento y que proporciona las capacidades de alguno de los protocolos como BGP, IS-IS.

Para ello iremos al apartado de opciones y crearemos el controlador correspondiente, a efectos de facilidad y compatibilidad recomiendo usar BGP ya que es mucho más estándar y extendido en su aplicación que IS-IS.

25.24 IS-IS

IS-IS (Intermediate System to Intermediate System) es un protocolo de puerta de enlace interna (IGP interior gateway protocol) que se utiliza para mover información de manera eficiente dentro de una red.

IS-IS se utiliza para distribuir información de enrutamiento IP dentro de un único sistema autónomo y para establecer la red subyacente.

25.24.1 BGP

En esta configuración, BGP (border Gateway protocol) es el único protocolo de enrutamiento utilizado para la distribución de información de red.

EVPN se establece como una red superpuesta sobre la red de base.

EVPN utiliza BGP para distribuir información de alcance (reachability) de direcciones MAC y prefijos IP.

Para ello podemos usar los números ASN reservados para uso privado que son los que comienzan en el 64512 al 65534 para ASN de16 bits y del 4200000000 al 4294967294 para numeraciones de 32 bits.

 Mucho cuidado con la elección del ASN, ya que si en nuestra red se ejecuta iBGP debemos tener mucho cuidado con no interferir con ningún ASN que nuestro departamento de redes tenga configurado.

25.24.2 Controlador EVPN

El controlador EVPN es el más sencillo, nos pedirá sólo el ASN y los peers (la lista de nodos que participan en la EVPN).

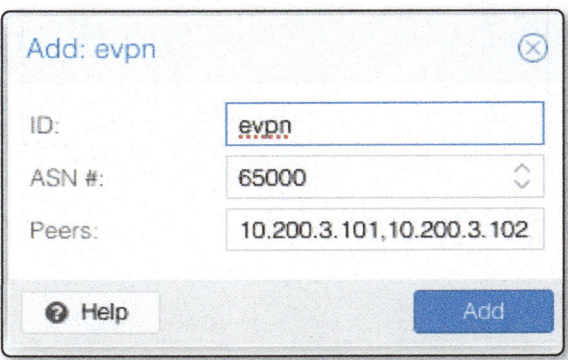

25.24.3 Controlador BGP

Una vez que tenemos estos datos, procederemos a crear el controlador, para ello iremos a las opciones de nuestro menú de SDN en Datacenter y en Controller añadiremos un Controller BGP.

Nos pedirá en nodo, el número de AS, los peers que son las IP o nombres de los demás nodos, si es EBGP (si el AS remoto del peer es diferente hay que marcarlo, de lo contrario esta casilla permanecerá sin marcar), la interfaz de loopback para una red EVPN con múltiples rutas.

▶ ebgp-mutltihop incrementa el número de saltos para llegar a los peers, en caso de que no estén conectados directamente o utilicen loopback.

▶ bgp-multipath-as-path-relax permite ECMP si los peers tienen ASN diferentes.

Como vemos esta configuración es bastante más compleja, recomiendo que no la uses a no ser que tengas un profundo conocimiento de redes.

25.24.4 Controlador IS-IS

El controlador ISIS no es utilizado directamente por una zona. Puedes usarlo para configurar FRR para exportar rutas EVPN a un dominio ISIS.

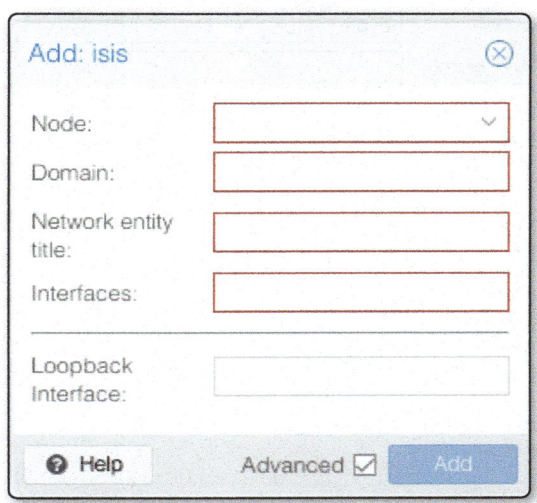

Opciones de configuración del controlador ISIS:

▶ Nodo: el nodo de este controlador ISIS.

▶ Dominio: un dominio único de ISIS.

▶ Título de la entidad de red: una dirección de red ISIS única que identifica este nodo.

▶ Interfaces: una lista de interfaces físicas utilizadas por ISIS.

▶ Bucle invertido: usa una interfaz loopback o ficticia como fuente de la red EVPN (para rutas múltiples).

25.24.5 Configuración de la zona EVPN

La zona EVPN crea una red de Capa 3 enrutable, capaz de abarcar múltiples clústeres. Esto se logra estableciendo una VPN y utilizando BGP como protocolo de enrutamiento como he comentado.

Por esto es bastante compleja y dispone de multitud de opciones de configuración.

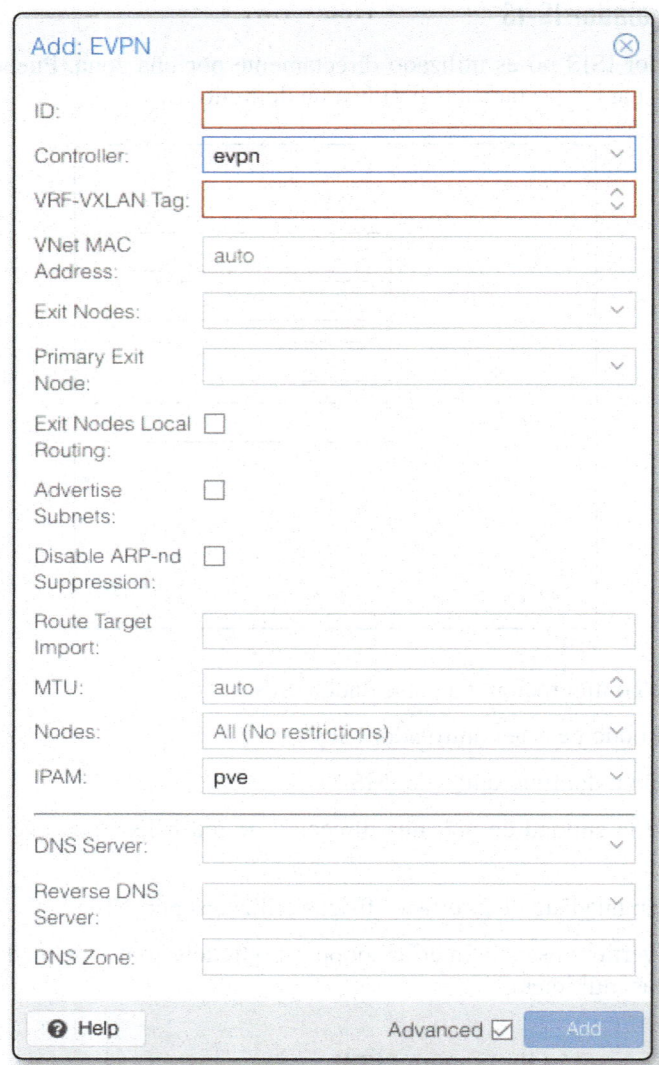

En la imagen podemos ver las opciones.

25.24.5.1 ID VRF VXLAN

El concepto de VRF (Virtual Routing and Forwarding) y VXLAN (Virtual Extensible LAN) nos ayudan a tener la escalabilidad y flexibilidad para segmentar el tráfico de red. Como ya se explicó en la parte de arquitectura.

Un VXLAN-ID utilizado para la interconexión de enrutamiento dedicado entre redes virtuales. Debe ser diferente al VXLAN-ID de las VNet.

25.24.5.2 CONTROLADOR

El controlador EVPN que se utilizará para esta zona.(En nuestro caso en la imagen es el evpn simple que creamos anteriormente, pero también podemos usar el BGP que también creamos).

25.24.5.3 DIRECCIÓN MAC DE RED VIRTUAL

Dejaremos que se asigne por defecto y es una dirección MAC Anycast que se asigna a todas las redes virtuales en esta zona. Se generará automáticamente si no se define.

25.24.5.4 EXIT NODES - NODOS DE SALIDA

Nodos que se configurarán como puertas de salida de la red EVPN, a través de la red real. Los nodos configurados anunciarán una ruta predeterminada en la red EVPN. (Esto es opcional sólo en caso de redes con enrutamiento externo).

25.24.5.5 PRIMARY EXIT NODE - NODO DE SALIDA PRINCIPAL

Si utilizas varios nodos de salida, fuerza el tráfico a través de este nodo de salida principal, en lugar de equilibrar la carga en todos los nodos. Opcional pero necesario si quieres utilizar SNAT o si tu router ascendente no admite ECMP.

25.24.5.6 EXIT NODES LOCAL ROUTING - ENRUTAMIENTO LOCAL DE NODOS DE SALIDA

Esto va a permitir usar como nodos de salida los que estén definidos en las tablas de enrutamiento (en el caso de usar SNAT, sólo funcionará con un nodo de salida).

Esta es una opción especial si necesitas llegar a un servicio VM/CT desde un nodo de salida. (De forma predeterminada, los nodos de salida solo permiten reenviar tráfico entre la red real y la red EVPN).

25.24.5.7 ADVERTISE SUBNETS - ANUNCIAR SUBREDES

Anuncia la subred completa en la red EVPN.

25.24.5.8 DISABLE ARP ND SUPPRESSION

(No suprimir los paquetes ARP o ND) - Deshabilitar la supresión ARP ND nos deshabilitará la posibilidad de eliminar el tráfico de ARP (Address Resolution Protocol) y NDP (Neighbor Discovery Protocol) que nos permitirán resolver direcciones MAC entre ambos extremos.

Esto es necesario si utilizas direcciones IP flotantes en sus máquinas virtuales (las direcciones IP y MAC se mueven entre sistemas).

25.24.5.9 ROUTE-TARGET IMPORT - IMPORTACIÓN DE DESTINO DE RUTA

Te permite importar una lista de destinos de ruta EVPN externos. Se utiliza para interconexiones de redes EVPN cruzadas o diferentes. Opcional.

25.24.5.10 MTU

Debido a que la encapsulación VXLAN utiliza 50 bytes, la MTU debe ser 50 bytes menos que la MTU máxima de la interfaz física saliente (a no ser que tengas configuradas Jumbo Frames en la configuración de red de los nodos de Proxmox y en los equipos físicos de red).

25.24.5.11 NODOS

En este apartado seleccionaremos los nodos que participan en la SDN, tal y como lo hemos visto en otras configuraciones. Esto nos definirá a que nodos podemos conectar las EVPN.

El resto de las opciones son las mismas que ya hemos visto en el resto de configuraciones de SDN (IPAM, servidores DNS, zonas DNS, y zona DNS inversa).

26

PROXMOX FIREWALL

26.1 CONCEPTOS

Proxmox VE dispone como ya comentamos de la funcionalidad de firewall que proporciona de una forma sencilla una capa de protección de tu infraestructura. Puedes configurar reglas de firewall para todos los hosts dentro de un cluster o definir reglas para máquinas virtuales y contenedores. Funciones como macros de firewall, grupos de seguridad, conjuntos de IP y alias ayudan a facilitar esa tarea.

Si bien toda la configuración se almacena en el sistema de archivos del cluster, el servicio de firewall basado en iptables (en las versiones nuevas ya es nftables) se ejecuta en cada nodo del cluster y, por lo tanto, proporciona un aislamiento total entre las máquinas virtuales. La naturaleza distribuida de este sistema también proporciona un ancho de banda mucho mayor que una solución de firewall central.

El firewall tiene soporte total para IPv4 e IPv6. La compatibilidad con IPv6 es totalmente transparente y se filtra el tráfico para ambos protocolos de forma predeterminada. Por tanto, no es necesario mantener un conjunto diferente de reglas para IPv6.

26.2 ARCHIVOS DE CONFIGURACIÓN

Toda la configuración relacionada con el firewall se almacena en el sistema de archivos del cluster proxmox (PMXCFS). Estos archivos se distribuyen automáticamente a todos los nodos del cluster y el servicio pve-firewall actualiza las reglas subyacentes de iptables/nftables automáticamente cada vez que hay un cambio.

El firewall está completamente deshabilitado de forma predeterminada, por lo que para usarlo debes activarlo, pero lee todo el capítulo antes de tocar.

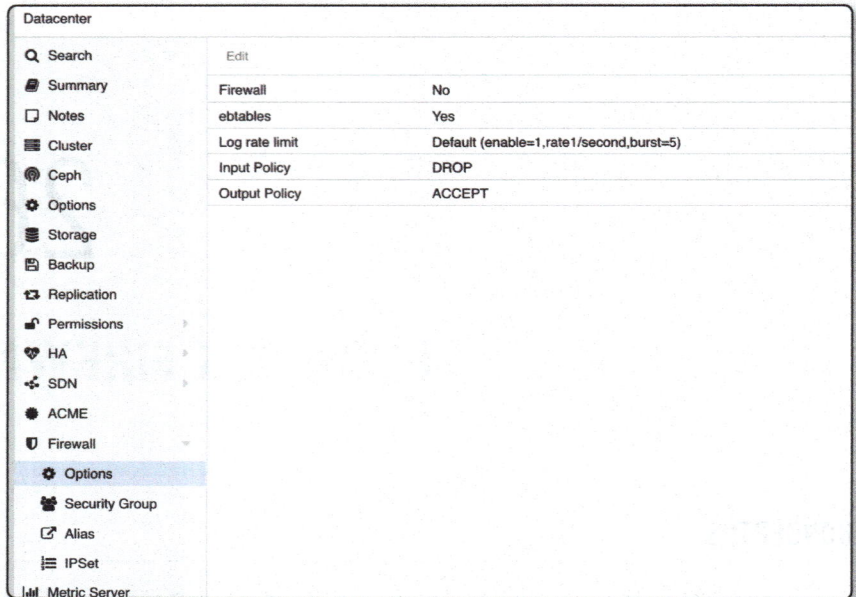

 Antes de activar el firewall, debes tener en cuenta que el firewall está desactivado por defecto a nivel de datacenter, y que la real por defecto es DROP al tráfico de entrada. Si lo primero que haces es activar el firewall tal cual, puedes bloquear determinadas funciones como almacenamiento NFS o CIFS externo.

26.3 ZONAS

El firewall Proxmox VE agrupa la red en las siguientes zonas lógicas.

26.3.1 Cluster

Gestión global del Firewall. Configuración de todo el cluster. La configuración del firewall para todo el cluster se almacena en.

/etc/pve/firewall/cluster.fw

26.3.2 Host

Tráfico desde/hacia un nodo del cluster.

26.3.3 Máquina virtual

Tráfico desde/hacia una VM específica.

Para cada zona, puedes definir reglas de firewall para el tráfico entrante y/o saliente.

Puedes configurar cualquier cosa del firewall usando la GUI (es decir, Centro de datos → Firewall, o en un Nodo → Firewall), o puedes editar los archivos de configuración directamente.

26.4 REGLAS DE FIREWALL

Para evitar problemas, en el firewall hay determinados servicios que estarán siempre disponibles para evitar problemas de estabilidad en nuestras instancias o cluster de Proxmox VE.

26.4.1 Permitido

Si la política de entrada o salida del firewall está configurada en DROP o REJECT, el siguiente tráfico aún está permitido para todos los hosts Proxmox VE en el cluster:

- Tráfico a través de la interfaz loopback.

- Conexiones ya establecidas (established).

- Tráfico utilizando el protocolo IGMP.

- Tráfico TCP desde los hosts de administración al puerto 8006 para permitir el acceso a la interfaz web.

- Tráfico TCP desde los hosts de administración al rango de puertos 5900 a 5999, lo que permite el tráfico para la consola web VNC.

- Tráfico TCP desde los hosts de administración al puerto 3128 para conexiones al proxy SPICE.

- Tráfico TCP desde los hosts de administración al puerto 22 para permitir el acceso ssh.

- Tráfico UDP en la red del cluster a los puertos 5405-5412 para corosync.

- Tráfico de multidifusión UDP en la red del cluster.

- Tráfico ICMP tipo 3 (destino inalcanzable), 4 (control de congestión) u 11 (tiempo excedido).

26.4.2 Bloqueado

El siguiente tráfico se elimina mediante un drop, pero no se registra en los ficheros de log.

Conexiones TCP con estado de conexión invalid.

Tráfico de difusión, multidifusión y anycast no relacionado con corosync, es decir, que no llega a través de los puertos 5405-5412.

Tráfico TCP al puerto 43 (whois).

Tráfico UDP a los puertos 135 y 445 (RPC de MS y Netbios) por lo que los almacenamientos CIFS fallarán.

Tráfico UDP al puerto rango 137 a 139 los CIFS fallarán.(NETBIOS Name Service (TCP/UDP: 137), NETBIOS Datagram Service (TCP/UDP: 138) y NETBIOS Session Service (TCP/UDP: 139).

Tráfico UDP desde el puerto de origen 137 al rango de puertos 1024 a 65535 (el tráfico de salida de Netbios).

Tráfico UDP al puerto 1900 (UPnP SSDP y Microsoft SSDP - Simple Service Discovery Protocol).

Tráfico TCP a los puertos 135, 139 y 445.

Tráfico UDP que se origina en el puerto de origen 53 (DNS).

El resto del tráfico de tira (drop) o se rechaza (reject) pero sí que aparece en el log.

Por lo tanto, si tenemos almacenamiento CIFS sobre todo, mucho cuidado con la configuración del firewall.

26.5 DATACENTER FIREWALL

Edit	
Firewall	No
ebtables	Yes
Log rate limit	Default (enable=1,rate1/second,burst=5)
Input Policy	DROP
Output Policy	ACCEPT

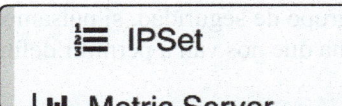

Para ver las opciones de Firewall desde el Datacenter, expandimos el menú de Firewall y vemos las siguientes opciones.

La opción de Firewall, nos permite ver nuestras reglas o bien insertar un grupo de seguridad.

26.5.1 Opciones

En opciones podemos establecer las reglas predeterminadas, así como otras opciones del firewall.

26.5.2 Ebtables

Ebtables (Ethernet Bridge Tables) nos permite configurar y examinar las tablas de filtrado en el kernel de Linux para dispositivos de red tipo puente, como los switches virtuales.

Ebtables puede capturar y examinar el tráfico de red que atraviesa un dispositivo de puente. Esto le permite inspeccionar los datagramas entrantes y salientes, así como tomar decisiones basadas en las características de estos, como la dirección MAC de origen o destino, el protocolo Ethernet.

26.5.3 Grupos de seguridad

Podemos crear grupos de seguridad con reglas específicas para determinadas aplicaciones o protocolos / puertos.

La funcionalidad de los grupos de seguridad es muy potente y nos va a permitir disponer de conjuntos de reglas muy potentes para la gestión de nuestro firewall.

Vamos a ver ejemplos, si pulsamos en grupos de seguridad, podemos crear un grupo de seguridad, por ejemplo para permitir el tráfico http y https.

Ahora, una vez creado el grupo de seguridad, si pulsamos en el grupo recién creado, vemos las opciones a la derecha que nos van a permitir definir las reglas para este grupo de seguridad.

Las reglas se componen de lo siguiente:

26.5.3.1 DIRECCIÓN

La dirección o sentido del tráfico (In/out) entrada o salida.

26.5.3.2 ACCIÓN

La acción Accept / drop / reject.

"drop" y "reject" son dos acciones diferentes que se pueden aplicar a los paquetes de red que cumplen ciertos criterios definidos por las reglas del firewall.

26.5.3.3 DROP (DESCARTAR)

Cuando en el firewall o regla de filtrado de nuestro firewall de Proxmox VE tiene una acción "drop", significa que los paquetes que coinciden con esa regla serán descartados y no se enviará ninguna respuesta al remitente.

El paquete se elimina silenciosamente sin notificar al remitente del paquete, lo que hace que parezca que el destino no está accesible o que el paquete se perdió en el camino.

Esta acción es muy útil cuando quieres ocultar un servicio de un servidor o recurso de red al no enviar respuestas a solicitudes no autorizadas.

26.5.3.4 REJECT (RECHAZAR)

Cuando en el firewall o regla de filtrado de nuestro firewall de Proxmox VE tiene una acción "reject", significa que los paquetes que coinciden con esa regla serán rechazados y se enviará una notificación de rechazo al remitente.

El remitente del paquete recibirá un mensaje de error o rechazo, indicando que la conexión fue rechazada por el firewall.

Esta acción puede ser útil para informar claramente a los remitentes que la conexión se ha rechazado.

26.5.3.5 INTERFACE

Define sobre qué interfaz de red vamos a aplicar las reglas.

26.5.3.6 ORIGEN

Define desde cue redes de origen se aplican las reglas. En este apartado usaremos los conjuntos de reglas que definiremos más adelante en los IP SET o conjuntos de IP.

26.5.3.7 DESTINO

Define a que redes destino se aplican las reglas. En este apartado usaremos los conjuntos de reglas que definiremos más adelante en los IP SET o conjuntos de IP

26.5.3.8 PROTOCOLO

El protocolo define el tipo de protocolo a usar de entre los protocolos de red estándar, como tcp, udp, icmp, igmp, ipv6, bgp, is-is, etc.

Cuando usamos protocolo, tenemos que establecer los puertos de origen y destino para filtrar debidamente el protocolo.

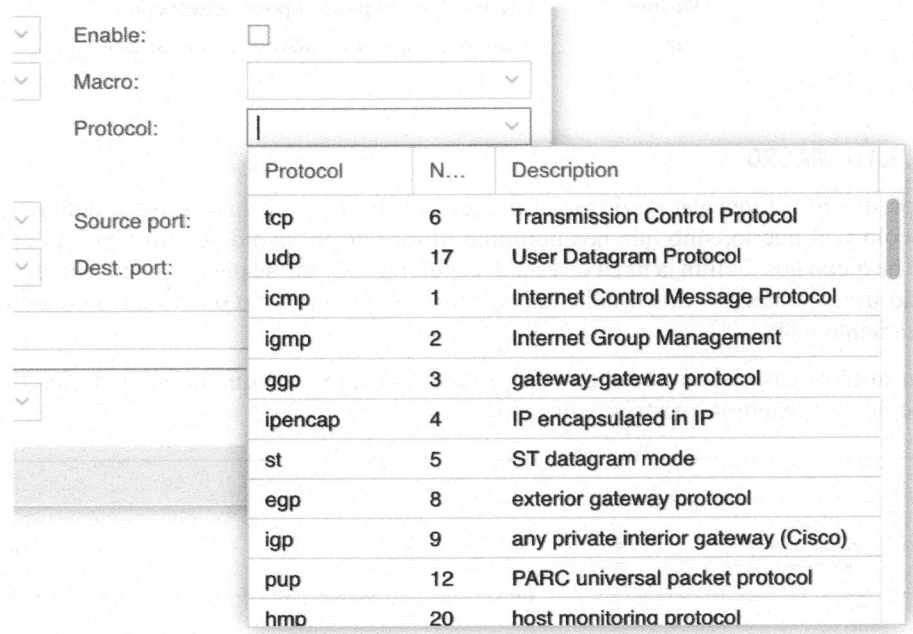

26.5.3.9 PUERTO ORIGEN Y DESTINO

Cuando elegimos el protocolo, tenemos que delimitar el puerto origen y/o destino del tráfico, cosa que no hay que realizar cuando configuramos los macros.

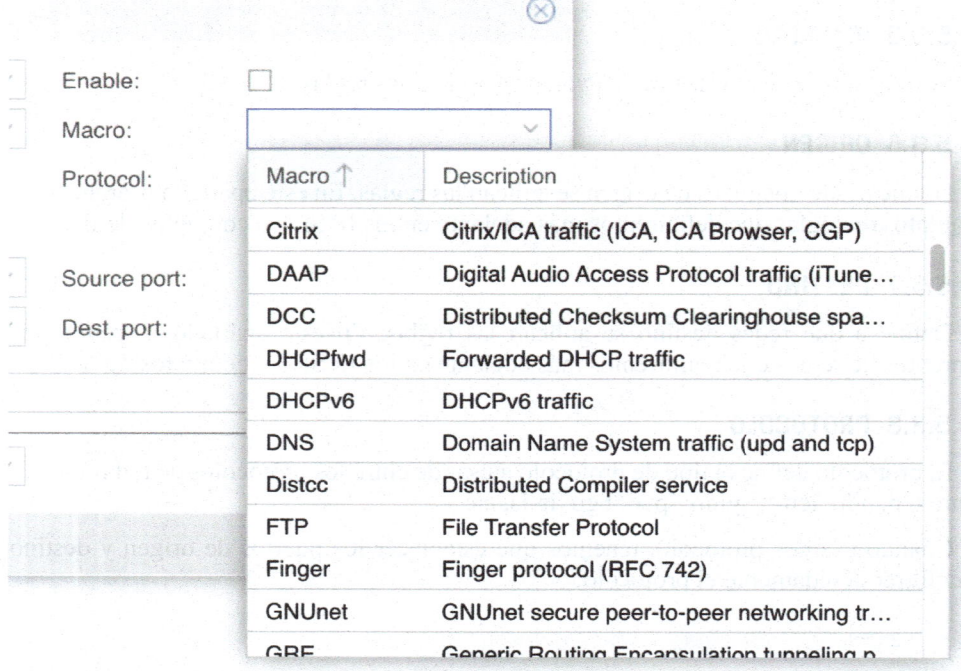

26.5.3.10 MACRO

Los macros sirven para agilizar el proceso de filtrado, ya que no sólo definen el protocolo y el puerto, sino que nos permiten filtrar por protocolo de alto nivel, lo cual como he dicho nos facilita la tarea de establecer el filtro. Como se puede ver en la imagen, cuando usamos macros, nos olvidamos de filtrar el ftp como tcp puerto 21 y ponemos directamente FTP.

En nuestro caso, si lo hacemos con macros, podemos ver que habilitando los dos protocolos, ya tenemos nuestras reglas.

Group: Create Remove Edit		Rules: Add Copy Remove Edit									
Group ↑	Comment		On	Type	Action	Macro	Protocol	Source	S.Port	Destination	D.Port	Log lev
http_https	Trafico Http y https	≡ 0	☐	in	ACCEPT	HTTPS						nolog
publicas	Redes Públicas	≡ 1	☐	in	ACCEPT	HTTP						nolog

26.6 ALIAS IP

Los alias IP nos permiten configurar determinadas direcciones IP asociadas con un nombre por ejemplo, si tenemos una serie de redes que son nuestras redes de confianza, las podemos asociar todas dentro de un solo alias IP. Por defecto, las redes que se consideran locales, dentro de la máquina hipervisor, se asocian con una al interno que se crea, por defecto llamado localnet.

```
root@pve:~# pve-firewall localnet
local hostname: pve
local IP address: 192.168.37.20
network auto detect: 192.168.37.0/24
using detected local_network: 192.168.37.0/24
```

26.7 IP SETS

Los IP Sets se usan para definir grupos de redes y host se puede hacer referencia a ellos usando el símbolo más al principio del nombre. En la imagen podemos ver como añadimos una fuente o un origen de red a partir de alias.

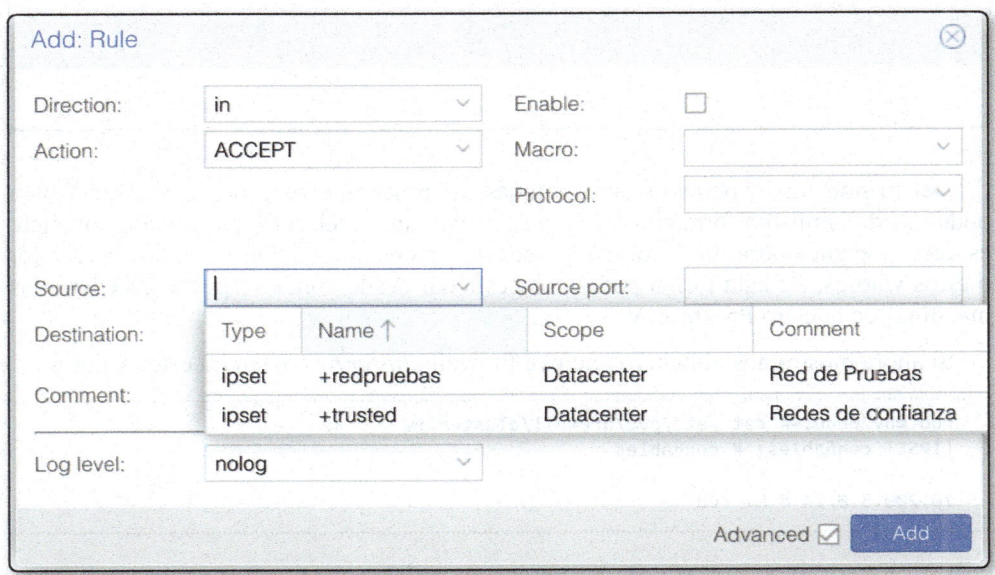

Vamos a crear un ipset por ejemplo de redes de confianza. Vamos al menú de IPSET y creamos un nuevo elemento denominado confiables.

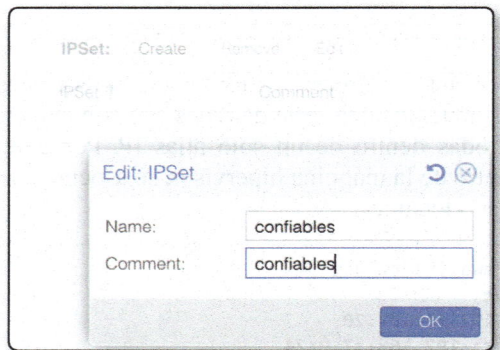

Si seleccionamos, este ipset, en la columna derecha podremos añadir las IP que nosotros consideremos que son de confianza mediante el botón de añadir.

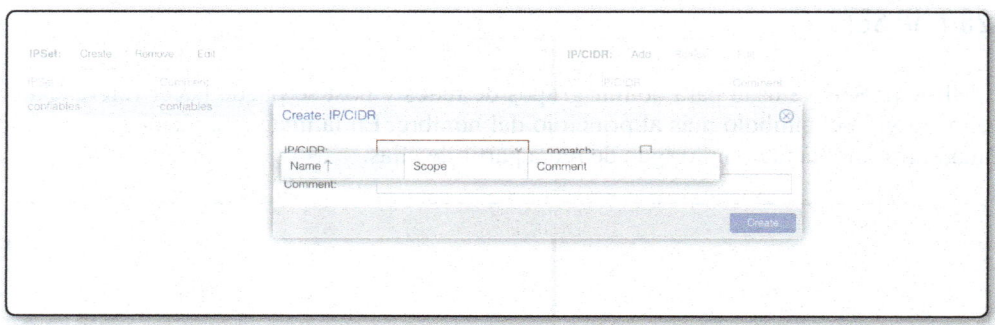

Del mismo modo podemos añadir todas las redes que sean de confianza, o bien podemos de la misma forma bloquear, ya que hay un Check que aparece con nomatch, es decir podemos permitir el tráfico de todas las redes que no coincidan con este valor o estos valores. De esta forma podremos gestionar desde donde se puede acceder a las máquinas de nuestro Proxmox VE.

Si ahora mostramos el fichero /etc/pve/firewall/*cluster.fw* contendrá estos valores.

```
root@hv20edu:~# cat /etc/pve/firewall/cluster.fw
[IPSET confiables] # confiables

10.200.3.0/24 # Mi red
```

Los datos que aparecen después del carácter # se consideran comentarios y no se procesan.

Ahora podemos ir a nuestro Security Group y agregar este origen a nuestro grupo de seguridad que habíamos creado. Por lo que ahora aceptamos tráfico http y https desde los orígenes de direcciones IP que hemos declarado como confiables.

Como vemos en la imagen, además del símbolo + que hemos visto, aparece el ámbito del IPSET que en este caso es Datacenter (dc). En la imagen vemos que el origen del tráfico es +dc/confiables.

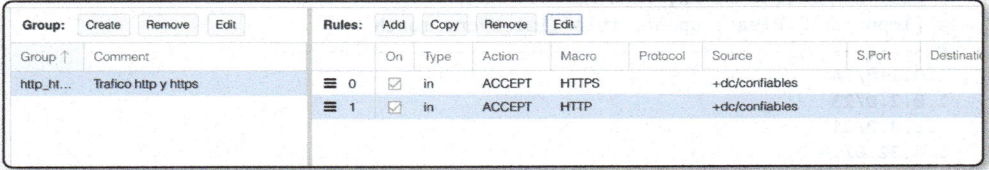

El fichero de reglas del firewall aparecerá como sigue.

```
root@hv20edu:~# cat /etc/pve/firewall/cluster.fw
[IPSET confiables] # confiables

10.200.3.0/24 # Mi red

[RULES]

GROUP http_https -i vmbr0

[group http_https] # Trafico http y https

IN HTTPS(ACCEPT) -source +dc/confiables -log nolog
IN HTTP(ACCEPT) -source +dc/confiables -log nolog
```

 Puedes editar este archivo para agregar IPsets completos desde listas públicas, por ejemplo:

26.7.1 Ejemplo de IPSET

Voy a descargarme un conjunto de IPSET desde GeoIP, en formato CIDR de por ejemplo rangos de direcciones chinas desde una fuente gratuita (hay que recordar que en el mercado hay compraventa y alquiler de direcciones y puede no ser muy fiable el resultado si no disponemos de una fuente actualizada.

Como ejemplo voy a usar *https://www.ip2location.com/free/visitor-blocker*

Solicito la descarga de IP por país de China en formato CIDR.

Me descarga un archivo con el conjunto de IP que tiene en ese momento esta base de datos con país de origen China.

Me descarga un archivo con miles de líneas con direcciones IP de China.

```
# --------------------------------------------------------
# Free IP2Location Firewall List by Country
# Source: https://www.ip2location.com/free/visitor-blocker
# Last Generated: 05 May 2024 06:51:53 GMT
# [Important] Please update this list every month
# --------------------------------------------------------
1.0.1.0/24
1.0.2.0/23
1.0.8.0/21
1.0.32.0/19
1.1.0.0/24
1.1.2.0/23
1.1.4.0/22
1.1.8.0/21
1.1.16.0/20
1.1.32.0/19
1.2.0.0/23
1.2.2.0/24
1.2.4.0/22
1.2.8.0/21
1.2.16.0/20
1.2.32.0/19
1.2.64.0/18.................
```

Ahora si editamos el archivo /etc/pve/firewall/*cluster.fw* y agregamos un IPset que se llama China.

```
[IPSET confiables] # confiables

10.200.3.0/24 # Mi red

[IPSET China] # China
1.0.1.0/24
1.0.2.0/23
1.0.8.0/21
1.0.32.0/19
1.1.0.0/24
1.1.2.0/23
1.1.4.0/22
1.1.8.0/21
1.1.16.0/20
1.1.32.0/19
1.2.0.0/23
1.2.2.0/24
1.2.4.0/22
```

Cuando volvemos a nuestro IPSET en el firewall de cluster, podemos ver que el conjunto de IP que nos hemos descargado, parece como un IPSET nuevo que podemos usar para la configuración del Firewall, permitiendo o bloqueando el tráfico desde estos orígenes.

De igual forma por ejemplo podemos descargarnos el de nuestro país, por ejemplo descargo el de España, lo añado y los establezco como direcciones IP válidas para el acceso, de esta forma puedo bloquear por país.

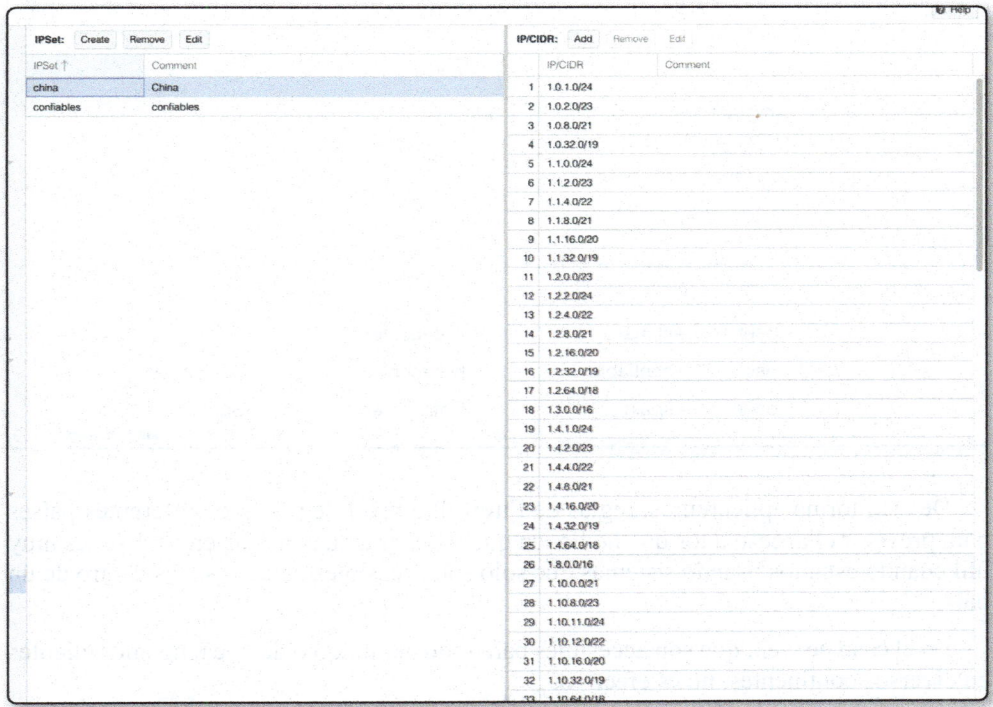

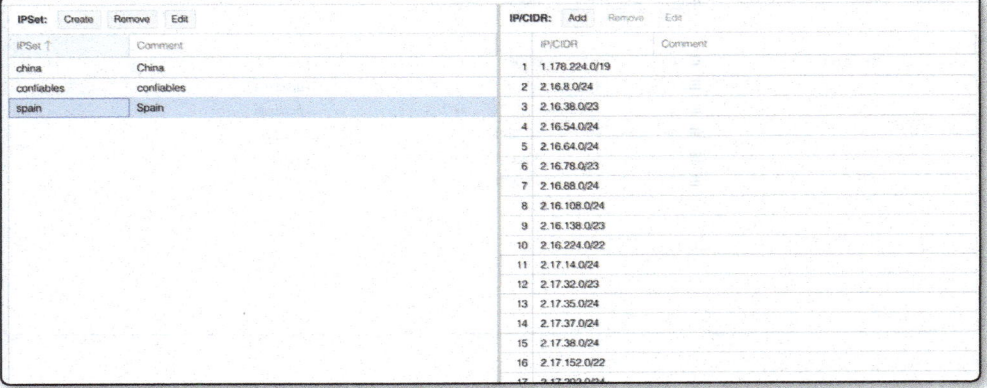

Ahora vamos a añadir el IPSET de España en nuestros IPSET.

De esta forma ahora podemos usar estos IPSET para gestionar los orígenes desde los que se puede acceder a los protocolos, HTTP y HTTPS como ya vimos en las reglas de Firewall de cluster entonces vamos a permitir el tráfico desde fuentes de España y bloquear el tráfico desde fuentes de China.

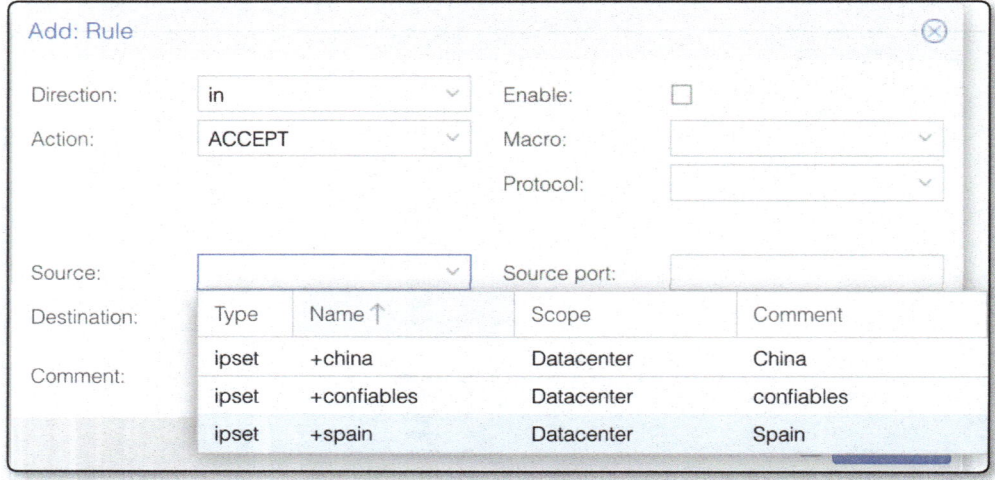

De esta forma aplicaremos, reglas de Firewall a nivel de país o de diferentes países para prevenir el acceso a los que no tienen que acceder a nuestros sistemas. Esto es muy útil cuando estamos usando sistemas que solo son accesibles para personas dentro de un país.

En el caso de web, que son accesibles para todo el mundo o de que tengamos clientes en diversos continentes, no es efectivo.

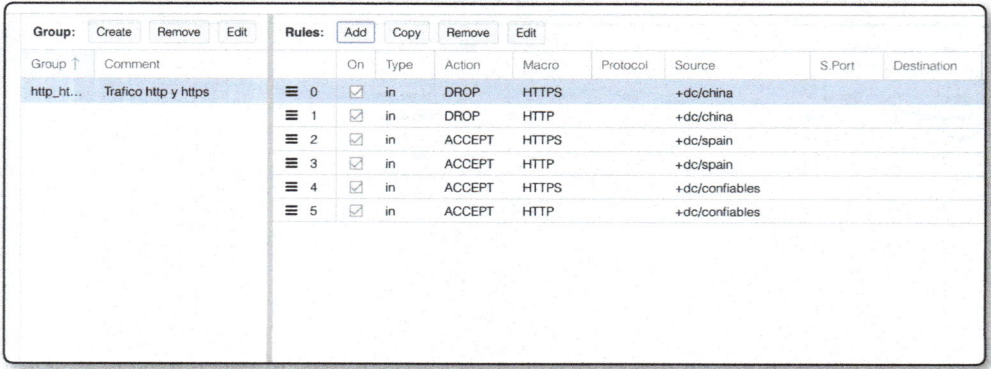

Edit	
Firewall	Yes
SMURFS filter	Yes
TCP flags filter	No
NDP	Yes
nf_conntrack_max	Default
nf_conntrack_tcp_timeout_established	Default
log_level_in	nolog
log_level_out	nolog
tcp_flags_log_level	nolog
smurf_log_level	nolog
nftables (tech preview)	No

Left menu: Search, Summary, Notes, Shell, System, Updates, Firewall (Options, Log), Disks, LVM, LVM-Thin, Directory

Vemos que tiramos el tráfico que viene de China y afectamos el tráfico que viene de España y de las direcciones confiables.

26.8 FIREWALL A NIVEL DE NODO

En el nodo tenemos determinadas opciones que solamente debemos usar si queremos sobrescribir las reglas que vienen de la configuración del cluster. En este punto podemos añadir más detalle a los logs, y establecer determinadas configuraciones relacionadas con el netfilter.

El archivo se encuentra en /etc/pve/nodes/<nodo>/host.fw

Estas opciones se aplican como hemos comentado a nivel de cada nodo del cluster tenemos en primer lugar la opción de habilitar o deshabilitar el Firewall, el nivel del registro para el nodo determinado, tanto en tráfico entrante, como en tráfico saliente, los valores son alerta, crítico, debug, emergencia, error, información, no log, aviso y advertencia.

La opción de NDP habilita el protocolo NDP, que es el Neighbor Discovery Protocol.

El registro conntrack habilita el registro de conexiones.

- ▶ nf_conntrack_allow_invalid, permite paquetes no válidos en el seguimiento de conexiones.

- ▶ nf_conntrack_helpers, habilita los asistentes de conntrack para protocolos específicos. Los protocolos soportados son: amanda, ftp, irc, netbios-ns, pptp, sane, sip, snmp, tftp.

- ▶ nf_conntrack_max: número máximo de conexiones rastreadas.

- ▶ nf_conntrack_tcp_timeout_established: tiempo de espera de las conexiones rastreadas.

- ▶ nf_conntrack_tcp_timeout_syn_recv: tiempo de espera de recepción de sincronización de Conntrack.

- ▶ nftables: habilita el firewall basado en nftables (no está en versión definitiva, solo thecnical preview).

- ▶ Protection_synflood: habilita la protección para evitar flujos de paquetes que puedan significar un ataque de DDoS, en este caso podemos realizar la protección, el número de paquetes por fuente y por el número de paquetes por segundo que podemos recibir. Todo lo que exceda de este volumen se bloquea.

26.9 FIREWALL A NIVEL DE VM

Este Firewall es el que se activa a nivel de cada máquina virtual. La configuración de este se encuentra en los archivos /etc/pve/firewall/<VMID>.fw donde VMID es el identificador de la máquina virtual del contenedor.

Para que este Firewall esté activo en la máquina virtual, debemos de haber habilitado la opción de Firewall en la configuración de la red como vemos en la imagen.

Podemos ver que la tarjeta de red está con el check del Firewall activado, es decir, si activamos reglas de Firewall, Proxmox VE aplicará las reglas de Firewall correspondiente que tengamos definidas a esta máquina virtual.

Como vemos en la siguiente imagen, las reglas de Firewall a nivel de máquina son muy parecidas a las que tenemos a nivel de data Center, con lo cual la aplicación y la forma de generarlas y de configurarlas es la misma que vimos ya en el apartado de data Center.

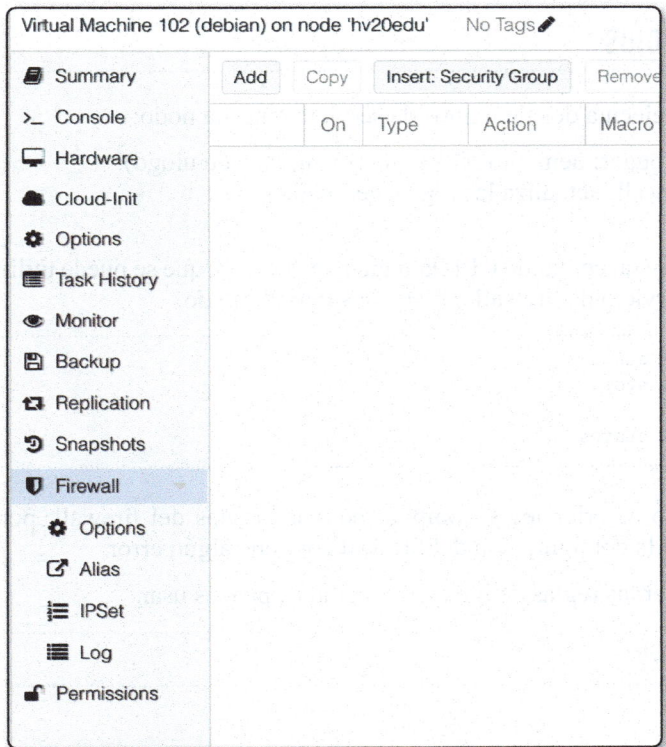

Vemos, que tenemos IPSET, alias opciones y log. Lo único que varía con respecto a la configuración de data Center, son las opciones que vamos a ver a continuación.

Vemos que tenemos la opción de activar o desactivar el Firewall a nivel de máquina activar o desactivar los protocolos DHCP y NDP.

La opción de IP Filter permite añadir los filtros por defecto, esto es lo mismo que añadir un archivo de filtros en blanco a excepción de restringir las direcciones locales de enlace IPv6 a la derivada de la dirección MAC de la interfaz y de permitir en los LXC las direcciones IP configuradas en el propio contenedor.

En cuanto a los logs, igual que hemos visto en el resto, tenemos la posibilidad de regular el nivel de log que queremos (alert | crit | debug | emerg | err | info | nolog | notice | warning).

Podemos establecer filtro a nivel de Mac, las políticas por defectos son bloquear la entrada y permitir la salida.

Además, tenemos la opción de habilitar el protocolo del router Router Advertisement.

26.10 SERVICIOS

El firewall ejecuta dos demonios de servicio en cada nodo:

- ▼ pvefw-logger: demonio NFLLOG (reemplazo de ulogd).
- ▼ pve-firewall: actualiza las reglas de iptables.

También hay un comando CLI llamado pve-firewall, que se puede utilizar para iniciar y detener el servicio de firewall o bien consultar el estado.

```
pve-firewall start
pve-firewall stop

pve-firewall status
```

El comando anterior lee y compila todas las reglas del firewall, por lo que verás advertencias si la configuración del firewall contiene algún error.

Si deseas ver las reglas de iptables generadas, puedes usar.

```
iptables-save
```

26.11 USO DE IPV6 EN EL FIREWALL DE PROXMOX

El firewall contiene algunas opciones específicas de IPv6. Una cosa para tener en cuenta es que IPv6 ya no utiliza el protocolo ARP, sino que utiliza NDP, que funciona a nivel de IP y, por lo tanto, necesita direcciones IP para funcionar. Para este propósito se utilizan direcciones locales de enlace derivadas de la dirección MAC de la interfaz. De forma predeterminada, la opción NDP está habilitada tanto en el nivel de host como de VM para permitir que se envíen y reciban paquetes de Neighbor Discovery Protocol (NDP).

NDP también se utiliza para un par de cosas más, como la configuración automática y el anuncio de los routers.

De forma predeterminada, las máquinas virtuales pueden enviar mensajes de solicitud de router (RA) (para consultar el router y recibir paquetes de anuncio de los routers. Esto les permite utilizar la configuración automática stateless. Por otro lado, las máquinas virtuales no pueden anunciarse como enrutadores a menos que esté configurada la opción "Allow Router Advertisement" (radv: 1)

26.12 PUERTOS USADOS POR LOS SERVICIOS DE PROXMOX VE

A continuación, te muestro los principales puertos que necesita Proxmox VE para sus servicios y que bajo ningún concepto, deberían de ser bloqueados por ningún tipo de Firewall o de cualquier filtro que pueda estar en la configuración de tu Proxmox VE.

- Interfaz web: 8006 (TCP, HTTP/1.1 sobre TLS)
- Consola web VNC: 5900-5999 (TCP, WebSocket)
- Proxy SPICE: 3128 (TCP)
- sshd (usado para acciones de cluster): 22 (TCP)
- rpcbind: 111 (UDP)
- sendmail: 25 (TCP, saliente)
- Tráfico del cluster corosync: 5405-5412 UDP
- Migración en vivo (memoria de VM y datos del disco local): 60000-60050 (TCP)

27

USUARIOS, GRUPOS, POOLS, PERMISOS

27.1 CONCEPTOS

El sistema de usuarios y grupos en Proxmox, nos permite definir permisos granulares, si necesitamos conceder acceso en nuestra organización a diferentes perfiles de cara a que ellos mismos se gestionen sus máquinas y su infraestructura.

Para ello empezaremos a ver cómo funcionan los usuarios, los grupos y los sistemas de autenticación que soporta Proxmox VE.

27.2 SISTEMAS DE AUTENTICACIÓN

Proxmox VE admite múltiples fuentes de autenticación, por ejemplo Linux PAM (usuarios del sistema Linux subyacente), un servidor de autenticación Proxmox VE integrado, LDAP, Microsoft Active Directory y OpenID Connect. Estas opciones de configuración, se explican más adelante en otro capítulo.

Al utilizar la administración de permisos y usuarios basada en roles para todos los objetos (VM, almacenamiento, nodos, etc.), se puede definir el acceso granular como hemos comentado antes.

27.3 USUARIOS

Proxmox VE almacena los atributos del usuario en /etc/pve/user.cfg. Las contraseñas no se almacenan aquí; en cambio, los usuarios están asociados con los dominios de autenticación que se describen en los diferentes sistemas de autenticación que explicaremos. Por lo tanto, un usuario suele identificarse internamente por su nombre de usuario y dominio en el formato <userid>@<realm>.

Por ejemplo para acceder con un usuario del propio sistema el realm será pam (eduardo@pam), en el caso de usuarios del servidor de autenticación de Proxmox VE Integrado el realm será pve (eduardo@pve).

Cada entrada de usuario en este archivo contiene la siguiente información:

- ▶ Nombre de pila.
- ▶ Apellido.
- ▶ Dirección de correo electrónico.
- ▶ Grupos a los que pertenece.
- ▶ Fecha de caducidad de la cuenta.
- ▶ Comentarios o notas sobre este usuario.
- ▶ Si este usuario está habilitado o deshabilitado.
- ▶ Claves de autenticación de doble factores (opcional).

 Precaución. Cuando deshabilitas o eliminas un usuario, o si la fecha de vencimiento establecida ya pasó, este usuario no podrá iniciar sesión, ni iniciar nuevas tareas. Todas las tareas que ya haya iniciado este usuario (por ejemplo, sesiones de terminal) no finalizarán automáticamente por dicho evento, por lo que permanecerán en ejecución.

27.3.1 Usuarios especiales

Administrador del sistema (root/pam)

El usuario root del sistema siempre puede iniciar sesión a través del dominio PAM de Linux y es un administrador ilimitado. Este usuario no se puede eliminar, pero aún se pueden cambiar los atributos. Los correos del sistema se enviarán a la dirección de correo electrónico asignada.

27.4 GRUPOS

Cada usuario puede ser miembro de varios grupos. Los grupos son la forma recomendada de organizar los permisos de acceso, ya que de esa forma tendremos mejor control de lo que hace cada usuario, sin tener que asignar permisos específicos usuario por usuario, que puede dejar fallos de seguridad. Siempre debes otorgar permisos a grupos en lugar de a usuarios individuales. De esa manera tendrás una lista de control de acceso (ACL) mucho más fácil de mantener del usuario.

27.5 TOKENS API

Los tokens API permiten el acceso a la mayoría de las partes de la API REST desde otro sistema, software o cliente API. Se pueden generar tokens para usuarios individuales y se les pueden otorgar permisos y fechas de vencimiento separados para limitar el alcance y la duración del acceso. Si el token API se ve comprometido, se puede revocar sin deshabilitar al usuario.

Los tokens API vienen en dos tipos básicos:

▶ Privilegios separados: el token debe tener acceso explícito con ACL. Sus permisos efectivos se calculan cruzando los permisos de usuario y token.

▶ Privilegios completos: los permisos del token son idénticos a los del usuario asociado.

 Precaución. El valor del token solo se muestra/devuelve una vez cuando se genera el token. ¡No se puede volver a recuperar a través de la API más adelante!

Para usar un token de API, establece el encabezado HTTP Autorizathion en el valor mostrado del formulario PVEAPI Token=USER@REALM!TOKENID=UUID al realizar solicitudes de API.

27.6 POOLS DE RECURSOS

Un grupo de recursos es un conjunto de máquinas virtuales, contenedores y dispositivos de almacenamiento. Es útil para el manejo de permisos en casos en los que ciertos usuarios deberían tener acceso controlado a un conjunto específico de recursos, ya que permite aplicar un permiso único a un conjunto de elementos, en lugar de tener que administrarlo por recurso. Los grupos de recursos se utilizan a menudo junto con grupos, de modo que los miembros de un grupo tengan permisos sobre un conjunto de máquinas y almacenamiento.

Como vimos en la creación de máquinas virtuales Y de contenedores LXC en la primera pantalla en la parte superior derecha hay una casilla que nos indica el Pool de recursos. Si creas una máquina en uno de estos pools, todos los usuarios que tienen permisos sobre este Pool podrán acceder a la máquina de lo contrario, no accederán.

27.7 GESTIÓN DE PERMISOS

La gestión de permisos en Proxmox VE se basa en roles y privilegios. Para que un usuario pueda acceder a algún determinado elemento de Proxmox VE, como para modificar, editar o eliminar debe tener los permisos adecuados.

Proxmox VE usa un sistema de gestión de permisos basados en roles y en rutas es decir, hay una tabla de permisos que permite que un usuario un grupo o un token asuma un rol específico para acceder a un objeto o bien a una ruta. Esto significa que dicha regla de acceso se puede representar como una tripleta de ruta-usuario-rol, ruta-grupo-rol o bien ruta-token-rol donde el rol contiene un conjunto de acciones permitidas y el camino que representa el objetivo de estas acciones.

27.8 ROLES

Un rol es simplemente una lista de privilegios. Proxmox VE viene con una serie de funciones predefinidas que satisfacen la mayoría de los requisitos.

- ▶ Administrator: tiene todos los privilegios.

- ▶ NoAccess: no tiene privilegios (se usa para prohibir el acceso).

- ▶ PVEAdmin: puede realizar la mayoría de las tareas, pero no tiene derechos para modificar la configuración del sistema (Sys.PowerMgmt, Sys.Modify, Realm. Allocate) o permisos (Permissions.Modify).

- ▶ PVEAuditor: tiene acceso de solo lectura.

- ▶ PVEDatastoreAdmin: crea y asigna plantillas y espacio de respaldo.

- ▶ PVEDatastoreUser: asigna espacio de respaldo y ve el almacenamiento.

- ▶ PVEMappingAdmin: gestionar asignaciones de recursos.

- ▶ PVEMappingUser: ver y usar asignaciones de recursos.

- ▶ PVEPoolAdmin: asignar grupos.

- ▶ PVEPoolUser: ver grupos.

- ▶ PVESDNAdmin: gestionar la configuración SDN.

- ▶ PVESDNUser: acceso a bridges/vnets.

- ▶ PVESysAdmin: auditoría, consola del sistema y registros del sistema.

- ▶ PVETemplateUser: ver y clonar plantillas.

- ▶ PVEUserAdmin: gestionar usuarios.

- ▶ PVEVMAdmin: administrar completamente las máquinas virtuales.

- ▶ PVEVMUser: ver, realizar copias de seguridad, configurar CD-ROM, consola de VM, administración de energía de VM.

Puedes ver el conjunto completo de roles predefinidos en la GUI.

Puedes agregar nuevos roles a través de la GUI o la línea de comando.

Para agregar un rol a través de la línea de comando, puede usar la herramienta CLI pveum, por ejemplo:

```
pveum role add VM_Power-only --privs "VM.PowerMgmt VM.Console"
pveum role add Sys_Power-only --privs "Sys.PowerMgmt Sys.Console"
```

27.9 PRIVILEGIOS

Un privilegio es el derecho a realizar una acción específica. Para simplificar la administración, las listas de privilegios se agrupan en roles, que luego se pueden usar en la tabla de permisos. Ten en cuenta que los privilegios no se pueden asignar directamente a usuarios y rutas sin ser parte de un rol.

Actualmente Proxmox VE admite los siguientes privilegios:

27.9.1 Privilegios relacionados con el nodo/sistema

▼ Group.Allocate: crear/modificar/eliminar grupos.

▼ Mapping.Audit: ver asignaciones de recursos.

▼ Mapping.Modify: gestionar asignaciones de recursos.

▼ Mapping.Use: utilizar asignaciones de recursos.

▼ Permisos.Modificar: modificar permisos de acceso.

▼ Pool.Allocate: crear/modificar/eliminar un grupo.

▼ Pool.Audit: ver un pool.

▼ Realm.AllocateUser: asigna usuario a un realm o dominio de autenticación.

▼ Realm.Allocate: crear/modificar/eliminar dominios de autenticación.

▼ SDN.Allocate: gestionar la configuración de SDN.

▼ SDN.Audit: ver la configuración de SDN.

▼ Sys.Audit: ver el estado/configuración del nodo, la configuración del cluster Corosync y la configuración de HA.

▼ Sys.Console: acceso de consola al nodo.

▼ Sys.Incoming: permite flujos de datos entrantes de otros clústeres (experimental).

▼ Sys.Modify: crear/modificar/eliminar parámetros de red de nodos.

▼ Sys.PowerMgmt: gestión de energía del nodo (inicio, parada, reinicio, apagado…).

▼ Sys.Syslog: ver syslog.

▼ User.Modify: crea/modifica/elimina el acceso y los detalles del usuario.

27.9.2 Privilegios relacionados con la máquina virtual

▸ SDN.Use: acceda a redes virtuales SDN y los bridges de red local.

▸ VM.Allocate: crear/eliminar VM en un servidor.

▸ VM.Audit: ver la configuración de VM.

▸ VM.Backup: copia de seguridad/restauración de máquinas virtuales.

▸ VM.Clone: clonar/copiar una VM.

▸ VM.Config.CDROM: expulsar/cambiar CD-ROM.

▸ VM.Config.CPU: modificar la configuración de la CPU.

▸ VM.Config.Cloudinit: modificar los parámetros de Cloud-init.

▸ VM.Config.Disk: agregar/modificar/eliminar discos.

▸ VM.Config.HWType: modifica los tipos de hardware emulado.

▸ VM.Config.Memory: modifica la configuración de la memoria.

▸ VM.Config.Network: agregar/modificar/eliminar dispositivos de red.

▸ VM.Config.Options: modifica cualquier otra configuración de VM.

▸ VM.Console: acceso de consola a VM.

▸ VM.Migrate: migre la VM a un servidor alternativo en el cluster.

▸ VM.Monitor: acceso al monitor VM (kvm).

▸ VM.PowerMgmt: gestión de energía (inicio, parada, reinicio, apagado,…)

▸ VM.Snapshot.Rollback: revierte la VM a una de sus instantáneas.

▸ VM.Snapshot: crear/eliminar instantáneas de VM.

27.9.3 Privilegios relacionados con el almacenamiento

▸ Datastore.Allocate: crear/modificar/eliminar un almacén de datos y eliminar volúmenes.

▸ Datastore.AllocateSpace: asigna espacio en un almacén de datos.

▸ Datastore.AllocateTemplate: asignar/cargar plantillas e imágenes ISO.

▸ Datastore.Audit: ver/explorar un almacén de datos.

 Precaución. Ambos Permissions.Modify y Sys.Modify deben gestionarse con cuidado, ya que permiten modificar aspectos del sistema y su configuración que son peligrosos o sensibles.

Precaución. Lee atentamente la sección sobre herencia que se detalla a continuación para comprender como se propagan los roles asignados (y sus privilegios) a lo largo del árbol de ACL.

27.10 OBJETOS Y RUTAS

Los permisos de acceso se asignan a objetos, como máquinas virtuales, almacenamientos o grupos de recursos. Usamos rutas similares a sistemas de archivos para abordar estos objetos. Estas rutas forman un árbol natural y, opcionalmente, los permisos de niveles superiores (rutas más cortas) se pueden propagar hacia abajo dentro de esta jerarquía.

Los paths pueden tener plantillas. Cuando una llamada API requiere permisos en una ruta con plantilla, la ruta puede contener referencias a parámetros de la llamada API. Estas referencias se especifican entre llaves. Algunos parámetros se toman implícitamente del URI de la llamada API. Por ejemplo, la ruta de permiso /nodes/{node} al llamar a /nodes/mynode/status requiere permisos en /nodes/mynode, mientras que la ruta {path} en una solicitud PUT a /access/acl se refiere al parámetro de ruta del método.

Algunos ejemplos son:

- ▰ /nodes/{node}: acceso a las máquinas del servidor Proxmox VE.
- ▰ /vms: cubre todas las máquinas virtuales.
- ▰ /vms/{vmid}: acceso a máquinas virtuales específicas.
- ▰ /storage/{storeid}: acceso a un almacenamiento específico.
- ▰ /pool/{poolname}: acceso a los recursos contenidos en un grupo específico.
- ▰ /access/groups: administración de grupos.
- ▰ /access/realms/{realmid}: acceso administrativo a reinos.

27.11 HERENCIA

Como mencioné anteriormente, las rutas de los objetos forman un sistema de archivos similar a un árbol, y los objetos que se encuentran en ese árbol pueden heredar los permisos (el indicador de propagación está configurado de forma predeterminada). Usamos las siguientes reglas de herencia:

- ▰ Los permisos para usuarios individuales siempre reemplazan a los permisos de grupo.
- ▰ Los permisos para grupos se aplican cuando el usuario es miembro de ese grupo.
- ▰ Los permisos en niveles más profundos reemplazan a los heredados de un nivel superior.

▼ NoAccess cancela todos los demás roles en una ruta determinada.

▼ Además, los tokens separados por privilegios nunca pueden tener permisos en una ruta determinada que su usuario asociado no tenga.

▼ Pools de recursos.

Los pools se pueden utilizar para agrupar un conjunto de máquinas virtuales y almacenes de datos. Luego puedes simplemente establecer permisos en los pools (/pool/{poolid}), que heredan todos los miembros del grupo. Esta es una excelente manera de simplificar el control de acceso.

27.12 POOLS DE RECURSOS

Al igual que existen grupos de usuarios en Proxmox VE a fin de facilitar y tener más controlado el acceso de usuarios, existe una figura denominada Pool (no confundir con un pool de ceph).

Los pools o grupos de recursos, se pueden utilizar para agrupar un conjunto de máquinas virtuales y almacenes de datos. Luego puedes simplemente establecer permisos en los grupos (/pool/{poolid}), que heredan todos los miembros del grupo. Esta es una excelente manera de simplificar el control de acceso.

27.12.1 Creación de un pool

Para crear un pool, en la sección de Datastore de nuestro Proxmox, o cluster de Proxmox, simplemente buscaremos en la opción de menú permisos (permissions) y al desplegarla, nos aparecerá la opción de Pools.

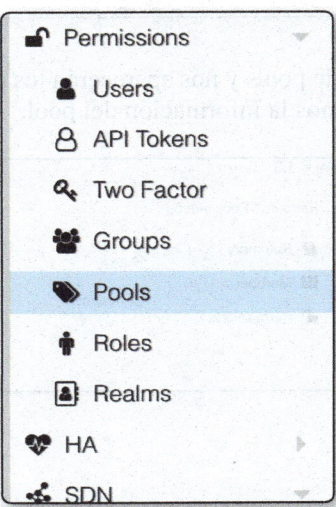

Ahora en la parte derecha arriba, tenemos la opción crear, procedemos a crear un Pool, le damos un nombre y si queremos ponemos un comentario que nos permita identificarlo.

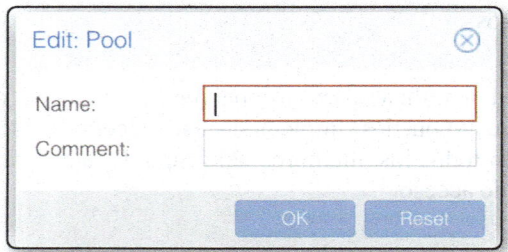

Una vez que se ha creado un Pool, nos aparecerá al final en la sección Datacenter en la vista de servers (Server View).

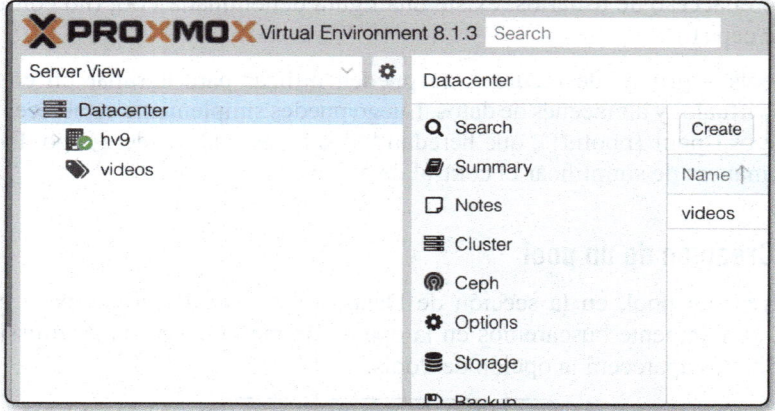

Seleccionamos la opción de pools y nos aparecerán los pools de Proxmox que hemos creado. En el summary, veremos la información del pool.

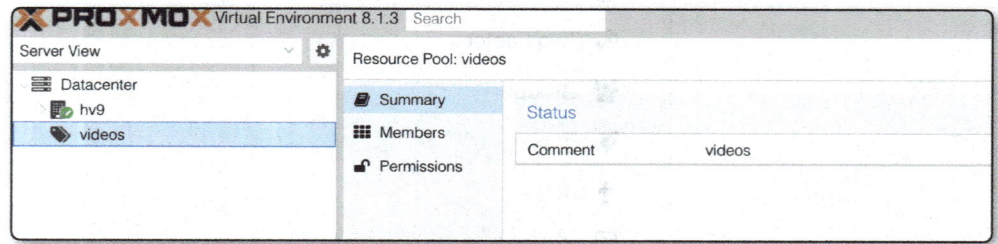

En members, veremos los recursos del pool (máquinas virtuales y almacenamiento) que hemos asociado a este pool, de tal manera que asignaremos los usuarios, grupos y tokens de API que tienen acceso al pool, así como el tipo o nivel de acceso.

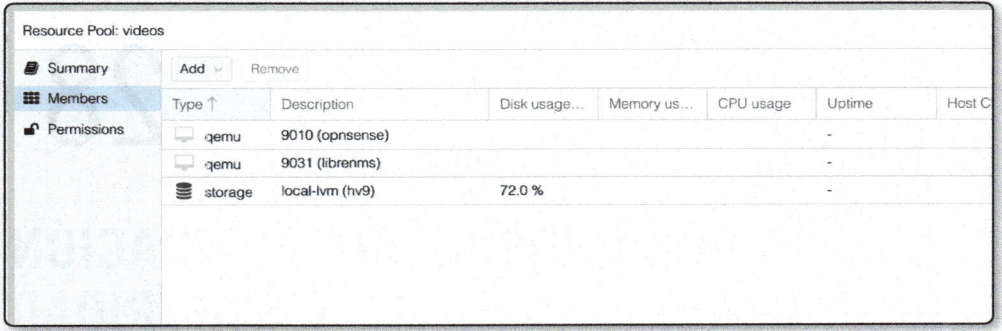

Resource Pool: videos

	Add ⌄ Remove						
	Type ↑	Description	Disk usage...	Memory us...	CPU usage	Uptime	Host C
🖥	qemu	9010 (opnsense)				-	
🖥	qemu	9031 (librenms)				-	
🗄	storage	local-lvm (hv9)	72.0 %			-	

- Summary
- Members
- Permissions

28

DOMINIOS DE AUTENTICACIÓN Y SEGURIDAD

28.1 CONCEPTOS

Por defecto, en próximos, hay dos tipos de autenticación, la autenticación basada en el sistema, es decir, la que subyace sobre el subsistema Linux y una autenticación que está basada en el propio Proxmox VE. En muchos casos es necesario disponer de varios sistemas de autenticación para prevenir accesos no autorizados o para mejorar el mantenimiento de usuarios de tal forma que sea más sencillo el mantenimiento de los usuarios en un sistema con muchos clusters o muchos nodos de próximos. Para ello Proxmox VE permite usar sistemas de autenticación externos a efectos de tener todos los usuarios en una sola ubicación.

28.2 REINOS DE AUTENTICACIÓN (REALMS)

Los reinos de autenticación en Proxmox, más conocidos como Realms, incluyen estos sistemas de autenticación de usuario, como pueden ser y hemos visto el Linux, el propio Proxmox VE, LDAP y Microsoft Active Directory (AD).

28.3 LINUX PAM

Linux PAM se corresponde con los usuarios del sistema host, es el sistema menos versátil, ya que para que un usuario pueda iniciar sesión en el nodo, este debe de existir en todos los nodos de un cluster. Es decir, hay que crear los usuarios, uno a uno en cada nodo.

Este reino de autenticación se agrega de forma predeterminada y no se puede eliminar.

28.4 PROXMOX VE AUTHENTICATION SERVER

El servidor de contraseñas de Proxmox VE es un almacén de contraseñas, muy parecido al que usa Linux, almacena los usuarios en un archivo y las contraseñas mediante un hash en un archivo que se encuentra como comenté en el capítulo sobre las ubicaciones de los archivos de configuración de Proxmox VE en la carpeta /etc/pve/priv/ shadow.cfg.

Esta es la forma más eficiente para instalaciones en la que haya un número pequeño de clusters, donde los usuarios no necesitan acceder a nada fuera del Proxmox VE.

Usar este sistema de autenticación implica crear los usuarios y establecer sus permisos en cada uno de los cluster, puesto que los permisos se propagan a nivel de cluster.

28.5 AUTENTICACIÓN DE DOBLE FACTOR

Muchos de los sistemas de autenticación tanto el PAM como el del propio de Proxmox VE, permiten usar un sistema de autenticación de doble factor bien con una aplicación como Authy o con otras aplicaciones como Google auténticator.

28.6 AUTENTICACIÓN BASADA EN LDAP

La autenticación basada en la edad, consulta una base de datos LDAP si el usuario existe, comprueba su contraseña para que pueda acceder al sistema, haciendo la consulta a la base de datos y a partir de ahí el usuario puede acceder al Proxmox VE con los permisos que tenga activados.

28.7 AUTENTICACIÓN BASADA EN MICROSOFT ACTIVE DIRECTORY (AD)

Al igual que en el caso de LDAP, una implementación muy parecida (o que estaba basada en el LDAP) es Active Directory de Microsoft. El procedimiento es el mismo se comprueban las credenciales contra la base de datos de directorio activo y si es correcto el usuario puede acceder.

28.8 AUTENTICACIÓN MEDIANTE OPENID

La autenticación basa en Open ID, se basa en usar una capa de autenticación que proporciona Proxmox VE, por encima del protocolo OAUTH 2.0 que permite verificar la identidad del usuario basada en un servidor de autenticación externo.

28.9 DOBLE FACTOR DE AUTENTICACIÓN EN PROXMOX VE

 Lo repito de nuevo, no es aconsejable tener Proxmox accesibles desde Internet.

Hay dos formas de utilizar la autenticación de dos factores:

▼ Puede ser requerido por el dominio o realm de autenticación, ya sea a través de TOTP (contraseña de un solo uso basada en tiempo) o YubiKey OTP. En este caso, a un usuario recién creado se le deben agregar sus claves inmediatamente, **ya que no hay forma de iniciar sesión sin el segundo factor.** En el caso de TOTP, los usuarios también pueden cambiar el TOTP más adelante, siempre que puedan iniciar sesión primero.

▼ Alternativamente, los usuarios pueden optar por la autenticación de dos factores más adelante, incluso si el realm no la aplica.

28.10 SEGUNDOS FACTORES DE AUTENTICACIÓN DISPONIBLES

Puedes configurar varios segundos factores para evitar una situación en la que perder tu teléfono inteligente o tu llave de seguridad lo bloquee permanentemente de tu cuenta.

Los siguientes métodos de autenticación de dos factores están disponibles además de TOTP aplicado por realm y YubiKey OTP:

28.10.1 TOTP

Contraseña de un solo uso basada en tiempo configurada por el usuario. Un código corto derivado de un secreto compartido y la hora actual, cambia cada 30 segundos.

28.10.2 WebAuthn

Autenticación web. Un estándar general para la autenticación. Se implementa mediante varios dispositivos de seguridad, como claves de hardware o módulos de plataforma confiable (TPM) desde un ordenador o teléfono inteligente.

28.10.3 Claves de recuperación de un solo uso

Una lista de claves que deben imprimirse y guardarse bajo llave en un lugar seguro o guardarse digitalmente en un vault o sistema de almacenamiento de claves electrónico. Cada clave se puede utilizar sólo una vez. Estos son perfectos para garantizar que no quede bloqueado, incluso si todos los demás factores secundarios se pierden o se corrompen.

Antes de que WebAuthn fuera compatible, el usuario podía configurar U2F. Aún se pueden utilizar los factores U2F existentes, pero se recomienda cambiar a WebAuthn, una vez que esté configurado en el servidor.

28.10.4 Autenticación de dos factores (TFA) reforzada en el Realm

Esto se puede hacer seleccionando uno de los métodos disponibles a través del cuadro desplegable de TFA al agregar o editar un dominio o realm de autenticación. Cuando un dominio tiene TFA habilitado, se convierte en un requisito y solo los usuarios con TFA configurado podrán iniciar sesión.

Actualmente hay dos métodos disponibles:

28.10.4.1 TIME-BASED OATH (TOTP)

Esto utiliza el algoritmo estándar HMAC-SHA1, donde la hora actual se codifica con la clave configurada por el usuario. Los parámetros de tiempo transcurrido y longitud de la contraseña son configurables.

Un usuario puede tener varias claves configuradas (separadas por espacios) y las claves se pueden especificar en Base32 (RFC3548) o notación hexadecimal.

Proxmox VE proporciona una herramienta de generación de claves (oathkeygen) que imprime una clave aleatoria en notación Base32, que se puede usar directamente con varias herramientas OTP, como la herramienta de línea de comandos oathtool, o en Android Google Authenticator, Authy, FreeOTP, andOTP o aplicaciones similares.

28.10.4.2 OTP DE YUBIKEY

Para autenticarse a través de una YubiKey, se debe configurar una ID de API de Yubico, una CLAVE de API y una URL del servidor de validación, y los usuarios deben tener una YubiKey disponible. Para obtener la ID de clave de una YubiKey, puede activar la YubiKey una vez después de conectarla a través de USB y copiar los primeros 12 caracteres de la contraseña ingresada en el campo de ID de clave del usuario.

Consulta la documentación de YubiKey OTP para saber como utilizar YubiCloud o alojar el propio servidor de verificación.

28.11 LÍMITES Y BLOQUEO DE LA AUTENTICACIÓN DE DOS FACTORES

Un segundo factor está destinado a proteger a los usuarios si su contraseña se filtra o se adivina de alguna manera. Sin embargo, algunos factores aún podrían romperse mediante la fuerza bruta. Por este motivo, los usuarios quedarán bloqueados después de demasiados intentos fallidos de inicio de sesión del segundo factor.

Para TOTP, 8 intentos fallidos desactivarán los factores TOTP del usuario. Se desbloquean al iniciar sesión con una clave de recuperación. Si TOTP era el único factor disponible, se requiere la intervención del administrador y se recomienda encarecidamente solicitar al usuario que cambie su contraseña de inmediato.

Dado que FIDO2/Webauthn y las claves de recuperación son menos susceptibles a ataques de fuerza bruta, el límite es mayor (100 intentos), pero todos los segundos factores se bloquean durante una hora cuando se exceden.

Un administrador puede desbloquear la autenticación de dos factores de un usuario en cualquier momento a través de la lista de usuarios en la interfaz de usuario o mediante el siguiente comando:

```
pveum user tfa unlock etaboada@pve
```

28.12 AUTENTICACIÓN TOTP CONFIGURADA POR EL USUARIO

Los usuarios pueden optar por habilitar TOTP o WebAuthn como segundo factor al iniciar sesión, a través del botón TFA en la lista de usuarios (a menos que el realm use YubiKey OTP).

Los usuarios siempre pueden agregar y usar claves de recuperación únicas. Después de abrir la ventana TFA, se presenta al usuario un cuadro de diálogo para configurar la autenticación TOTP. El campo Secreto contiene la clave, que se puede generar aleatoriamente mediante el botón Aleatorizar. Se puede agregar un nombre de emisor opcional para proporcionar información a la aplicación TOTP sobre a qué pertenece la clave. La mayoría de las aplicaciones TOTP mostrarán el nombre del emisor junto con los valores OTP correspondientes. El nombre de usuario también está incluido en el código QR de la aplicación TOTP.

Después de generar una clave, se mostrará un código QR, que se puede usar con la mayoría de las aplicaciones OTP, como FreeOTP o Authy. Luego, el usuario debe verificar la contraseña de usuario actual (a menos que haya iniciado sesión como root), así como la capacidad de usar correctamente la clave TOTP, escribiendo el valor OTP actual en el campo código de verificación y presionando el botón Aplicar.

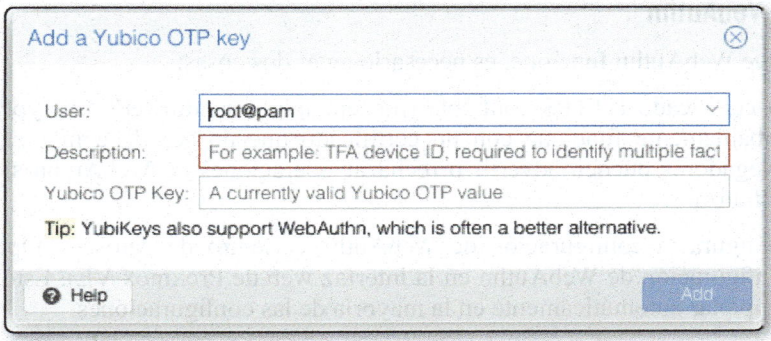

28.12.1 TOTP

No se requiere configuración del servidor. Simplemente instala una aplicación TOTP en tu teléfono inteligente (por ejemplo, FreeOTP o Authy) y usa la interfaz web de Proxmox Backup Server para agregar un factor TOTP.

28.12.2 WebAuthn

Para que WebAuthn funcione, es necesario tener dos cosas:

▼ Un certificado HTTPS confiable (por ejemplo, usando Let's Encrypt). Si bien probablemente funcione con un certificado que no sea de confianza, algunos navegadores pueden advertir o rechazar operaciones de WebAuthn si no es de confianza.

▼ Configura la configuración de WebAuthn (Centro de datos → Opciones → Configuración de WebAuthn en la interfaz web de Proxmox VE). Esto se puede completar automáticamente en la mayoría de las configuraciones.

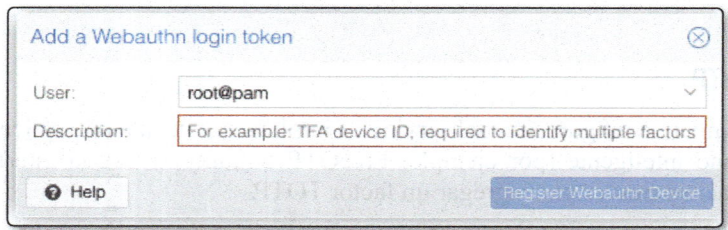

Una vez que se haya cumplido ambos requisitos, puedes agregar una configuración de WebAuthn en el panel Two Factor en Centro de datos → Permisos → Two Factor.

28.12.3 Claves de recuperación

Los códigos de clave de recuperación no necesitan ninguna preparación; simplemente puedes crear un conjunto de claves de recuperación en el panel Two Factor en Centro de datos → Permisos → Two Factor.

 Solo puede haber un conjunto de claves de recuperación de un solo uso por usuario en cualquier momento.

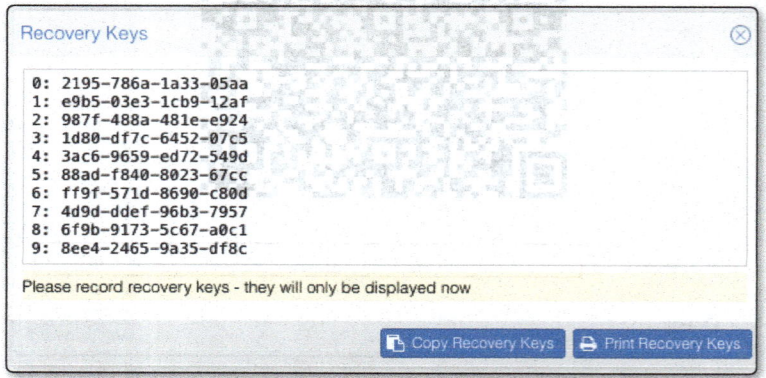

28.12.4 Configuración de Webauthn del lado del servidor

Para permitir a los usuarios utilizar la autenticación WebAuthn, es necesario utilizar un dominio válido con un certificado SSL válido; de lo contrario, algunos navegadores pueden advertir o negarse a autenticarse por completo.

 ¡Cambiar la configuración de WebAuthn puede inutilizar todos los registros de WebAuthn existentes!

Esto se hace a través de /etc/pve/datacenter.cfg. Por ejemplo:

```
webauthn: rp=nodo1.eduardotaboada.com,origin=https://nodo1.eduardotaboada.
com:8006,id=nodo1.eduardotaboada.com
```

28.12.5 Configuración U2F del lado del servidor

> (i) **NOTA**
>
> Se recomienda utilizar WebAuthn en su lugar.

Para permitir a los usuarios utilizar la autenticación U2F, puede ser necesario utilizar un dominio válido con un certificado SSL válido; de lo contrario, algunos navegadores pueden imprimir una advertencia o rechazar el uso de U2F por completo. Inicialmente, es necesario configurar un AppId [1].

> (i) **NOTA**
>
> ¡Cambiar el AppId inutilizará todos los registros U2F existentes!

Esto se hace a través de /etc/pve/datacenter.cfg. Por ejemplo:

```
u2f: appid=https://nodo1.eduardotaboada.com:8006
```

Para un solo nodo, AppId puede ser simplemente la dirección de la interfaz web, exactamente como se usa en el navegador, incluido https:// y el puerto, como se muestra arriba. Ten en cuenta que algunos navegadores pueden ser más estrictos que otros al hacer coincidir los AppIds.

Cuando se utilizan varios nodos, es mejor tener un servidor https independiente que proporcione un archivo appid.json, ya que parece ser compatible con la mayoría de los navegadores. Si todos los nodos usan subdominios del mismo dominio de nivel superior, puede ser suficiente usar el TLD como AppId. Sin embargo, cabe señalar que es posible que algunos navegadores no lo acepten.

ⓘ NOTA

Un AppId incorrecto generalmente producirá un error, pero nos hemos encontrado con situaciones en las que esto no sucede, particularmente cuando se usa un AppId de dominio de nivel superior para un nodo al que se accede a través de un subdominio en Chromium. Por este motivo, se recomienda probar la configuración con varios navegadores, ya que cambiar el AppId más adelante inutilizará los registros U2F existentes.

28.12.6 Activando U2F como usuario

Para habilitar la autenticación U2F, abre la pestaña U2F de la ventana TFA, escribe la contraseña actual (a menos que hayas iniciado sesión como root) y presiona el botón Registrar. Si el servidor está configurado correctamente y el navegador acepta el AppId proporcionado por el servidor, aparecerá un mensaje solicitando al usuario que presione el botón en el dispositivo U2F (si es una YubiKey, la luz del botón debe encenderse y apagarse de manera constante, aproximadamente dos veces por segundo).

Es posible que los usuarios de Firefox necesiten habilitar security.webauth.u2f a través de about:config antes de poder usar un token U2F.

29

ALTA DISPONIBILIDAD

29.1 CONCEPTOS

Hoy en día la disponibilidad de los servicios es importante en todos los entornos, por eso en muchos casos no podemos depender del factor humano para que los servicios estén funcionando, como por ejemplo una página web o un servicio de correo o cualquier otro tipo de servicio.

Por ello existe un concepto denominado alta disponibilidad en el cual si vemos que algún recurso que sea crítico para el funcionamiento de nuestro sistema, deja de funcionar, el propio Proxmox VE, se encargará de realizar las tareas de mover esa máquina, otro nodo que esté funcionando para garantizar que los servicios están operativos sin ninguna intervención humana.

Automatizar estas tareas supone que el tiempo disponibilidad de la máquina será mucho mayor, ya que no hay dependencia de terceros para mantener la máquina funcionando.

Una de las partes que tenemos que tener en cuenta a la hora de configurar un sistema de alta disponibilidad, es que todos los elementos estén de manera redundada en la configuración, por ejemplo, disponer de dos switches con fuente redundantes en configuración activo-activo, usar fuentes de alimentación, redundantes, disponer de suministro eléctrico, estable y sin cortes (UPS y grupos electrógenos) que la memoria sea ECC (Error-Correcting Code o Código de Corrección de Errores), es decir, memoria con corrección de errores, el almacenamiento también tiene que estar de manera redundada.

Cumpliendo todos estos requisitos, la probabilidad de fallo disminuye a no ser un fallo en la placa de un servidor de uno de los nodos.

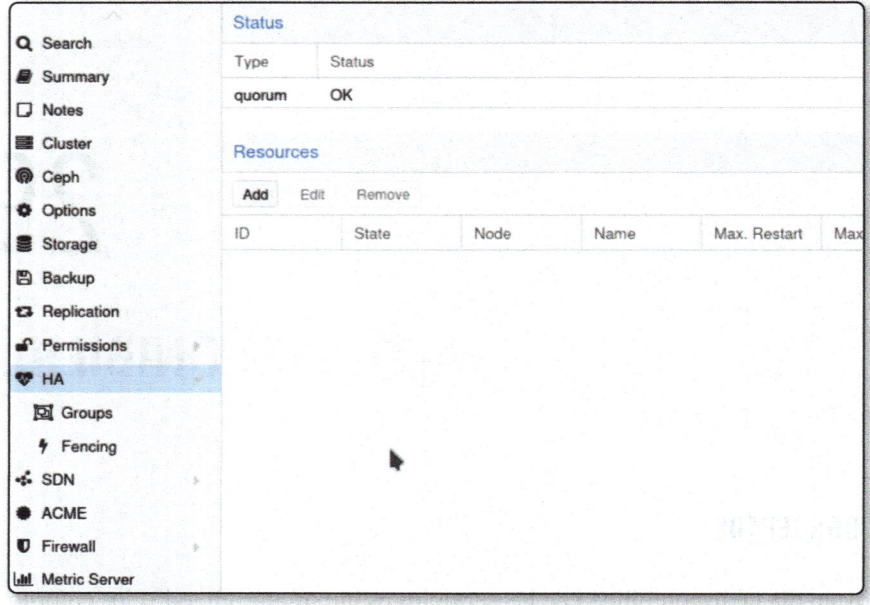

29.2 REQUISITOS

El principal requisito para usar HA es disponer, al menos de un cluster de tres nodos. De esta manera podemos mantener un quórum fiable.

Usar almacenamiento, compartido para máquinas virtuales y contenedores.

Usar hardware redundante como hemos comentado anteriormente.

Disponer de algún sistema que nos avise o que pueda emitir una alerta al sistema en caso de fallo de algún componente.

29.3 RECURSOS

Un recurso es la unidad mínima de gestión manejada por el HA, es decir, un recurso se identifica con un identificador de servicio que se asocia a un a un tipo de recurso, como puede ser una máquina o un contenedor y un identificador por ejemplo la VM 100.

Un recurso es una entidad por sí misma, y no debería de depender de otros recursos. Si vemos la imagen anterior en el menú del data Center, tenemos la opción de HA, vemos el estado del quórum que vemos que está correcto y una opción para añadir recursos. Vamos a ver en profundidad como añadir los recursos.

29.4 FUNCIONAMIENTO DE HA

Proxmox VE HA dispone de dos tareas en segundo plano (daemons) que se encargan de las tareas de gestión del HA. Ambos trabajan de forma sincronizada para proporcionar la alta disponibilidad.

29.4.1 pve-ha-lrm

El administrador de recursos local (Local Resource manager - LRM), que controla los servicios que se ejecutan en el nodo local. Lee los estados solicitados para sus servicios del archivo de estado del administrador actual y ejecuta los comandos respectivos.

Se arranca al inicio del nodo, y espera al quorum del cluster HA, para asegurarse que los bloqueos a nivel de cluster están funcionando.

29.4.2 pve-ha-crm

El administrador de recursos del cluster (Cluster Resource Manager - CRM), que toma las decisiones en todo el cluster. Se inicia en cada nodo, y espera hasta el bloqueo de gestor de HA, que sólo lo gestiona uno de los nodos al tiempo. Envía comandos al LRM, procesa los resultados y mueve recursos a otros nodos si algo falla. El CRM también maneja el fencing de nodos.

Los bloqueos en LRM y CRM son proporcionados por el sistema de archivos distribuido (pmxcfs). Se utilizan para asegurar que cada LRM esté activo y funcionando correctamente. Si un LRM falla, podemos identificar y aislar el nodo fallido, permitiendo recuperar servicios HA sin interferencia. El CRM supervisa estos bloqueos y registra el estado actual del servicio.

De esta forma los LRM supervisan los recursos locales y el CRM comprueba su estado, de tal forma que si alguno falla, el CRM se encarga de migrar los servicios a un nodo que esté sin fallo.

29.5 ESTADOS DE LOS SERVICIOS

29.5.1 stopped

El servicio está detenido (confirmado por LRM). Si el LRM detecta que un servicio detenido todavía se está ejecutando, lo detendrá nuevamente.

29.5.2 request_stop

Se debe suspender el servicio. El CRM espera la confirmación del LRM.

29.5.3 stopping

Solicitud de parada pendiente. Pero el CRM no recibió la solicitud hasta el momento.

29.5.4 started

El servicio está activo y LRM debe iniciarlo lo antes posible si aún no se está ejecutando. Si el servicio falla y se detecta que no se está ejecutando, LRM lo reinicia.

29.5.5 starting

Pendiente de solicitud de inicio. Pero el CRM no ha recibido ninguna confirmación del LRM de que el servicio se esté ejecutando.

29.5.6 fencing

Espere al fencing del nodo, ya que el nodo de servicio no está dentro de la partición del cluster de quorate. Tan pronto como el nodo tenga el estado de fencing activo, el servicio pasará al estado de recovery.

29.5.7 recovery

Esperando la recuperación del servicio. El administrador de HA intenta encontrar un nuevo nodo donde se pueda ejecutar el servicio. Esta búsqueda depende no sólo de la lista de nodos en línea y de quorate, sino también de si el servicio es miembro de un grupo y de como dicho grupo está limitado. Tan pronto como se encuentre un nuevo nodo disponible, el servicio se trasladará allí y se colocará inicialmente en estado detenido. Si está configurado para ejecutarse, el nuevo nodo lo hará.

29.5.8 freeze

No tocar el estado del servicio. Usamos este estado mientras reiniciamos un nodo o cuando reiniciamos el demonio LRM.

29.5.9 ignored

Actua como si HA no administrara el servicio en absoluto. Útil cuando se desea tener control total sobre el servicio temporalmente, sin eliminarlo de la configuración de HA.

29.5.10 migrate

Migrar el servicio (en vivo) a otro nodo.

29.5.11 error

El servicio está deshabilitado debido a errores de LRM. Necesita intervención manual.

29.5.12 queued

El servicio se agregó recientemente a la cola de tareas y el CRM no lo ha procesado aún.

29.5.13 disabled

El servicio se detiene y se marca como deshabilitado.

El administrador de recursos local (pve-ha-lrm) se inicia como un demonio en el arranque y espera hasta que el cluster HA tenga quórum y, por lo tanto, los bloqueos de todo el cluster estén funcionando. Puede estar en tres estados:

29.5.13.1 WAIT FOR AGENT LOCK

El LRM espera el bloqueo exclusivo. Esto también se utiliza como estado inactivo si no se configura ningún servicio.

29.5.13.2 ACTIVE

El LRM mantiene su bloqueo exclusivo y tiene servicios configurados.

29.5.13.3 LOST AGENT LOCK

El LRM perdió su bloqueo, esto significa que ocurrió un fallo y se perdió el quórum.

Después de que el LRM entra en estado activo, lee el archivo de estado del administrador en /etc/pve/ha/manager_status y determina los comandos que debe ejecutar para los servicios que posee. Por cada comando que inicia un proceso worker, estos workers se ejecutan en paralelo y están limitados a un máximo de 4 de forma predeterminada.

Esta configuración predeterminada se puede cambiar a través de la configuración del Datacenter (max_worker) que ya vimos en las opciones de Datacenter.

Este valor predeterminado de cuatro, implica 4 migraciones en vivo simultáneas, lo que dependiendo de tu configuración puede ajustarse en función de los recursos. Por ejemplo si tienes una red lenta o pocos recursos de memoria, tendrías que modificarlo, sin embargo, si tienes redes y servidores potentes puedes subirlo.

Cuando finaliza, el proceso de trabajo se recopila y su resultado se guarda para el CRM.

Cada comando solicitado por el CRM es identificable de forma única mediante un UID. Cuando el worker finalice, su resultado será procesado y escrito en el archivo de estado de LRM /etc/pve/nodes/<nodename>/lrm_status. Allí, el CRM puede recopilarlo y dejar que su máquina de estado, respectiva a la salida de los comandos, actúe sobre él.

Las acciones de cada servicio entre CRM y LRM normalmente siempre están sincronizadas. Esto significa que el CRM solicita un estado marcado de forma única por un UID, el LRM luego ejecuta esta acción una vez y escribe el resultado, que también es identificable por el mismo UID. Esto es necesario para que el LRM no ejecute un comando obsoleto. Las únicas excepciones a este comportamiento son los comandos de parada y error; estos dos no dependen del resultado producido y se ejecutan siempre en el caso del estado detenido y una vez en el caso del estado de error.

29.6 CONFIGURACIÓN DEL HA

En este cluster ahora mismo tenemos dos máquinas numeradas como 100 y 101 que son contenedores LXC ahora vamos a añadir estos recursos a la alta disponibilidad.

En el momento de añadir recurso disponemos de varias opciones. Una es el grupo que ya veremos más adelante como organizar grupos para la gestión del HA.

Después vemos que hay otras tres opciones, el Max Start, el Max Relocation y el Request State que puede ser: <deshabilitado | habilitado | ignorado | iniciado | detenido> (<disabled | enabled | ignored | started | stopped>) el valor por defecto es started.

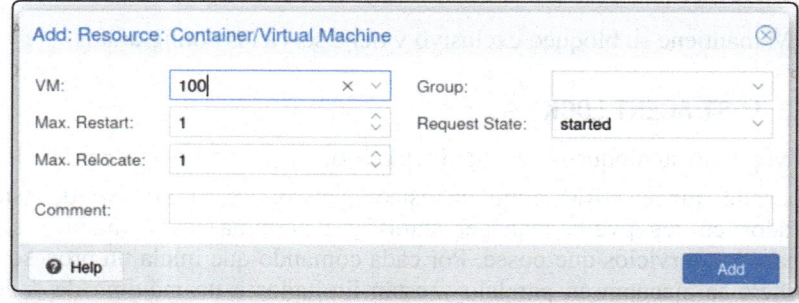

▶ max_relocate <entero> (0 - N) (predeterminado = 1)

Número máximo de intentos de reubicación de servicios cuando un servicio no se inicia.

▶ max_restart <entero> (0 - N) (predeterminado = 1)

Define la cantidad de veces que Proxmox HA intentará reiniciar los servicios y/o la VM después de la migración en caso de que ocurra algun fallo durante el proceso.

El estado del recuento de reubicación solo se restablecerá a cero cuando el servicio (VM o LXC), haya tenido al menos un inicio correcto. Eso significa que si se reinicia un servicio sin corregir el error, solo se repite la política de reinicio.

29.7 GRUPOS

El archivo de configuración del grupo HA /etc/pve/ha/groups.cfg se utiliza para definir grupos de nodos del cluster. Se puede restringir un recurso para que se ejecute únicamente en los miembros de dicho grupo. Una configuración de grupo se ve así:

29.7.1 Prioridad

El CRM intenta ejecutar servicios en el nodo con mayor prioridad. Si un nodo con mayor prioridad se conecta, CRM migra el servicio a ese nodo. Habilitar nofailback evita ese comportamiento.

Hay que tener cuidado con las prioridades, ya que las VM que pertenezcan a un grupo, con uno de los nodos con mayor prioridad, en el momento que se asocie la máquina al grupo, esta se moverá automáticamente al nodo de mayor prioridad de dicho grupo.

29.7.2 Restricted

Los recursos vinculados a grupos restringidos solo pueden ejecutarse en nodos definidos por el grupo. El recurso se colocará en estado detenido si ningún nodo de los que conforman el grupo está en línea. Los recursos de grupos sin restricciones pueden ejecutarse en cualquier nodo del cluster si todos los miembros del grupo están desconectados, pero volverán a migrarse tan pronto como un miembro del grupo se conecte. En los casos en los que por lo que sea, necesitemos que una máquina se ejecute en un nodo específico, este comportamiento de nodo preferido, se puede implementar utilizando un grupo sin restricciones con un solo miembro en la lista de nodos (el que queremos que ejecute la VM).

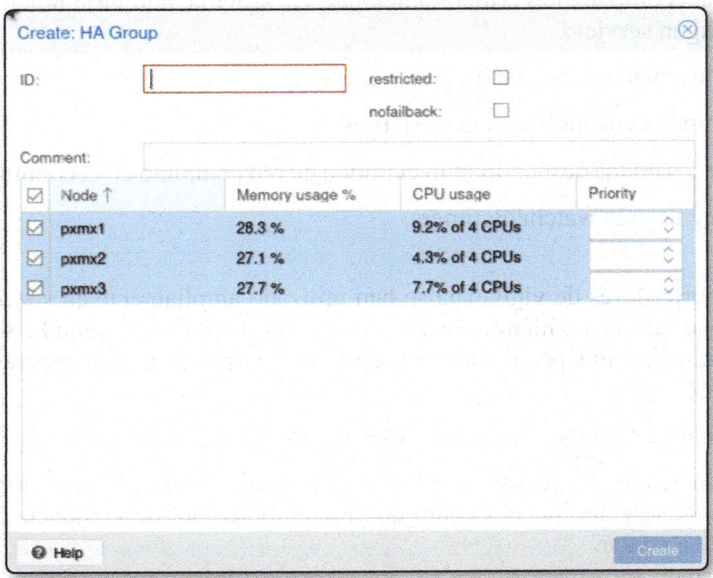

29.8 FENCING

En caso de fallos de nodos, el fencing garantiza que el nodo erróneo esté fuera de línea. Esto es necesario para garantizar que ningún recurso se ejecute dos veces cuando se recupere en otro nodo. Esta es una tarea realmente importante, porque sin ella no sería posible recuperar un recurso en otro nodo.

Si un nodo no estuviera protegido, se encontraría en un estado desconocido en el que aún podría tener acceso a recursos compartidos.

Esto es una mala idea. Imagina que todas las redes, excepto la de almacenamiento, fallan. Ahora, aunque no se puede acceder a ella desde la red pública, la VM aún se ejecuta y escribe en el almacenamiento compartido.

Si luego simplemente iniciamos esta VM en otro nodo, obtendríamos una condición de ejecución peligrosa, porque escribimos desde ambos nodos. Estas condiciones pueden destruir todos los datos de la VM y toda la VM podría quedar inutilizable. La recuperación también podría fallar si el almacenamiento protege contra múltiples puntos de montaje.

Además tendríamos la misma MAC corriendo en nuestros switches, con la consiguiente pérdida de paquetes, o peor aún si el servidor aloja una base de datos, algunos datos se escribirán en una y otros en otra, provocando un estado de inconsistencia de la base de datos.

El fencing es un demonio que interactúa con nuestro HA, existen diferentes métodos para usar el fencing en un nodo, por ejemplo, dispositivos de fencing que cortan la energía del nodo o desactivan completamente su comunicación. Suelen ser bastante caros y aportan componentes críticos adicionales al sistema, porque si fallan no se puede recuperar ningún servicio.

Por esto los métodos de fencing habituales son:

▼ Interruptores de alimentación externos.

▼ Aislar los nodos deshabilitando el tráfico de red completo en el conmutador físico.

▼ fencing usando watchdog timers.

Los temporizadores de vigilancia se han utilizado ampliamente en sistemas críticos y confiables desde el comienzo de los microcontroladores. A menudo son circuitos integrados simples e independientes que se utilizan para detectar y recuperarse de fallos en el hardware.

Su trabajo es asegurarse de que todo esté en orden y actuar si detecta algún problema.

Cuando enciendes un dispositivo electrónico, como un microcontrolador, un sistema embebido, o un servidor, puedes configurar un temporizador de vigilancia externo para que comience a contar.

El dispositivo debe alimentar continuamente el temporizador con una señal de "alimentación" para que no se agote el tiempo de cuenta. Esta señal se envía periódicamente, y si el dispositivo funciona correctamente, debe responder enviando una señal de "confirmación" al temporizador.

Si el dispositivo deja de responder o se cuelga debido a un fallo o bloqueo, dejará de enviar la señal de confirmación al temporizador.

Cuando el temporizador no recibe la señal de confirmación dentro de un período de tiempo predefinido, asume que el dispositivo está fallando o bloqueado. Entonces, activa una acción de seguridad, como reiniciar el dispositivo, para intentar recuperar su funcionamiento normal.

En el caso del fencing de Proxmox VE, durante el funcionamiento normal, ha-manager reinicia periódicamente el temporizador de vigilancia para evitar que transcurra. Si, debido a una fallo de hardware o un error de programa (como un kernel Panic), el nodo no puede restablecer el mecanismo de vigilancia, el temporizador transcurrirá y activará un reinicio de todo el servidor (reinicio).

Las placas base de servidores recientes a menudo incluyen dichos dispositivos de vigilancia de hardware, pero es necesario configurarlos. Si no hay ningún mecanismo de vigilancia disponible o configurado, recurrimos al softdog del kernel de Linux. Si bien sigue siendo confiable, no es independiente del hardware del servidor y, por lo tanto, tiene una fiabilidad menor que un perro watchdog por hardware.

Por defecto, todos los módulos de watchdog de hardware están bloqueados por razones de seguridad. Son peligrosos si no se inicializan y se usan correctamente. Para habilitar un mecanismo de vigilancia de hardware, debes especificar el módulo que se cargará en /etc/default/pve-ha-manager

```
cat /etc/default/pve-ha-manager
WATCHDOG_MODULE=mywatchdogmodule
```

Un ejemplo de un watchdog usando la IPMI (gestión fuera de banda)

```
cat /etc/default/pve-ha-manager
# select watchdog module (default is softdog)
#WATCHDOG_MODULE=ipmi_watchdog
```

29.8.1 iTCO Watchdog (module "iTCO_wdt")

Este es un dispositivo de vigilancia de hardware, disponible en casi todas las placas base Intel (ich chipset) desde hace 15 años.

29.8.2 IPMI Watchdog (module "ipmi_watchdog")

Para los watchdogs basados en IPMI, es posible que debas configurar la acción; de lo contrario, es posible que no haga nada cuando se active. Para ello edita el /etc/modprobe.d/ipmi_watchdog.conf (o bien créalo si no existe) y copia esto en el archivo.

```
options ipmi_watchdog action=power_cycle panic_wdt_timeout=10
```

Reinicia o vuelve a cargar el módulo ipmi_watchdog para que los cambios entren en vigor.

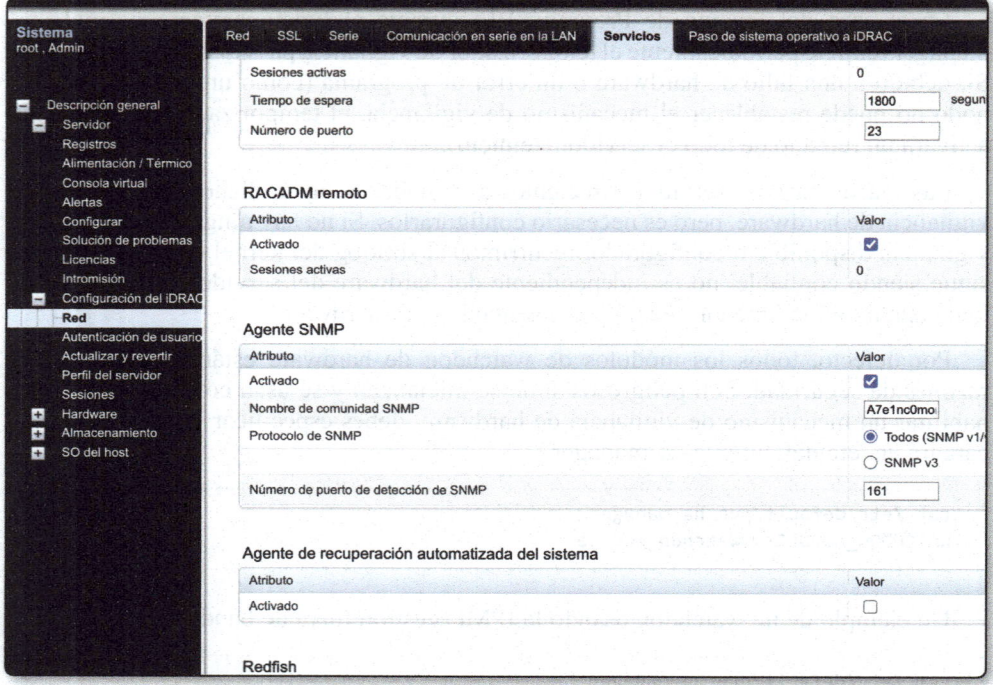

29.8.3 Dell IDrac (módulo "ipmi_watchdog")

Para Dell IDrac, desactiva el Agente de recuperación automatizada del sistema en la configuración de IDrac.

Para ello entra en la configuración de la IDrac desde la gestión Web, por ejemplo y selecciona en el apartado de configuración IDrac - Red -Servicios-

Si openmanage está instalado, debe deshabilitar la administración de vigilancia desde openmanage.

```
/opt/dell/srvadmin/sbin/dcecfg command=removepopalias aliasname=dcifru
```

Y luego reiniciar el nodo.

Después de reiniciar, verifica que el temporizador de vigilancia sea de 10 segundos y que openmanage no lo anule.

```
idracadm getsysinfo -w

Watchdog Information:
Recovery Action        = Power Cycle
Present countdown value = 9 seconds
Initial countdown value = 10 seconds
```

O bien a través de ipmitool.

```
ipmitool mc watchdog get
Watchdog Timer Use:     SMS/OS (0x44)
Watchdog Timer Is:      Started/Running
Watchdog Timer Actions: Hard Reset (0x01)
Pre-timeout interval:   0 seconds
Timer Expiration Flags: 0x00
Initial Countdown:      10 sec
Present Countdown:      9 sec
```

29.9 POLÍTICA DE ARRANQUE EN FALLO

La política de arranque en fallo entra en efecto, si un servicio no pudo iniciarse en un nodo una o más veces. Se puede utilizar para configurar la frecuencia con la que se debe activar un reinicio en el mismo nodo y la frecuencia con la que se debe reubicar un servicio, para que intente iniciarse en otro nodo. El objetivo de esta política es evitar la indisponibilidad temporal de recursos compartidos en un nodo específico.

Por ejemplo, si un almacenamiento compartido ya no está disponible en un nodo de quorate, por ejemplo debido a problemas de red, pero todavía está disponible en otros nodos, la política de reubicación permite que el servicio se inicie de todos modos.

Esto se configura con los parámetros que ya vimos de max_restart y max_relocate.

29.10 RECUPERACIÓN DE ERRORES

Si después de todos los intentos, no se pudo recuperar el servicio, se coloca en un estado de error. En este estado, la funcionalidad de HA ya no tendrá control del servicio. La única salida es deshabilitar el servicio.

Para recuperarse del estado de error debes hacer lo siguiente:

- ▼ Hacer que el recurso vuelva a un estado seguro y consistente (por ejemplo: finalizar el proceso si no se puede detener).
- ▼ Eliminar el flag de error.
- ▼ Corregir el error que provocaba los fallos. Y reiniciar el servicio.

29.11 ACTUALIZACIONES DE PAQUETES

Al actualizar ha-manager, debes hacerlo un nodo tras otro, nunca todos a la vez. Actualizar un nodo tras otro y comprobar la funcionalidad del HA de cada nodo después de finalizar la actualización te permite comprobar la existencia de posibles problemas, mientras que actualizar todos a la vez podría provocar que tu cluster se quede en un estado inestable.

29.12 MANTENIMIENTO DE LOS NODOS

A veces es necesario realizar mantenimiento en un nodo, como reemplazar hardware o simplemente instalar una nueva imagen del kernel después de una actualización. Esto también se aplica mientras el Stack de HA se está utilizando.

Puedes utilizar el modo de mantenimiento manual para marcar el nodo como no disponible para la operación de HA, lo que solicita que todos los servicios administrados por HA migren a otros nodos.

Los nodos de destino para estas migraciones se seleccionan entre los otros nodos disponibles actualmente y se determinan mediante la configuración del grupo HA y el modo del programador de recursos del cluster (CRS) que tengas configurado. Durante cada migración, el nodo original se registrará en el estado de los administradores de HA, de modo que el servicio se pueda volver a mover automáticamente una vez que se deshabilite el modo de mantenimiento y el nodo vuelva a estar en línea.

29.12.1 Modo de mantenimiento para un nodo

Por ejemplo para poner en mantenimiento el nodo1.

```
ha-manager crm-command node-maintenance enable nodo1
```

Esto pondrá en cola un comando de CRM, cuando el administrador procese este comando registrará la solicitud de modo de mantenimiento en el estado del administrador. Esto le permite enviar el comando a cualquier otro nodo, no solo en el que deseas colocar dentro o fuera del modo de mantenimiento.

Una vez que el LRM en el nodo respectivo recoja el comando, se marcará como no disponible, pero aún procesará todos los comandos de migración.

Esto significa que el sistema de vigilancia de auto-fencing de LRM permanecerá activo hasta que se muevan todos los servicios activos y finalicen todos los procesos (workers) en ejecución.

 El modo de mantenimiento manual no se elimina automáticamente al reiniciar el nodo, sino solo si se desactiva manualmente mediante un comando CLI de ha-manager desde la consola.

```
ha-manager crm-command node-maintenance disable nodo1
```

El proceso de deshabilitar el modo de mantenimiento manual es similar a habilitarlo. El uso del comando CLI ha-manager que se muestra arriba pondrá en cola un comando CRM que, una vez procesado, marca el nodo LRM respectivo como disponible nuevamente.

Cuando desactivas el modo de mantenimiento, todos los servicios que estaban en el nodo cuando se activó el modo de mantenimiento regresarán de nuevo al nodo.

29.13 PLANIFICACIÓN DE RECURSOS DEL CLUSTER

El modo del programador de recursos del cluster (CRS) controla comoHA selecciona los nodos para la recuperación de un servicio, así como para las migraciones desencadenadas por una política de cierre. El modo predeterminado es básico, puede cambiarlo en la interfaz de usuario web (Centro de datos → Opciones)

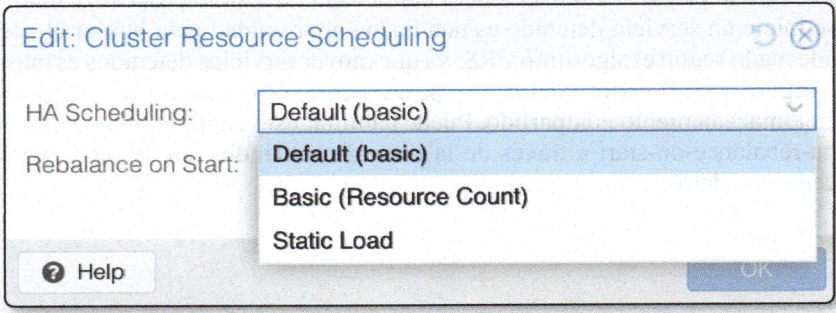

Hay dos opciones:

▼ Basic: la cantidad de servicios HA activos en cada nodo se utiliza para elegir un nodo de recuperación. Actualmente, los servicios no administrados por HA no se cuentan.

▼ Static-Load: esta opción no está plenamente probada, está en Tech Preview.

Para esta selección, cada nodo se considera como si el servicio ya se estuviera ejecutando en él, utilizando el uso de CPU y memoria de la configuración de la máquina virtual asociada. Luego, para cada una de estas alternativas, se considera el uso de CPU y memoria de todos los nodos, ponderándose mucho más la memoria, porque es un recurso verdaderamente limitado.

Tanto para la CPU como para la memoria, se considera el uso más alto entre los nodos (más ponderado, ya que lo ideal es que ningún nodo esté en sobreuso) y el uso promedio de todos los nodos (para poder distinguir entre ellos en el caso de que ya exista un nodo con un alto sobreuso).

El algoritmo CRS no se aplica para todos los servicios en cada ronda, ya que esto implicaría una gran cantidad de migraciones constantes. Dependiendo de la carga de trabajo, esto podría ejercer un mayor sobreuso en los recursos del cluster, que podría evitarse con un equilibrio constante. Este es el motivo por el que el administrador de Proxmox VE HA prefiere mantener los servicios en su nodo actual sin migraciones constantes.

El CRS se utiliza actualmente en los siguientes puntos:

▼ Recuperación del servicio (siempre activo). Cuando falla un nodo con servicios HA activos, es necesario recuperar todos sus servicios en otros nodos. El algoritmo CRS se utilizará aquí para equilibrar esa recuperación en los nodos restantes.

▼ Cambios en la configuración del grupo HA (siempre activos). Si un nodo se elimina de un grupo o se reduce su prioridad, la pila HA utilizará el algoritmo CRS para encontrar un nuevo nodo destino para los servicios HA en ese grupo, que coincida con las restricciones de prioridad adaptadas.

▼ El servicio HA se detuvo, entonces comienza la transición (opt-in). Solicitar que se inicie un servicio detenido es una buena oportunidad para buscar el nodo más adecuado según el algoritmo CRS, ya que mover servicios detenidos es más rápido y seguro que moverlos iniciados, especialmente si sus volúmenes de disco residen en almacenamiento compartido. Puede habilitar esto configurando la opción CRS ha-rebalance-on-start a través de la línea de comandos, en la configuración del centro de datos.

29.14 SIMULADOR DE HA

Al utilizar el simulador HA, puedes probar y aprender todas las funcionalidades de las soluciones Proxmox VE HA

De forma predeterminada, el simulador te permite observar y probar el comportamiento de un clúster de 3 nodos del mundo real con 6 máquinas virtuales. También puedes agregar o eliminar máquinas virtuales o contenedores adicionales.

No es necesario instalar ni configurar un clúster real, el simulador de HA se ejecuta de inmediato.

Instalación

```
apt install pve-ha-simulator
```

Incluso puedes instalar el paquete en cualquier sistema basado en Debian sin ningún otro paquete de Proxmox VE. Para ello, deberás descargar el paquete y copiarlo en el sistema en el que deseas ejecutarlo. Cuando instales el paquete con apt desde el sistema de archivos local, también resolverá las dependencias necesarias.

En Windows funciona con mobaxterm.

Después de conectarte a un Proxmox VE existente con el simulador instalado o instalarlo manualmente en el sistema local basado en Debian, puedes probarlo de la siguiente manera.

Primero necesitas crear un directorio de trabajo donde el simulador guarda su estado actual y escribe su configuración predeterminada:

```
mkdir pruebas
```

Luego, simplemente entra en el directorio creado usando como parámetro a pve-ha-simulator

```
pve-ha-simulator pruebas/
```

29.15　HERRAMIENTAS ÚTILES DE LÍNEA DE COMANDO

Aquí hay una lista de herramientas CLI útiles:

```
journalctl -u pve-ha-crm
journalctl -u pve-ha-lrm
ha-manager status
comment: <string> Description.
 group: <string>
 The HA group identifier.
```

Aquí hay una lista de herramientas CLI útiles:

▶ ha-manager: para gestionar la pila ha del cluster.

▶ pvecm: para gestionar el administrador del cluster.

▶ corosync*: para manipular el corosync.

30

BACKUP Y RESTAURACIÓN

30.1 CONCEPTOS

Los backups son parte importantísima de cualquier entorno de producción, ya que disponer de backups. Es la solución muchas veces ante cualquier problema que pueda surgir. Hoy en día existe muchas amenazas por las que es necesario tener backup por ejemplo un fallo de usuario un fallo en una aplicación o en una actualización del sistema operativo, y lo que es más importante el famoso ramsomware, que puede cifrar todos nuestros datos, dejando a la organización sin ningún tipo de información vital para el funcionamiento de esta.

Proxmox VE dispone de una solución integrada de backup en la propia instalación del software, permitiendo diferentes, tipos de almacenamiento para hacer backup de nuestras máquinas virtuales, contenedores y, por ende, toda la infraestructura de IT de nuestra organización.

Los backups de Proxmox VE son siempre completos, es decir, copia toda la máquina bien sea de forma completa cada vez o incremental. Esto quiere decir que siempre tendremos una copia completa de nuestra máquina a la que volver. En caso de cualquier fallo.

Proxmox no permite realizar copias de archivos o carpetas individuales, ni bases de datos. La copia se realiza sobre toda la máquina.

Antes de que se pueda ejecutar una copia de seguridad, se debe definir un almacenamiento de copia de seguridad.

Como he comentado, el almacenamiento puede ser de diferentes tipos cualquiera de los almacenamientos que ya hemos visto antes si contienen la opción de realizar backups, es decir, almacenamiento de vzdump, permitirá hacer backup en este almacenamiento.

Este puede ser un almacenamiento de Proxmox Backup Server, donde las copias de seguridad se almacenan como fragmentos y metadatos deduplicados, o un almacenamiento a nivel de archivos, donde las copias de seguridad se almacenan como archivos normales. Se recomienda utilizar Proxmox Backup Server en un host dedicado debido a sus funciones avanzadas. Usar un servidor NFS es una buena alternativa. En ambos casos, es posible que desee guardar esas copias de seguridad más adelante en una unidad de cinta para archivarlas fuera del sitio.

30.1.1 Copia de seguridad programada

Las tareas de respaldo se pueden programar para que se ejecuten automáticamente en días y horas específicos, para nodos y sistemas invitados seleccionables. Consulte la sección Trabajos de copia de seguridad para obtener más información.

30.2 MODOS DE BACKUP

Hay varias formas de brindar coherencia, según el tipo de invitado y según el modo que usemos.

30.2.1 Modos de copia de seguridad para máquinas virtuales

30.2.1.1 MODO DE PARADA (STOP MODE)

Este modo garantiza la máxima coherencia en la copia de seguridad, aunque implica un breve período de inactividad en la operación de la máquina virtual (VM). Funciona de la siguiente manera: primero, se realiza un apagado ordenado de la VM y luego se ejecuta un proceso QEMU en segundo plano para respaldar los datos de esta. Una vez que la copia de seguridad está en marcha, la máquina virtual vuelve a funcionar normalmente si estaba en ejecución previamente. La coherencia de los datos se asegura mediante el uso de la función de copia de seguridad en vivo.

30.2.1.2 MODO DE SUSPENSIÓN (SUSPEND MODE)

Este modo se proporciona por motivos de compatibilidad y suspende la máquina virtual antes de llamar al modo de instantánea (snapshot). Dado que la suspensión de la máquina virtual provoca un tiempo de inactividad más prolongado y no necesariamente mejora la coherencia de los datos, se recomienda utilizar el modo de snapshot que explico a continuación.

30.2.1.3 MODO DE SNAPSHOT

Este modo proporciona el menor tiempo de inactividad operativa, a costa de un pequeño riesgo de inconsistencia. Funciona realizando una copia de seguridad en vivo de Proxmox VE, en la que los bloques de datos se copian mientras la VM se está ejecutando. Si el agente invitado está habilitado y en ejecución (el qemu-guest-agent que ya vimos anteriormente), llama a dos funciones que se llaman guest-fsfreeze-freeze y guest-fsfreeze-thaw para mejorar la coherencia.

30.2.2 Modos de copia de seguridad para contenedores

Una de las principales diferencias entre las copias de las máquinas virtuales y de los contenedores es que las copias de las máquinas virtuales son incrementales pero las de los contenedores son completas. Esto quiere decir que las copias de los contenedores sobre todo si son de gran tamaño, tardarán bastante más, ya que no se copia solamente el incremento de la máquina, sino el disco de la máquina completa. Por ello es muy importante seleccionar el modo adecuado de las copias de contenedores.

Otra de las características de las copias de seguridad de los contenedores es que solamente se copia el montaje raíz no se copia el resto de los de los montajes. Por lo tanto es importante conocer esto para evitar que pensemos que tenemos una copia de otro punto de montaje y nos están haciendo copias.

Para los puntos de montaje de volumen, puedes configurar en las opciones de Copia de seguridad incluir otros puntos de montaje en la copia de seguridad.

Nunca se realiza una copia de seguridad de los montajes de dispositivos y enlaces, ya que su contenido se administra fuera de la biblioteca de almacenamiento de Proxmox VE.

30.2.2.1 MODO DE PARADA (STOP MODE)

Detiene el contenedor mientras dura la copia de seguridad. Esto potencialmente resulta en un tiempo de inactividad muy prolongado ya que los servicios del contenedor permanecerán parados hasta terminar la copia.

30.2.2.2 MODO DE SUSPENSIÓN (SUSPEND MODE)

Este modo utiliza rsync para copiar los datos del contenedor a una ubicación temporal. Luego, el contenedor se suspende y un segundo rsync copia los archivos modificados. Después de eso, el contenedor se inicia (reanuda) nuevamente. Esto da como resultado un tiempo de inactividad mínimo, pero necesita espacio adicional para guardar la copia del contenedor.

Cuando el contenedor está en un sistema de archivos local y el almacenamiento de destino de la copia de seguridad es un servidor NFS/CIFS, debes configurar el parámetro del almacenamiento temporal (—tmpdir) para que la copia temporal resida también en un sistema de archivos local, ya que esto resulta en una mejora del rendimiento. También se requiere el uso de un tmpdir local si deseas realizar una copia de seguridad de un contenedor local utilizando ACL en modo suspensión si el almacenamiento de la copia de seguridad es un servidor NFS.

30.2.2.3 MODO DE SNAPSHOT

Este modo utiliza las funciones de instantáneas del almacenamiento subyacente. Primero, el contenedor se suspenderá para garantizar la coherencia de los datos. Se creará una instantánea temporal de los volúmenes del contenedor y el contenido de la instantánea se archivará en un archivo tar. Finalmente, la instantánea temporal se elimina nuevamente.

Para usar el modo de snapshot, en las configuraciones de backup de contenedores, es imprescindible, que el almacenamiento del contenedor soporte la funcionalidad de snapshot, ya que de lo contrario, no se podrá crear el snapshot.

30.3 VM BACKUP FLEECING

Cuando haces una copia de seguridad de una máquina virtual, se pone en marcha un proceso llamado "Fleecing". Esto básicamente significa que antes de escribir nuevos datos en la máquina virtual, se guardan primero los datos antiguos que aún necesitas para la copia de seguridad. Esto puede hacer que la escritura en la máquina virtual se retrase un poco porque tiene que esperar a que se guarden los datos antiguos.

Sin embargo, la ventaja es que estos datos antiguos se guardan temporalmente en una especie de "imagen de copia de seguridad" en lugar de enviarse directamente a la ubicación de la copia de seguridad. Esto puede mejorar el rendimiento de la máquina virtual y prevenir bloqueos en ciertos casos, aunque puede ocupar más espacio de almacenamiento.

Para usar el "Fleecing", necesitas un tipo específico de almacenamiento que sea rápido y que tenga la capacidad de descartar datos antiguos. Algunos ejemplos son LVM-thin, RBD y ZFS. Es ideal tener un almacenamiento dedicado para esto, así que si se llena por completo, no afectará a otras máquinas virtuales y simplemente la copia de seguridad fallará.

Para algunos tipos de almacenamiento basados en archivo, que no pueden descartar datos antiguos, como el NFS antes de la versión 4.2, necesitas desactivar la preasignación en la configuración del almacenamiento. Esto puede ayudar a ahorrar espacio porque partes de la imagen de la máquina virtual que ya están asignadas se pueden reutilizar más tarde.

30.4 DESTINOS DE BACKUP

Como he comentado antes, hay varios destinos de copia de seguridad que podemos configurar desde la opción de almacenamiento del data Center, estos destinos pueden ser desde una carpeta, BTRFS, NFS, GlusterFS, CephFS, o Proxmox Backup Server.

Los almacenamientos, LVM y por ende, iSCSI (que formatea el volumen con LVM), el almacenamiento en ZFS y el RBD no admiten almacenar vzdump, por lo tanto, no se puede usar como destinos para las copias de seguridad. Voy a hablar de los tres más importantes que se usan sobre todo debido a que en muchos casos para las tareas de backup se usan cabinas de discos como Synology o QNAP.

30.4.1 NFS

Para agregar un almacenamiento NFS, lo único que tenemos que hacer es habilitar la opción de copiar archivos vzdump. Por lo demás, el almacenamiento es como hemos visto en las opciones de almacenamiento en el capítulo correspondiente a los tipos de almacenamiento.

30.4.2 CIFS

El almacenamiento en CIFS es exactamente igual que en NFS, lo único que usamos un almacenamiento basado en Samba, que permite restringir un poco más el tema de permisos. Aunque en NFS podemos bloquear por IP no tenemos autenticación excepto en las versiones de NFS modernas.

30.4.3 PBS

PBS es la solución de almacenamiento mejor para las copias de seguridad de Proxmox, puesto que permite no solamente realizar copias de una manera muy eficiente, sino que además, su backend de ZFS permite optimizar el espacio de una manera muy alta.

Proxmox Backup Server usa la deduplicación y la compresión.

La deduplicación de archivos es un proceso que identifica y elimina copias duplicadas o redundantes de archivos usando para ello un método que se denomina chunks, que lo que hace es generar 65.535 carpetas, en las cuales se meten pequeños fragmentos de código de las copias de seguridad. El sistema examina los archivos almacenados y compara sus contenidos byte a byte para identificar duplicados exactos o similares. Esto se logra mediante el uso de algoritmos de hash, que generan una firma única para cada archivo. Una vez identificados los archivos duplicados, el sistema puede eliminar las copias redundantes y conservar solo una instancia del archivo. Las referencias a los archivos eliminados se actualizan para apuntar a la instancia conservada.

Como ejemplo, imagina, que tienes 200 máquinas con Windows 2022, casi todas comparten kernel y librerías del sistema operativo que son iguales entre dichas máquinas (a excepción de algún service pack diferente) por lo tanto, si el HASH coincide, con guardar una copia de cada librería, o parte del sistema, podríamos recuperar la máquina, ya que no se necesita realizar múltiples copias de los mismos datos.

Además de esto las copias se comprimen con lo que además de eliminar la redundancia de copias, estas se comprimen, logrando un ahorro importantísimo de espacio de almacenamiento en los discos de copia de seguridad.

Otra de las características de PBS es que permite el cifrado de las copias desde el lado del cliente. Esto permite poder almacenar las copias de forma segura en el servidor PBS.

ramsomware, podemos siempre disponer de una copia para poder recuperar nuestra información.

Todas estas características hacen de PBS la solución ideal para realizar copias de seguridad de Proxmox VE.

30.5 NOMENCLATURA DE LOS ARCHIVOS DE BACKUP

Los archivos se nombran siguiendo el siguiente criterio:

- vzdump-kvm-137-2024_03_09-21_04_03.zstd
- vzdump-lxc-145-2024_03_09-21_17_09.zstd

Comienza con el nombre vzdump que indica que es un archivo de backup, después el tipo de máquina que es (si es un KVM o un LXC) seguido de la fecha y hora de comienzo del backup. La extensión define el tipo de compresión que puede ser lzo, gzip o zstd.

30.6 COMPRESIÓN DE ARCHIVOS DE BACKUP

Por defecto se usa Z estándar (zstd) qué es el más rápido de todos estos algoritmos permitiendo ejecuciones multi hilo en contrapartida a lzo y gzip que son mono hilo.

De esta forma se pueden crear múltiples archivos de copia de seguridad en la misma carpeta, dado que los nombres nunca van a coincidir.

Las copias de seguridad también generan un archivo de log por cada una de ellas, que es un fichero de texto sencillo en el que se escribe todo el proceso de copia, el número de bytes que se han copiado y el resultado.

30.7 CIFRADO DE ARCHIVOS DE BACKUP

Como he comentado antes, cuando se hacen copias a PBS, se puede establecer una clave de cifrado y cifrar las copias al efecto de que no se pueda recuperar la máquina si no se conoce la clave. Esto garantiza que las copias solamente podremos recuperarlas nosotros y por lo tanto no es posible que alguien pueda recuperar una máquina virtual y acceder a nuestros datos si no conoce la clave de cifrado.

30.8 TAREAS DE BACKUP

Además de activar una copia de seguridad manualmente, también puedes configurar trabajos periódicos que realicen copias de seguridad de todo el nodo o el cluster o bien de una selección de máquinas virtuales en un almacenamiento. Puedes administrar los trabajos en la interfaz de usuario en Centro de datos → Copia de seguridad o mediante el punto final

API /cluster/backup. Ambos generarán las correspondientes configuraciones en el archivo /
etc/pve/jobs.cfg, que son analizadas y ejecutadas por el demonio pvescheduler.

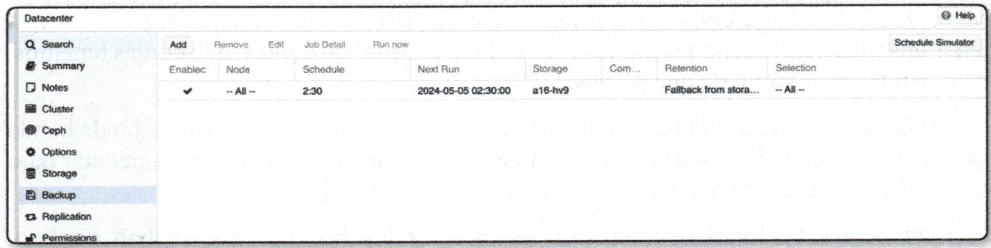

Si pulsamos en la opción de añadir, podremos agregar una tarea de copia de seguridad.
Los parámetros de la tarea son el nodo sobre el que vamos a ejecutar la copia de seguridad.
Por defecto serán todos los nuevos de un cluster. En qué almacenamiento se va a realizar
la copia de seguridad la planificación de la copia cuando se ejecuta o cada cuánto tiempo
y el modo de selección que puede ser incluir máquinas seleccionadas, excluir máquinas,
seleccionadas o todas las máquinas.

En la parte derecha, podemos ver el modo de notificación, que puede ser notificar,
siempre o notificar solo ante un fallo, el correo que recibirá las notificaciones y el modo
de la copia de seguridad que vemos que por defecto está en Snapshot

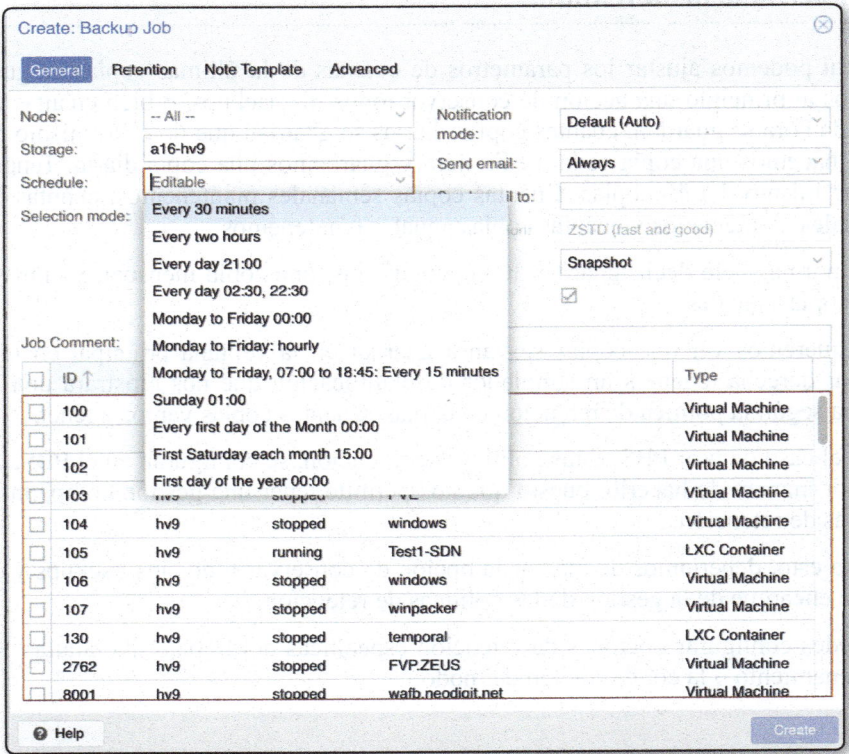

358 PROXMOX. CURSO PRÁCTICO

La segunda pestaña podemos ver la política de retención que comentaré más adelante.

La tercera pestaña nos permite generar mediante variables notas sobre las copias de seguridad, como por ejemplo, el cluster, el nodo, el nombre de la máquina, etc. de cara a tener una idea clara cuando veamos un servidor con miles de copias, qué copias tenemos, de qué máquinas son y de qué fechas.

En la pestaña Avanzado tenemos los parámetros de configuración del ancho de banda que vamos a usar para el backup, así como el número de hilos que vamos a ejecutar para la compresión, excepto del caso de PBS, que ya estoy prefijado.

Otra de las opciones que tenemos es ejecutar los backups que se han perdido, dado que las copias de seguridad programadas no se ejecutan cuando el host estaba desconectado o el pvescheduler estaba deshabilitado durante el tiempo programado, es posible configurar el comportamiento para ponerse al día. Al habilitar la opción Repetir perdido (en la pestaña Avanzado en la interfaz de usuario, puedes decirle al programador que debe ejecutar los trabajos perdidos lo antes posible es decir, en el caso de que no se pueda hacer un backup, cuando esta opción está marcada lo que hace es repetir los backups después de un tiempo determinado y ejecutar las copias que no se han podido realizar.

30.9 POLÍTICAS DE RETENCIÓN

Aquí podemos ajustar los parámetros de cuántas de la últimas copias se guardan, tenemos al principio una acción de conservar todos los backups, o bien cuántas copias por cada hora se guardan, cuántas copias diarias se guardan que no es lo mismo puesto que si hacemos una copia cada media hora y guardamos una copia diaria. Tendremos para un mismo día 48 copias. Cuántas copias semanales mantenemos, cuántas copias mensuales mantenemos y cuántas copias anuales mantenemos.

La norma suele decir, guardar 30 copias diarias, una copia mensual, y entre tres y cinco copias anuales.

Si queremos ver qué copias se van a guardar en la ventana principal en la parte superior derecha tenemos un simulador de planificación que nos mostrará una nueva ventana según la política de retención de copias. Cuántas copias vamos a tener.

En el caso de usar PBS, estas políticas de retención, se configuran en el PBS, que es la mejor manera de hacerlo, puesto que nos permite tener una gestión completa de las políticas de retención.

Para esto, deberíamos de marcar la opción de conservar todos los backups y que el PBS se encargue de la gestión de las políticas de retención.

Puedes configurar opciones de retención específicas del trabajo que anulan las del almacenamiento o la configuración del nodo.

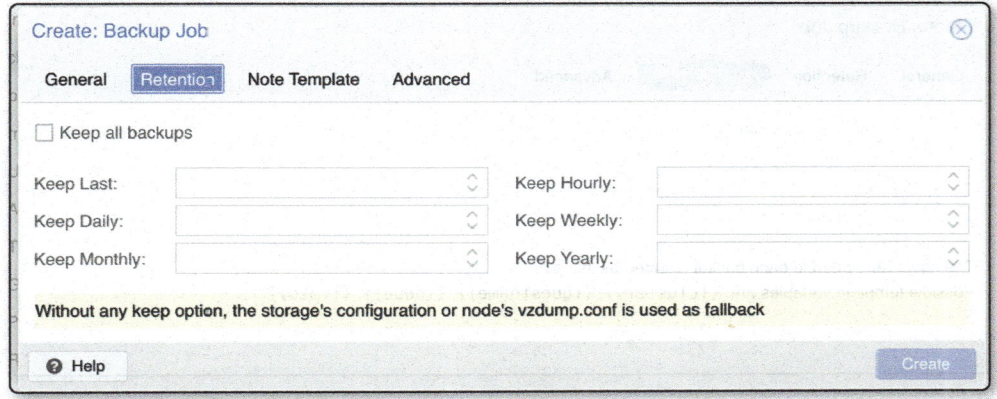

30.10 PROTECCIÓN DE LOS BACKUPS

Puede marcar una copia de seguridad como protegida para evitar su eliminación. Intentar eliminar una copia de seguridad protegida a través de la interfaz de usuario, CLI o API de Proxmox VE fallará. Sin embargo, esto lo aplica Proxmox VE y no el sistema de archivos, lo que significa que la eliminación manual de un archivo de copia de seguridad es posible para cualquier persona con acceso de escritura al almacenamiento de respaldo subyacente.

30.11 NOTAS EN LOS BACKUPS

Como ya he comentado, puedes agregar notas a las copias de seguridad usando el botón Editar notas en la interfaz de usuario o mediante la API de contenido de almacenamiento.

También es posible especificar una plantilla para generar notas dinámicamente para un trabajo de respaldo y para un respaldo manual. La cadena de plantilla puede contener variables, rodeadas por dos llaves, que serán reemplazadas por el valor correspondiente cuando se ejecute la copia de seguridad.

Las variables soportadas son:

▼ {{cluster}} el nombre del cluster, si lo hubiera.

▼ {{guestname}} el nombre asignado al invitado virtual.

▼ {{nodo}} el nombre de host del nodo en el que se está creando la copia de seguridad.

▼ {{vmid}} el VMID numérico del invitado.

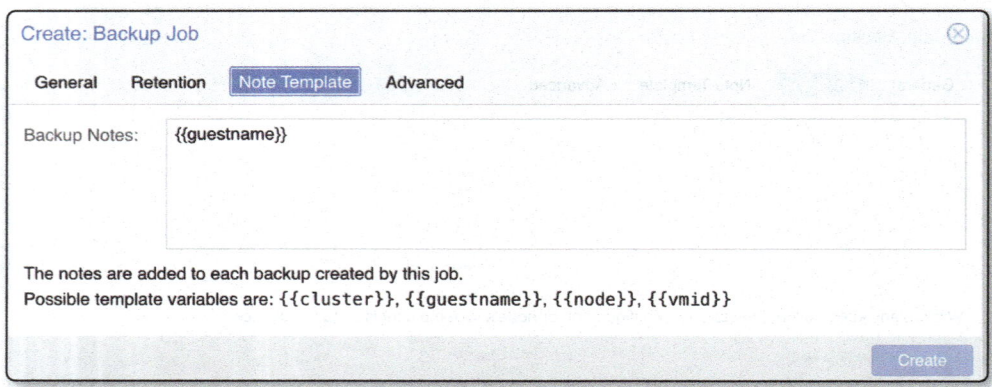

Cuando se especifica a través de API o CLI, debe ser una sola línea, donde la nueva línea y la barra invertida deben escaparse como literales \n y \\ respectivamente.

30.12 RESTAURACIÓN

A la hora de restaurar tenemos dos opciones de restauración, la primera consiste en apagar la máquina virtual, ir a la opción de backup y restaurar la máquina, esto provocará el borrado de la máquina y su sustitución por la copia restaurada. Esta acción es destructiva, por lo que hay que usarla con cierta precaución.

La segunda opción consiste en ir al data Center, buscar en el almacenamiento de los backups y seleccionar la copia de la máquina que queremos restaurar. Cuando la tengamos localizada hay una opción de restore, esta opción del resto nos permite definir un nuevo VMID y por lo tanto, disponer de una segunda copia de la máquina.

Es decir, podríamos tener dos máquinas exactamente iguales con diferentes ID para restaurar mediante copy o mediante otra opción datos de esa máquina.

Otra opción para restauración es ir a la opción de backup, seleccionar la copia de seguridad de la que queremos restaurar y pulsar el botón restaurar archivos. Esto permite restaurar archivos de la máquina virtual, sin necesidad de devolver la máquina virtual a un punto anterior o de restaurar otra copia de la máquina.

Hay algunos sistemas de archivos de los que no se puede restaurar de esta forma por problemas a la hora de montar el sistema de volúmenes cada vez son menos los que nos permiten hacer esto. En ext4, LVM y NTFS se puede realizar.

Backup now	Restore	File Restore	Show Configuration	Edit Notes	Change Protection	Remove		Storage:	a16-hv9	⌄	☑ Filter

Name	Notes	🗊	Date ↓	Format	Size	Encrypted	Verify State
vm/9001/2024-05-04T03:10:21Z	srv00ad01		2024-05-04 05:10:21	pbs-vm	64.42 GB	No	ⓘ None
vm/9001/2024-05-03T03:11:21Z	srv00ad01		2024-05-03 05:11:21	pbs-vm	64.42 GB	No	✔ OK
vm/9001/2024-05-02T03:06:44Z	srv00ad01		2024-05-02 05:06:44	pbs-vm	64.42 GB	No	✔ OK
vm/9001/2024-05-01T03:09:42Z	srv00ad01		2024-05-01 05:09:42	pbs-vm	64.42 GB	No	✔ OK
vm/9001/2024-04-30T03:09:18Z	srv00ad01		2024-04-30 05:09:18	pbs-vm	64.42 GB	No	✔ OK
vm/9001/2024-04-29T03:08:43Z	srv00ad01		2024-04-29 05:08:43	pbs-vm	64.42 GB	No	✔ OK
vm/9001/2024-04-28T03:03:38Z	srv00ad01		2024-04-28 05:03:38	pbs-vm	64.42 GB	No	✔ OK
vm/9001/2024-04-27T03:07:33Z	srv00ad01		2024-04-27 05:07:33	pbs-vm	64.42 GB	No	✔ OK
vm/9001/2024-04-21T03:00:54Z	srv00ad01		2024-04-21 05:00:54	pbs-vm	64.42 GB	No	✔ OK
vm/9001/2024-04-14T06:14:40Z	srv00ad01		2024-04-14 08:14:40	pbs-vm	64.42 GB	No	✔ OK
vm/9001/2024-04-07T02:03:13Z	srv00ad01		2024-04-07 04:03:13	pbs-vm	64.42 GB	No	✔ OK
vm/9001/2024-03-30T03:08:27Z	srv00ad01		2024-03-30 04:08:27	pbs-vm	64.42 GB	No	✔ OK

En la imagen podemos ver las opciones desde la opción de backup de una máquina virtual podemos ver el realizar un backup en este momento, restaurar, hacer una restauración de archivos, mostrar la configuración de la copia, editar las notas de la máquina, cambiar la protección para impedir la eliminación accidental o bien borrar la copia.

Si nos fijamos en la lista, vemos que tenemos el nombre de la copia, las notas, la fecha y la hora de la copia de seguridad, el formato que en este caso es PBS el tamaño de la máquina no confundir con el tamaño de la copia, si la copia está cifrada y el estado de la verificación.

30.13 VERIFICACIÓN

La verificación solo está disponible si se usa Proxmox Backup Server que ofrece varias opciones de verificación para garantizar que los datos de la copia de seguridad estén intactos. La verificación generalmente se lleva a cabo mediante la creación de trabajos de verificación. Estas son tareas programadas que ejecutan la verificación en un intervalo determinado.

Con esto, también puede establecer si se ignoran las instantáneas ya verificadas, así como establecer un período de tiempo después del cual las instantáneas se verifican nuevamente.

Se recomienda volver a verificar todas las copias de seguridad al menos una vez al mes, incluso si una verificación anterior fue exitosa. Esto se debe a que las unidades físicas son susceptibles a sufrir daños con el tiempo, lo que puede provocar que una copia de seguridad antigua y funcional se corrompa.

30.14 EXCLUSIÓN DE FICHEROS

La ejecución de la copia de seguridad con vzdump omite los siguientes archivos de forma predeterminada:

/tmp/?*
/var/tmp/?*
/var/run/?*pid

Además de esto queremos excluir otros archivos o carpetas de la copia de seguridad lo podemos parametrizar desde la línea de comando, por ejemplo:

```
vzdump 143 --exclude-path /eduardo/pruebas --exclude-path '/eduardo/tmp*'
```

Esto excluiría de la copia de seguridad la carpeta Eduardo pruebas y los archivos que comienzan por TMP de la carpeta Eduardo.

31

MONITORIZACIÓN

31.1 CONCEPTOS

La monitorización de sistemas es imprescindible en los sistemas de IT a fin de supervisar y gestionar el rendimiento, disponibilidad y funcionamiento de estos.

Aportando beneficios como son la detección de problemas en alerta temprana, antes de que puedan afectar al funcionamiento (detección de fallos en disco predictivos, fallos por pérdidas de paquetes en la red debido a fallos en cableado o puertos, etc.).

Además la monitorización nos permite optimizar el rendimiento, ya que la observación del comportamiento de los sistemas a nivel de uso de recursos, etc, nos permite distribuir por ejemplo las cargas de las máquinas virtuales de forma óptima entre los nodos de nuestros hipervisores.

En resumen, la monitorización de sistemas es esencial para asegurar el correcto funcionamiento y rendimiento de la infraestructura de TI y anticipar posibles problemas usando herramientas y métricas que te permiten identificar, diagnosticar y resolver problemas de manera eficaz.

31.2 MONITORIZACIÓN DE LA INFRAESTRUCTURA (NODOS)

Normalmente, en Linux, SNMP no viene implementado ni configurado por defecto, con lo que para poder obtener toda la información que necesitamos, es necesario ejecutar una serie de pasos que se detallan a continuación:

```
apt install snmpd snmp-mibs-downloader
```

Abre el archivo /etc/snmp/snmp.conf en el editor de texto.

```
nano/etc/snmp/snmpd.conf
```

Primero, debes cambiar la directiva agentAddress. Por el momento, está configurada para permitir solo las conexiones que se originan desde el servidor local. Deberás excluir la línea actual y quitar el comentario de la que está debajo de ella, que es la que permite todas las conexiones.

```
#  Listen for connections from the local system only
#agentAddress  udp:127.0.0.1:161
#  Listen for connections on all interfaces (both IPv4 *and* IPv6)
agentAddress udp:A.B.C.D:161,udp6:[::1]:161
```

Donde A.B.C.D será la dirección IP de la máquina.

A continuación veremos lo siguiente.

```
###########################################################################
#
#  ACCESS CONTROL
#

                                                    #  system + hrSystem groups
only
view     systemonly  included   .1.3.6.1.2.1.1
view     systemonly  included   .1.3.6.1.2.1.25.1
                                                    #  Full access from the local
host
#rocommunity public  localhost
                                                    #  Default access to basic sys-
tem info
# rocommunity public  default     -V systemonly
                                                    #  rocommunity6 is for IPv6
# rocommunity6 public  default     -V systemonly

                                                    #  Full access from an example
network
                                                    #     Adjust this network ad-
dress to match your local
                                                    #     settings, change the com-
munity string,
                                                    #     and check the 'agentAd-
dress' setting above
#rocommunity secret  10.0.0.0/16
```

Si queremos que todo esté accesible, en lugar de systemonly con las OID .1.3.6.1.2.1 etc, agregaremos la entrada .1 para que se puedan ver todos los parámetros de SNMP del equipo.

```
###########################################################################
#
#   ACCESS CONTROL
#

view    all          included    .1
                                                # system + hrSystem groups only
view    systemonly    included    .1.3.6.1.2.1.1
view    systemonly    included    .1.3.6.1.2.1.25.1
                                                # Full access from the local
host
#rocommunity public   localhost
                                                # Default access to basic sys-
tem info
rocommunity public   default    -V all
                                                # rocommunity6 is for IPv6
rocommunity6 public   default     -V all

                                                # Full access from an example
network
                                                #   Adjust this network ad-
dress to match your local
                                                #   settings, change the com-
munity string,
                                                #   and check the 'agentAd-
dress' setting above
#rocommunity secret  10.0.0.0/16
```

En los campos marcados en rocommunity pondremos la comunidad snmp de nuestro sistema en lugar de public (como medida de precaución).

Más adelante hay una sección en la que aparecen los datos de identificación del contacto y la ubicación.

```
###########################################################################
#
#   SYSTEM INFORMATION
#

#   Note that setting these values here, results in the corresponding MIB objects
being 'read-only'
#   See snmpd.conf(5) for more details
sysLocation    Dirección
sysContact     contacto
                                                # Application + End-to-End la-
yers
sysServices    72
```

A continuación procederemos a guardar el archivo con CTRL + O y salir con CTRL + S, y reiniciaremos el demonio SNMP.

```
systemctl restart snmpd
systemctl enable snmpd
```

31.3 MONITORIZACIÓN CON OTRAS HERRAMIENTAS

Existen en el mercado una variedad de soluciones de Monitorización Open Source que se pueden utilizar para ver la salud de nuestros Proxmox y poder recibir alertas en caso de fallo, así como obtener estadísticas de uso de cada uno de los elementos.

Entre estas herramientas están:

31.3.1 LibreNMS

LibreNMS es una plataforma de monitorización de red de código abierto y gratuita diseñada para supervisar y gestionar infraestructuras de red de cualquier tamaño. Ofrece una amplia gama de características para monitorizar dispositivos de red, servidores, servicios y aplicaciones, proporcionando una visión integral del estado y rendimiento de la infraestructura de red, es una herramienta que usa SNMP y algunas aplicaciones como CheckMK para la monitorización.

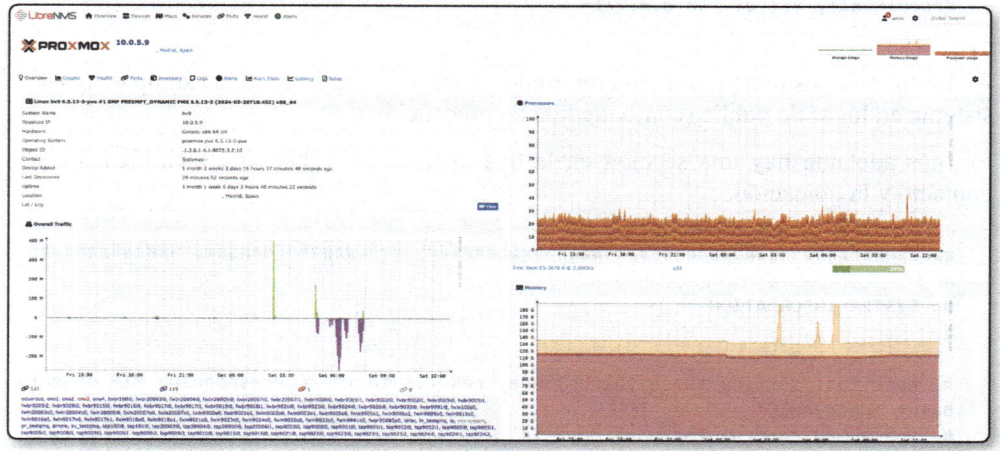

31.3.2 Zabbix

Zabbix es una plataforma de supervisión y monitorización de dispositivos. En la web de zabbix hay información de como integrar este sistema de monitorización. *https:// www.zabbix.com/la/integrations/proxmox*

31.3.3 Grafana

Grafana es una plataforma de análisis y visualización de datos de código abierto que permite crear, explorar y compartir paneles de control y gráficos interactivos. Está diseñada para integrarse con una variedad de fuentes de datos y es altamente personalizable.

La integración con Grafana se realiza a través del apartado del menú de Datacenter de los servidores de métricas.

En este apartado podemos configurar un destino al que enviar los datos de las estadísticas de uso de Proxmox VE de tal forma que podemos disponer de un repositorio donde se pueden enviar estos datos a efectos de disponer de las métricas de uso y de rendimiento de múltiples nodos o clusters de Proxmox VE.

Se puede configurar un servicio de Graphite o de InfluxDB.

En la imagen podéis ver la configuración para un servidor de InfluxDB.

En estas url, puedes encontrar ejemplos de dashboards de Grafana para Proxmox VE.

https://grafana.com/grafana/dashboards/10048-proxmox/
https://grafana.com/grafana/dashboards/19119-proxmox-ve-cluster-flux/

31.4 MONITORIZACIÓN DE LA INTEGRIDAD DEL CLUSTER

Para monitorizar un cluster de Proxmox VE existen varias posibilidades. Usar el API de Proxmox que te permite acceder a datos y realizar acciones en el cluster de forma programática. Puedes utilizar la API para obtener información sobre el estado del cluster, el uso de recursos, las máquinas virtuales y contenedores, y más. Esto te permite crear scripts personalizados o integrar Proxmox con herramientas de monitorización de terceros.

Proxmox VE Monitor es una herramienta de línea de comandos que proporciona información detallada sobre el estado del cluster de Proxmox. Puedes utilizar comandos como pvecm status para verificar el estado del cluster, pvenode status para obtener información sobre los nodos, y qm list para listar las máquinas virtuales en ejecución.

31.5 MONITORIZACIÓN DE LA INTEGRIDAD DE CEPH

Podemos monitorizar la integridad de Ceph, mediante la gestión de alertas a través de la línea de comandos de Ceph, podemos añadir el envío de correos con las alertas de Ceph.

```
ceph config set mgr mgr/alerts/smtp_host smtp.eduardotaboada.com
ceph config set mgr mgr/alerts/smtp_destination
ceph config set mgr mgr/alerts/smtp_sender
ceph config set mgr mgr/alerts/smtp_ssl true
ceph config set mgr mgr/alerts/smtp_port 587
ceph config set mgr mgr/alerts/smtp_user
ceph config set mgr mgr/alerts/smtp_password
ceph config set mgr mgr/alerts/smtp_from_name 'CEPH Eduardo Taboada'
ceph config set mgr mgr/alerts/interval 5m
ceph alerts send
```

31.6 NOTIFICACIONES

Las notificaciones nos permiten como su nombre indica recibir las alertas y notificaciones de lo que pasa en nuestros clusters o nodos de Proxmox VE, a efectos de intervenir si pasa algo que requiere nuestra atención.

Las notificaciones se pueden enviar mediante correo electrónico o bien a través de aplicaciones de notificación para que sean entregadas de forma inmediata.

Además de esto podemos establecer determinadas reglas mediante el Comparador de Notificaciones (Notification Matcher) que permite que se haga un envío de una notificación o alerta en función de determinadas reglas.

Los comparadores de notificaciones enrutan las notificaciones a los destinos de notificación establecidos, según sus reglas de coincidencia. Estas reglas pueden coincidir con ciertas propiedades de una notificación, como la marca de tiempo (calendario de coincidencia) como por ejemplo que no realicen notificaciones entre las 10 de la noche y las 8 de la mañana, la gravedad de la notificación (gravedad de coincidencia) o los campos de metadatos (campo de coincidencia). Si un comparador coincide con una notificación, todos los destinos de notificación configurados para el comparador recibirán la notificación.

Por ejemplo:

```
match-calendar mon-fri 8:00-22:00
```

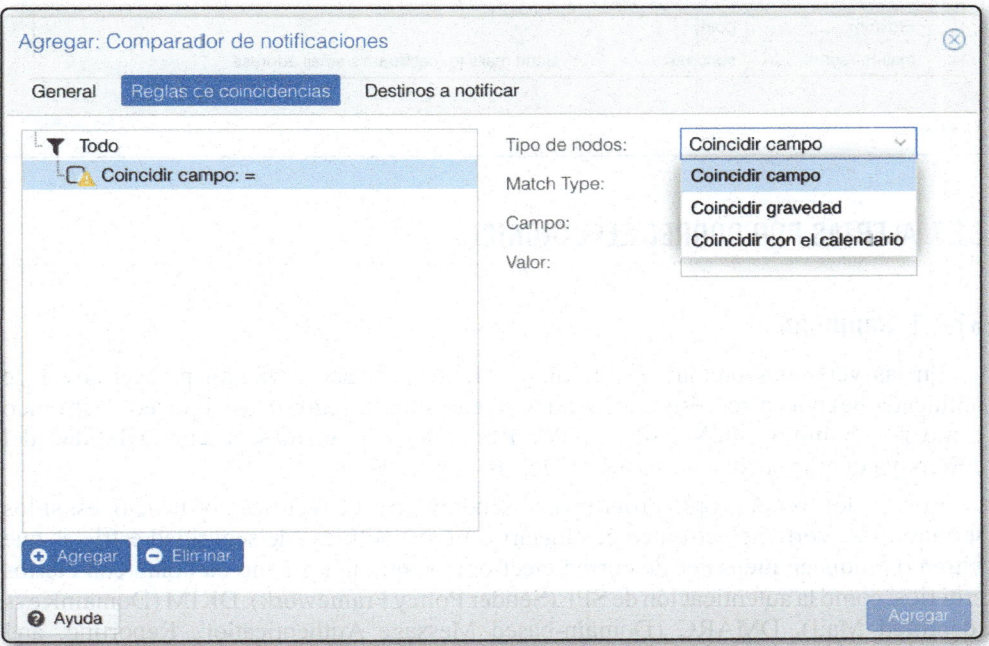

Nos alertará entre estas horas si le ponemos coincidir con el calendario.

```
match-field exact:type=vzdump
```

Solo nos alertará de las notificaciones sobre copias de seguridad.

```
match-field regex:hostname=^.+\.eduardotaboada\.com
```

Solo nos alertará de las notificaciones de los nodos con el hostname *eduardotaboada. com*

En cuanto a la gravedad existen varios valores como en los syslog. Los valores asociados a la gravedad del evento son: info, notice, warning, error, unknown.

Un comparador que no tenga reglas de comparación siempre es verdadero, es decir, los destinos de notificación configurados siempre recibirán las notificaciones. Los comparadores de notificaciones enrutan las notificaciones a los objetivos de notificación según sus reglas de coincidencia como vemos en la imagen.

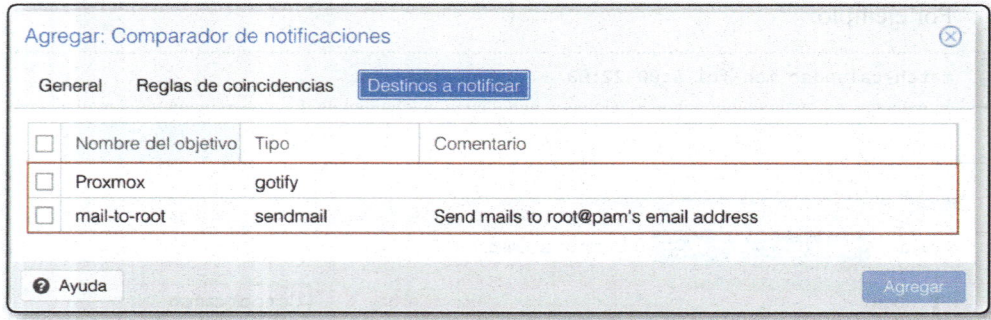

31.7 ALERTAS POR CORREO ELECTRÓNICO

31.7.1 Sendmail

En las versiones previas de Proxmox VE, se utilizaba sendmail para el envío de notificaciones por correo, esto con los nuevos requisitos de seguridad del correo electrónico como por ejemplo DKIM, SPF y DMARC plantea problemas de entregabilidad del correo, ya que no suele cumplir con todos estos requisitos.

El servidor usa el propio programa de sendmail para enviar las notificaciones, si los servidores de correo electrónico destinatarios tienen políticas de seguridad estrictas que filtren o bloqueen mensajes de correo electrónico entrantes que no cumplan con ciertos criterios, como la autenticación de SPF (Sender Policy Framework), DKIM (DomainKeys Identified Mail), DMARC (Domain-based Message Authentication, Reporting, and Conformance), etc. Si el servidor Sendmail no está configurado adecuadamente para cumplir con estas políticas, los correos electrónicos pueden ser rechazados. Esto significaría tener que configurar nuestro Proxmox VE como un servidor de correo, lo cual es cada día más complejo.

Como vemos en la imagen, lo único que nos pide es un nombre, las direcciones de correo del destinatario o destinatarios, y alguna dirección de correo adicional.

31.7.2 Correo SMTP

En el caso anterior, no hay ninguna garantía de que los servidores de los destinatarios de correo rechacen las notificaciones, en las últimas versiones de Proxmox VE, se ha incorporado la opción de enviar los correos mediante un servidor de correo SMTP externo, lo que nos va a permitir que si este servidor está perfectamente configurado con los parámetros de seguridad necesarios (DKIM, DMARC,SPF) los correos llegarán sin problema.

Otra de las ventajas del envío de correo mediante SMTP, es que sólo tenemos que disponer de una cuenta de correo para toda nuestra infraestructura, con lo que no tendremos que realizar cambios en el servicio de sendmail para que los correos de las notificaciones lleguen sin problema a los destinatarios de las alertas de Proxmox VE.

En la imagen siguiente podemos ver que en la configuración se solicita un nombre, un servidor (la dirección IP o el nombre de nuestro servidor de correo que usamos habitualmente), la encriptación (hay que recordar que es preferible usar el nombre FQDN del servidor de correo para que los certificados funcionen de forma correcta), el usuario, la password, el puerto SMTP.

Con esta información, podemos configurar incluso nuestra propia cuenta de correo para el envío si no disponemos de la posibilidad de crear una cuenta específica para las alertas y notificaciones de Proxmox VE mediante correo electrónico.

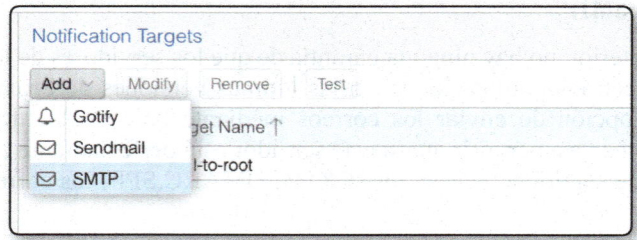

31.8 ALERTAS PUSH

Existe una aplicación integrada con Proxmox para notificaciones PUSH, se llama gotify https://gotify.net/, está desarrollada en Go, y permite notificaciones PUSH desde Proxmox.

Para habilitarla, seleccionamos en el menú de Datacenter notificaciones y añadimos la de Gotify, nos pedirá una URL y un token que tendremos que haber creado antes en nuestra web de Gotify.

Si ahora realizamos un test, en nuestro Gotify, o en nuestro móvil Android (por el momento no hay app para IOS) recibiremos la alerta.

Edit: Gotify	
Endpoint Name:	Proxmox
Enable:	☑
Server URL:	https://gotify.eduardotaboada.com
API Token:	Unchanged
Comment:	
❷ Help	OK Reset

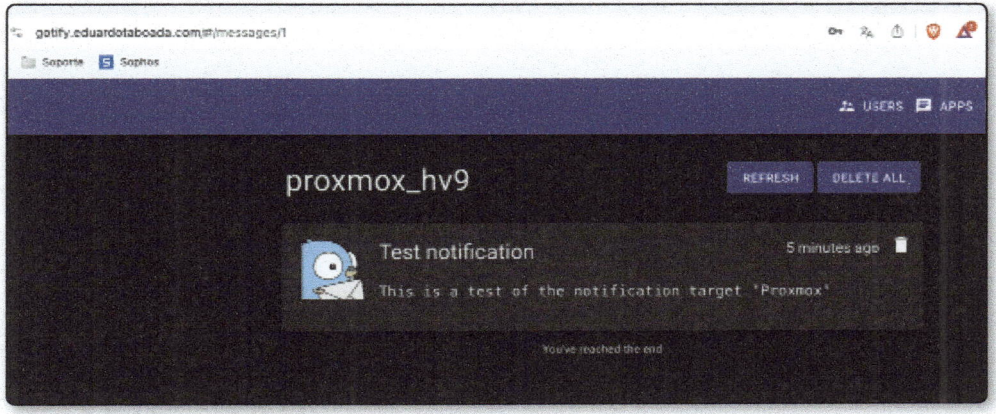

31.9 MONITORIZACIÓN MEDIANTE API REST

Proxmox VE utiliza una API tipo REST, Proxmox usa JSON como formato de datos principal y toda la API se define formalmente utilizando el esquema JSON.

Puedes explorar la documentación de la API en.

http://pve.proxmox.com/pve-docs/api-viewer/index.html

Toda la información de estadísticas, estados y demás parámetros de nuestro cluster o nodo de Proxmox VE se puede obtener a través del API REST, para ello, lo único que tenemos que hacer es usar nuestro lenguaje de programación preferido, configurar el acceso al API y a partir de ahí recuperar la información que creamos conveniente respecto a la monitorización de cualquier parámetro bien sea del cluster, un nodo, o una máquina virtual, o bien sobre los diversos almacenamientos.

Toda esta información se puede recuperar y presentar, al igual que la que presenta Proxmox VE, en las gráficas que hemos visto cuando miramos el aparatado de los resúmenes en las diferentes opciones de Datacenter, nodo o máquina virtual en las que vemos las gráficas de consumo de CPU, RAM, red, etc. todas estas gráficas que se almacenan en una carpeta que ya hemos visto que se llama .rdd y que están disponibles para recuperarlas a través de API.

32

TAREAS DE MANTENIMIENTO HABITUALES

32.1 ACTUALIZACIONES

Una de las principales tareas de nuestro cluster es la instalación de parches de seguridad y actualizaciones de paquetes a versiones más estables.

Proxmox es un producto que está en constante evolución y todas las semanas salen parches, correcciones y mejoras.

Por ello es necesario disponer de un plan con unos procesos para la actualización bien definido a fin de mantener la disponibilidad de servicios mientras se realizan dichas tareas.

33

TRUCOS Y UTILIDADES

33.1 MIGRACIÓN DE MÁQUINAS ENTRE CLUSTERS

Para realizar una migración entre dos clusters de Proxmox diferentes, ambos deben de correr como mínimo la versión 7.3

En el servidor destino, hay que crear un apitonen (Datacenter -> Permissions -> API Tokens).

Por ejemplo vamos a crear un token que se llame migration.

Obtener el Fingerprint del certificado del servidor destino.

```
pvenode cert info
```

```
root@pve:~# pvenode cert info
```

filename	pve-root-ca.pem
fingerprint	6E:58:D8:E3:75:71:C9:47:68:D7:D1:4E:06:F0:D9:C4:0D:E8:26:26:A6:45:40:E6:D7:01:F9:69:E1:54:E5:23
subject	/CN=Proxmox Virtual Environment/OU=d2369d29-2e70-43f2-b1a8-2648aecf708b/O=PVE Cluster Manager CA
issuer	/CN=Proxmox Virtual Environment/OU=d2369d29-2e70-43f2-b1a8-2648aecf708b/O=PVE Cluster Manager CA
notbefore	2023-02-25 15:05:49
notafter	2033-02-22 15:05:49
public-key-type	rsaEncryption
public-key-bits	4096
san	□

filename	pve-ssl.pem
fingerprint	A0:83:C8:9D:52:BA:04:07:E4:AC:D1:22:5A:B4:7C:85:C8:5A:02:FA:C5:67:A1:93:F8:A8:FE:53:EE:ED:7A:C5
subject	/OU=PVE Cluster Node/O=Proxmox Virtual Environment/CN=pve.casa.edu
issuer	/CN=Proxmox Virtual Environment/OU=d2369d29-2e70-43f2-b1a8-2648aecf708b/O=PVE Cluster Manager CA
notbefore	2023-02-25 15:05:49
notafter	2025-02-24 15:05:49
public-key-type	rsaEncryption
public-key-bits	2048
san	- 127.0.0.1 - 0000:0000:0000:0000:0000:0000:0000:0001 - localhost - 102.168.37.20 - pve - pve.casa.edu

```
root@pve:~#
```

Esto nos proporcionará el fingerprint en pve-ssl.pem

La sintaxis del comando es:

```
qm remote-migrate idorigen iddestino API Token='PVEAPI Token=root@pam!usuarioAPI
Token=API Token_obtenido',host=IP destino,fingreprint=FP,port=8006 --target-brid-
ge vmbr0:vmbr0 --target-storage cephpool2 --online
```

Por ejemplo.

```
qm remote-migrate 2644 2644 API Token='PVEAPI Token=root@pam!migration=24f5a819-
1b0f-4434-b705-af41319cccad',host=192.200.113.106,fingerprint= A0:83:C8:9D:52:BA:
04:07:E4:AC:D1:22:5A:B4:7C:85:C8:5A:02:FA:
C5:67:A1:93:F8:A8:FE:53:EE:ED:7A:C5,port=8006  --target-bridge vmbr0:vmbr0
--target-storage 1 —online
```

33.2 CONVERSIÓN ENTRE FORMATOS DE DISCO

Proxmox permite la conversión entre diferentes formatos de disco y máquinas virtuales. Como hemos visto tenemos varios formatos, está el qcow2, el formato vmdk, y el formato raw (formato imagen o formato desde un dd).

La sintaxis de la conversión de máquinas es siempre la misma tenemos que decirle el formato origen y el formato destino, así como los nombres de archivos de origen y destino.

Por ejemplo, para convertir una imagen desde un VMDK a un archivo RAW:

```
qemu-img convert -f vmdk disk0.vmdk -O raw disk0.raw
```

Para convertir una imagen desde un QCOW2 a un archivo RAW:

```
qemu-img convert -f qcow2 disk0.qcow2 -O raw disk0.raw
```

Para convertir una imagen desde un RAW a un archivo QCOW2

```
qemu-img convert -f raw disk0.raw -O qcow2 disk0.qcow2
```

33.3 MOVER UN DISCO DE UNA MÁQUINA VIRTUAL

En ocasiones, o bien hemos configurado mal el disco de una máquina virtual, o bien para una migración lo queremos mover a un almacenamiento compartido como un NFS, en este caso, la solución es simple.

Vamos al menú de hardware de nuestra máquina virtual o bien al menú de recursos de nuestro contenedor.

Seleccionamos el disco o el volumen de almacenamiento según sea una máquina virtual o un contenedor y pulsamos las acciones de disco (en la imagen podemos ver las dos opciones).

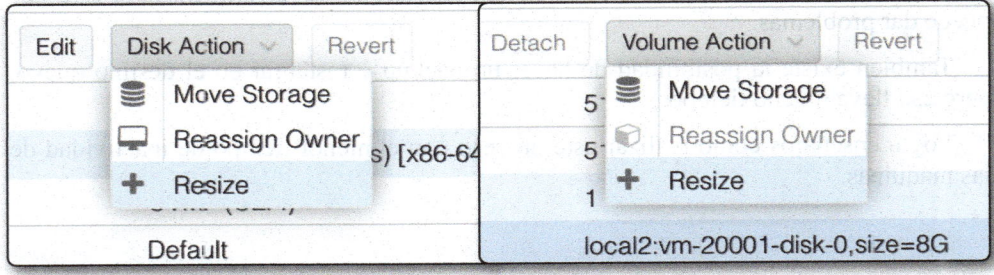

Vamos a la opción de Mover almacenamiento (Move Storage) y nos pedirá un destino para el disco o volumen que queremos mover.

En la imagen podemos ver que vamos a mover el disco sata1, en el destino de almacenamiento (Target Storage) elegiremos el volumen de nuestro almacenamiento de Proxmox VE al que queremos mover el disco.

La opción de borrar origen, nos moverá el disco, de lo contrario creará una copia en el almacenamiento destino.

A efectos de no confundirnos en un futuro sobre los discos almacenados, es conveniente hacer un borrado del origen, ya que de lo contrario tendremos por ahí discos "huérfanos".

El proceso borra el origen una vez que se ha movido el disco de forma correcta. Si falla por algún motivo la máquina queda como estaba.

33.4 MIGRAR MÁQUINAS

Usando el truco anterior, podemos migrar máquinas de una forma un poco "hand made", pero que resulta.

Ya vimos en este mismo capítulo como migrar máquinas entre clusters de Proxmox, pero a veces, si el almacenamiento de ambos clusters no es del mismo tipo, esto nos puede dar problemas.

También existe la posibilidad de hacer un backup y restaurar en el destino nuevo, pero eso lleva mucho tiempo.

Voy a enseñaros como realizar este proceso con el menor tiempo de inactividad de las máquinas.

Supongamos que tenemos un nodo de Proxmox VE con 10 máquinas que se nos ha quedado pequeño y hemos decidido adquirir un nuevo hardware, en primer lugar debemos tener un almacenamiento compartido (NFS; CIFS; etc.) que comparten ambos nodos o clusters. (Si es posible en ambos ponles el mismo nombre por lo que te contaré después).

A continuación realizamos un proceso de mover el disco al almacenamiento compartido y apagamos la máquina. Supongamos que nuestra máquina tiene el ID 100.

Una vez realizado, entramos en la consola de Proxmox y ejecutamos la copia del fichero de configuración de la máquina al nodo nuevo, con cuidado de no tener el mismo ID en el nodo ni en el cluster destino.

En el caso de una VM.

```
scp /etc/pve/qemu-server/100.conf root@A.B.C.D:/etc/pve/qemu-server/100.conf
```

En el caso de un LXC.

```
scp /etc/pve/lxc/100.conf root@A.B.C.D:/etc/pve/lxc/100.conf
```

Si hemos tenido la precaución de llamar al almacenamiento compartido igual, arrancamos la máquina y ya si queremos, podemos volver a mover el disco a un almacenamiento local o al almacenamiento que queramos.

En caso contrario, hay que entrar en el fichero de configuración de la máquina, y cambiar el almacenamiento y cambiar el volumen de referencia del disco, para saber como se llama, en el nodo destino ejecutamos.

```
cat /etc/pve/storage.cfg
```

Nos dará una salida parecida a esta.

```
root@pve01:~# cat /etc/pve/storage.cfg
dir: local
    path /var/lib/vz
    content backup,vztmpl,iso

lvmthin: local-lvm
    thinpool data
    vgname pve
    content rootdir,images
nfs: edu
    export /mnt/a3pool/iso
    path /mnt/pve/edu
    server 10.0.6.113
    content vztmpl,iso
```

Como vemos el NFS destino se llama edu, por lo que si vamos a la configuración de la máquina, y si el NFS origen se llama migrate.

```
root@hv9:~# cat /etc/pve/qemu-server/100.conf
boot: order=virtio0;ide2;net0
cores: 1
cpu: x86-64-v2-AES
ide2: iso:iso/debian-12.1.0-amd64-netinst.iso,media=cdrom,size=627M
memory: 2048
meta: creation-qemu=8.1.2,ctime=1709810600
name: edu-test
net0: virtio=BC:24:11:EB:EA:D4,bridge=vmbr0,firewall=1,tag=201
numa: 0
onboot: 1
ostype: l26
scsihw: virtio-scsi-single
smbios1: uuid=ee26cd2b-4958-46ae-8907-dba4a04620dd
sockets: 2
virtio0: migrate:vm-100-disk-0,iothread=1,size=40G
vmgenid: 2d50a409-a511-4285-8e4e-4683d7bbbddc
```

Vemos en la penúltima línea que pone:

```
virtio0: migrate:vm-100-disk-0,iothread=1,size=40G
```

Que corresponde con el almacenamiento como se llamaba en origen, simplemente reemplazamos migrate por edu, como puedes ver en la siguiente línea.

```
virtio0: edu:vm-100-disk-0,iothread=1,size=40G
```

Guardamos el archivo y arrancamos la máquina.

33.5 AMPLIACIÓN, SUSTITUCIÓN O REDUCCIÓN DEL ALMACENAMIENTO CEPH

Ceph permite además de como es lógico, la sustitución de discos, al ser tan flexible, permite la ampliación o reducción del espacio de almacenamiento (cuidado con esto porque si dejamos el almacenamiento por debajo del tamaño necesario para nuestras máquinas virtuales, perderemos la información), pero si hemos cometido el error de sobreaprovisionar el almacenamiento, o simplemente estamos migrando máquinas hacia otro cluster y este lo vamos a dejar reducido; siempre podemos proceder a reducir el almacenamiento.

Casi ningún formato de raid permite realizar esto (ampliar sin perder datos, o simplemente reducir), esto nos da una idea de la flexibilidad de Ceph.

33.5.1 Ampliación

La ampliación es un proceso muy sencillo, y se realiza al igual que cuando agregamos los OSD a nuestro cluster, simplemente añadimos discos nuevos, y los vamos agregando al pool mediante la adición de OSD en el menú del nodo en Ceph, OSD.

Importante tener en cuenta que como he dicho lo mejor es que todos los discos sean del mismo tamaño, porque aunque Ceph rebalancea y les asigna pesos en función del tamaño de los discos, eso a la larga puede dar problemas cuando el cluster de Ceph esté muy lleno, ya que si por ejemplo tenemos 3 discos de 1 TB y añadimos otro disco de 4 Tb, un fallo de dos OSD de 4 TB llenaría completamente los discos de 1TB y tendremos un problema.

Una vez añadidos los OSD; podemos ver que el tamaño de nuestro pool ha aumentado, ya ue hay muchas operaciones de IO en los discos.

Esto es normal debido al funcionamiento de Ceph, ya que como comenté anteriormente, los datos que se guardan, se balancean entre los OSD, y se replican, por lo que al añadir discos nuevos, el cluster de Ceph tiene que volver a realizar las tareas de moverlo todo y "recolocarlo", puesto que si por ejemplo tenemos dos discos de 1TB en cada nodo con el 50% ocupado en ambos, y metemos otros dos discos de 1 TB en cada nodo, para conseguir que el espacio se distribuya, quedará una ocupación del 25% en cada disco, y para llegar a ese punto es necesario que los datos se muevan entre los diferentes OSD (se moverán de los más llenos a los nuevos que están vacíos).

Antes de hablar de la sustitución y reducción, voy a explicar algunos conceptos sobre los servicios asociados a los OSD.

33.5.2 Stop (Detener) un OSD

Detener un OSD significa detener el servicio del OSD en un nodo específico del cluster.

Cuando se detiene un OSD, el nodo ya no participa en la lectura o escritura de datos en el cluster.

33.5.3 Out (Sacar) un OSD

Sacar un OSD del cluster significa retirarlo del conjunto de OSDs activos.

Cuando se saca un OSD, el cluster comienza a redistribuir los datos que estaban almacenados en ese OSD entre los OSDs restantes.

33.5.4 Rebalance

Antes de esto, es conveniente saber lo siguiente, en el caso de sustituir un disco por otro de igual tamaño, hay un flag global de Ceph que se llama rebalancing, si está activado, mientras se quita el disco y se pone el nuevo, los datos empezarán a "moverse" entre los OSD, con lo que conlleva en tráfico de red, IOPS, y por lo tanto lentitud.

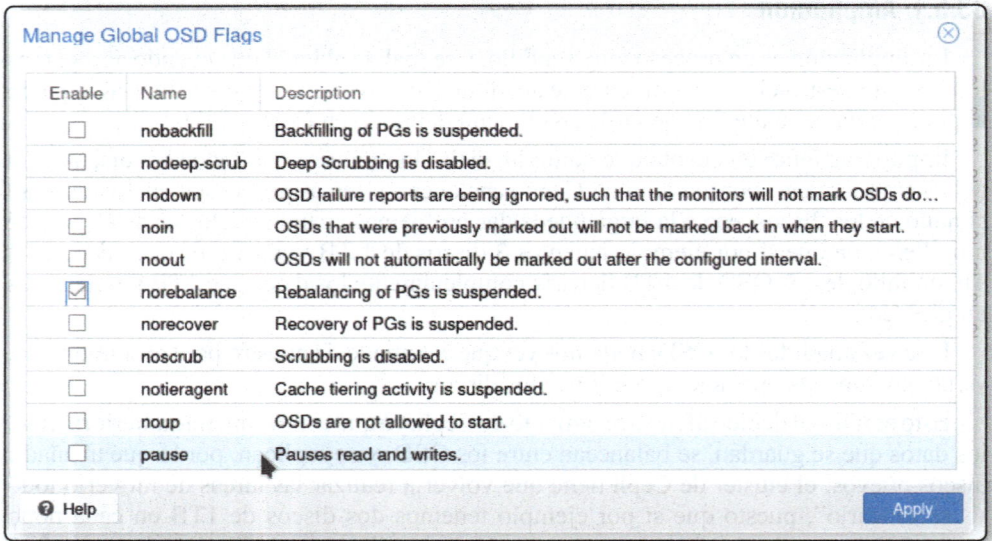

Para ello, lo conveniente antes de proceder a cambiar un disco OSD que falla o por otro de mejores prestaciones, pero de igual tamaño, activar la opción de no rebalancing. De tal forma que el resto de los OSD permanecerán con su información "estática" y el único movimiento de datos se producirá en el momento en el que cambiemos el OSD y desactivemos en no rebalance.

A partir de ahí, el Ceph se encargará de almacenar a partir de sus algoritmos de redundancia (erasure Code) los datos que estaban almacenados en el anterior OSD que hemos sustituido.

33.5.5 Destroy (Destruir) un OSD

Destruir un OSD implica eliminar permanentemente la información y configuración asociada con ese OSD del cluster. Esto es necesario si vamos a reutilizar el disco, ya que en los procesos anteriores no se ha eliminado ninguna información del soporte físico (disco), por lo que la información que había sigue ahí, y eso, si vamos a reutilizar el disco, nos dará problemas a la hora de reutilizarlo, por las particiones y el formato que ha quedado de Ceph en el mismo.

Además si lo vamos a desechar, es conveniente destruir la información mediante este comando.

Esto no significa que la información no se pueda extraer a posteriori, recuerda que es imprescindible destruir de forma segura los datos que están almacenados en cualquier soporte informático para prevenir que alguien pueda hacerse con la información contenida en el soporte, por lo que hacer un destroy siempre es una práctica yo diría que más que recomendable, imprescindible.

	Class	OSD Type	Status	Version	weight	reweight	Used (%)
↻ Reload Create: OSD Manage Global Flags osd.5: ❶ Details ▶ Start ■ Stop ↻ Restart ↺ Out ● In							
Name	**Class**	**OSD Type**	**Status**	**Version**	**weight**	**reweight**	**Used (%)**
▾ ▤ default							
▾ ▥ pxmx3				18.2.2			
🖴 osd.5	hdd	bluestore	down ⦿ / in ●	18.2.2	0.01949	1.00	0.
🖴 osd.2	hdd	bluestore	up ⦿ / in ●	18.2.2	0.01949	1.00	2.
▾ ▥ pxmx2				18.2.2			
🖴 osd.4	hdd	bluestore	up ⦿ / in ●	18.2.2	0.01949	1.00	1.
🖴 osd.1	hdd	bluestore	up ⦿ / in ●	18.2.2	0.01949	1.00	1.
▾ ▥ pxmx1				18.2.2			
🖴 osd.3	hdd	bluestore	up ⦿ / in ●	18.2.2	0.01949	1.00	1.
🖴 osd.0	hdd	bluestore	up ⦿ / in ●	18.2.2	0.01949	1.00	1.

33.5.6 Sustitución

En primer lugar lo que debemos de hacer en cualquier caso es ir a nuestro menú de Ceph en cualquiera de los nodos y comprobar si hay algún OSD en fallo (aparecerá como failed, out, down, etc.).

En todos los procesos que implican cambiar discos para sustitución por otros iguales o por otros de mayor tamaño como en la ampliación es necesario "desconectar" el OSD (recuerda que debes de establecer el flag de no rebalancing), esto se consigue mediante la siguiente secuencia:

Stop.
Out.
Destroy.

Una vez realizado, introduciremos el nuevo disco, y eliminaremos el flag, como ya comenté en el apartado de rebalance.

Name	Class	OSD Type	Status	Version	weight	reweight	Used (%)
▾ ▤ default							
▾ ▥ pxmx3				18.2.2			
🖴 osd.5	hdd	bluestore	down ⦿ / out ○	18.2.2	0.01949	0.00	0.0
🖴 osd.2	hdd	bluestore	up ⦿ / in ●	18.2.2	0.01949	1.00	2.5
▾ ▥ pxmx2				18.2.2			
🖴 osd.4	hdd	bluestore	up ⦿ / in ●	18.2.2	0.01949	1.00	1.5
🖴 osd.1	hdd	bluestore	up ⦿ / in ●	18.2.2	0.01949	1.00	1.3
▾ ▥ pxmx1				18.2.2			
🖴 osd.3	hdd	bluestore	up ⦿ / in ●	18.2.2	0.01949	1.00	1.0
🖴 osd.0	hdd	bluestore	up ⦿ / in ●	18.2.2	0.01949	1.00	1.2

33.5.7 Reducción

La reducción como he dicho es un proceso delicado, en el sentido de que tenemos que recordar que Ceph guarda la información por triplicado, de tal forma que este factor hay que tenerlo en cuenta antes de proceder a una reducción del tamaño de nuestro pool.

Una vez hecha esta salvedad, el procedimiento es igual al de la sustitución, con la diferencia de que en este caso ya no se volverán a poner otros discos, y por lo tanto lo que comentamos antes de aplicar el flag de no rebalancing, no aplica en este caso.

Para evitar problemas por exceso de tráfico, aunque eso implica más tiempo y más escrituras en disco, lo ideal es quitarlos uno de cada nodo, esperar que esté estabilizado y proceder con el siguiente, porque quitarlos todos de golpe será un esfuerzo muy importante que le estamos pidiendo a nuestro cluster, con lo que puede ocurrir que los servicios que tenemos almacenados se vean afectados por una pérdida de rendimiento.

33.6 CAMBIAR LA RÉPLICA EN UN POOL DE CEPH

Como he comentado, Ceph por defecto usa réplica 3, pero esto se puede cambiar en el momento de la instalación, o bien posteriormente.

```
ceph osd pool set POOL_NAME size 3
ceph osd pool set POOL_NAME min_size 2
```

Con esto podemos poner el tamaño de la réplica en el "POOL_NAME" a 3 con mínimo 2, estos valores se pueden cambiar, pero debemos de estar muy seguros de lo que hacemos, ya que aumentar la réplica disminuirá el espacio disponible y por lo tanto podemos dejar un tamaño menor al que ocupan nuestras máquinas con lo que podemos perder información y dejar el pool en modo sólo lectura, o bien al contrario, disminuir la réplica tendrá efecto en tener menos capacidad de tolerancia a fallos, hasta el punto de que apagar un nodo puede devenir en una pérdida de información.

33.7 PASSTHROUGH DE DISPOSITIVOS PCI(E) A UNA VM

33.7.1 Requisitos

Esta es una lista de requisitos básicos adaptada de la wiki de Arch.

Antes de nada voy a explicar que es un concepto básico que se llama IOMMU (input–output memory management unit) es una unidad de gestión de memoria (MMU) que conecta un bus de E/S con capacidad de acceso directo a memoria (compatible con DMA) a la memoria principal.

33.7.1.1 REQUISITOS DE CPU

LA CPU debe admitir virtualización de hardware e IOMMU. La mayoría de las CPU nuevas admiten esto.

AMD: las CPU de la generación Bulldozer y posteriores, las CPU de la generación K10 necesitan una placa base 890FX o 990FX.

Intel: CPU Intel con capacidad VT-d

33.7.1.2 REQUISITOS DE LA PLACA BASE

La placa base debe ser compatible con IOMMU. Las listas se pueden encontrar en la wiki de Xen y Wikipedia. Ten en cuenta que la mayoría de las placas base más nuevas son compatibles con IOMMU.

33.7.1.3 REQUISITOS DE GPU

La ROM de la GPU no necesariamente tiene que ser compatible con UEFI; sin embargo, la mayoría de las GPU modernas sí lo hacen. Si la ROM de su GPU es compatible con UEFI, se recomienda utilizar OVMF (UEFI) en lugar de SeaBIOS.

33.7.2 Verificación de los parámetros de IOMMU

Verifica que IOMMU esté habilitado mediante el comando:

```
dmesg | grep -e DMAR -e IOMMU
```

El resultado será como el que puedes ver a continuación.

```
root@eduardo1:~# dmesg | grep -e DMAR -e IOMMU
[    2.359577] pci 0000:c0:00.2: AMD-Vi: IOMMU performance counters supported
[    2.369580] pci 0000:80:00.2: AMD-Vi: IOMMU performance counters supported
[    2.382052] pci 0000:40:00.2: AMD-Vi: IOMMU performance counters supported
[    2.393005] pci 0000:00:00.2: AMD-Vi: IOMMU performance counters supported
[    2.408871] pci 0000:c0:00.2: AMD-Vi: Found IOMMU cap 0x40
[    2.408903] pci 0000:80:00.2: AMD-Vi: Found IOMMU cap 0x40
[    2.408926] pci 0000:40:00.2: AMD-Vi: Found IOMMU cap 0x40
[    2.408948] pci 0000:00:00.2: AMD-Vi: Found IOMMU cap 0x40
[    2.410869] perf/amd_iommu: Detected AMD IOMMU #0 (2 banks, 4 counters/bank).
[    2.410891] perf/amd_iommu: Detected AMD IOMMU #1 (2 banks, 4 counters/bank).
[    2.410912] perf/amd_iommu: Detected AMD IOMMU #2 (2 banks, 4 counters/bank).
[    2.410933] perf/amd_iommu: Detected AMD IOMMU #3 (2 banks, 4 counters/bank).
```

Verifica que la reasignación de interrupciones de IOMMU esté habilitada, no es posible utilizar el Passthrough de PCI sin reasignación de interrupciones. La asignación del dispositivo fallará con:

'Failed to assign device "[device name]": Operation not permitted' o 'Interrupt Remapping hardware not found, passing devices to unprivileged domains is insecure'.

Todos los sistemas que utilizan un procesador y chipset Intel que son compatibles con la tecnología de virtualización Intel para E/S "directed" (VT-d), pero que no son compatibles con la reasignación de interrupciones verán este error. La compatibilidad con la reasignación de interrupciones se proporciona en procesadores y conjuntos de chips más nuevos (tanto AMD como Intel).

Para identificar si tu sistema admite la reasignación de interrupciones podemos ejecutar.

```
dmesg | grep 'remapping'

root@hv177:~# dmesg | grep 'remapping'
[    2.408969] AMD-Vi: Interrupt remapping enabled
```

Como podemos ver en este caso está habilitado, el valor puede ser como en este caso AMD-Vi o bien.

```
DMAR-IR: Enabled IRQ remapping in x2apic mode
```

'x2apic' puede ser diferente en CPU antiguas, pero aún debería funcionar, con esto la reasignación esta soportada.

Si tu sistema no admite la reasignación de interrupciones, puede permitir interrupciones inseguras con:

```
echo "options vfio_iommu_type1 allow_unsafe_interrupts=1" > /etc/modprobe.d/
iommu_unsafe_interrupts.conf
```

33.7.2.1 VERIFICAR EL AISLAMIENTO DE IOMMU

Para funcionar con transferencia PCI, necesitas un grupo IOMMU dedicado para todos los dispositivos PCI que desees asignar a una VM, para ello ejecuta.

```
pvesh get /nodes/{nodename}/hardware/pci —pci-class-blacklist ""
```

OJO las comillas finales son necesarias.

Nos dará un resultado como este.

class	device	id	iommugroup	vendor	device_name	mdev
0x010601	0x7901	0000:85:00.0	28	0x1022	FCH SATA Controller [AHCI mode]	
0x010601	0x7901	0000:86:00.0	29	0x1022	FCH SATA Controller [AHCI mode]	
0x010700	0x0097	0000:01:00.0	58	0x1000	SAS3008 PCI-Express Fusion-MPT SAS-3	
0x020000	0x16d7	0000:02:00.0	59	0x14e4	BCM57414 NetXtreme-E 10Gb/25Gb RDMA Ethernet Controller	
0x020000	0x16d7	0000:02:00.1	60	0x14e4	BCM57414 NetXtreme-E 10Gb/25Gb RDMA Ethernet Controller	
0x020000	0x165f	0000:c1:00.0	4	0x14e4	NetXtreme BCM5720 Gigabit Ethernet PCIe	
0x020000	0x165f	0000:c1:00.1	4	0x14e4	NetXtreme BCM5720 Gigabit Ethernet PCIe	
0x030000	0x0536	0000:c3:00.0	4	0x102b	Integrated Matrox G200eW3 Graphics Controller	
0x060000	0x1480	0000:00:00.0	-1	0x1022	Starship/Matisse Root Complex	
0x060000	0x1482	0000:00:01.0	45	0x1022	Starship/Matisse PCIe Dummy Host Bridge	

Para tener grupos IOMMU separados, el procesador debe ser compatible con una función llamada ACS (Servicios de control de acceso). Asegúrate de habilitar la configuración correspondiente en la BIOS para esto.

Si no tienes grupos IOMMU dedicados, puedes intentar mover la tarjeta a otra ranura PCI.

Las siguientes tarjetas de GPU son compatibles.

Las AMD RADEON 5xxx, 6xxx, 7xxx, NVIDIA GeForce 7, 8, GTX 4xx, 5xx, 6xx, 7xx, 9xx, 10xx, 15xx, 16xx y RTX 20xx funcionan. Cualquier otra más nueva debería funcionar también.

Blacklisting drivers.

La siguiente es una lista de controladores comunes y como incluirlos en la lista negra:

AMD GPUs

```
echo "blacklist amdgpu" >> /etc/modprobe.d/blacklist.conf
echo "blacklist radeon" >> /etc/modprobe.d/blacklist.conf
```

NVIDIA GPUs

```
echo «blacklist nouveau» >> /etc/modprobe.d/blacklist.conf
echo "blacklist nvidia*" >> /etc/modprobe.d/blacklist.conf
```

Intel GPUs

```
echo "blacklist i915" >> /etc/modprobe.d/blacklist.conf
```

33.7.3 Opciones de BIOS

Asegúrate de estar utilizando la versión de BIOS más reciente de tu placa base. A menudo, las agrupaciones de IOMMU o el soporte de transferencia en general se mejoran en versiones posteriores.

Algunas opciones generales del BIOS que podrían necesitar cambios para permitir que funcione el Passthrough.

IOMMU o VT-d: configurado en 'Activado' o equivalente, a menudo 'Auto' no es lo mismo.

Más info en.

https://pve.proxmox.com/wiki/PCI_Passthrough

33.8 HOOKSCRIPTS

Los hookscripts de Proxmox es un script personalizado que se ejecuta en ciertos eventos del ciclo de vida de las máquinas virtuales o contenedores en el entorno de Proxmox Virtual Environment (PVE). Estos scripts te permiten realizar acciones automáticas o personalizadas en respuesta a eventos específicos, como la creación, eliminación, inicio o detención de una máquina virtual o contenedor.

Cuando ocurre un evento para el cual has configurado un hookscript, Proxmox ejecutará tu script y le pasará la información necesaria sobre el evento, como el ID de la máquina virtual o contenedor y el tipo de acción que se está realizando.

Los hookscripts son una herramienta poderosa para automatizar tareas administrativas, implementar políticas de gestión, etc.

En la propia instalación, podemos ver un ejemplo de un script que está situado en la carpeta:

```
/usr/share/pve-docs/examples/guest-example-hookscript.pl
```

Ejemplo:

Supongamos que queremos registrar en un archivo de log cada vez que se enciende o apaga una máquina virtual, y en el caso de que se apague, que haga un backup, para ello, creamos un script en nuestro lenguaje preferido (bash, Perl, etc) en la carpeta por ejemplo /usr/local/bin/registro.sh

```
#!/bin/bash

# Obtener los parámetros pasados por Proxmox
VMID=$1
ACTION=$2
```

```
# Ruta donde se almacenarán los respaldos
BACKUP_DIR="/var/lib/vz/dump/"

# Función para realizar el respaldo
perform_backup() {
    # Nombre del archivo de respaldo
    BACKUP_FILE="${BACKUP_DIR}${VMID}_$(date +"%Y%m%d%H%M").vma"

    # Realizar el respaldo de la máquina virtual
    vzdump --dumpdir $BACKUP_DIR --compress gzip $VMID
}

# Verificar la acción y ejecutar las acciones correspondientes
case "$ACTION" in
    start)
        echo "$(date +"%Y-%m-%d %T"): Se inició la máquina virtual con ID $VMID"
>> /var/log/proxmox_hook.log
        ;;
    stop)
        echo "$(date +"%Y-%m-%d %T"): Se detuvo la máquina virtual con ID $VMID"
>> /var/log/proxmox_hook.log
        # Realizar un respaldo al detener la máquina virtual
        perform_backup
        ;;
    *)
        ;;
esac
```

Cambiamos el modo a que se pueda ejecutar.

```
chmod +x /usr/local/bin/registro.sh
```

A continuación vamos a nuestro KVM

/etc/pve/lxc/qemu-server/<VMID>.conf

O en el caso de LXC

/etc/pve/lxc/<VMID>.conf

Editamos el archivo y añadimos al final:

```
hookscript: /usr/local/bin/registro.sh
```

Con esta configuración, cada vez que se arranca o para la máquina virtual con el ID especificado, el hookscript se ejecutará y registrará un mensaje en el archivo de registro:

/var/log/proxmox_hook.log

34

API DE PROXMOX

34.1 PROXMOX API ACCESO CON TICKET Y API TOKENS

Existen varias formas de acceder al API de Proxmox. Una es usando un token generado de forma temporal (ticket) que nos devuelve una llamada a nuestros Proxmox (ya sea un Proxmox VE, un Proxmox Backup Server o un Proxmox Mail Gateway).

34.1.1 Cookie Ticket

Un ticket es un valor de texto aleatorio firmado que incluye el usuario y la hora de creación. Los tickets están firmados por la clave de autenticación de todo el cluster que se rota una vez al día.

Además, cualquier solicitud de escritura (POST/PUT/DELETE) debe incluir un token de prevención CSRF dentro del encabezado HTTP. Los siguientes ejemplos utilizan la herramienta de línea de comando curl.

Ejemplo: obtener un nuevo ticket y el token de prevención CSRF.

Advertencia, los parámetros de la línea de comando son visibles para todo el sistema; evita ejecutar lo siguiente en hosts que no sean de confianza ya que se muestran los datos de usuario y password.

```
curl -k -d 'username=root@pam' --data-urlencode 'password=nocopiesestepasswordqu
enotevaafuncionar' https://10.0.0.1:8006/api2/json/access/ticket
```

Esto nos devolverá en JSON como el del ejemplo que mostramos.

```
{
  "data": {
```

```
  "CSRFPreventionToken":"EDUEDUE2:IoLu1UzvOmeBOVuHf+b6QaZpxOZnPYY",
  "ticket":"PVE:root@pam:EDUEDUE2::6to03dN5AL66ecT0VPUboLB18oxg...",
  "username":"root@pam"
  }
}
```

> **(i) NOTA**
>
> Los tickets tienen una duración limitada de 2 horas. Pero simplemente puede obtener un ticket nuevo pasando el ticket antiguo como contraseña al método /access/ticket antes de que expire su vida útil.

Debes pasar el ticket devuelto con una cookie a cualquier solicitud posterior.

```
curl -k -b "PVEAuthCookie=PVE:root@pam:EDUEDUE2::6to03dN5AL66ecT0VPUboLB18o
xg..." https://10.0.0.1:8006/api2/json/
```

Nos devolverá la información básica del api.

```
{
  "data": [
    { "subdir": "version" },
    { "subdir": "cluster" },
    { "subdir": "nodes" },
    { "subdir": "storage" },
    { "subdir": "access" },
    { "subdir": "pools" },

}
```

Además, cualquier solicitud de escritura (POST, PUT, DELETE) debe incluir el encabezado CSRFPreventionToken:

```
curl -XDELETE -H "CSRFPreventionToken:EDUEDUE2:IoLu1UzvOmeBOVuHf+b6QaZpxOZnPYY"
......
```

34.1.2 API Token

Los tokens API permiten el acceso stateless (sin estado) a la mayoría de las partes de la API REST desde otro sistema, software o cliente API. Se pueden generar tokens para usuarios individuales y se les pueden otorgar permisos y fechas de vencimiento separados para limitar el alcance y la duración del acceso. Si el token API se ve comprometido, se puede revocar sin deshabilitar al usuario.

Los tokens API vienen en dos tipos básicos:

▼ Privilegios separados: el token debe tener acceso explícito con ACL. Sus permisos efectivos se calculan cruzando los permisos de usuario y token.

▼ Privilegios completos: los permisos del token son idénticos a los del usuario asociado.

Precaución. El valor del token solo se muestra/devuelve una vez cuando se genera el token. ¡No se puede volver a recuperar a través de la API más adelante!

Para usar un token de API, establece en el encabezado HTTP la Autorización.

```
curl -H "Authorization: PVEAPI Token=eduardo@pve!pruebas=aaaaaaaaa-bbb-cccc-
dddd-ef0123456789" https://10.0.0.1:8006/api2/json/
```

34.1.3 Crear un API Token

Para crear un API Token, iremos al menú de Datacenter, en el apartado de permisos, y seleccionaremos API Tokens.

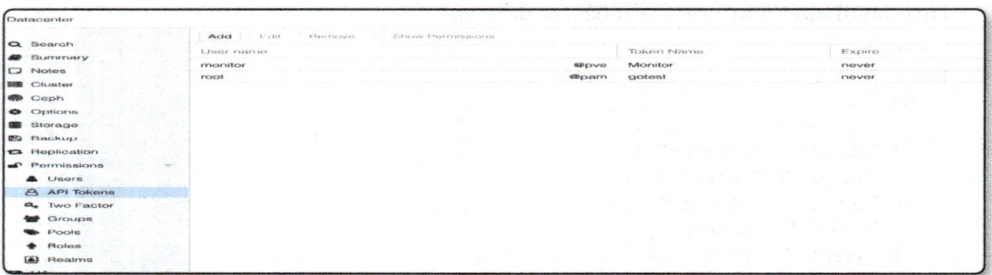

En la parte derecha, aparecerá una ventana para crear nuestro API Token.

Pulsamos en añadir (Add) y nos aparecerá una ventana en la que introduciremos los valores de nuestro API Token que queremos crear.

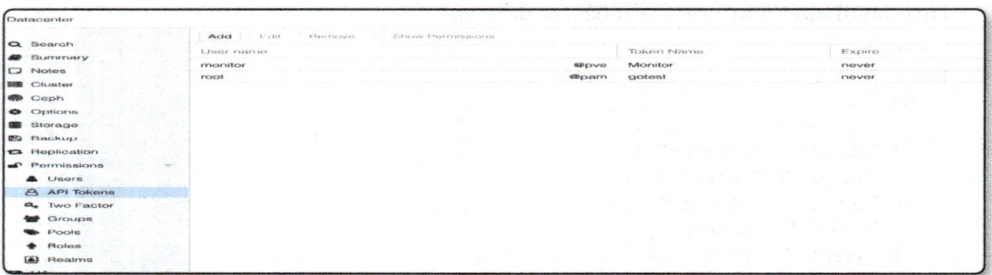

En user podemos usar cualquiera de los usuarios que hayan creado en cualquiera de los Realms.

Ten en cuenta que si el usuario tiene restricciones de acceso a determinadas cosas de tu Proxmox VE (almacenamientos, VM, etc) las acciones que el usuario puede realizar están limitadas por el conjunto de permisos asociados con el rol del usuario. El token de API actúa como una credencial de autenticación, pero no otorga automáticamente permisos adicionales más allá de los que el usuario ya tiene asignados a través de su rol.

El Token ID es un texto libre que podemos usar para que nos sea más fácil identificar para qué usamos este Token.

En la parte de Expiración, podemos ponerle una fecha de expiración al Token (esto permite que una vez pasada la fecha, el token quede inutilizable).

El "privilege separation" permite limitar la capacidad del alcance de las operaciones que pueden realizarse con el token Esto significa que el token está restringido para realizar solo ciertas acciones específicas o acceder a recursos particulares en el entorno de Proxmox VE.

Cuando se genera el token, este token puede heredar los permisos asociados con el rol del usuario que lo genera. Sin embargo, mediante la función de "privilege separation", es posible restringir aún más los privilegios del token para limitar las operaciones que puede realizar y en este caso, debemos de asignar los permisos específicos del token como vamos a ver ahora.

Como ya he comentado en el momento de agregar el token, se genera un identificador único que ya no se va a mostrar más, por lo que cópialo y guárdalo, ya que de lo contrario te tocará volver a generar un token nuevo.

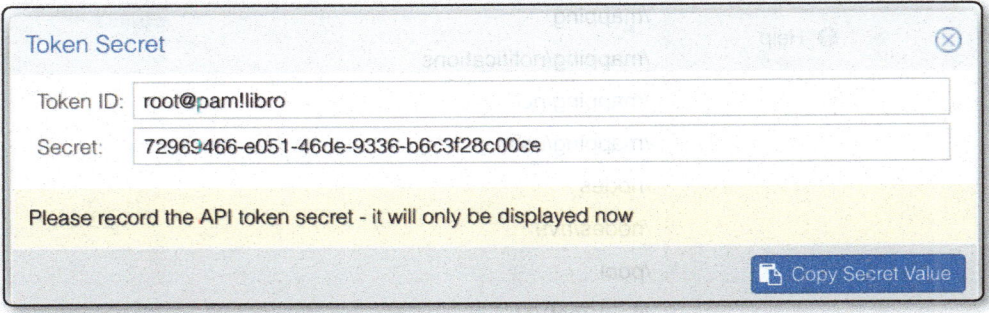

Una vez realizado esto, ya podemos asignar los permisos si hemos usado el "privilege separation" al crear nuestro token.

Para ello vamos de nuevo al menú de Datacenter, en la opción principal de permisos, nos aparecerá los permisos que hemos asignado en nuestro Proxmox, así como los usuarios o grupos que están asociados a estos permisos.

Para agregar el permiso al token, en el menú agregar (Add) de la ventana derecha, seleccionamos API Token.

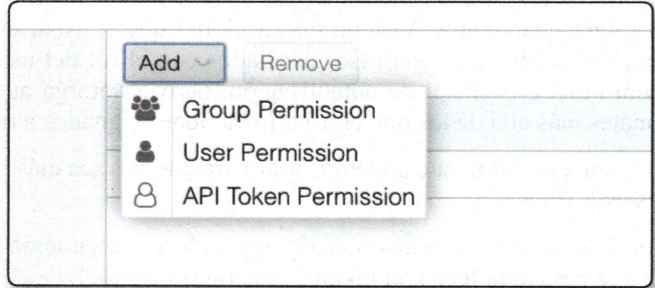

Nos aparecerá una ventana para seleccionar la ruta (esta ruta se refiere a la ruta del API a la que le vamos a asignar los permisos).

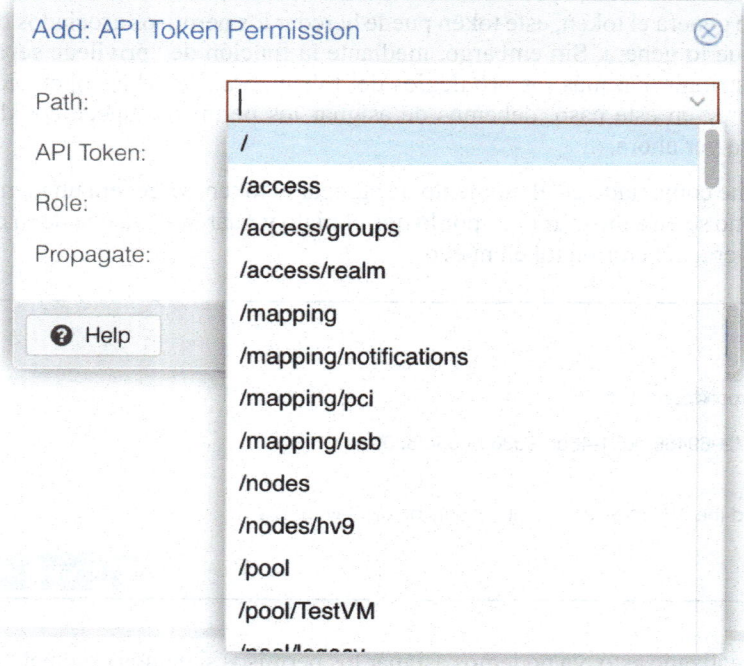

Seleccionamos la ruta, y el API token que vamos a permitir acceder, así como los permisos que va a tener en esa ruta como ya expliqué en la parte de roles en el capítulo de permisos de acceso.

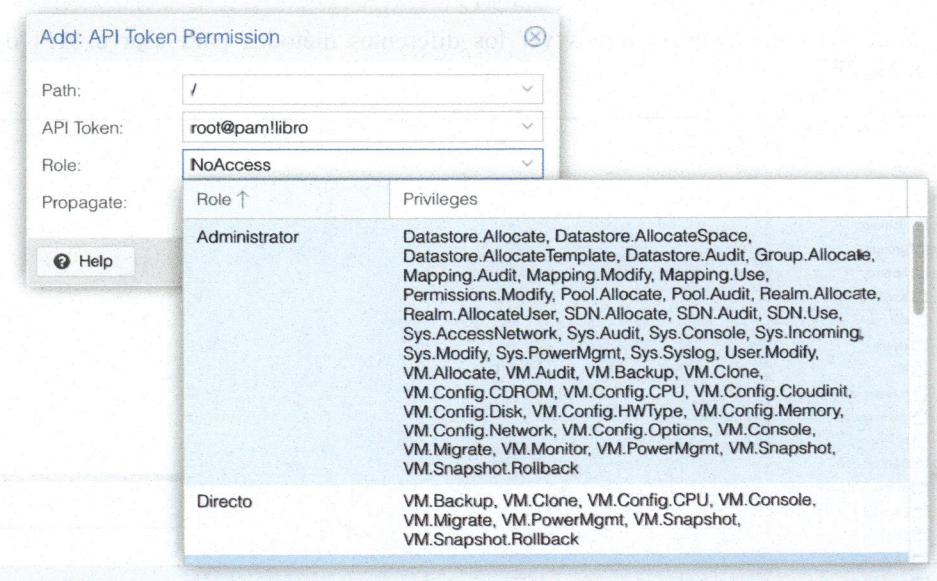

Como puedes ver, voy a darle permisos de Administrator en la ruta / al token root@pam!libro

34.2 USAR EL API DE PROXMOX VE

Vamos a poner algún ejemplo del uso del API de Proxmox VE.

Para ello debemos de tener nuestro cookie temporal y el token de crsf, como ya vimos antes.

34.2.1 Ejemplo: crear un contenedor LXC mediante al API de Proxmox

```
curl -s -D/dev/stderr -k \
    -H "$(<header)" -b "$(<cookie)" \
    -XPOST \
    -d hostname=test.eduardotaboada.com \
    -d password=12345 \
    -d rootfs=localThin:4 \
    -d ostemplate=iso-templates:vztmpl/debian-12-standard_12.2-1_amd64.tar.zst \
    -d vmid=602 \
    -d 'net0=name%3Deth0,bridge%3Dvmbr0' \
    "https://pve.eduardotaboada.com:8006/api2/json/nodes/hv302/lxc"
```

Como vemos, hay múltiples acciones que podemos ejecutar en el API de Proxmox VE.

En la documentación, podemos ver los diferentes métodos para usar el API de Proxmox VE.

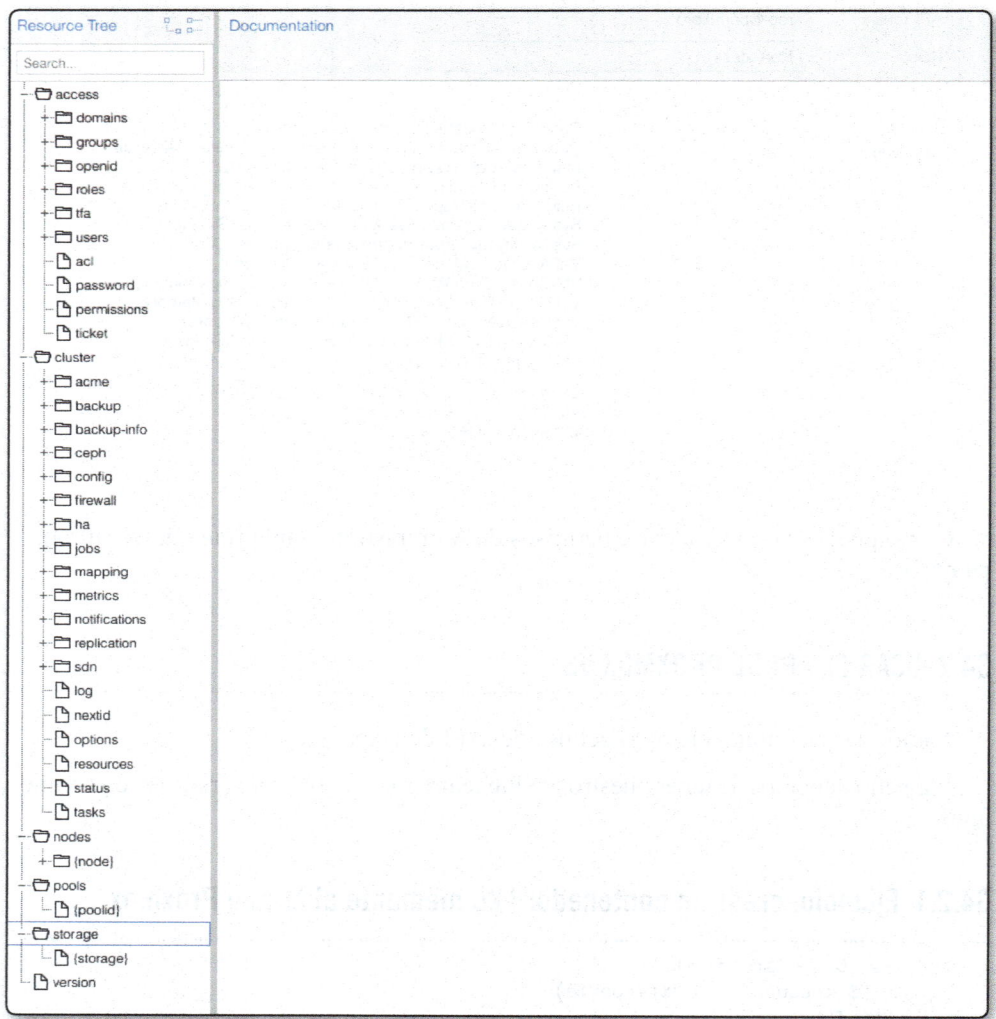

https://pve.proxmox.com/pve-docs/api-viewer/index.html

Navegando por cada una de las opciones, podemos ver los PUT, GET, etc., de cada una.

Siguiendo el ejemplo anterior, vemos el método GET, que nos devuelve valores de una determinada máquina.

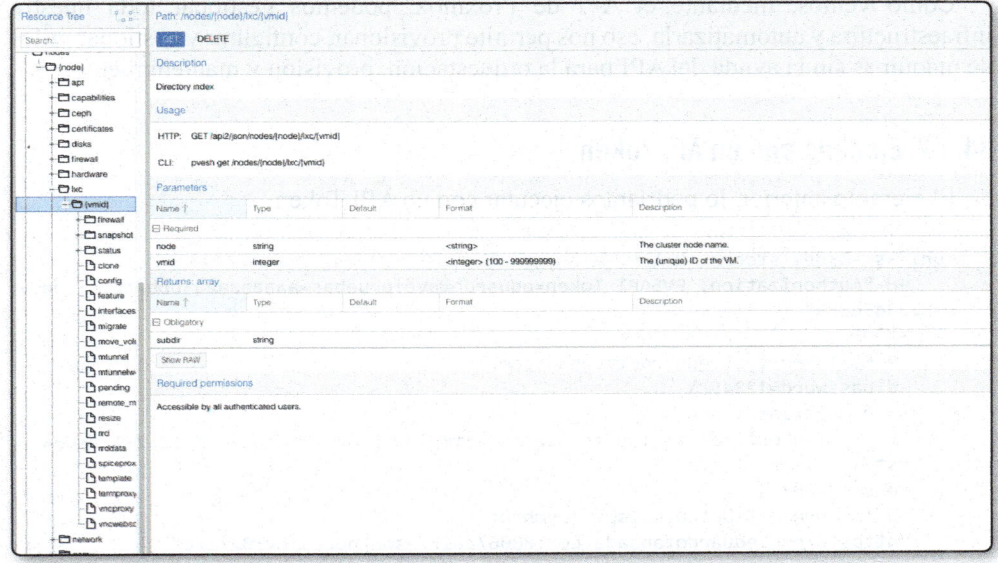

Para crearla, usamos el método POST, en la ruta que hemos mostrado antes del cual que crea la máquina, podemos ver los parámetros que soporta. En la imagen se muestra parte de ellos.

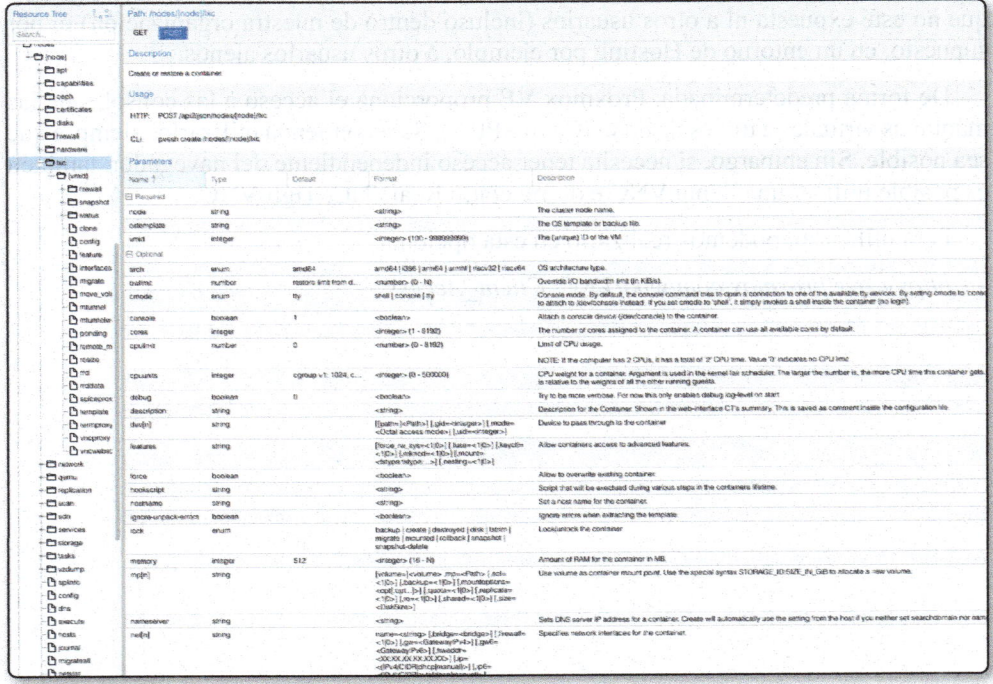

Como vemos, mediante el API de Proxmox, podemos gestionar toda nuestra infraestructura y automatizarla, eso nos permite provisionar, configurar y gestionar miles de máquinas sin la ayuda del API para la orquestación, provisión y mantenimiento.

34.2.2 Ejemplo con un API Token

El ejemplo anterior, lo podríamos ejecutar con un API Token.

```
curl -s -D/dev/stderr -k \
    -H "Authorization: PVEAPI Token=eduardo@pve!pruebas=aaaaaaaaa-bbb-cccc-dddd-
ef0123456789" \
    -XPOST \
    -d hostname=test.eduardotaboada.com \
    -d password=12345 \
    -d rootfs=localThin:4 \
            -d ostemplate=iso-templates:vztmpl/debian-12-standard_12.2-1_amd64.
tar.zst \
    -d vmid=602 \
    -d 'net0=name%3Deth0,bridge%3Dvmbr0' \
    "https://pve.eduardotaboada.com:8006/api2/json/nodes/hv302/lxc"
```

Los API Token tienen la ventaja de no tener que iniciar sesión y obtener ticket para cada operación, el inconveniente es que este acceso a no ser que se limite en el tiempo es permanente, de ahí que como siempre digo, es muy importante que la interfaz de administración de nuestro Proxmox VE esté en una red muy controlada y restringida, y que no esté expuesta ni a otros usuarios (incluso dentro de nuestra organización) ni por supuesto, en un entorno de Hosting por ejemplo, a otros usuarios ajenos.

De forma predeterminada, Proxmox VE proporciona el acceso a las consolas de las máquinas virtuales a través de noVNC y/o SPICE. Se recomienda utilizarlos siempre que sea posible. Sin embargo, si necesita tener acceso independiente del navegador, también es posible utilizar un cliente VNC externo como RealVNC, TightVNC.

Para utilizarlo, podemos realizarlo en esta opción.

https://pve.proxmox.com/wiki/VNC_Client_Access

35

IMPLEMENTAR UN DR CON PROXMOX

Un DR, o Recuperación ante Desastres (por sus siglas en inglés "Disaster Recovery"), se refiere a un conjunto de políticas, procedimientos y tecnologías diseñadas para restaurar la infraestructura de tecnología de la información (TI) y recuperar datos, aplicaciones y sistemas después de un desastre natural, un ramsomware o una caída en un centro de datos.

También se conoce como continuidad de negocio. En la continuidad de negocio, hay muchos términos (RTO, RPO, WRT, MTD, etc.).

Aunque esos términos son muy técnicos, básicamente se reducen a dos expresiones:

"¿Cuánto tiempo voy a tardar en tener mis servicios funcionando? y ¿qué cantidad de información puedo perder?"

Aquí vamos a tratar de explicarlos de forma sencilla.

35.1 RECOVERY TIME OBJECTIVE (RTO)

Es el tiempo que pasa entre que el sistema se recupera hasta que vuelve a estar operativo. Este tiempo por ejemplo sería que en el caso de necesitar restaurar una copia de seguridad, el que pasa entre que se ponen en marcha los sistemas (los existentes o nuevos) y se recupera la información de estos.

35.2 RECOVERY POINT OBJECTIVE (RPO)

Determina la cantidad máxima aceptable de pérdida de datos (en minutos u horas) que la empresa se puede permitir.

35.3 IMPLEMENTACIÓN

Implementar un DR con Proxmox, usando la funcionalidad de Proxmox Backup Server es relativamente sencillo, aunque tiene su coste.

Para ello vamos a necesitar lo siguiente:

Una infraestructura de red y de hipervisores redundada y dos instancias de Proxmox Backup Server, o bien podemos optar por tener un pool de recursos contratado en un Proveedor, en el que podamos levantar nuestras máquinas virtuales. Si funcionamos en modo paranoia, podemos incluso tener otro Proxmox Backup Server (PBS) en otro CPD, e incluso una copia en local.

Una de las funcionalidades de Proxmox Backup Server (PBS), es la posibilidad de replicar el almacenamiento en otras ubicaciones, por lo que podemos realizar un backup y cada hora sincronizar entre distintos Proxmox Backup Server, para disponer de esas copias en las ubicaciones que hayamos elegido.

El funcionamiento es simple, realizamos una copia (diaria, o cada 3 o 6 horas) en el PBS Remoto A de nuestro esquema, para garantizarnos disponer de una copia fuera de nuestras oficinas o nuestro CPD principal.

En caso de cualquier incendio o catástrofe natural sabemos que en otra ubicación existe una copia de nuestros datos.

A continuación, mediante la función de replicación, podemos sincronizar esa copia del PBS Remoto A en nuestras propias oficinas o en nuestro CPD, disponiendo por tanto de una copia "local" para una posible recuperación rápida.

En paralelo como he comentado, existe una infraestructura, bien propia o bien un compromiso de disponibilidad de recursos en el sitio Remoto A.

Como medida "paranoica", podemos replicar el Remoto A en otra ubicación diferente (incluso país o continente diferente) en el PBS Remoto B.

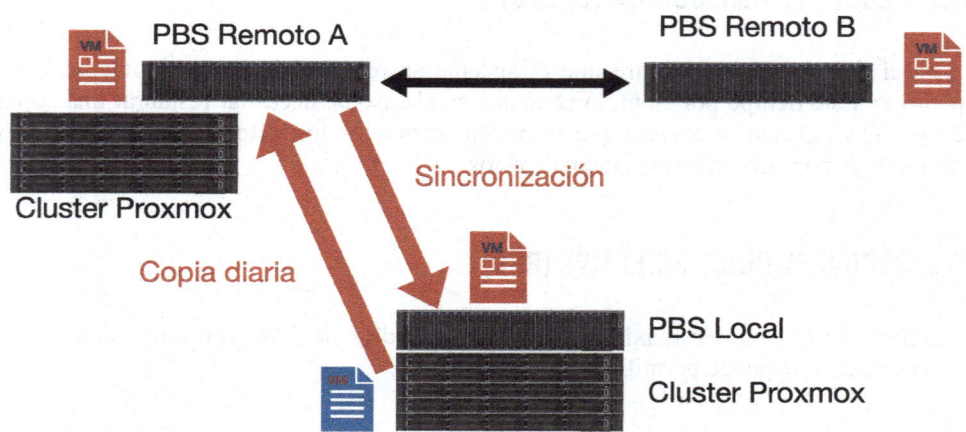

Con este esquema en la mente, vamos a ver los posibles escenarios:

35.3.1 Recuperación local

Un usuario borra información de forma accidental o intencionada, o bien hemos sufrido un ataque de ramsomware.

En este caso, podemos recuperar las máquinas virtuales de nuestro PBS Local, ya que debido a que las copias son inmutables, tendremos una copia que no ha sido afectada por el ramsomware.

Todo esto contando que la sincronización de las copias del PBS Remoto A haya finalizado.

35.3.2 Recuperación remota

En el caso de que no haya terminado la sincronización, podemos optar por recuperar la máquina virtual, restaurando desde el PBS Remoto A.

35.3.3 Contingencia

En el caso de que hayamos sufrido una catástrofe natural, un robo, un incendio, etc. y no dispongamos del cluster Proxmox de nuestras oficinas o el CPD principal, como tenemos un cluster en la ubicación del PBS Remoto A; o bien tenemos un acuerdo mediante el cual, el proveedor que aloja el PBS Remoto A nos proporciona recursos de CPU, RAM y Disco para levantar máquinas virtuales, ejecutaremos esta plan de acción, recuperando nuestras máquinas en el cluster que está en la ubicación del PBS Remoto A (o en otra ubicación que tiene acceso al PBS Remoto A).

En el caso extremo de que el PBS Remoto A también falle disponemos de otra copia replicada en el PBS remoto B, si hemos optado por las medidas "paranoicas".

Incluso podemos disponer de un Pool de recursos en la ubicación del PBS Remoto B (o en otra ubicación con acceso a este) como medida adicional de contingencia.

De esta forma tendremos una infraestructura completamente redundante que en función de la política de copias de seguridad nos permitirá tener unos RPO y unos RTO mínimos.

Por poner un ejemplo.

Si tenemos una política de copias de seguridad cada 6 horas, y una de replicación cada hora (hay que tener en cuenta que si son máquinas virtuales, las copias son incrementales, con lo cual el tiempo de backup y replicación serán minutos en función del volumen de máquinas y de los datos modificados en ese tiempo) podemos recuperar la copia como máximo de hace 6 horas en unos minutos (depende de la velocidad del almacenamiento y la de la conexión de la red del almacenamiento) y disponer de nuestros servicios funcionando en muy poco tiempo.

SOLUCIÓN DE PROBLEMAS MÁS COMUNES

36.1 CLUSTER

36.1.1 Recuperación de un cluster en caso de fallo

Si tienes problemas importantes con un host Proxmox VE, por ejemplo problemas de hardware, podría ser útil copiar el archivo de base de datos pmxcfs /var/lib/pve-cluster/config.db y moverlo a un nuevo host Proxmox VE. En el nuevo host (sin nada en ejecución), debes detener el servicio pve-cluster y reemplazar el archivo config.db (permisos requeridos 0600). Después de esto, adapta /etc/hostname y /etc/hosts según el host Proxmox VE perdido, luego reinicia y verifica (y no olvides copiar los datos de las VM/CT).

36.1.2 Separar un nodo sin eliminarlo del cluster

También puedes separar un nodo de un cluster sin reinstalarlo desde cero. Pero después de eliminar el nodo del cluster, seguirá teniendo acceso a cualquier almacenamiento compartido. Esto debe resolverse antes de comenzar a eliminar el nodo del cluster.

Un cluster Proxmox VE no puede compartir exactamente el mismo almacenamiento con otro cluster, ya que el bloqueo del almacenamiento no funciona más allá de los límites del cluster. Además, también puede provocar conflictos de VMID.

Al igual que ocurre en cualquier sistema de archivos, existen sistemas de bloqueo para las VM de los nodos de un cluster de Proxmox VE, por lo que si hay un "intruso" que intenta bloquear el acceso a disco para cualquier acción, esto puede provocar problemas en el resto del cluster.

Puedes crear un nuevo almacenamiento, donde solo tenga acceso el nodo que desea separar. Puede ser una nueva exportación en su NFS o un nuevo grupo de Ceph, por ejemplo. Simplemente es importante que varios clústeres no accedan exactamente al mismo almacenamiento. Después de configurar este almacenamiento, mueve todos los datos y máquinas virtuales del nodo a él. Entonces estará listo para separar el nodo del cluster.

Procedimiento

Supón que quieres eliminar un nodo para luego volver a agregarlo, este nodo se llama minodoviejo.

Primero, detén los servicios corosync y pve-cluster en el nodo:

```
systemctl stop pve-cluster
systemctl stop corosync
```

Inicia el sistema de archivos del cluster nuevamente en modo local:

```
pmxcfs-l
```

Elimina los archivos de configuración de corosync:

```
rm /etc/pve/corosync.conf
rm -r /etc/corosync/*
```

Ahora puedes iniciar el sistema de archivos nuevamente como un servicio normal:

```
killall pmxcfs
systemctl start pve-cluster
```

El nodo ahora está separado del cluster. Puedes eliminarlo de cualquier nodo restante del cluster como cuando eliminas un nodo para formatearlo:

```
pvecm delnode minodoviejo
```

Si el comando falla debido a una pérdida de quórum en el nodo restante, puedes establecer los votos esperados en 1 como solución alternativa:

```
pvecm expected 1
```

Luego repetir el comando de eliminar de nuevo el nodo:

```
pvecm delnode minodoviejo
```

Ahora regresa al nodo separado (minodoviejo) y elimina todos los archivos del cluster restantes. Esto garantiza que el nodo se pueda agregar nuevamente a otro cluster sin problemas.

```
rm /var/lib/corosync/*
```

Como los archivos de configuración de los otros nodos todavía están en el sistema de archivos del cluster, es posible que desees limpiarlos también. Después de asegurarte absolutamente de tener el nombre de nodo correcto, simplemente puedes eliminar todo el directorio de forma recursiva desde /etc/pve/nodes/NODENAME.

Precaución. Las claves SSH del nodo permanecerán en el archivo authorized_keys. Esto significa que los nodos aún pueden conectarse entre sí mediante autenticación de clave pública. Debería solucionar este problema eliminando las claves respectivas del archivo /etc/pve/priv/authorized_keys.

36.2 PROBLEMAS CON EL QUORUM DEL CLUSTER

SI el cluster Proxmox no tiene quórum esto provoca que el sistema de archivos del cluster se quede en estado de solo lectura.

Esto ocurre cuando un nodo queda fuera del quórum. Para evitar que se produzca un error de sincronización en los archivos de configuración del cluster (pmxcfs). Para evitar la inconsistencia en el cluster, Proxmox coloca el sistema de archivos del cluster en modo de solo lectura para el nodo en cuestión.

Ejecuta los siguientes comandos desde el nodo con este problema. Tendrás que detener el servicio de cluster, iniciarlo en modo local, eliminar o mover el archivo corosync.conf existente y luego reiniciar el cluster. Se sincronizará un nuevo archivo corosync.conf con el nodo con un problema de solo lectura.

Para el servicio de cluster en el nodo:

```
systemctl stop pve-cluster
```

Inicia el sistema de archivos del cluster en el nodo local usando el siguiente comando:

```
/usr/bin/pmxcfs -l
```

Elimina o haz una copia de seguridad del archivo corosync.conf

```
mkdir /root/bckcluster
mv /etc/pve/corosync.conf /root/bckcluster
```

Para el servicio de cluster y vuelve a reiniciarlo.

```
systemctl stop pve-cluster
systemctl start pve-cluster
```

Si todo funciona y el nodo se conecta al cluster, el proceso copiará de nuevo el fichero corosync desde los nodos restantes, y se sincronizará el cluster restableciendo el quorum.

36.3 SOLUCIONAR PROBLEMAS DE CEPH

En muchos casos al actualizar Ceph, nos solicita actualizar los OSD a la última versión del bluestore, esto hay que hacerlo de uno en uno y poco a poco para no provocar problemas en nuestro cluster.

```
ceph status
ceph -s
```

Nos muestra el estado de nuestro cluster de Ceph.

```
root@pve02:~# ceph status
  cluster:
    id:     3050704c-93ec-4c4a-b43a-31625ead2901
    health: HEALTH_OK

  services:
    mon: 3 daemons, quorum pve01,pve02,pve03 (age 21h)
    mgr: pve01(active, since 28h), standbys: pve02, pve03
    osd: 9 osds: 9 up (since 21h), 9 in (since 21h)

  data:
    pools:   2 pools, 33 pgs
    objects: 823 objects, 3.1 GiB
    usage:   9.8 GiB used, 278 GiB / 288 GiB avail
    pgs:     33 active+clean

  io:
    client:   1023 B/s wr, 0 op/s rd, 0 op/s wr

root@pve02:~#
```

Si usamos ceph -w nos muestra el estado en tiempo real (para pararlo hay que pulsar CTRL+C).

```
ceph osd tree
```

Nos muestra el listado de los OSD con sus nodos y el estado al igual que en la GUI.

```
root@pve02:~# ceph osd tree
ID  CLASS  WEIGHT   TYPE NAME          STATUS  REWEIGHT  PRI-AFF
-1         0.28070  root default
-3         0.09357      host pve01
 0    ssd  0.03119          osd.0        up    1.00000   1.00000
 3    ssd  0.03119          osd.3        up    1.00000   1.00000
 6    ssd  0.03119          osd.6        up    1.00000   1.00000
-5         0.09357      host pve02
 1    ssd  0.03119          osd.1        up    1.00000   1.00000
 4    ssd  0.03119          osd.4        up    1.00000   1.00000
 7    ssd  0.03119          osd.7        up    1.00000   1.00000
-7         0.09357      host pve03
 2    ssd  0.03119          osd.2        up    1.00000   1.00000
 5    ssd  0.03119          osd.5        up    1.00000   1.00000
 8    ssd  0.03119          osd.8        up    1.00000   1.00000

ceph osd crush tree --show-shadow
ceph osd stat
```

Nos muestra estadísticas de los osd.

Quitar un OSD

```
systemctl stop ceph-osd@<id>.service
ceph osd out osd.<id>
ceph osd safe-to-destroy osd.<id>
```

Agregar un OSD

```
pveceph osd create /dev/sd[X]
```

Reparar un bluestore de un OSD

```
systemctl stop ceph-osd@<id>.service
ceph-bluestore-tool repair --path /var/lib/ceph/osd/ceph-<id>
systemctl start ceph-osd@<id>.service
```

Ver en vivo y en directo el cluster trabajando (control+c para salir).

```
watch -n 1 'ceph -s && ceph osd df tree'
```

Ver los pg existentes.

```
ceph pg ls
```

Ver los pg en estado scrubbing (limpiando).

```
ceph pg ls scrubbing
```

Para recuperar un pg que esté en estado inconsistente (inconsistent).

```
ceph pg repair 2.d
ceph pg deep-scrub 2.d
```

Establecer un osd con el flag noout (deshabilita el rebalancing).

```
ceph osd set noout
```

Para habilitarlo

```
ceph osd unset noout
```

Habilitar los logs de Ceph

```
ceph config set global log_to_file true
ceph config set global mon_cluster_log_to_file true
```

El comando ceph health devuelve información sobre el estado del cluster de Ceph

HEALTH_OK indica que el cluster está en buen estado.

HEALTH_WARN indica una advertencia. En algunos casos, el estado de Ceph vuelve a HEALTH_OK automáticamente. Por ejemplo, cuando el cluster de Ceph finaliza el proceso de reequilibrio (rebalancing). Sin embargo, considera la posibilidad de solucionar problemas adicionales si un cluster está en estado HEALTH_WARN durante más tiempo.

HEALTH_ERR indica un problema más grave que requiere su atención inmediata.

Utiliza los comandos ceph Health Detail y ceph -s para obtener un resultado más detallado.

36.3.1 Errores comunes en los monitores de Ceph

mon.X is down (out of quorum)

Si el demonio ceph-mon no se está ejecutando, es posible que tenga un almacén dañado o que algún otro error impida que el demonio se inicie, a veces ocurre si hemos actualizado el Ceph y no se ha actualizado bien en todos los nodos y pueden correr versiones diferentes. O bien la partición /var/ puede estar llena.

Si el demonio ceph-mon se está ejecutando pero Ceph Monitor no tiene quórum y está marcado como inactivo, la causa del problema depende del estado de Ceph Monitor.

Este problema puede deberse a problemas de red, o Ceph Monitor puede tener un mapa de Ceph Monitor desactualizado (monmap) e intentar comunicarse con los otros Ceph Monitors con direcciones IP incorrectas. Alternativamente, si monmap está actualizado, es posible que el reloj de Ceph Monitor no esté sincronizado. (Clock skew)

Una vez comprobado todo, podemos tratar de reiniciar el servicio, comprobando el estado previamente.

```
systemctl status ceph-mon@nodo1
systemctl start ceph-mon@nodo1
```

Donde nodo1 será el nombre de nuestro nodo de Proxmox VE.

Clock Skew.

El mensaje de error clock skew (desviación del reloj) indica que los relojes de Ceph Monitors no están sincronizados. La sincronización del reloj es importante porque los monitores Ceph dependen de la precisión del tiempo y se comportan de manera impredecible si sus relojes no están sincronizados.

Esto ocurre a veces cuando reiniciamos los nodos de nuestro cluster, que pasan unos minutos hasta que los relojes se sincronizan, si pasado un tiempo prudencial, el problema de clock skew persiste, comprueba el proceso de chrony si está corriendo y está habilitado.

```
systemctl status chrony
systemctl restart chrony
systemctl enable chrony
```

36.4 ELIMINAR CEPH COMPLETAMENTE

En el caso de que por cualquier motivo hayamos montado nuestro cluster, con Ceph, pero si hemos cometido un error en la configuración (bien en las interfaces de red del Ceph, o en cualquier otro apartado), incluso si ya tenemos los OSD montados y queremos volver a la situación anterior previa a la instalación de Ceph, podemos eliminar completamente el Ceph de nuestro cluster, y si es necesario volver a comenzar la instalación.

 Cuidado con no tener ningún disco de las VM o LXC en el pool de Ceph, ya que perderemos la información del disco.

Para ello ejecutaremos los siguientes comandos en cada nodo de nuestro cluster.

```
systemctl stop ceph-mon.target
systemctl stop ceph-mgr.target
systemctl stop ceph-mds.target
systemctl stop ceph-osd.target
rm -rf /etc/systemd/system/ceph*
killall -9 ceph-mon ceph-mgr ceph-mds
rm -rf /var/lib/ceph/mon/  /var/lib/ceph/mgr/  /var/lib/ceph/mds/
pveceph purge
apt purge ceph-mon ceph-osd ceph-mgr ceph-mds
apt purge ceph-base ceph-mgr-modules-core
rm -rf /etc/ceph/*
rm -rf /etc/pve/ceph.conf
rm -rf /etc/pve/priv/ceph.*
```

36.5 NO PUEDO ACCEDER AL GUI DE PROXMOX

En ocasiones (a veces después de reinstalar) no se puede acceder a la interfaz gráfica de Proxmox, esto puede ser porque el loopback local no está habilitado en el archivo de interfaz de red. Busca las dos líneas siguientes para asegurarte de que no estén comentadas en /etc/network/interfaces:

```
    auto lo
        iface lo inet loopback
```

36.6 REINICIAR LOS SERVICIOS DE PROXMOX

En ocasiones la GUI deja de responder o se queda "congelada", esto puede ocurrir porque alguno de los tres servicios de Proxmox (normalmente el pveproxy) ha dejado de responder. Para asegurarnos, podemos reiniciar los tres servicios, esto no afectará a las máquinas virtuales que están corriendo en el nodo.

```
    service pvedaemon restart
    service pveproxy restart
    service pvestatd restart
```

36.7 NO SE MUESTRAN LAS GRÁFICAS

Si las gráficas de rendimiento de algún nodo no se muestran, puede deberse a que el servicio pvestatd está parado o no funciona correctamente, o bien a que la caché de RRD esté dañada. Ejecuta este comando para reiniciar el servicio pvestatd.

```
systemctl restart pvestatd
```

Si aun así no funciona podemos borrar la caché del RRD.

```
rrdcache -P FLUSHALL
```

36.8 LAS MÁQUINAS VIRTUALES NO SE APAGAN

Este problema no está directamente relacionado con Proxmox. El botón Apagar en la GUI de Proxmox como he comentado en la función de cada uno de los botones, solo envía una señal ACPI a una máquina virtual para iniciar el proceso de apagado.

Una vez que la VM recibe una señal ACPI, inicia el proceso de apagado. Pero hay veces que si la máquina virtual tiene varios procesos ejecutándose en memoria, o estos procesos tardan en finalizar, es posible que tarde un poco. La finalización de los procesos puede tardar más por lo que hace que Proxmox entienda que pasado el tiempo de espera, lo dé como un error. La solución para esto es acceder a la VM a través de una consola o SPICE y luego apagar la VM manualmente.

36.9 NO ME DEJA BORRAR UNA MÁQUINA

A veces por un problema de pérdida de un almacenamiento, una máquina puede quedar "huérfana" de disco, es decir el almacenamiento donde estaba el disco de la máquina virtual o contenedor ha desaparecido y en consecuencia no hay forma de eliminar la máquina.

Normalmente en las tareas nos aparece el error:

TASK ERROR: storage 'NFSEDU' does not exist

Para solucionar el problema, editaremos la máquina o el contendor en la carpeta respectiva

/etc/pve/qemu.server/<vmid>.conf o en /etc/pve/lxc/<vmid>.conf

El fichero tendrá el formato:

```
bios: seabios
boot: order=sata0;scsi0
cores: 1
cpu: kvm64
memory: 2048
meta: creation-qemu=8.1.5,ctime=1712326145
name: debian12
net0: vmxnet3=00:0c:29:4d:14:91,bridge=vmbr0,tag=111
numa: 0
ostype: 126
sata0: none,media=cdrom
scsi0: NFSEDU:vm-5000-disk-0,size=6G
scsihw: virtic-scsi-pci
smbios1: uuid=564dfc2a-72d5-e006-2760-b394f34d1491
sockets: 1
vmgenid: 70358135-26ee-476c-b577-c90f515a483e
```

La línea:

```
scsi0: NFSEDU:vm-5000-disk-0,size=6G
```

Hace referencia como vemos al volumen desaparecido. Para solucionar el problema cambiaremos el volumen de NFSEDU a local-lvm o a un zfs local (según el almacenamiento local)

```
scsi0: local-lvm:vm-5000-disk-0,size=6G
```

Una vez realizado, podremos borrar la máquina.

36.10 LA MÁQUINA VIRTUAL NO ARRANCA

En muchas ocasiones una máquina virtual no arranca, y esto es muchas veces debido a que hemos migrado la máquina, hemos restaurado, o bien se ha eliminado un almacenamiento que contenía una imagen ISO de CD/DVD que la máquina tenía asociado. En este caso, basta con seleccionar la imagen ISO en el nuevo almacenamiento, o bien desconectar (eligiendo en configuración del CD/DVD "Do not use any media").

36.11 LA VM NO RESPONDE AL APAGAR O REINICIAR

Primero verifica si está habilitada la alta disponibilidad (HA) para la VM en cuestión o no, ya que HA evitará cualquier acción manual como apagar, detener, reiniciar o iniciar la VM porque el propósito principal de HA es que la máquina realice las acciones necesarias sin la interacción del usuario.

Para realizar manualmente cualquier tarea para una VM, lo primero que tenemos que hacer es deshabilitar HA para la VM, realizar la tarea y luego volver a habilitar HA.

Además, si algún proceso o servicio dentro de la máquina virtual impide que se apague, no responderá a la opción de apagado o reinicio de la GUI (como he comentado antes). En tales casos, es mejor apagar o reiniciar desde la consola de la máquina virtual invitada.

36.12 HE OLVIDADO LA PASSWORD DE UN CONTENEDOR

En una VM, se puede arrancar con una distro live y de esta forma resetear la password de la máquina, pero en el caso de un contenedor, no existe esta opción, ya que no podemos arrancar desde el CD/DVD, para poder resetear la password, usaremos el comando pct enter

```
Debian GNU/Linux 12 debianqinq tty1

debianqinq login: root
Password:

Login incorrect
debianqinq login: root
Password:

Login incorrect
debianqinq login: root
Password:

Login incorrect
debianqinq login: root
Password:

Login incorrect
debianqinq login:
Login timed out after 60 seconds.

Debian GNU/Linux 12 debianqinq tty1

debianqinq login: █
```

En esta máquina cuyo ID es la 108, accedemos a la consola de nuestro nodo y en la línea de comando ejecutamos.

```
pct enter 108
```

Una vez que tecleamos esto, nos aparecerá la consola del contenedor como usuario root, y a partir de ahí, podemos cambiar la contraseña del contenedor.

```
root@pve:~# pct enter 108
root@debianqinq:~#
root@debianqinq:~#
root@debianqinq:~# passwd
New password:
Retype new password:
passwd: password updated successfully
root@debianqinq:~#
```

Ahora ya podemos acceder al contenedor como usuario root con la nueva contraseña.

36.13 PROXMOX NO ARRANCA Y TENGO MÁQUINAS EN EL DISCO LOCAL DEL NODO

SI te encuentras en la tesitura de que un nodo de Proxmox VE no arranca por cualquier problema y en el disco local tenemos máquinas virtuales de las que no tenemos copia (ay! ay!) o bien las copias son muy antiguas y no nos valen.

En este caso te voy a contar como solucionarlo. Lo primero que te voy a decir lo sabes. HAZ BACKUP REGULARMENTE.

Pero si a pesar de eso, el backup es de ayer por la noche, son las 7 de la tarde y no puedes perder tu trabajo, no desesperes, hay una solución, siempre y cuando puedas arrancar al menos el Linux de base de Proxmox, o bien tratar de montar los discos desde una distro Live.

En primer lugar tenemos que disponer de otro almacenamiento, bien sea un disco local conectado a la máquina que esté vacío (un disco nuevo) o bien un almacenamiento en red por NFS o SMB con espacio suficiente para copiar nuestras máquinas virtuales.

Una vez que tenemos esto, montaremos el disco o la carpeta compartida, por ejemplo en /mnt/sálvame.

En el caso de un disco, buscaremos el disco, lo particionaremos y lo formateamos (cuidado con no equivocarte de disco), en el otro caso con un Mount -t nfs

Una vez que ya tenemos espacio disponible, lo primero que tenemos que copiar si podemos acceder a la carpeta /etc/pve, es copiar todo su contenido.

A continuación vamos a usar la herramienta de conversión de imágenes, para generar un disco de imagen desde el disco de la máquina virtual.

```
qemu-img convert -O qcow2 /dev/pve-data/vm-100-disk-0 /mnt/salvame
```

Con esto conseguiremos copiar el contenido del disco de la máquina 101 en nuestro almacenamiento de emergencia. Haremos el mismo proceso para el resto de las máquinas.

```
qemu-img convert -O qcow2 /dev/pve-data/vm-101-disk-0 /mnt/salvame
```

Una vez que tenemos las copias, ya podemos dedicarnos a tratar de arrancar el Proxmox o bien a reinstalar, formatear, o cambiar el hardware.

Cuando tengamos de nuevo el Proxmox en funcionamiento, podemos volver a recuperar nuestras máquinas.

Para ello si tenemos el archivo de configuración de la máquina en la carpeta /etc/pve/qemu-server/100.conf, por ejemplo, ahora crearemos en nuestro Proxmox una máquina con el ID 100 y procederemos a copia el archivo 100.conf de nuestra copia sobre el que acabamos de crear, para conservar los datos de UUID, la MAC, etc.

Una vez que hemos realizado esto, procedemos a recuperar la información del disco de la máquina mediante el comando e importar el disco que ya conocemos.

```
qm importdisk 100.qcow2 local-lvm
```

Ahora ya puedes arrancar la máquina. Repetimos el proceso para el resto de las máquinas.

36.14 ARRANQUE DE PROXMOX EN MODO DEPURACIÓN

En los casos más críticos, cuando Proxmox no arranca, podemos como en cualquier Debian, optar por intentar arrancar en modo a prueba de fallos, o bien introducir de nuevo el medio de instalación de Proxmox (DVD o USB) y entrar en las opciones avanzadas de instalación.

Se abrirá una consola en varios pasos de instalación. Esto ayuda a depurar la situación si algo sale mal. Para salir de una consola de depuración, presiona CTRL-D. Esta opción se puede utilizar para iniciar un sistema en vivo (live) con todas las herramientas básicas disponibles.

Puedes usarlo, por ejemplo, para reparar un rpool ZFS degradado o reparar el gestor de arranque para una configuración de Proxmox VE existente.

36.14.1 Opciones avanzadas de rescate del instalador

Con esta opción puede iniciar una instalación existente. Busca todos los discos duros conectados. Si encuentra una instalación existente, arranca directamente en ese disco usando el kernel de Linux desde la ISO. Esto puede resultar útil si hay problemas con el gestor de arranque (GRUB/systemd-boot) o si BIOS/UEFI no puede leer el bloque de arranque del disco.

36.15 ELIMINAR EL ALMACENAMIENTO NO USADO NFS

Cuando los recursos compartidos NFS se eliminan del almacenamiento de Proxmox, en algunos casos, aún permanecen montados y las carpetas están en el directorio /mnt/ pve. Para resolver esto, simplemente desmontamos manualmente el recurso compartido y eliminamos la carpeta del punto de montaje NFS del directorio Proxmox.

```
umount -f /mnt/pve/<nfs_share>
rmdir /mnt/pve/<nfs_share>
```

36.16 CAMBIAR LA IP DE UN NODO DE PROXMOX

Si tienes un nodo de Proxmox que no forma parte de un cluster, puedes cambiar la IP de ese nodo mediante el siguiente procedimiento.

Edita el fichero /etc/hosts

```
127.0.0.1 localhost.localdomain localhost
10.200.3.101 pve01.eduardotaboada.com pve01

# The following lines are desirable for IPv6 capable hosts

::1         ip6-localhost ip6-loopback
fe00::0 ip6-localnet
ff00::0 ip6-mcastprefix
ff02::1 ip6-allnodes
ff02::2 ip6-allrouters
ff02::3 ip6-allhosts
```

En la segunda línea, cambia la dirección IP (10.200.3.101) por la nueva IP que quieras, a continuación el fichero /etc/network/interfaces configura también la IP, busca la ip en el fichero.

```
auto vmbr0
iface vmbr0 inet static
        address 10.200.3.101/24
        gateway 10.200.3.1
        ovs_type OVSBridge
        ovs_ports ens18
```

La cambias, y una vez cambiada reinicias la red con:

```
systemctl restart networking
```

O bien con

```
ifreload -a
```

y ya tienes tu Proxmox en la nueva IP.

36.17 CAMBIAR LA IP EN UN CLUSTER

 Cuidado este proceso es delicado, tienes que estar muy seguro de que es estrictamente necesario.

En el caso de que sea un cluster, la verdad es que no es muy aconsejable cambiar las IP por las implicaciones que puede tener en otros servicios (como Ceph), pero si es un cluster simple, puedes hacerlo, aunque el procedimiento no es trivial.

Debes de cambiar la IP manualmente en todos los ficheros corosync de todos los nodos del cluster, porque como sabemos, el corosync se replica de forma automática, pero si cambiamos las IP, dejará de replicar.

Otra cosa que debes tener en cuenta es que durante todo el proceso tu cluster estará desconectado y no habrá quorum.

Si a pesar de todas estas advertencias tienes sí o sí que cambiar las IP, pues te explico el proceso que es delicado como te he dicho.

Ya hemos cambiado la IP como hemos visto antes, y el nodo estará desconectado del cluster.

Editamos el fichero corosync.

```
nano /etc/corosync/corosync.conf
```

Tendremos algo parecido a esto:

```
logging {
  debug: off
  to_syslog: yes
}

nodelist {
  node {
    name: pve01
    nodeid: 1
    quorum_votes: 1
    ring0_addr: 10.200.3.101
  }
```

```
node {
  name: pve02
  nodeid: 2
  quorum_votes: 1
  ring0_addr: 10.200.3.102
}
node {
  name: pve03
  nodeid: 3
  quorum_votes: 1
  ring0_addr: 10.200.3.103
}
}

quorum {
  provider: corosync_votequorum
}

totem {
  cluster_name: eduardo01
  config_version: 5
  interface {
    linknumber: 0
  }
  ip_version: ipv4-6
  link_mode: passive
  secauth: on
  version: 2
}
```

Cambia la dirección IP en la línea ring0_addr.

 OJO MUY IMPORTANTE.

Luego, incrementa el número de config_version en +1. Entonces aquí, 2 se convertirá en 3.

Salva el archivo y reinicia el servicio corosync.

```
systemctl restart corosync.service
```

¡Haz lo mismo en el resto de nodos, y cruza los dedos para que nada se rompa!

36.18 UPGRADE DE PROXMOX

Desde la versión 6 en todas las versiones existe un script que se denomina pveXtoY que realiza las comprobaciones para el upgrade, por ejemplo en la 7 se llama pve7to8, este script realiza un chequeo para comprobar que se cumplen las condiciones necesarias para poder realizar un upgrade de versión. Antes de todo Proxmox te recomienda instalar todas las actualizaciones disponibles.

Por ejemplo para Proxmox 7 antes de actualizar a la 8 se han de cumplir los siguientes prerequisitos.

36.18.1 Requisitos previos

Actualizar a la última versión de Proxmox VE 7.4 en todos los nodos.

Asegúrate de que tu(s) nodo(s) tenga(n) la configuración correcta del repositorio de paquetes (UI web, Nodo -> Repositorios) si tu versión de pve-manager no es al menos 7.4-15.

Ceph hiperconvergente: actualiza cualquier cluster Ceph Octopus o Ceph Pacific a Ceph 17.2 Quincy antes de iniciar la actualización de Proxmox VE a 8.0.

Sigue la guía Ceph Octopus to Pacific y Ceph Pacific to Quincy, respectivamente.

Proxmox Backup Server: consulta los procedimientos de actualización de Proxmox Backup Server 2 a 3.

Acceso confiable al nodo. Se recomienda tener acceso a través de un canal independiente del host como iKVM/IPMI o acceso físico.

Si solo hay SSH disponible, recomendamos probar primero la actualización en una máquina idéntica, pero que no sea de producción.

Un cluster en estado correcto, sin fallos de quorum.

Copia de seguridad válida y probada de todas las VM y CT (en caso de que algo salga mal).

Al menos 5 GB de espacio libre en disco en el punto de montaje raíz.

Verifica los problemas de actualización conocidos.

```
root@nodo1:~# pve7to8
= CHECKING VERSION INFORMATION FOR PVE PACKAGES =

Checking for package updates..
WARN: updates for the following packages are available:
  librados2, cifs-utils, libperl5.32, libcurl4, libsmartcols1, ceph-fuse, bind9-
host, ceph-volume, libnghttp2-14, libcurl3-gnutls, openssh-client, proxmox-wid-
get-toolkit, libpve-apiclient-perl, librgw2, libuutil3linux, libdav1d4, ceph-
common, libtiff5,………..
```

...........//. //....

```
Checking proxmox-ve package version..
```

```
PASS: proxmox-ve package has version >= 7.4-1

Checking running kernel version..
PASS: running kernel '5.15.131-1-pve' is considered suitable for upgrade.

= CHECKING CLUSTER HEALTH/SETTINGS =

PASS: systemd unit 'pve-cluster.service' is in state 'active'
PASS: systemd unit 'corosync.service' is in state 'active'
PASS: Cluster Filesystem is quorate.

Analzying quorum settings and state..
INFO: configured votes - nodes: 5
INFO: configured votes - qdevice: 0
INFO: current expected votes: 5
INFO: current total votes: 5

Checking nodelist entries..
PASS: nodelist settings OK

Checking totem settings..
PASS: totem settings OK

INFO: run 'pvecm status' to get detailed cluster status..

= CHECKING HYPER-CONVERGED CEPH STATUS =

INFO: hyper-converged ceph setup detected!
INFO: getting Ceph status/health information..
PASS: Ceph health reported as 'HEALTH_OK'.
INFO: checking local Ceph version..
PASS: found expected Ceph 17 Quincy release.
.........................................................................................................

.............//. //....
.........................................................................................................

= CHECKING CONFIGURED STORAGES =
.........................................................................................................

.............//. //....
.........................................................................................................

PASS: storage 'ceph-vm_vm' enabled and active.
PASS: storage 'local' enabled and active.
PASS: storage 'local-zfs' enabled and active.
INFO: Checking storage content type configuration..
PASS: no storage content problems found
PASS: no storage re-uses a directory for multiple content types.

= MISCELLANEOUS CHECKS =

INFO: Checking common daemon services..
PASS: systemd unit 'pveproxy.service' is in state 'active'
PASS: systemd unit 'pvedaemon.service' is in state 'active'
```

...........//. //....

```
PASS: No legacy 'lxc.cgroup' keys found.
INFO: Checking if the suite for the Debian security repository is correct..
PASS: found no suite mismatch
INFO: Checking for existence of NVIDIA vGPU Manager..
PASS: No NVIDIA vGPU Service found.
INFO: Checking bootloader configuration...
SKIP: not yet upgraded, no need to check the presence of systemd-boot
INFO: Check for dkms modules...
SKIP: could not get dkms status
SKIP: NOTE: Expensive checks, like CT cgroupv2 compat, not performed without '--
full' parameter

= SUMMARY =

TOTAL:    47
PASSED:   39
SKIPPED:  5
WARNINGS: 3
FAILURES: 0

ATTENTION: Please check the output for detailed information!
```

Como podemos ver hay 3 warnings que debemos corregir antes de proceder (uno de ellos es disponer de la última versión).

Para ejecutar todos los tests, lo podemos hacer con.

```
pve7to8 --full
```

Si todos los tests previos son correctos, podemos proceder a la actualización mediante.

```
apt update
apt dist-upgrade
pveversion
```

El último comando debe mostrar al menos 7.4-15 o más reciente.

Actualiza los repositorios base de Debian a Bookworm.

Actualiza todas las entradas del repositorio de Debian y Proxmox VE a Bookworm.

Para ello ejecuta (en el caso de repositorios no-subscription).

```
sed -i 's/bullseye/bookworm/g' /etc/apt/sources.list
echo "deb http://download.proxmox.com/debian/pve bookworm pve-nosubscription" >
/etc/apt/sources.list.d/pve-nosubscrition.list
sed -i -e 's/bullseye/bookworm/g' /etc/apt/sources.list.d/pve-install-repo.list
echo "deb http://download.proxmox.com/debian/ceph-quincy bookworm enterprise" >
/etc/apt/sources.list.d/ceph.list
```

Si tenemos los repositorios enterprise ejecutaremos:

```
sed -i 's/bullseye/bookworm/g' /etc/apt/sources.list
echo "deb https://enterprise.proxmox.com/debian/pve bookworm pve-enterprise" > /
etc/apt/sources.list.d/pve-enterprise.list
echo "deb https://enterprise.proxmox.com/debian/ceph-quincy bookworm enterprise"
> /etc/apt/sources.list.d/ceph.list
```

Después podemos preceder a realizar un apt update para refrescar los repositorios y por último ejecutamos el upgrade.

```
apt update
apt dist-upgrade
```

36.19 VOTOS EXTERNOS PARA EL QUORUM DE UN CLUSTER DE PROXMOX VE

Como ya comenté anteriormente, en este apartado voy a describir una forma de implementar un voto (o votos) externos en un cluster Proxmox VE. Cuando se configura, el cluster puede soportar más fallos de nodos sin que queden afectadas las propiedades de seguridad de la comunicación del cluster.

Para que esto funcione, hay dos servicios involucrados:

▶ Un demonio QDevice que se ejecuta en cada nodo Proxmox VE.

▶ Un demonio para el voto externo que se ejecuta en un servidor independiente.

Como resultado, puede lograr una mayor disponibilidad, incluso en configuraciones más pequeñas (por ejemplo, 2+1 nodos).

Explicación técnica de un Qdevice.

El dispositivo de quórum Corosync (QDevice) es un demonio que se ejecuta en cada nodo del cluster. Proporciona un número configurado de votos al subsistema de quórum del cluster, basado en la decisión de un árbitro externo conocido como (arbitrator). Su uso principal es permitir que un cluster sufra más nodos en fallo de los que permiten las reglas de quórum estándar. Esto se puede hacer de forma segura ya que el dispositivo externo puede ver todos los nodos y así elegir solo un conjunto de nodos para dar su voto. Esto sólo se hará si dicho conjunto de nodos puede tener quórum (nuevamente) después de recibir el voto de terceros.

Actualmente, solo se admite QDevice Net como árbitro externo. Este es un demonio que proporciona un voto a una partición del cluster, si puede llegar a los miembros de la partición a través de la red. Sólo dará votos a una partición de un grupo en cualquier momento. Está diseñado para admitir múltiples clústeres y prácticamente no requiere configuración ni estado. Los nuevos clústeres se manejan dinámicamente y no se necesita ningún archivo de configuración en el host que ejecuta un QDevice.

Los únicos requisitos para el host externo son que necesita acceso de red al cluster y tener disponible un paquete corosync-qnetd. Este paquete está disponible para distribuciones basadas en Debian, en otras distribuciones Linux también puede estar disponible.

A diferencia del propio corosync, un QDevice se conecta al cluster a través de TCP/IP. El demonio también puede ejecutarse fuera de la LAN del cluster y no se limita a los requisitos de latencias bajas de corosync.

 Aunque esta configuración es apta para una prueba de concepto o incluso un homelab, no es una práctica recomendada.

 Puedes estar tentado de hacer la configuración con una VM dentro de uno de los nodos. Pero no será posible, ya que las VM no arrancan hasta que se complete el quorum del cluster.

36.19.1 Configuraciones admitidas

QDevices se puede usar para clústeres con un número par de nodos y Proxmox lo recomienda para clústeres de 2 nodos, si deben proporcionar una mayor disponibilidad e impedir un split brain. Para los clústeres con un número impar de nodos, no se aconseja el uso de QDevices, ya que el quorum está asegurado para este tipo de clusters. Incluso en estos clusters obtienen un único voto adicional, lo que solo aumenta la disponibilidad, porque si el QDevice falla, se encuentra en la misma posición que sin ningún QDevice.

Por otro lado, con un tamaño de cluster impar, el QDevice proporciona (N-1) votos, donde N corresponde al recuento de nodos del cluster. Este comportamiento alternativo tiene sentido; si tuviera sólo un voto adicional, el grupo podría caer en una situación de split brain. Este algoritmo permite que fallen todos los nodos menos uno (y, naturalmente, el propio QDevice). Sin embargo, esto tiene dos inconvenientes:

Si el demonio QNet falla, ningún otro nodo puede fallar o el cluster pierde inmediatamente el quórum. Por ejemplo, en un cluster con 15 nodos, 7 podrían fallar antes de que el cluster no tenga quórum. Pero, si se configura un QDevice aquí y él mismo falla, ningún nodo de los 15 puede fallar. El QDevice actúa casi como un único punto de fallo en este caso y ya sabéis lo que odio los puntos únicos de fallo.

El hecho de que todos los nodos excepto uno más el QDevice puedan fallar suena muy bien al principio, pero esto puede resultar en una recuperación masiva de los servicios HA, lo que podría sobrecargar el único nodo restante. Además, un servidor Ceph dejará de proporcionar servicios si solo ((N-1)/2) nodos o menos permanecen en línea, con lo que el almacenamiento estará en fallo o en solo lectura.

Configuración de QDevice-Net

Asegúrate de configurar el acceso basado en claves para el usuario root en tu servidor externo donde vas a instalar el Qdevice.

Proxmox VE recomienda ejecutar cualquier demonio que proporcione votos a corosync-qdevice como usuario sin privilegios. Proxmox VE y Debian proporcionan un paquete que ya está configurado para hacerlo. El tráfico entre el demonio y el cluster debe estar cifrado para garantizar una integración segura del QDevice en Proxmox VE.

Primero, instala el paquete corosync-qnetd en tu servidor externo:

```
apt install corosync-qnetd
```

y el paquete corosync-qdevice en todos los nodos del cluster.

```
apt install corosync-qdevice
```

Después de hacer esto, asegúrate de que todos los nodos del cluster estén en línea.

Ahora puedes configurar el QDevice ejecutando el siguiente comando en uno de los nodos.

Proxmox VE:

```
pvecm qdevice setup <QDEVICE-IP>
```

La clave SSH del cluster se copiará automáticamente al QDevice.

Para comprobar podemos usar el comando pvecm status.

En caso de empate, donde dos particiones de cluster del mismo tamaño no pueden verse entre sí pero pueden ver el QDevice, el QDevice elige una de esas particiones al azar y le otorga un voto. Para eliminar el QDevice ejecutamos.

```
pvecm qdevice remove
```

Apéndice

REFERENCIA DE LOS COMANDOS

AGREGAR ISCSI MULTIPATH

Para configurar el iSCSI multipath, vamos a tomar como ejemplo una cabina de HP (La HP MSA 2040). A continuación deberemos de tener acceso al portal iSCSI de nuestro almacenamiento. En nuestro caso usaremos por ejemplo la 10.0.15.x, como tenemos 8 caminos ya que disponemos de un almacenamiento con 8 interfaces iSCSI que serán 10.0.15.11-14 para la controladora A y 10.0.15.21-24 para la B.

```
iscsiadm -m discovery -t sendtargets -p 10.0.15.11
```

multipath -ll

```
root@teststorage:/etc/multipath# multipath -ll
mpath0 (3600c0ff00027f44e1231865801000000) dm-0 HP,MSA 2040 SAN
size=8.2T features='3 queue_if_no_path queue_mode mq' hwhandler='1 alua' wp=rw
|-+- policy='round-robin 0' prio=50 status=active
| `- 2:0:0:0 sdb 8:16 active ready running
`-+- policy='round-robin 0' prio=10 status=enabled
  |- 3:0:0:0 sda 8:0  active ready running
  `- 4:0:0:0 sdc 8:32 active ready running
```

Ahora nos conectamos.

```
root@teststorage:/etc/multipath# iscsiadm -m discovery -t sendtargets -p
10.200.15.11
root@teststorage:/etc/multipath# iscsiadm -m discovery -t sendtargets -p
10.200.15.14
root@teststorage:/etc/multipath# iscsiadm -m node --login
```

Editamos el fichero multipath

```
nano multipath.conf
```

Tenemos que buscar el wwid.

```
nano /etc/multipath/wwids
```

Contendrá lo siguiente

```
# Multipath wwids, Version : 1.0
# NOTE: This file is automatically maintained by multipath and multipathd.
# You should not need to edit this file in normal circumstances.
#
# Valid WWIDs:
/3600c0ff00027f44e1231865801000000/
```

Nuestro WWID es 3600c0ff00027f44e1231865801000000

En nuestro fichero de iscsi tendremos el identificador de iSCSI del iniciador.

nano /etc/iscsi/iscsid.conf

```
iqn.1986-03.com.hp:storage.msa2040.162127e7a9
```

Ahora habilitamos todo el stack de iSCSI y el multipath.

```
systemctl enable open-iscsi
systemctl enable iscsid
systemctl enable multipath-tools
iscsid open-iscsi
```

Por último ponemos en lista blanca el wwid editando el fichero/etc/multipath.conf.

```
defaults {
    find_multipaths         "on"
        polling_interval        2
        path_selector           "round-robin 0"
        path_grouping_policy    multibus
        uid_attribute           ID_SERIAL
        rr_min_io               100
        failback                immediate
        no_path_retry           queue
        user_friendly_names     yes
}
blacklist {
        devnode "^(ram|raw|loop|fd|md|dm-|sr|scd|st)[0-9]*"
        devnode "^(td|hd)[a-z]"
```

```
        devnode "^dcssblk[0-9]*"
        devnode "^cciss!c[0-9]d[0-9]*"
        device {
                vendor "DGC"
                product "LUNZ"
        }
        device {
                vendor "EMC"
                product "LUNZ"
        }
        device {
                vendor "IBM"
                product "Universal Xport"
        }
        device {
                vendor "IBM"
                product "S/390.*"
        }
        device {
                vendor "DELL"
                product "Universal Xport"
        }
        device {
                vendor "SGI"
                product "Universal Xport"
        }
        device {
                vendor "STK"
                product "Universal Xport"
        }
        device {
                vendor "SUN"
                product "Universal Xport"
        }
        device {
                vendor „(NETAPP|LSI|ENGENIO)"
                product "Universal Xport"
        }
}
blacklist_exceptions {
        wwid „3600c0ff00027f44e1231865801000000"
}

multipaths {
  multipath {
        wwid „3600c0ff00027f44e1231865801000000"
        alias mpath0
  }
}
```

A continuación ya tendremos nuestra cabina en multipath y conectada. Ahora solo queda formatearla con LVM para poder usarla en nuestro Proxmox VE.

NALGUNOS COMANDOS ÚTILES

qm - Administrador de máquinas virtuales QEMU/KVM.
https://pve.proxmox.com/pve-docs/qm.1.html
Listar las máquinas de un nodo.

```
qm list
```

Iniciar una máquina virtual.

```
qm start [vm ID]
```

Eliminar una VM.

```
qm destroy [vm ID]
```

Eliminar completamente una VM, destruir los discos.

```
qm destroy [vm ID] --destroy-unreferenced-disks —purge
```

Forzar el apagado de una VM.

```
qm shutdown [vm ID] --forceStop 1 --timeout 1
```

Desbloquear una VM.

```
qm unlock [vm ID]
```

Migrar una máquina virtual.

```
qm migrate [vm ID][nodo-destino]
qm monitor
```

La opción de qm monitor permite la ejecución de comandos dentro de la máquina virtual. Para usarlo ejecutamos:

```
qm monitor [vm ID]
qm>
```

Nos aparece un prompt en el podemos ejecutar una serie de comandos en la máquina virtual, tecleando help e intro, obtenemos la lista de comandos disponibles.

pct: Herramienta para gestionar contenedores Linux (LXC) en Proxmox VE.

https://pve.proxmox.com/pve-docs/pct.1.html

Listar los contenedores de un nodo.

```
pct list
```

Iniciar un contenedor.

```
pct start [ct ID]
```

Eliminar un contenedor.

```
pct destroy [ct ID]
```

Eliminar completamente un contenedor, destruir los discos.

```
pct destroy [ct ID] --destroy-unreferenced-disks –purge
```

Forzar el apagado de un contenedor.

```
pct shutdown [ct ID] --forceStop 1 --timeout 1
```

Desbloquear un contenedor.

```
pct unlock [ct ID]
```

Migrar un un contenedor.

```
pct migrate [ct ID][nodo-destino]
pct enter
```

Al igual que la utilidad qm monitor, existe el comando pct enter que nos permite acceder a ejecutar comandos en la máquina virtual, el pct enter nos permite acceder a la consola del contenedor como root.

```
pct enter [ct ID]
srv01#>
```

pvecem: Promxox Cluster manager, permite comprobar, y gestionar nuestro cluster de Proxmox desde línea de comando.

https://pve.proxmox.com/pve-docs/pvecm.1.html

CONCEPTOS

THIN-PROVISIONING

El aprovisionamiento thin consiste en la asignación previa de almacenamiento sin que este ocupe espacio en disco. Un disco virtual de aprovisionamiento thin consume solo el espacio que necesita inicialmente y crece con el tiempo según la demanda. A veces cuando copiamos archivos en este disco y crece, aunque posteriormente se libere el espacio, en muchas ocasiones el tamaño de disco ocupado en el espacio de almacenamiento de nuestro hipervisor no se ve reducido.

THICK-PROVISIONING

Se refiere a cuando se asigna una cantidad fija de espacio de almacenamiento en disco para una máquina virtual (VM) en el momento de su creación. Esta asignación de espacio se reserva y se asigna completamente al principio, independientemente de si se utiliza todo o no.

copy-on-write:

SPLIT-BRAIN

El término "split-brain" (horizonte dividido) se utiliza comúnmente en el contexto de clústeres de servidores, redes de almacenamiento o sistemas de bases de datos distribuidas. Describe una situación en la que los nodos de un sistema distribuido pierden la capacidad de comunicarse entre sí, lo que conduce a un comportamiento incoherente y potencialmente destructivo.

Cuando ocurre un split-brain, los nodos del sistema distribuido se separan en grupos aislados debido a un fallo en la red, un problema de conectividad o algún otro fallo en el sistema. Cada grupo aislado, o "cerebro dividido", puede continuar operando y tomando decisiones de manera independiente, los diferentes grupos pueden comenzar a realizar cambios en los datos que entran en conflicto entre sí.

RAMSOMWARE

El ransomware es un tipo de software malicioso (malware) diseñado para bloquear el acceso a sistemas informáticos o archivos, generalmente mediante el cifrado de datos, con el objetivo de extorsionar a la víctima para obtener un rescate a cambio de la restauración del acceso.

ABREVIATURAS

Existen tres abreviaturas muy parecidas, pero que presentan claras diferencias, sobre lo que representan y como lo miden, son Mb, MB y MiB.

MB (MEGABYTE)

Es una unidad de medida de almacenamiento de datos en el sistema decimal. Un megabyte equivale a 1.000.000 de bytes. Se utiliza comúnmente para describir el tamaño de archivos, almacenamiento de datos en discos duros, memoria RAM y otros dispositivos de almacenamiento de datos.

MIB (MEBIBYTE)

Es una unidad de medida de almacenamiento de datos en el sistema binario. Un mebibyte equivale a 1024 kibibytes o 1.048.576 bytes. Se utiliza comúnmente para describir el tamaño de archivos, almacenamiento de datos en discos duros, memoria RAM y otros dispositivos de almacenamiento de datos.

La diferencia entre "MiB" (Mebibyte) y "MB" (Megabyte) radica en la base de la unidad de medida y, por lo tanto, en la cantidad de bytes que representa:

- ▶ 1 MiB (Mebibyte) = 1.048.576 bytes (basado en el sistema binario).
- ▶ 1 MB (Megabyte) = 1.000.000 bytes (basado en el sistema decimal).

MB (MEGABIT)

Es una unidad de medida de la velocidad de transferencia de datos, especialmente utilizada en conexiones de redes.

ÚENOS EN INSTAGRAM Y ACCEDE GRATIS A NUESTRA BIBLIOTECA DIGITAL DURANTE 30 DÍAS.

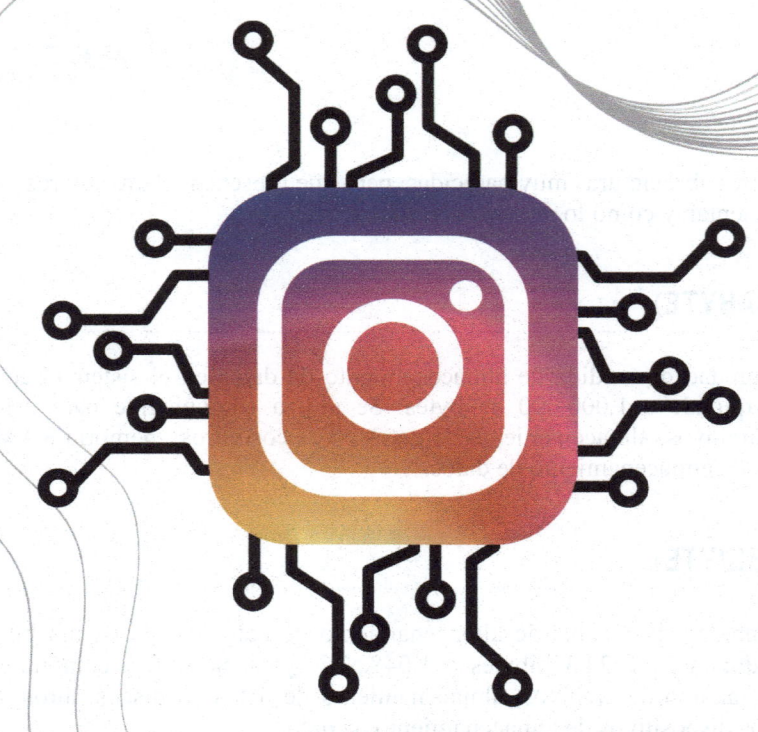

@grupoeditorialrama

¡ENVÍANOS TU MAIL POR PRIVADO!

 Grupo Editorial

ra-ma

40 ANIVERSARIO